POLYGLOTT auf Reisen

Thailand

Wolfgang Rössig

Mit einem opulenten Tourenreiseführer
die Vielfalt der Welt erleben

Longtailboot auf dem von Bergen gesäumten Khao Sok Lake in der Provinz Surat Thani

Buddhastatuen mit Geste der Erdanrufung in Thungyai in der Provinz Nakhon Si Thammarat

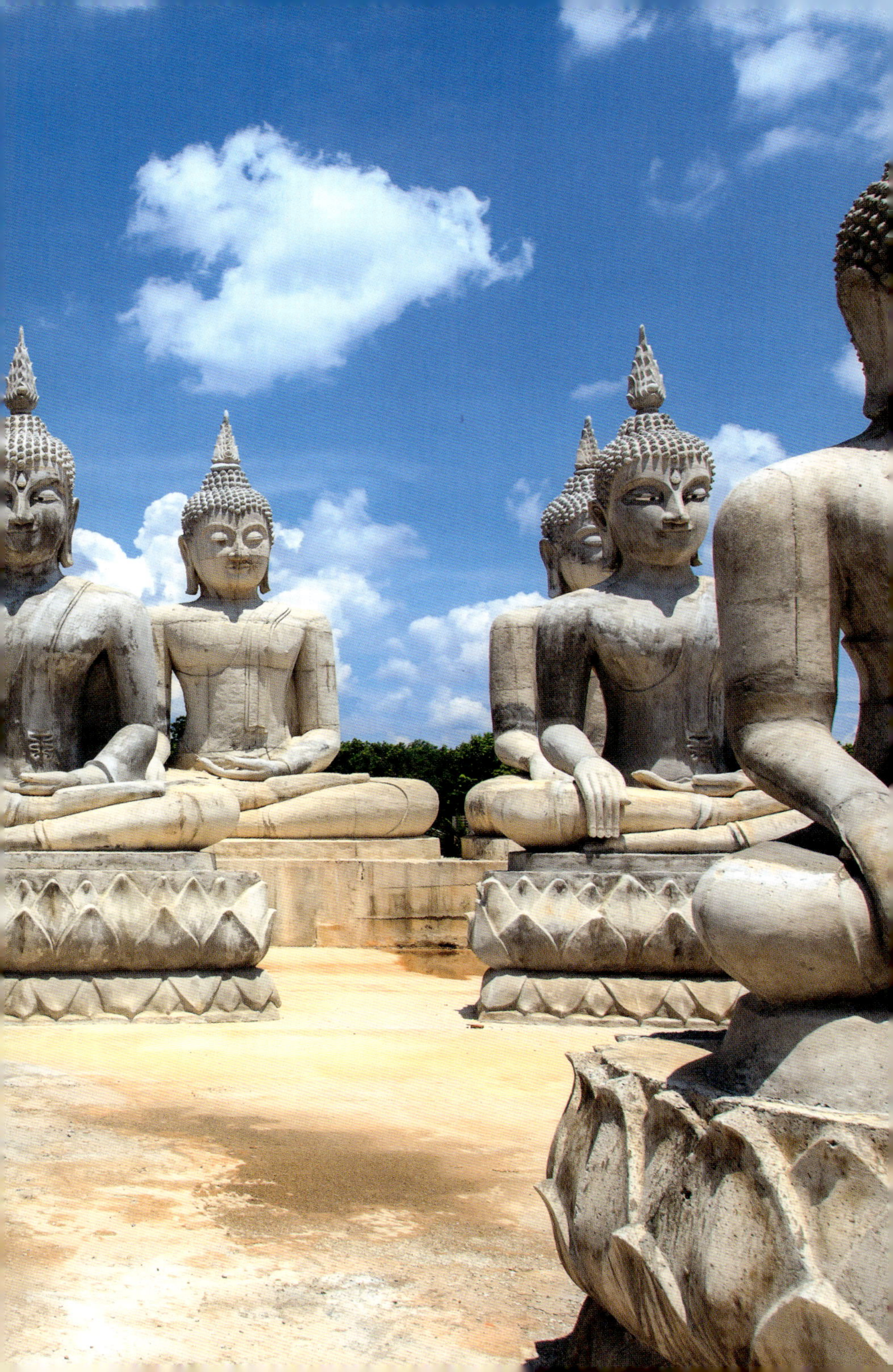

INHALT

THAILAND – MAGAZIN
20	**Thailand entdecken**
24	**In Kürze**
26	Natur & Umwelt
30	Thailands Nationalblume – Die Orchidee
32	Ziemlich affig – Die Nachfahren Hanumans
36	Rund um den sensiblen Rüssel
40	**Thailands Geschichte**
54	Ein kühles Herz & viel Sanuk
58	Buddhas Lehre
62	Gesten Buddhas
64	**Stilepochen**
70	Tempelarchitektur
74	Bestechliche Geister
78	Getanzter Mythos – Das Ramakien
82	Schräge Töne
86	Muay Thai
88	Im Shoppingfieber
92	As smooth as silk
94	**Feste & Veranstaltungen**
98	Schillernd bis schrill – Thailands drittes Geschlecht
100	**Sport & Aktivitäten**
106	Faszinierende Unterwasserwelt
110	Verwöhnen auf Thailändisch
112	Die klassische Thai-Massage
114	Luxushotel oder Strandhütte?
118	**Macht süchtig – Thailands Küche**
121	Kochen mit Sanuk
122	Thailands Getränke
124	Tropische Verführung – Thailändische Früchte
126	Rezepte
130	Streetfood – Im Reich der Garküchen

TOP 12 HIGHLIGHTS
136	★ Wat Phra Kaeo & Königspalast
138	★ Chatuchak Market
140	★ Erawan National Park
142	★ Phang Nga Bay
144	★ Similan Islands
146	★ Chaweng Beach, Ko Samui
148	★ Nachtmarkt in Chiang Mai
150	★ Pai
152	★ Sukhothai
154	★ Ayutthaya
156	★ Khao Yai National Park
158	★ Tempel von Phimai

Promthep Cape ist ein traumhafter Aussichtspunkt im Süden der Insel Phuket

Feinsandiger Strand im Ao Wai Koh Samen Sea National Park in der ostthailändischen Provinz Rayong

TOUREN IN THAILAND

162	**Bangkok, Pattaya & Hua Hin**	267	Tour ⑨ Tempelstädte Nordthailands
164	Tour ① Bangkok in zwei Tagen	270	Unterwegs in Nordthailand
165	Tour ② Zwei Zusatztage in Bangkok	303	**Zentral- & Ostthailand**
168	Bangkok & Umgebung	304	Tour ⑩ Königspaläste & Khmer-Tempel
206	Die östliche Golfküste		
212	Die westliche Golfküste	306	Zentral- & Ostthailand
216	**Phuket & der Süden**		
219	Tour ③ Kreuz und quer über Phuket	**BESONDERE TOUREN**	
219	Tour ④ Nördliche Andamanenküste für Seenomaden	322	Tour ⑪ Thailands Perlen in drei Wochen
220	Tour ⑤ Inselhüpfen an der südlichen Andamanenküste	324	Tour ⑫ Kultur & Baden in zwei Wochen
222	Tour ⑥ Rund um Ko Samui		
224	An der Andamanenküste	**REISEINFORMATION**	
265	**Chiang Mai & der Norden**	336	Infos von A–Z
266	Tour ⑦ Im kühlen Reich der Bergvölker	344	Register
		351	Impressum
266	Tour ⑧ Im Goldenen Dreieck	352	Alle Touren auf einen Blick

ALLGEMEINE KARTEN

10	Übersichtskarte der Kapitel	221	Der Süden
24	Die Lage Thailands	223	Ko Samui & Ko Phangan
		269	Nordthailand
REGIONEN-KARTEN		305	Zentral- & Ostthailand
208	Bangkok & Umgebung		
218	Phuket	**STADTPLAN**	
		166	Bangkok

SYMBOLE

☆	Top 12 Highlights
★	Highlights der Destination
①	Die POLYGLOTT-Touren
⑩	Stationen einer Tour
[A1]	Die Koordinate verweist auf die Platzierung in der Faltkarte
[a1]	Platzierung Rückseite Faltkarte

PREIS-SYMBOLE

	Hotel DZ	Restaurant
€	bis 1000 Baht	bis 200 Baht
€€	1000–3000 Baht	200–500 Baht
€€€	über 3000 Baht	über 500 Baht

Zeichenerklärung der Karten

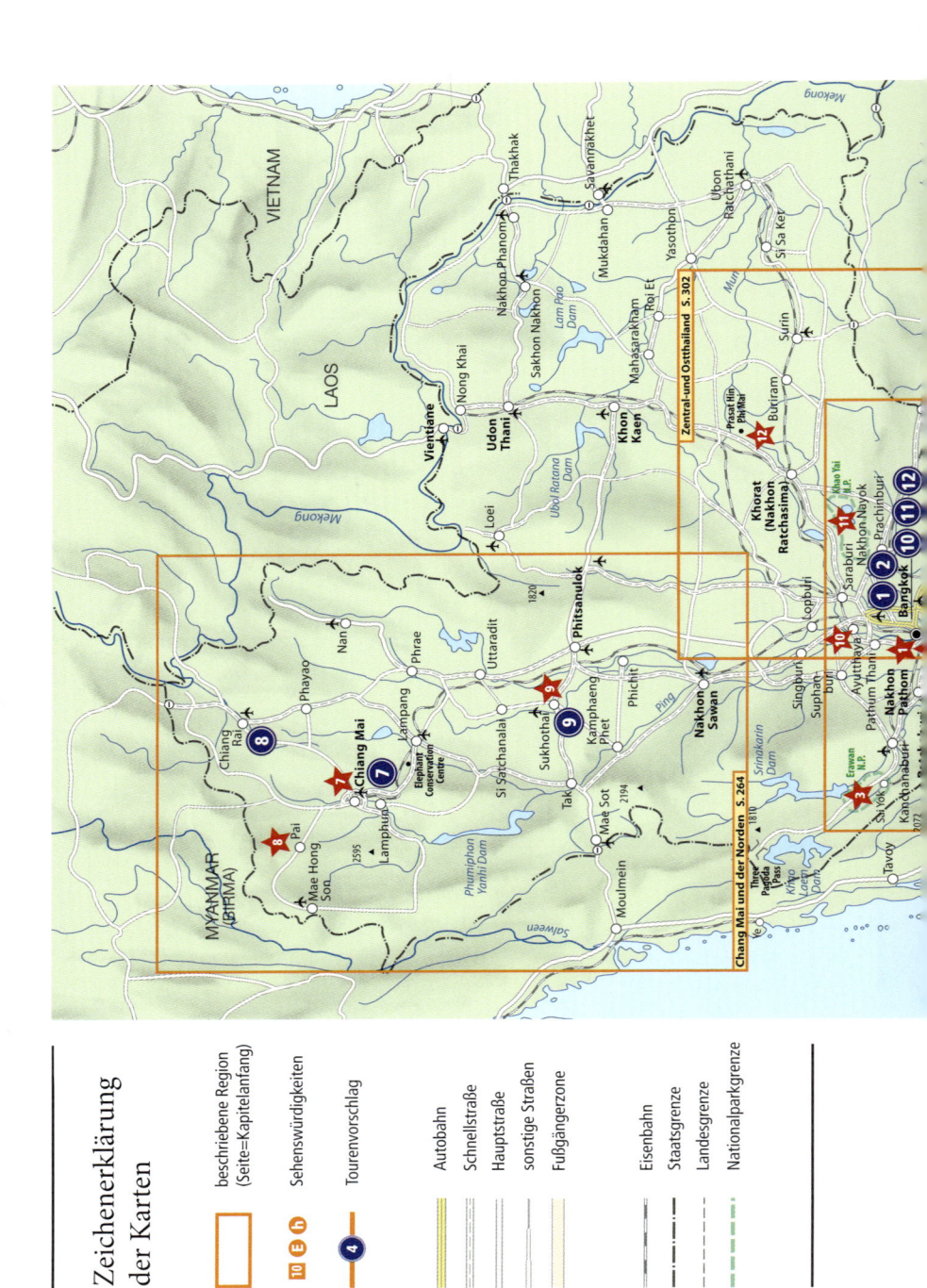

☐ beschriebene Region (Seite=Kapitelanfang)

★ Sehenswürdigkeiten

━━ Tourenvorschlag

━━ Autobahn
━━ Schnellstraße
━━ Hauptstraße
━━ sonstige Straßen
━━ Fußgängerzone

━━ Eisenbahn
━·━ Staatsgrenze
━━ Landesgrenze
━━ Nationalparkgrenze

Übersicht der Karten

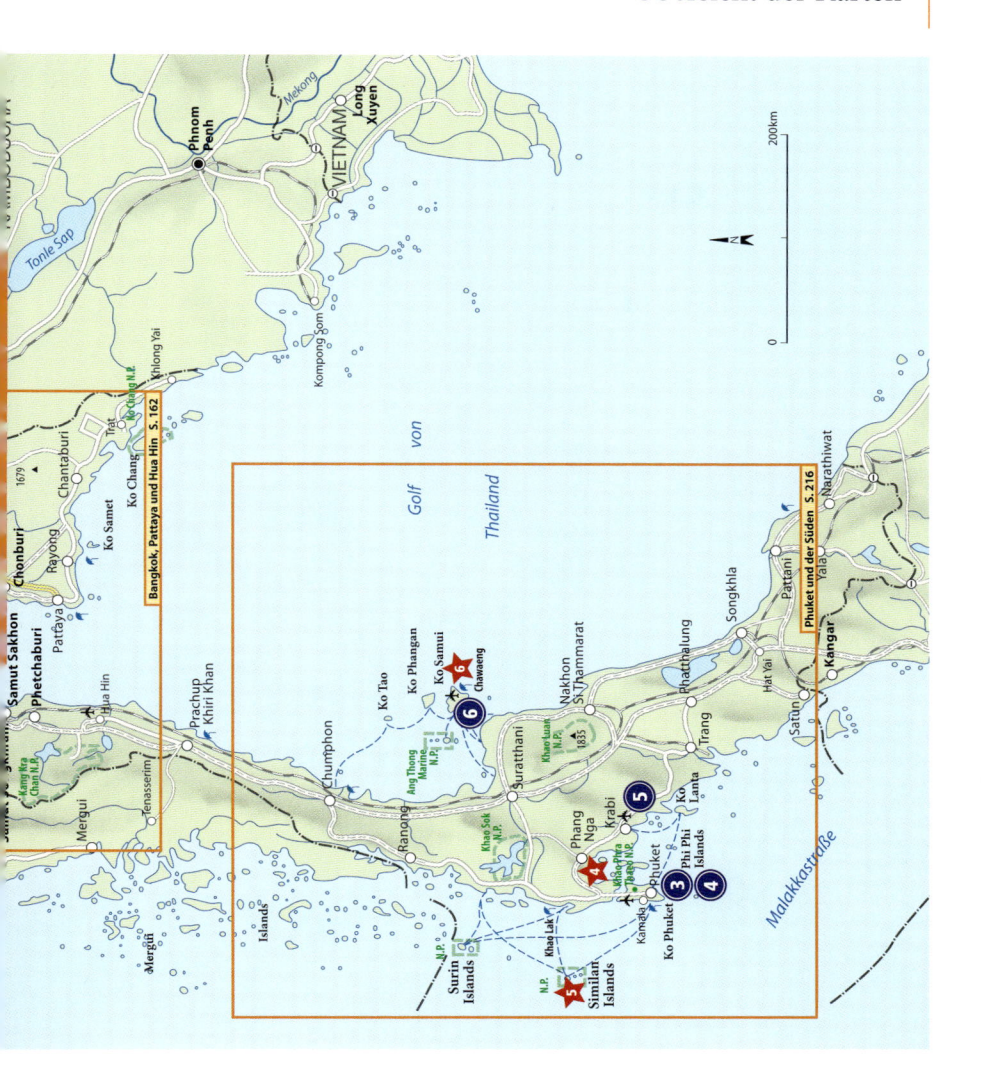

Traditionelle Holzboote auf dem 90 km südlich von Bangkok gelegenen Schwimmenden Markt von Amphawa

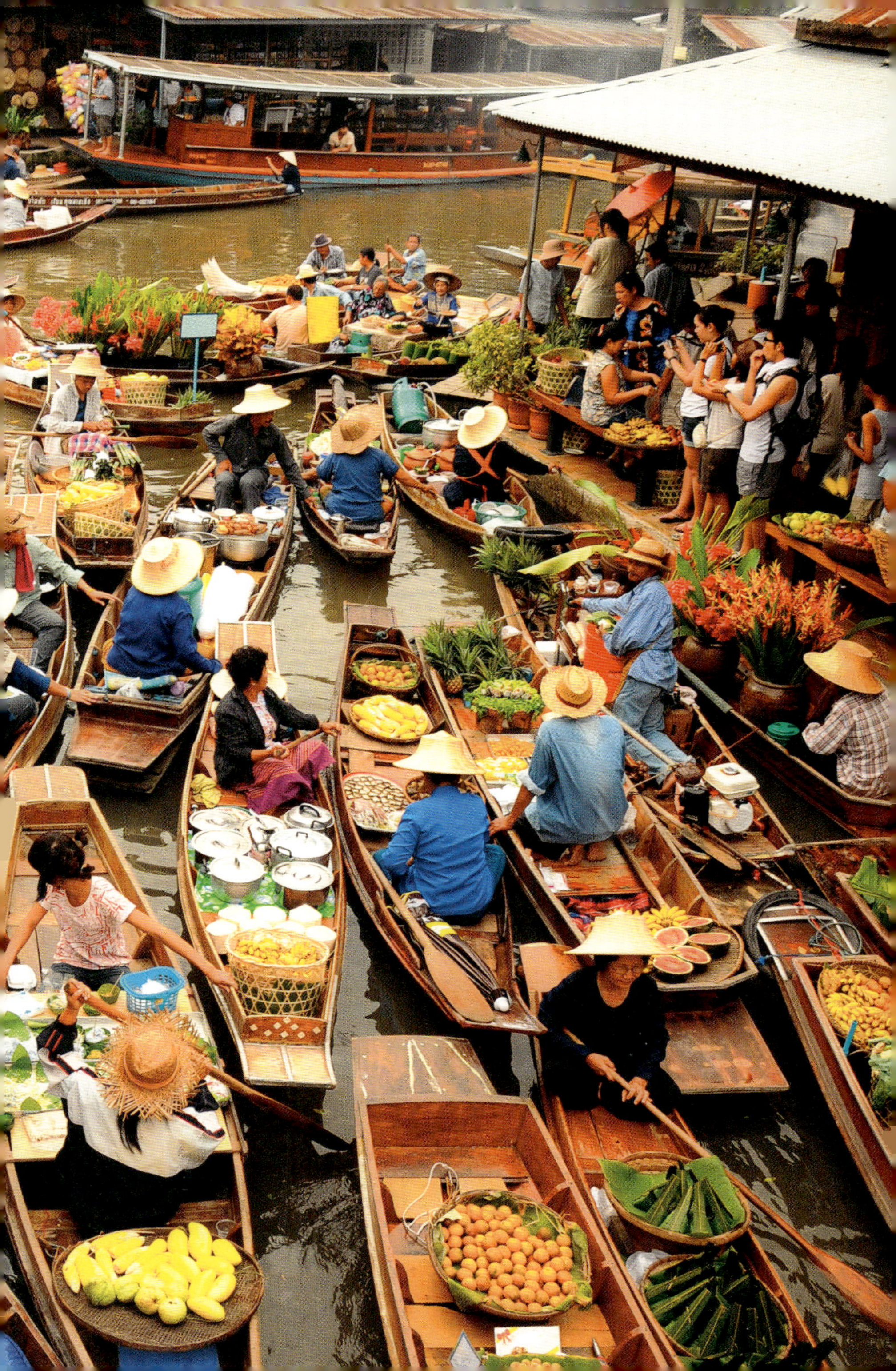

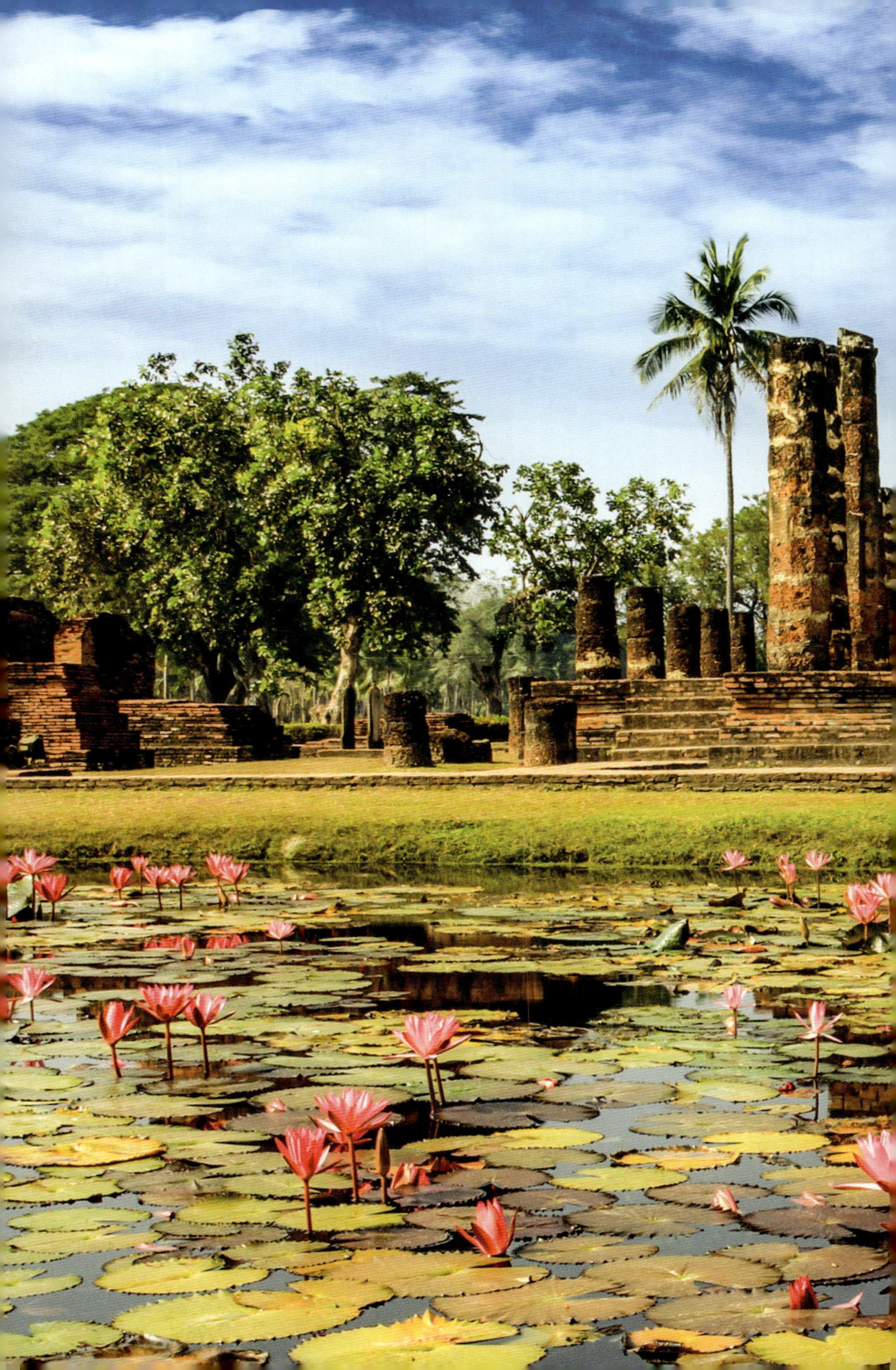

Die große Buddhastatue des Wat Mahathat im Sukhothai Historical Park spiegelt sich in einem idyllischen Lotosteich

Während des Lichterfests Loy Krathong lassen die Einwohner von Chiang Mai unzählige Lampions in den Himmel steigen

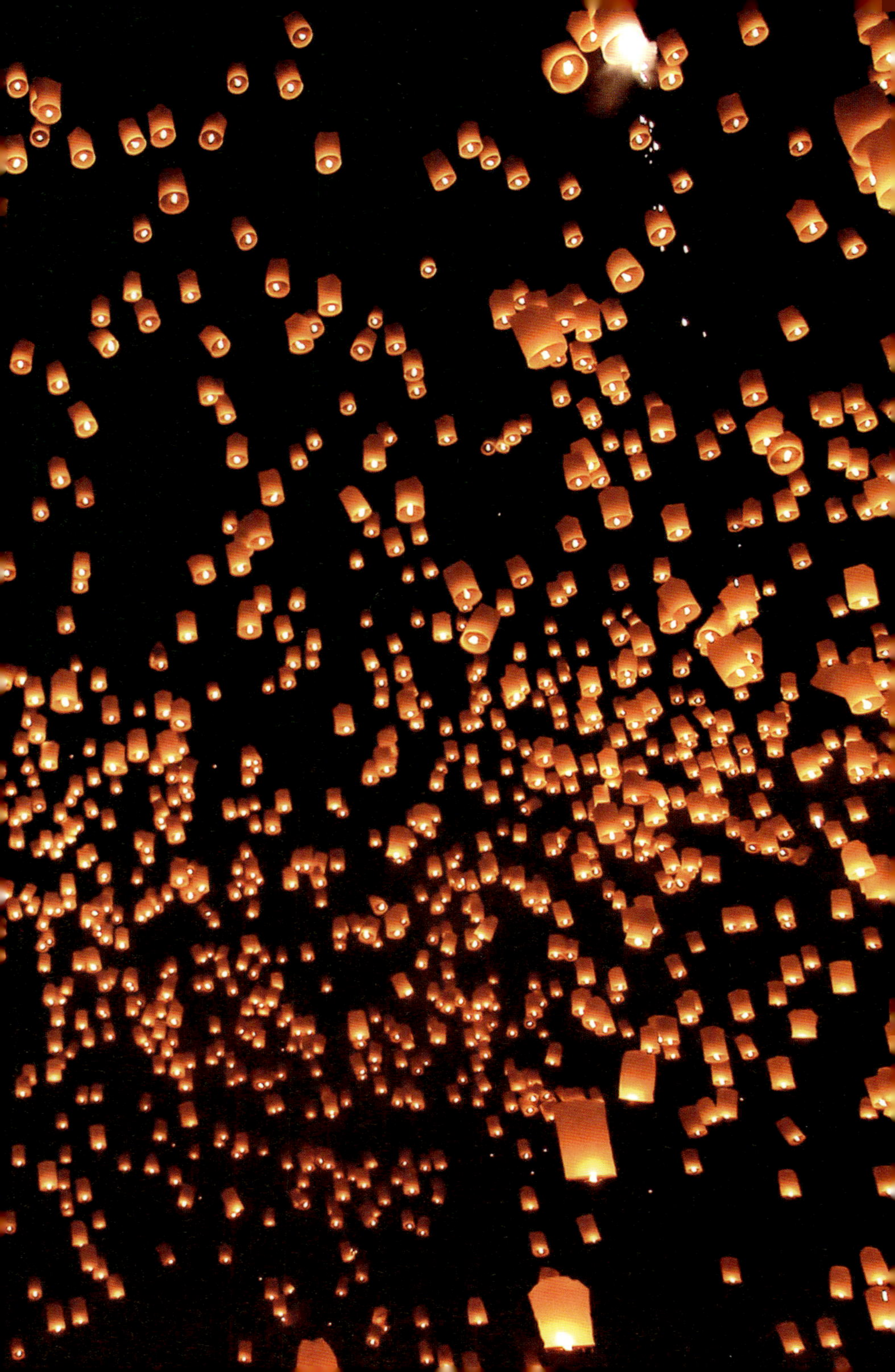

Eine große weiße Buddhastatue wacht über die Reisfelder in der Provinz Tak

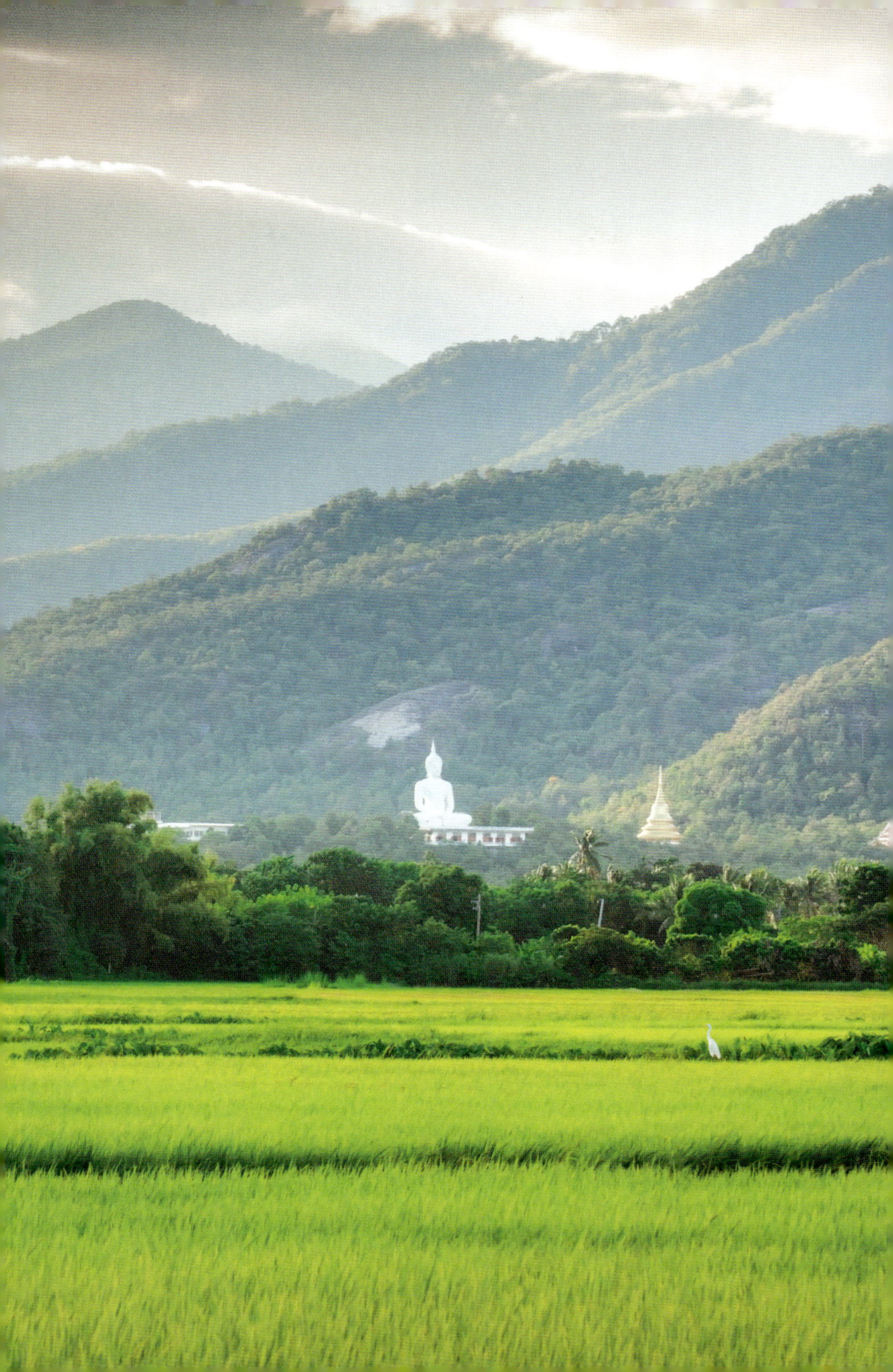

THAILAND ENTDECKEN

Bangkok mag ein feuchtheißer Stadtmoloch sein, doch lässt sich der Aufenthalt hier durchaus angenehm gestalten. Die wichtigsten Sehenswürdigkeiten sind bequem mit Flussfähren und kurzen Spaziergängen zu erreichen. Die Einkaufspaläste sind ohnehin eher zu kühl als zu heiß, und mit dem Skytrain gehen Sie dem infernalischen Verkehr elegant aus dem Weg.

Bedürfnisse nach hauptstadtnahem Urlaub am Meer mit Schwerpunkt Amüsement befriedigt Pattaya besonders preisgünstig. Weiter östlich liegen die kleine, am Wochenende überlaufene Insel Ko Samet und das wesentlich größere Urwaldeiland Ko Chang, beide mit feinen Sandstränden gesegnet. Deutlich gediegener geht es in Hua Hin zu, wo sich ältere Gäste am langen, flachen Strand wohlfühlen. Beliebte Ausflüge in die Umgebung westlich von Bangkok sind die berühmte Brücke über den Kwai und die erfrischenden Kaskaden des Erawan National Park.

Schneeweiß oder golden leuchten die Sandstrände im Süden Thailands, azurblau schimmert das Meer, smaragdgrün manche Insellagune. Für aktive vergnügungssüchtige Urlauber ist Phuket während der Hauptsaison im Winter die erste Wahl. Luxuriöse Hotelresorts verwöhnen hier ihre Gäste mit Wellness, während die Bierbars von Patong Beach eher dem Sündenbabel Pattaya nacheifern. Taucher lieben Khao Lak an der Andamanenküste und die vorgelagerten Similan Islands, Romantiker faszinieren die von dramatischen Felsformationen gerahmten Postkartenstrände von Krabi und die von malerischen Karstfelsen gesprenkelte Phang Nga Bay. Individualisten fühlen sich an den ruhigen, ausgedehnten Stränden von Ko Lanta wohl. Noch weiter südlich kann man auf den 50 fast unbewohnten Urwaldinseln des Tarutao-Archipels noch immer in einfachen Palmwedelhütten Robinson spielen und die Hängematte zwischen zwei Palmen spannen.

Auch die Inseln der südlichen Golfküste sind beliebte Ziele für den Badeurlaub. Perfekt erschlossen ist Ko Samui, an dessen schönem Chaweng Beach sich Resort an Wellnesstempel reiht. Individualisten und junge Urlauber zieht es daher eher nach Ko Phangan, und das nicht nur der legendären Full Moon Partys wegen. Taucher setzen gleich auf das kleine

Bangkoks Khao San Road ist der Treffpunkt vieler Rucksackreisender aus aller Welt

Ko Tao über, denn hier ist die bunt schillernde Unterwasserwelt des Golfs nur eine kurze Bootsfahrt entfernt. Mit dem Kanu kann man die unbewohnten Inseln des Meeresnationalparks Ang Thong mit ihren schroffen Klippen und unberührten Stränden entdecken.

Auf der Fahrt mit dem Nachtzug von Bangkok nach Chiang Mai trägt eine milde Brise die Düfte Zentralthailands durch das geöffnete Schlafwagenfenster. In und rund um Thailands Metropole des Nordens entfesseln Tempel mit goldüberzogenen Pagoden und Märkte mit erlesenem Kunsthandwerk der Bergvölker ein Feuerwerk der Farben.

Weiter westlich entfalten die Hügellandschaften der Trekkinghochburgen Pai und Mae Hong Son im Morgennebel ihren stillen, malerischen Zauber. In der Tempelstadt Sukhothai kündet das sanfte Lächeln der Buddhastatuen von der Süße des Nirwanas. Wie Lotusknospen und fein ziselierte Maiskolben ragen die Chedis von Si Satchanalai in den Himmel.

Majestätische Palmen säumen die herrlichen Strände der Insel Ko Samui im Golf von Thailand

Chiang Rai im Norden ist das Sprungbrett für einen Besuch des einst so berüchtigten Goldenen Dreiecks am Mekong. Hier blickt man über die Grenze hinüber in die Urwälder von Laos und Myanmar.

Die Glanzpunkte der »Reisschüssel« Zentralthailand sind die Ruinenstadt Ayutthaya und der königliche Sommerpalast Bang Pa In, beide einen Tagesausflug von Bangkok entfernt.

Von Ayutthaya oder Bangkok erreicht man in wenigen Stunden den Isaan, wie die Thais den Nordosten nennen. Hier sind die in der Umgebung der Provinzhauptstadt Khorat gelegenen Tempelanlagen der Khmer besonders sehenswert: Prasat Hin Phimai und Prasat Phanom Rung. Naturfreunde kommen im Khao Yai National Park östlich von Khorat auf ihre Kosten. Durch die Primärwälder dort streifen noch Tiger, Leoparden und Elefanten. Mit viel Glück kann man eines dieser Tiere in freier Wildbahn beobachten – ein unvergessliches Erlebnis.

IN KÜRZE

- » **Fläche:** 513 120 km²
- » **Hauptstadt:** Bangkok
- » **Staatsform:** Konstitutionelle Monarchie
- » **Einwohner:** 68 Mio., davon ca. 80 % ethnische Thais
- » **Bevölkerungswachstum:** 0,38 %
- » **Amtssprache:** Thai
- » **Landesvorwahl:** 0066
- » **Währung:** Baht
- » **Zeitzone:** MEZ +6 Std. (während der europäischen Sommerzeit +5 Std.)

LAGE UND LANDSCHAFT

Thailand erstreckt sich über 1500 km von Norden nach Süden (20° 30' bis 5° 40' LAT), über 800 km von Ost nach West (105° 45' bis 97° 30' LON), an seiner schmalsten Stelle, am Isthmus von Kra, jedoch nur über gerade mal 13 km Breite. Die Nachbarländer sind von Norden ausgehend im Uhrzeigersinn Laos, Kambodscha, Malaysia und Myanmar (Birma).

Das Kernland wird vom Delta des Chao-Phraya-Flusses gebildet, dessen fruchtbares Schwemmland intensiv landwirtschaftlich genutzt wird. Als letzte Ausläufer des Himalaya durchziehen bewaldete Gebirgsketten den Norden, höchster Gipfel ist mit 2595 m der Doi Inthanon. Von Gebirgsketten mit Höhen zwischen 700 und 1000 m umrahmt, liegt im Osten des Landes das karge Hochplateau von Khorat. Als Westthailand wird ein noch immer von dichten Urwäldern bedeckter Höhengürtel von 1500 bis 2000 m bezeichnet, der sich, an die Zentralregion grenzend, entlang der Grenze zu Myanmar erstreckt. Diese Berge dehnen sich über die ganze nördliche Hälfte der Halbinsel Malakka aus, sodass auch Südthailand weitgehend bergig ist. Die lang gestreckten, buchtenreichen Küsten des Südens mit unzähligen Stränden liegen an der Andamanensee des Indischen Ozeans im Westen und dem ins Südchinesische Meer übergehenden Golf von Thailand im Osten.

POLITIK UND VERWALTUNG

Thailand ist eine konstitutionelle Monarchie mit (derzeit nicht) demokratisch gewählter Regierung und Mehrparteiensystem. Allerdings entstammen die meisten Politiker einem undurchsichtigen Geflecht von Polizisten, Militärs und Geldadel. Diese Leute beherrschen eine Politik, die sich nur gelegentlich um Gesetze oder Wählerwillen schert, aber bestimmt wird

In Kürze

durch Bestechung und Intrigen. Wahlen sind grundsätzlich gekennzeichnet von Stimmenkauf und Verfahrensmängeln. Daher endet ein Großteil des politischen Prozesses in endlos tagenden Untersuchungsausschüssen und skandalösen Urteilen fragwürdiger Gerichtshöfe. Auch die früher relativ freie Presse des Landes wird vermehrt Opfer manipulativer Machenschaften. Den letzten großen Rückschlag auf dem Weg zu demokratischen Reformen erlebte Thailand durch die Machtübernahme des thailändischen Militärs nach einem Putsch am 22. Mai 2014. Ein Ende der Militärregierung ist derzeit nicht absehbar, wenngleich das Kriegsrecht 2015 wieder aufgehoben wurde und für 2017 demokratische Neuwahlen angedacht sind.

WIRTSCHAFT

Bis zur asiatischen Wirtschafts- und Finanzkrise 1996 erlebte Thailand für knapp drei Jahrzehnte eines der fulminantesten Wirtschaftswunder der Welt, dank dessen es sich vom Status des Entwicklungslandes verabschieden konnte. Aufgrund eines Spar- und Reformprogrammes unter Leitung des IWF konnte das Land wieder hohe Zuwachsraten verzeichnen. Doch brach die Wirtschaft im Zuge der Finanzkrise und innerer Unruhen 2008/09, die auch viele Touristen verschreckten, erneut ein und geriet durch die Verhängung des Kriegsrechts und den damit verbunden Rückgang der Touristenzahlen 2014 wieder in Bedrängnis. 2015 verlor der Baht um über 8 % an Wert. Im Tourismus sind inzwischen wieder Zuwächse zu verzeichnen. Er bleibt eine der größten Devisenquellen. Direkt und indirekt trägt er etwa 20 % zum BNP des Landes bei. 2015 verzeichnete Thailand etwa 29 Mio. Besucherankünfte, darunter gut 700 000 aus Deutschland. Nur knapp die Hälfte der Bevölkerung arbeitet in der Landwirtschaft, die hauptsächlich Reis, Tapioka sowie Kautschuk- und Kokosprodukte für den Export abwirft. Hoch profitabel sind die Trawlerflotte mit Fischfang und Meeresfrüchten sowie die zahlreichen Shrimpsfarmen. Die Tendenz geht stetig zu moderneren Wirtschaftszweigen, vor allem der Chemie- und Elektroindustrie.

UMGANGSFORMEN

Kurze Beinkleider gehören ausschließlich an den Strand und ins Hotelgelände. Die Schuhe sollten Sie in jedem Privathaus und müssen Sie in jedem Tempel ausziehen. Berühren Sie niemanden am Kopf und vermeiden Sie beim Sitzen, die Fußsohlen auf Menschen, Buddha- oder Königsstatuen zu richten. Das Königshaus gilt als tabu und eignet sich nicht als Gesprächsthema. Daher sind auch Geldscheine, die alle das Konterfei des Königs tragen, mit Respekt zu behandeln. Der traditionelle Gruß ist der Wai, bei dem die aneinandergelegten Handflächen je nach sozialem Status des Gegenübers zur Brust oder zum Kopf gehoben werden. Mit einem freundlichen Kopfnicken und Hallo können die Thais auch sehr gut leben. Als Verhaltensdevise gilt: Was jemand in seiner Privatsphäre tut, geht niemanden etwas an, was jemand jedoch in der Öffentlichkeit tut, geht alle an und unterliegt daher einem strengen Reglement. *Djai yen*, ein »kühles Herz« zu bewahren, ist in Thailand eine Kardinaltugend. Mit Geduld, Gelassenheit und einem Lächeln kommt man hier stets weiter als ohne.

NATUR & UMWELT

Noch immer streifen Tiger durch die unberührten Urwälder des Khao Yai National Park

Fast 300 Säugetierarten leben in den Wäldern des Landes, darunter Tiger, Leoparden, Kragenbären, Gibbons sowie eine der größte Populationen asiatischer Elefanten. Über 1000 Vogel- und 1200 Schmetterlingsarten sind hier wissenschaftlich erfasst worden.

An den Küsten wurden Schutzgebiete für Mangrovenwälder, Meeresschildkröten und Seekühe eingerichtet. Noch immer besitzt das Land ausgedehnte Korallenriffe, eine bunte Unterwasserwelt, die respektable Tauchreviere bietet.

Die riesige Nord-Süd-Ausdehnung von rund 1500 km und Höhenunterschiede von über 2500 m bedingen mehrere Vegetationszonen, darunter tropische Regenwälder, Bambus- und Monsunwälder sowie Mangroven; alles in allem wachsen hier mehr als 500 Baumarten. Einen einsamen Rekord hält Thailand schließlich mit einem Bestand von 27 000 Blumenarten, darunter über 1000 Orchideen.

Von den Primärwäldern existieren aber nur noch knapp 2 %. In den aufgeforsteten Sekundärwäldern herrscht Artenarmut. Viele Tierarten sind durch Umweltschäden und Wilderer vom Aussterben bedroht, das maritime Leben ist durch Gift- und Dynamitfischerei, Unterwassertourismus und klimatische Veränderungen in Mitleidenschaft gezogen. Thailand hat zwar auf 12 % der Landesfläche über 100 Nationalparks und Tierreservate geschaffen, doch Streitigkeiten um deren Spielregeln und Grenzen haben auch viele dieser Gebiete geschädigt.

Internationale Proteste, mutige Einzelaktionen, aber auch Einbrüche im Tourismus haben das Bewusstsein geschaffen, dass der Erhalt des nationalen Naturerbes langfristig lukrativer ist als rücksichtsloser Raubbau. »Wir lassen nichts zurück außer unseren Fußabdrücken, wir nehmen nichts mit außer unseren Erinnerungen«, lautet das Motto moderner Tourenorganisatoren. Die positiven Auswirkungen des Leitthemas werden Ihnen spätestens klar, wenn Sie sich in Khao Yai plötzlich von einer Herde tatsächlich wilder Elefanten oder im brusttiefen Wasser vor Ko Phi Phi von Schwärmen fantastisch bunter und zutraulicher Korallenfische umgeben sehen.

Die letzten Regenwälder Thailands sind heute Weltnaturerbe der UNESCO

THAILANDS NATIONALBLUME – DIE ORCHIDEE

Sie ziert die meisten Logos der Tourismuswerbung, denn sie gilt als Nationalblume des Landes, die Orchidee. Sage und schreibe 1300 Arten in allen nur denkbaren Farben und Formen gedeihen in Thailand. Wild wachsend trifft man die königliche Blume vor allem in den Bergen des Nordens an der Grenze zu Myanmar an, z. B. auf dem 360 m langen, mit Infotafeln beschilderten Plankenweg **Angka Nature Study Trail.** Er führt auf 2550 m Höhe durch einen verwunschenen Mooswald im Doi Inthanon National Park. Allein hier kann man über 90 Orchideenarten entdecken.

Viele von ihnen sind Epiphyten und leben als Schmarotzerpflanzen auf anderen Pflanzen in den oberen Stockwerken feuchter Wälder. Ihr natürlicher Lebensraum ist jedoch durch Abholzung bedroht. Im eine halbe Autostunde nördlich von Chiang Mai gelegenen Mae Sa Valley wird sie gleich in einer ganzen Reihe von Orchideengärten für den Export kultiviert. Besonders seltene Arten sind auf der **Sai Nam Phung Orchid Farm** an der Old Mae Rim-Samerng Road zu sehen, Thailands größter Orchideenzucht.

Pink Vanda heißt eine besonders schöne Orchideenart Thailands

Wer nicht so weit nach Norden fahren möchte, kann im 17 km südlich von Pattaya gelegenen **Nong Nooch Tropical Garden** Dendrobium, Cattleya, Oncidium, Ascocenda und Vandaceous bewundern.

Ab Mitternacht erhält man auf Bangkoks **Pahurat Yodpiman Flower Market** unweit der Doppelbrücke über den Chao Phraya die frischesten Orchideen in der ganzen Stadt. Puang Malai, kunstvolle Girlanden und Gestecke aus duftendem Jasmin, Frangipani, Orchideen und anderen Blumen, dienen als Opfergabe. In der Abflughalle von Bangkoks Flughafens Suvarnabhumi halten Orchideengeschäfte Ihre Lieblingsblume in insektenfrei verpackten Zellophanbehältern mit Nährlösung bereit. 1000 Baht kostet ein besonders schönes Gesteck. Man darf sie in Deutschland einführen. Im Wohnzimmer daheim erinnern sie dann noch lange an Thailands Blütenpracht.

BUCHTIPP

Das Standardwerk »**A Field Guide to the Wild Orchids of Thailand**« von Nantiya Vaddhanaphuti (Silkworm Books, Bangkok 2005) beschreibt 685 Orchideenarten mit Fotos.

ZIEMLICH AFFIG – DIE NACHFAHREN HANUMANS

Neugierige Affenbabys erkunden
die Khmer-Tempel von Lopburi

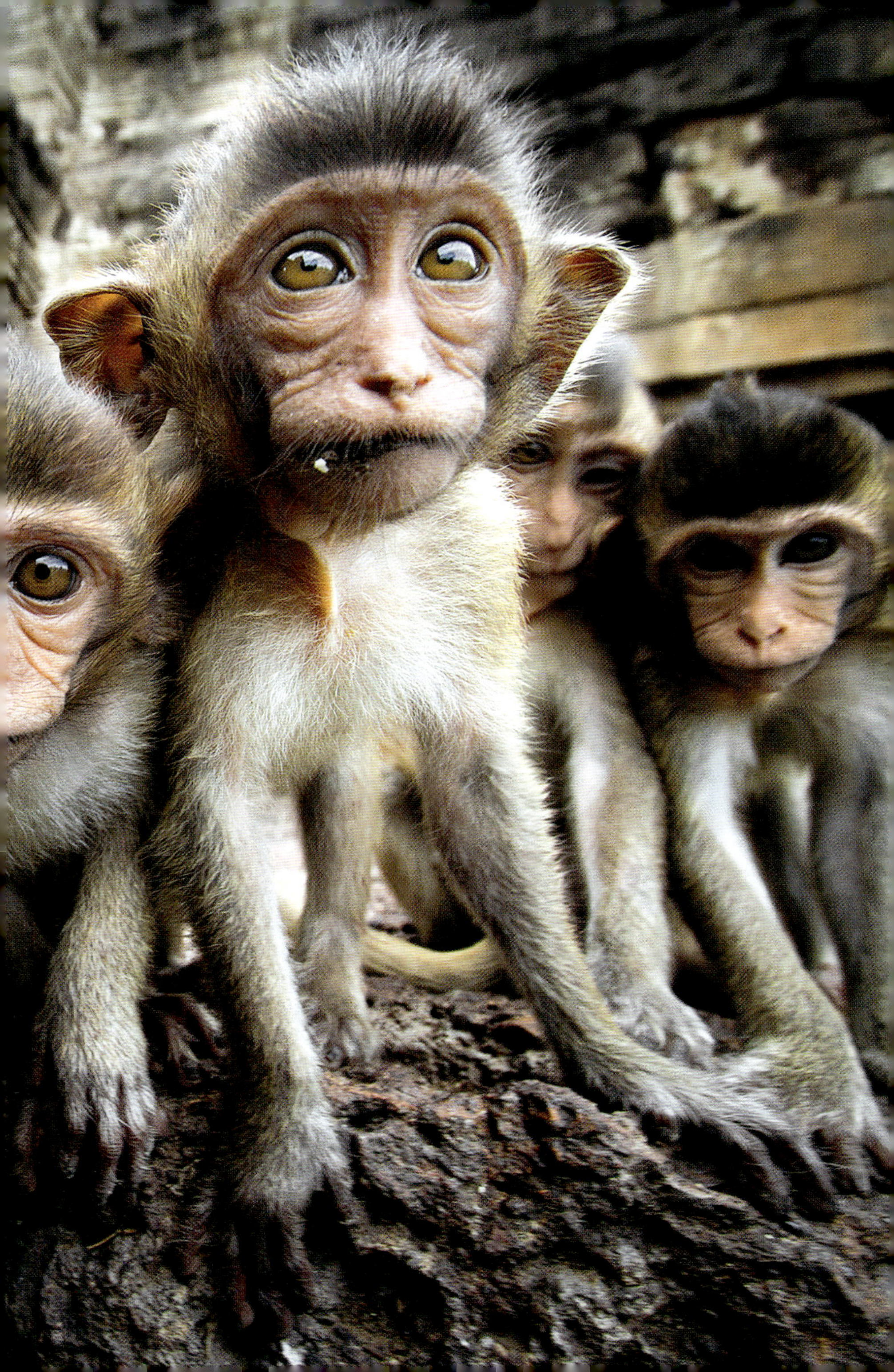

Im Süden Thailands werden gelehrige Makaken zu Kokosnusspflückern ausgebildet

Affen

Können Affen singen? Wer am Morgen in den Urwäldern der Nationalparks Khao Sok und Khao Yai unterwegs ist, glaubt fest daran. Tatsächlich klingen die Heulrufe der akrobatischen Weißhandgibbons, die im Dschungel von Baum zu Baum turnen – der Fachmann nennt das Schwinghangeln – schon sehr melodisch.

Zum Verhängnis wurde es den Weißhandgibbons, dass sie nicht nur ziemlich süß aussehen, sondern auch verflixt intelligent und fingerfertig sind. Das machte sie zu beliebten Haustieren, die als Babys ihren Müttern entrissen wurden, was beinahe zu ihrer Ausrottung in freier Wildbahn führte.

Zwei Initiativen widmen sich inzwischen diesen faszinierenden Primaten. Das 43 km südlich von Mae Sot im Norden Thailands gelegene **Highland Farm Gibbon Sanctuary** (www.gibbonathighlandfarm.org) kümmert sich um über 60 verletzte und ausgesetzte Gibbons. Die meisten wurden aus den Fängen ihrer sie misshandelnden Besitzer gerettet und können nicht mehr in Freiheit leben. Häufig von Touristen besucht wird das von Volontären geleitete und mit Geldern aus den USA finanzierte **Gibbon Rehabilitation Project** (www.gibbonproject.org) im Norden der Insel Phuket, das von der Gefangenschaft traumatisierte Gibbons aufpäppelt, resozialisiert und sie, wenn möglich, in die Freiheit entlässt. Noch immer werden auf Phuket in manchen Hotels und Bars Gibbons zur Unterhaltung der Gäste in Ketten gehalten, ein trauriger Anblick, bei dem man das in Thailand so wichtige »kühle Herz« gerne mal vergessen würde.

DREISTE MAKAKEN

Die Gelassenheit der Touristen strapazieren allerdings auch die in Horden von 10 bis 20 Tieren auftretenden lang- oder kurzschwänzigen Makaken, die oft zutraulich bis aufdringlich sind. In der Altstadt von Lopburi nördlich von Ayutthaya führen sich die als Nachfahren des Affenkönigs Hanuman aus dem Epos Ramakien verehrten Tiere wie regelrechte Rabauken auf. Wenn sie nicht gerade von einem Telefonmast zum anderen turnen oder auf einer Tempelmauer dösen, klauen sie arglosen Besuchern gerne die Brillen oder verwüsten ihnen wenigstens die Frisur. Wer auf die fatale Idee kommt, Obst oder Nüsse aus der Tasche zu ziehen, erlebt einen regelrechten Affenaufstand. Im November schreiten die Einheimischen zur großen Affenspeisung. Wer fotografieren will, sollte die Kamera gut festhalten!

IN DER AFFENSCHULE

Eine Makakenart, der Südliche Schweinsaffe *(Macaca nemestrina)*, ist aber zu mehr als nur Albernheiten zu gebrauchen. Im Süden Thailands richtet man die Kletterkünstler ab, um Kokosnüsse von den Palmen zu holen. Das klingt nach Ausbeutung, doch achtet man bei der Ausbildung der Makaken im **Kradaejae Monkey Training Centre** in Surat-Thani (einen Bootsausflug von Ko Samui entfernt) streng darauf, dass die Tiere sich wohl fühlen, nie bestraft werden, und nur tun, was ihnen Spaß macht. Heißt es jedenfalls. Der Lehrer macht vor, wie man die Nüsse drehen muss, und bald möchte das neugierige Tier das Kunststück ausprobieren.

Erst kommt die »Grundschule«, die den Besitzer etwa 6000 Baht kostet. Sie dauert etwa drei bis fünf Monate. Ein trainierter männlicher Makake kann täglich über 800 Kokosnüsse ernten, weibliche Tiere sind schwächer und eignen sich daher weniger für diese Arbeit. Bei der »Fortbildung« lernt der Affe dann, die Nüsse einzusammeln und in einem Sack an jeden gewünschten Ort zu bringen.

Die Makaken können zwölf bis 15 Jahre arbeiten, die Investition lohnt sich also. Pro Jahr bringt der affige Nusspflücker seinem Besitzer oft Millionen Baht ein, kostet aber nur 10 Baht Unterhalt pro Tag.

RUND UM DEN SENSIBLEN RÜSSEL

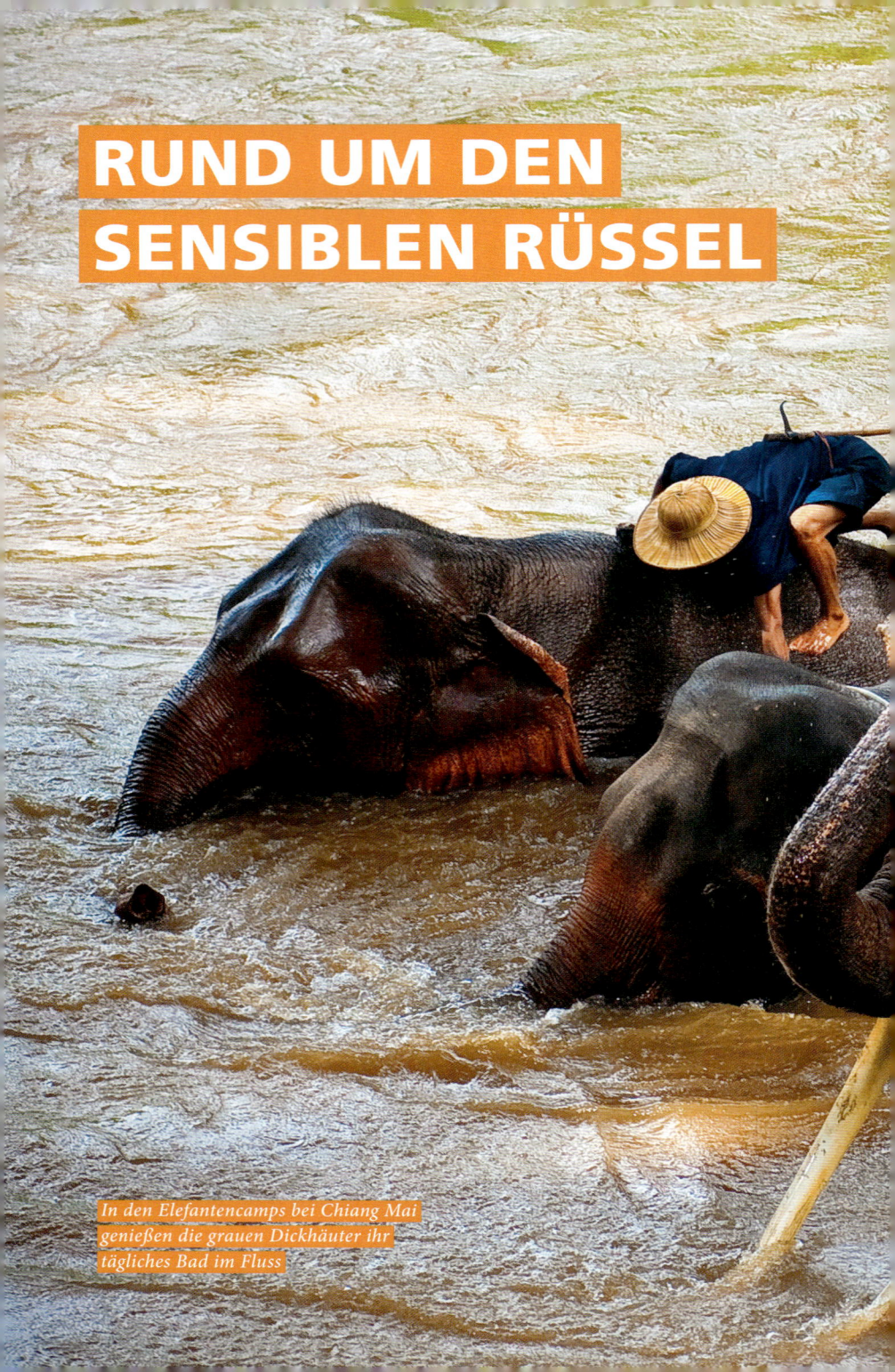

In den Elefantencamps bei Chiang Mai genießen die grauen Dickhäuter ihr tägliches Bad im Fluss

Über 4000 Jahre alt sind die ältesten Anleitungen zur Elefantendressur. Nun aber ist eine der großartigsten Symbiosen zwischen Mensch und Tier bedroht: nämlich jene zwischen den Thais und ihren Elefanten. Jahrhundertelang bildeten die gewaltigen Dickhäuter einen festen Bestandteil des siamesischen Alltags: Wie Galeeren die Weltmeere durchpflügten sie auf Überlandreisen die Dschungel, wie Panzer entschieden sie Völkerschlachten, wie Planierraupen rodeten sie Land, wie Lkws trugen sie wuchtige Lasten.

Sie wurden bedichtet, besungen und gemalt. Die Entdeckung eines »weißen« (eigentlich silbergrauen) Elefanten wurde als glückliches Vorzeichen betrachtet, die verehrten Tiere dem König zum Geschenk gemacht. Sie galten als Symbole der Königsmacht, und bis 1917 war das Emblem Siams ein weißer Elefant auf rotem Grund. Auch in der buddhistischen und hinduistischen Mythologie spielt der Elefant eine bedeutende Rolle. Der dreiköpfige Erawan, die thailändische Form des mythischen Elefanten Airavata, ist das Reittier des hinduistischen Gottes des Regens und des Donners Indra. Der besonders beliebte Ganesha, Gott und »Herr der Hindernisse«, wird mit Elefantenkopf dargestellt.

Im Khao Yai National Park begegnet man mit etwas Glück einer Elefantenfamilie

GIGANTEN-SCHICKSAL

Mit dem Ende der großen Wälder schlug den Elefanten in Thailand jedoch die Stunde. Schon bald fanden die arbeitslosen Tiere neue Jobs in der Touristenindustrie. Die rissige Haut, der ewig agile Rüssel, so sensibel und doch so unvorstellbar stark, die Lautlosigkeit des Ganges – hautnah erlebt, erweist sich der Elefant selbst für Einheimische immer wieder als Sensation. Doch die Verbindung von Tourist und Dickhäuter funktioniert meist schlecht. Die extrem schatten- und wasserbedürftigen Tiere gehen in Städten und an sonnendurchfluteten Stränden zugrunde.

So schön der erste Ritt auf dem schwankenden Rücken auch sein mag: Die enorme Kraft und potenzielle Gefährlichkeit der Riesen macht die ständige Aufsicht des schützenden Mahut unabdingbar. Unter solchen Umständen ist es kaum möglich, die Kosten zu erwirtschaf-

Elefanten

ten, welche der kolossale Grünzeugbedarf den Haltern verursacht. Und so sparen sie, wo es am leichtesten fällt: bei der Versorgung.

DICKHÄUTER FRÖHLICH UND VERSPIELT

Als Zeitungsmeldungen über verwahrloste und misshandelte Tiere die Leser erschütterten und es vermehrt zu tragischen Unfällen kam, suchte die Nation nach besseren Lösungen: Das jährliche Elephant Round-up in Surin vereint im November Hunderte von Tieren für eine Woche zum Spiel und Wettkampf: Fußball, Tauziehen, Staffellauf und ähnliche Dinge, an denen auch Elefanten Spaß haben, die bei dieser Gelegenheit obendrein lang vermisste Verwandte wiedertreffen. Weltweit sicherlich das größte Spektakel in Sachen Elefant.

Mit dem boomenden Tourismus entstanden landesweit kommerzielle Elefantencamps, die Profit machen wollen, und so kann von einer artgerechten Haltung nur in Ausnahmefällen die Rede sein, auch wenn natürlich überall das Gegenteil suggeriert wird. Tatsächlich hat Thailand bis heute versäumt, Schutzgesetze zu erlassen, die für Haltung und Behandlung der bedrohten Riesen Mindeststandards fordern. Das National Elephant Conservation Centre ist hier eine Ausnahme: Unter dem dichten Laubdach eines Waldschutzgebietes – also in ihrem natürlichen Lebensraum – führen Elefanten bei einer täglichen Show ihre vielfältigen Talente vor, von denen es offenbar noch etliche zu entdecken gilt. Hier sind wirkliche Künstler unter den grauen Riesen: Elefanten des Centre haben zwei CDs eingespielt und pinseln abstrakte Bilder, die auf Auktionen schon stattliche Erlöse erbracht haben. Selbstredend kann man hier auch gut reiten: nämlich durch eine Teakplantage.

Thai Elephant Conservation Centre
km 28 Lampang-Chiangmai Highway (Hwy. 11)
Tel. 054 22 8034
www.thailandelephant.org/en
Shows Mo–Fr 10 und 11 Uhr, Sa/So, und feiertags 13.30 Uhr

THAILANDS GESCHICHTE

7.–3. Jt. v. Chr. Archäologische Funde aus Ban Chiang lassen vermuten, dass ein unbekanntes Volk hier noch vor den Chinesen Reis anbaute, vor den Mesopotamiern Bronze schmiedete und seine Keramik mit eleganten Bändern bemalte.

1. Jh. v. Chr. Die Dvaravati-Kultur setzt sich aus einer Reihe buddhistischer Stadtstaaten zusammen. Als Gründer gelten die Mon, vermutlich ein Mischvolk aus nordindischen Einwanderern und den Ur-Thais.

3.–6. Jh. n. Chr. Das älteste asiatische Reich, Funan, herrscht in Südostasien, vermutlich mit Zentrum in Zentralthailand.

7.–11. Jh. n. Chr. Die Khmer dringen von Osten bis nach Mittelthailand vor. Unter ihrem Einfluss vermischen sich in Thailand Buddhismus und Hinduismus.

1238 Das Königreich Sukhothai wird gegründet, Wiege und gleichzeitig Blüte dessen, was man heute als thailändische Kultur bezeichnet. Unter König Ramkhamhaeng entsteht eine Großmacht, deren Einfluss bis ins heutige Südthailand reicht und außerdem Teile von Laos und Birma umfasst.

Um 1290 Aus dem Zusammenschluss mehrerer Fürstentümer im Norden geht unter König Mengrai das Reich Lanna mit der Hauptstadt Chiang Mai hervor, das 1558 an die Birmanen fällt.

1351 Im Süden wird Ayutthaya gegründet. Der erste König Ramathibodi übernimmt das Prinzip eines Gottkönigs von den Khmer.

1431 Ayutthaya besiegt das Khmer-Großreich von Angkor und annektiert bald darauf Sukhothai.

1511 Eröffnung einer portugiesischen Botschaft. Im Lauf der nächsten 150 Jahre lassen sich alle europäischen Handelsmächte in Ayutthaya diplomatisch vertreten.

1767 Ayutthaya wird von den feindlichen Birmanen zerstört. General Thaksin wird ein Jahr später in der provisorischen Hauptstadt Thonburi am Chao Phraya zum König gekrönt und beginnt mit dem Wiederaufbau des Reiches.

1782 General Chao Phraya Chakri lässt sich in der neuen Hauptstadt Bangkok als Rama I. zum ersten König der bis heute herrschenden Chakri-Dynastie ausrufen.

Geschichte

19. Jh. Die Könige Mongkut (Rama IV., 1851 bis 1868) und Chulalongkorn (Rama V., 1868 bis 1910) bescheren dem Land weitreichende Reformen.

1932 Ein Militärputsch beendet die absolute Monarchie und erzwingt die Einrichtung einer konstitutionellen Monarchie.

1939 Aus Siam wird Prathet Thai (Thailand), das »Land der Freien«. Während des Zweiten Weltkriegs unterstützt Thailand die Achsenmächte Deutschland und Japan, wechsel aber rechtzeitig die Fronten.

Nach 1945 Thailand bleibt auf antikommunistischem Kurs, fest mit Japan und den Westmächten liiert.

1973 General Kittikachorn lässt auf demonstrierende Studenten schießen, rund 70 Menschen sterben. Massenunruhen führen zum Sturz des Regimes.

1976 Nach einem Militärputsch fliehen Studenten und Oppositionelle als kommunistische Rebellen in den Untergrund.

1991/92 Nach erneutem Staatsstreich und Ernennung von General Suchinda zum Premierminister kommt es im Mai 1992 zu blutigen Demonstrationen. Suchinda muss abtreten.

1997/98 Thailand wird Auslöser und erstes Opfer der Asien-Krise.

2001 Die 1998 gegründete Partei Thai Rak Thai heimst einen überwältigenden Wahlerfolg ein. Der Multimillionär Thaksin Shinawatra wird Premierminister (2005 bestätigt), verstrickt sich aber in Amtsmissbrauch und Vetternwirtschaft.

2004 Am 26. Dezember fordert ein verheerender Tsunami an der Andamanenküste Tausende von Todesopfern.

2006 Im September übernimmt das Militär während eines Auslandsaufenthaltes Thaksins die Macht.

2007 Die People's Power Party (PPP, Nachfolgepartei von Thaksins TRT) gewinnt im Dezember die Wahlen und teilt sich die Macht mit mehreren kleinen Parteien. Samak Sundaravej wird Premierminister.

2008 Nach gewaltsamen Demonstrationen im September wählt das Parlament Somchai Wongsawat (PPP) zum neuen Premierminister. Der Konflikt zwischen Anhängern Thaksins (rote Hemden) und Königstreuen (gelbe Hemden) eskaliert. Das Verfassungsgericht verbietet die regierende PPP wegen Wahlbetrugs und zwingt damit Premier Somchai zum Rücktritt. Oppositionsführer Abhisit Vejjajiva (Demokratische Partei) bildet eine Koalition.

2011 Nach Parlamentswahlen wird Yingluck Shinawatra, Schwester von Thaksin Shinawatra, Premierministerin Thailands.

2014 Nach Yinglucks Absetzung durch das Verfassungsgericht wegen Machtmissbrauch installiert das Militär General Prayuth Chanocha als Premierminister.

2016 Mit 70 Amtsjahren ist König Bhumibol Adulyadej der am längsten regierende thailändische Monarch.

Auf dem zentralen Markt von Surin tragen Händlerinnen die traditionellen geflochtenen Hüte des Isaan

EINHEIT IN VIELFALT

Bis ins 19. Jh. galten nur die Zentral- und Süd-Thai als eigentliche Siamesen, die Mehrheitsbevölkerungen von Nord- und Nordostthailand betrachtete man als Lao. Erst unter König Rama VI. verbreitete sich die Idee einer einheitlichen Nation der Tai (ohne h), die allerdings Menschen anderer ethnischer Herkunft (Lao, Chinesen, Malaien) auszugrenzen suchte. 1939 wurde das seit dem 16. Jh. von den Europäern Siam genannte Königreich nicht zuletzt deswegen umbenannt. Heute gelten alle Staatsbürger, egal welcher Ethnie, als Thai, doch ist nicht jeder Thai ein Tai. Ethnizität ist in Thailand eine komplizierte Sache.

Vier Hauptgruppen werden heute zur Ethnie der Thai zusammengefasst, die ganz eigene Dialekte sprechen, teilweise verschiedene Sitten und Gebräuche pflegen und nach eigener Einschätzung auch in Temperament und Charakter voneinander abweichen.

*Eis wird auf Bangkoks Märkten
in riesigen Blöcken geliefert*

Menschen

In Pai spielen Männer das auch Xiangqi genannte chinesische Schach

Als **Zentral-Thai** bezeichnet man die Reisbauern des Chao-Phraya-Deltas, der am dichtesten besiedelten Region des Landes, zu der die kleinen Provinzen rund um Bangkok (im Norden bis nach Nakhon Sawan) gehören. Ihr Dialekt ist heute Amtssprache, aus ihren Reihen stammt die Königsfamilie und vieles von dem, was als landestypisch bezeichnet wird. Es nimmt daher nicht wunder, wenn sich die Zentral-Thai meist als zuverlässig und staatstragend einstufen.

Die **Nord-Thai** gelten wegen ihres hellen Teints und ihrer chinesisch anmutenden Gesichtszüge als besonders hübsch. Mitunter ist auch das Vorurteil zu hören, die Menschen aus dem Norden seien faul und ein bisschen arrogant, was von diesen natürlich heftig bestritten wird. Stattdessen weisen sie gern darauf hin, dass die Wiege Thailands bei ihnen stand und Chiang Mai bereits eine blühende Großstadt war, als es Ayutthaya und Bangkok noch gar nicht gab.

Die Arbeiter, Serviererinnen und Laufburschen, die Bangkok am Laufen halten, gehören zum Volk der **Khon Isan** und stammen aus dem Nordosten. Die Menschen dort gelten als zäh und fleißig. Sprachlich wie kulturell sind sie eng mit dem Nachbarvolk in Laos verwandt.

Die **Süd-Thai** wirken heißblütiger und streitlustiger als die anderen Volksgruppen. In den unruhigen vier Provinzen nahe der malaysischen Grenze stellen (als ethnische Minderheit betrachtete) muslimische Thai-Malaien über

Muslimische Schüler genießen ihr Eis in Mae Sot

80 % der Bevölkerung. Sie führen seit Jahrzehnten mit der Zentralregierung einen Kampf um mehr Integration, größere Autonomie und bessere Bildungschancen.

SINO-THAI

Mit 9–15 % Bevölkerungsanteil (je nach Definition) stellen Menschen chinesischer Herkunft die stärkste ethnische Minderheit. Im 19. und frühen 20. Jh. zog es Hunderttausende Chinesen nach Siam, wo sie – begünstigt durch eine tolerante Religion – in der Regel freundlich aufgenommen wurden. Im Vergleich zu Malaysia und Indonesien integrierten sich die Chinesen in Siam schnell. Sie wählten Thai-Namen, heirateten Thais und konvertierten zum Buddhismus, der ihrer traditionellen Ahnenverehrung keine Steine in den Weg legte. Die meisten Sino-Thailänder leben bereits in dritter oder vierter Generation in Thailand und fühlen sich als Thai. Sie dominieren das Geschäftsleben, und beim Einkaufen werden Sie in Bangkoks Chinatown oder in dem von sino-portugiesischer Kultur geprägten Phuket Town in zahlreichen Lä-

Menschen

Kinder des Lahu-Bergvolks in einem Dorf der Provinz Chiang Rai

den chinesische Hausaltäre oder rote Bänder mit chinesischen Schriftzeichen sehen.

Bis in die 1980er-Jahre setzten die Sino-Thai alles daran, sich möglichst unauffällig in die Thai-Gesellschaft einzufügen. Inzwischen lernen manche von ihnen wieder Mandarin, entdecken ihre alten taoistischen Gottheiten und reisen nach China auf der Suche nach ihren Wurzeln. Das neue Selbstbewusstsein der zu Wohlstand gekommenen Sino-Thai birgt die Gefahr wiederaufflammender Animositäten, wie sie unter der von völkischem Nationalismus geprägten antichinesischen Politik zwischen 1938 und 1944 vorkamen. Optimisten betonen lieber die Stärkung des Handels mit China, der für Thailand von herausragender Bedeutung ist.

DIE BERGVÖLKER

Die **Karen** (Kaliang oder Yang) bilden mit etwa 500 000 Menschen die weitaus größte Gruppe aller Bergvölker. Sie sind ab dem 17. Jh. aus Birma und China eingewandert und besiedeln die unteren Höhenlagen entlang der gesamten Westgrenze. Sie zerfallen in mehrere Unterstämme mit jeweils eigenen Sprachen, die buddhistisch, christlich oder animistisch sind. Eine dieser Gruppen kämpft von thailändischem Boden aus noch immer um einen eigenen Staat in Myanmar. Das Spektrum der Karen reicht von westlich wirkenden Stadtbewohnern zu Dorfgemeinschaften auf abgelegenen Dschungellichtungen. Aus Letzteren stammen die berühmtesten Mahuts (Elefantenführer) von Südostasien.

Die **Hmong** (freie Menschen), von den Thais Meo (Barbaren) genannt, stammen ursprünglich aus Zentralchina und der Mongolei. Ihre Dörfer liegen meist sehr hoch, unterhalb der Kuppe eines schützenden Hügels. Die Hmong sind in Klans aufgespalten und konnten dank straffer Organisation ihre traditionellen Lebensformen gut bewahren. Sie waren auf Seiten aller

Hmong-Frauen verkaufen Obst auf dem Markt

Frau des Karen-Bergvolks bei Chiang Mai

beteiligten Parteien in sämtliche indo-chinesische Kriege verwickelt. Wie die Lisu sind sie sehr geschäftstüchtig. Die Frauen der »Blauen Hmong« tragen besonders schöne Kleidung: Kunstvoll bestickte Faltenröcke mit horizontal verlaufenden roten, blauen und weißen Streifen. Die Jacken sind aus schwarzem Satin, mit breiten, orange und gelb bestickten Ärmeln und Aufschlägen. Die Männer tragen weite schwarze Hosen mit bunten Bauchschärpen und bestickten Jacken. Die Frauen behängen sich auch im Alltag mit viel klimperndem Silberschmuck, der Geister in Schach hält.

Die **Lahu** stammen ursprünglich aus dem tibetischen Hochland und waren einst die berühmtesten Jäger der Region. Die Überjagung der Wälder erschütterte jedoch ab den 1950er-Jahren das Sozialgefüge nachhaltig. Die Mischung aus Not und lockerer Sexualmoral ließen ihre Dörfer zum Beutegrund christlicher Missionare und Mädchenhändler werden. Es gibt nur noch wenig intakte Lahu-Dörfer in Thailand, und deren Bewohner sind meist sehr scheu. Einige Lahu-Frauen tragen noch einen schwarzen Umhang mit diagonal verlaufenden weißen Streifen, die Ärmelenden sind leuchtend rot und gelb bestickt. Die reich bestickten Schultertaschen *(yaam)* der Lahu werden überall in Chiang Mai als beliebte Souvenirs verkauft.

Die **Akha** sind über Yunnan in den Norden Thailands eingewandert und leben noch heute überwiegend von Ackerbau und Viehzucht in Höhen ab 1000 m. Sie folgen einer hochkomplizierten Lebensphilosophie, in deren Mittelpunkt ein intensiver animistischer Ahnenkult steht. Die Kultur der Akha ist in hohem Maße bedroht. Gegenüber Touristen geben sie sich meist freundlich desinteressiert, haben aber stets etwas zu verkaufen. Man betritt ihre Dörfer durch Zeremonialtore, deren Verzierungen und Objekte keinesfalls berührt werden dürfen. Sie zeigen menschliche Aktivitäten und signalisieren den Geistern, dass nur Menschen Zutritt haben. Mit Perlenketten und Silbermünzen besonders auffällig ist der kunstvolle Kopfputz der Frauen.

Bergvölker

*Teepflückerin des Lisu-
Bergvolks in der Provinz
Chiang Rai*

Frau des Akha-Bergvolks in traditioneller Kleidung

Bergvölker

Junge Frau des Lahu-Bergvolks mit Baby in der Provinz Chiang Mai

Stickerinnen führen ihr traditionelles Handwerk auf dem Akha Swing Festival in Doi Mae Salong (Chiang Rai) vor

Die **Lisu** sind ein Volk fröhlicher, aber streitlustiger, in Klans organisierter Individualisten. Durch Aufgeschlossenheit für alles Neue haben sie sich gut an moderne Zeiten angepasst. In ihren Dörfern haben sich nach dem Zweiten Weltkrieg illegal zahlreiche Chinesen angesiedelt. Um den örtlichen Behörden zu entgehen, übernahmen diese Sprache, Habitus und farbenfrohe Kleidung der Lisu.

Bei den **Mien**, die von den Thai Yao genannt werden, sind Stickereien und Silberschmiedearbeiten unübertroffen. Sie verwenden bis heute chinesische Schriftzeichen und leben nach einem taoistischen Wertesystem, das ständige Harmonie und ein allgemeines Anstandsgebot beinhaltet. Die Frauen tragen lange schwarze Jacken mit Aufschlägen aus roter Wolle sowie reich bestickte Pluderhosen und einen ebenfalls bestickten schwarzen Turban.

EIN KÜHLES HERZ & VIEL SANUK

Verkäuferin auf einem Schwimmenden Markt bei Bangkok bereitet einen scharfen Papayasalat zu

F*arang know too much!* In Thailand ist das meist Ausdruck der Besorgnis, wenn ein Ausländer mehr als einige Worte Thai versteht. Er könnte hinter die Fassade des Lächelns blicken. Aber keine Sorge, der *farang* versteht in der Regel nichts, und mancher schreibt darüber Bücher.

Aber warum lächeln Thais eigentlich so viel? Nichts fürchten Thais mehr als den Gesichtsverlust, offene Konflikte werden daher wenn irgend möglich vermieden. Mit Lächeln geht das am besten. Achten Sie immer auf die Körpersprache: Eine zögerlich-positive Auskunft, verbunden mit einem Lächeln, bedeutet fast immer: »Ich weiß es nicht« oder »eigentlich geht es nicht«. Taktvolle Touristen vermeiden daher schon von vornherein alles, was irgendjemanden bloßstellen könnte. Macht ein Thai einen Fehler, wird der Gesichtsverlust weggelächelt. Passiert Ihnen ein peinliches Missgeschick, wird Ihr Gegenüber ebenfalls lächeln. Mit Schadenfreude hat das rein gar nichts zu tun, vielmehr möchte die Person verhindern, dass Sie Ihr Gesicht verlieren. Lächeln Sie zurück, sagen Sie »Mai pen rai« (Macht nichts!), und die peinliche Situation ist bereinigt.

Inbegriff thailändischer Lebensphilosophie ist der *sanuk*, also Spaß haben. Alles sollte *sabai* sein, angenehm oder bequem, am besten das ganze Leben. Die Schönheit der Dinge ist ebenso wichtig wie ihre praktische Funktion. Alles, was man tun kann, wird danach beurteilt, ob es Spaß bringt. Zu viel nachdenken, präzise Anordnungen befolgen, sich drängeln lassen, das ist in der Regel nicht *sanuk* und wird daher vermieden, wann immer es geht.

Sich aufzuregen widerspricht dagegen dem Gebot, ein »kühles Herz« (*yai yen*) zu bewahren, und führt regelmäßig zu gar nichts. Gelassenheit an den Tag zu legen gilt in der thailändischen Gesellschaft in jeder Hinsicht als wünschenswert; *sanuk* und *yai yen* sind das Erfolgsrezept für einen gelungenen Urlaub. Und natürlich nie das Lächeln vergessen!

FRAUEN – THAILANDS STILLE KRAFT

Ma Huan, muslimischer Reisender und Übersetzer aus China, wusste Erstaunliches über die Frauen des Landes Siam zu berichten, das er um 1415 besucht hatte. Alle Geschäfte, die großen wie die kleinen, lägen in der Hand der Frauen, und die Männer unternähmen große Anstrengungen, ihren Frauen sexuelle Lust zu bereiten. Das hat nun so gar nichts mit dem Bild des anschmiegsamen »Thaigirls« gemein, das Boulevardmedien und dubiose Partnervermittlungen bis heute vermitteln. Dass es auch anders geht, beweist »Patong Girl« (2014). In diesem einfühlsam und mit feinem Humor gedrehten deutsch-thailändische Spielfilm von Susanna Salonen verliebt sich ein junger Deutscher in Phuket komplikationsreich in eine einheimische Transgender.

Natürlich ist das grelle Gesicht der Sexindustrie nicht zu übersehen, typisch für Thailand ist es deswegen noch lange nicht. So konzentriert sich die einschlägige Barszene in Bangkok auf Patpong, Soi Nana und Soi Cowboy, und das sind nur wenige kleine Gassen. Dazu kommen noch etliche »Massagesalons« und Freelancer außerhalb der Rotlichtzonen. Wer das wirklich aufregende und kulturell sehr vielfältige Nachtleben der Metropole auf Augenhöhe mit Einheimischen genießen möchte, kann um diese Orte getrost einen Bogen machen.

Die touristischen Hochburgen des Sexgewerbes sind heute ohnehin Pattaya und Patong (Phuket). Wie »freiwillig« die Frauen dort arbeiten, ist schwer zu entscheiden. Besonders im armen Nordosten »verkaufen« Familien buchstäblich Töchter an Bordelle, oft um Schulden zu bezahlen, viele Mädchen gehen aber auch aus mehr oder weniger eigenem Entschluss »nach Süden«, wie es euphemistisch heißt, um ihre Familien zu unterstützen. Mit dieser guten Tat glauben sie ihr schlechtes Karma zu verbessern: Vorstellungen, die auf dem Land noch eine große Rolle spielen. Die Familien halten im Heimatdorf währenddessen die Fiktion von einem lukrativen Sekretärinnenjob in Bangkok aufrecht. Eine vergleichsweise ehrliche Abrechnung mit vielen Mythen der Sexindustrie liefern die E-Books von Noi Thawattana, die in der Szene gearbeitet hat und heute in den USA Journalismus studiert.

Immerhin zeigen Kampagnen und schärfere Gesetzgebung gegen die Prostitution von Minderjährigen in Thailand Wirkung. Größere Er-

Frauen

folge verhindert die im Land herrschende Doppelmoral: Prostitution ist zwar ein Motor der Tourismusindustrie, doch eigentlich verboten, und damit ist sie offiziell nicht existent!

Gründe für diese Doppelmoral sind auch im jahrhundertealten »System Mia Noi« zu suchen. Die »geringere Frau« *(mia noi)*, die für vermögende Thais geradezu ein Statussymbol. Die Ehefrau *(mia luang)* nimmt diese Konkubine in der Regel hin, solange gewisse Regeln eingehalten werden. Sie bekommt den größeren Wagen, die teurere Mode, den wertvolleren Schmuck und die Aufmerksamkeit in der Öffentlichkeit. Die *mia noi* ist dagegen weitgehend Privatangelegenheit. Der Mann darf zwar mit ihr ausgehen, aber bitte nur diskret. Obwohl in Thailand laut Verfassung Gleichberechtigung von Mann und Frau herrscht, benachteiligt das Familienrecht die Ehefrau erheblich. Während der Mann bereits die Scheidung fordern kann, wenn sich seine Frau nur einen Fehltritt leistet, gilt das umgekehrt nicht. Er müsste schon seine *mia noi* in aller Öffentlichkeit als Ehefrau vorstellen. Ärmere Thais können sich eine *mia noi* aber ohnehin nicht leisten und kompensieren diesen »Mangel« mit dem Besuch von Bordellen oder »Teehäusern«. Diese sind auch auf dem Land allgegenwärtig, dort aber in der Regel den Augen neugieriger Ausländer entzogen.

Das »System Mia Noi« ist inzwischen ein Auslaufmodell. Immer mehr gebildete Frauen der Mittelschicht entscheiden sich für eine Geschäftskarriere und nehmen dafür oft die Ehelosigkeit in Kauf. Dafür werden sie zumindest in ihren gesellschaftlichen Kreisen durchaus respektiert. In der Politik gelten Frauen allerdings noch immer in erster Linie als hübsche Accessoires. Daran konnte auch Thailands erste Premierministerin, Yingluck Shinawatra, nichts ändern, die hauptsächlich als Marionette ihres 2006 entmachteten Bruders Thaksin betrachtet wurde, obwohl sie eigentlich als erfolgreiche Geschäftsfrau in ihr hohes Amt gekommen war. Fortschritte gibt es dennoch, auch auf kommunaler Ebene. Immer mehr Frauen üben zum Beispiel das Amt der Dorfvorsteherin aus, das bis vor Kurzem noch eine absolute Männerdomäne war.

Überhaupt lohnt es sich, so genau hinzusehen wie vor 600 Jahren der anfangs zitierte chinesische Reisende. Der Einfluss, den Thailands Frauen auf die Gesellschaft des Landes haben, wird nämlich bis heute erheblich unterschätzt. So vererbt man im Norden und Nordosten Grundbesitz in der Regel an die (jüngste) Tochter, und die Männer ziehen zu ihrer Ehefrau. Die Frauen kontrollieren die Finanzen der Familie, und oft bekommt der Mann nur ein »Taschengeld« zugewiesen. Im Haushalt hat meist die Frau die Hosen an – oft buchstäblich. Allerdings arbeitet sie in der Regel auch wesentlich mehr. Im öffentlichen Leben scheint zwar noch immer der Mann zu dominieren, doch die soziokulturell geprägten Einstellungen von der Rolle der Frau wandeln sich. Über die Hälfte aller in Thailand Beschäftigten sind Frauen, und auch bei den qualifizierten Arbeitskräften haben sie fast zu den Männern aufgeschlossen. Sogar die letzte absolute Männerdomäne hat zumindest eine Frau erobert: Die anerkannte Professorin Chatsumarn Kabilsingh ist die erste Thailänderin, die entgegen der Tradition den Status eines geweihten Mönchs innehat, wenngleich sie vom Theravada-Orden in Sri Lanka ordiniert wurde. Unter dem Namen Dhammananda Bhikkhuni legte sie als erste Frau die farbige Kutte an, deren Stoff in Thailand Frauen ansonsten nicht einmal berühren dürfen.

BUDDHAS LEHRE

95 % der Thais sind Anhänger des Theravada-Buddhismus, der ältesten buddhistischen Glaubensrichtung. Als einzige gründet sie ihren Ursprung direkt auf die Lehre des Gautama Buddha (6. Jh. v. Chr.). Im Mittelpunkt des Theravada stehen folgende Annahmen: Alle Daseinsformen sind vergänglich und unvollkommen. Leben bedeutet Leiden. Jede Existenz ist an das Rad der Wiedergeburt gebunden, muss nach dem Tod in einem neuen Leben wiedererstehen. Neues Leben bedeutet neues Leid. Ursache des Leidens ist die Begierde. Die vollständige Überwindung der Begierde beendet das Leiden und führt zum endgültigen losgelösten Zustand des Nirwana.

Goldene Buddhas zieren die Wand eines Tempels

WEGE ZUM NIRWANA

Der einfachste Weg besteht in der Einübung des Edlen Achtfältigen Pfades. Dessen Bestandteile sind individuelle Eigenschaften wie das Loslösen von weltlichen Genüssen und egoistischen Bedürfnissen, geübt werden müssen aber auch Aufmerksamkeit, Anstrengung und Konzentration.

In diesem Training, das insbesondere auch die Meditation beinhaltet, liegt eine der wichtigsten Aufgaben der Klöster. Viele Tempel unterhalten daher eigene Schulen, denen gleichzeitig eine wichtige soziale Rolle zufällt. Arme Familien schicken nämlich einen oder mehrere Söhne bereits im Kindesalter als Novizen ins Kloster, wo sie bei freier Kost ihre Schulausbildung erhalten.

Verdienst erwirbt, wer sich für einen Teil seines Lebens als Mönch den strengen Ordensregeln unterwirft, aber auch wer den Mönchen Lebensmittel spendet oder im Wat eine Andacht hält. Die Buddhastatue, vor der dies geschieht, dient nur als formaler Rahmen. Sie kann genauso wenig angebetet werden wie Buddha selbst, der ja, wie jeder Thai sehr wohl weiß, auch nur ein Mensch war.

Mönche versammeln sich vor einem liegenden Buddha

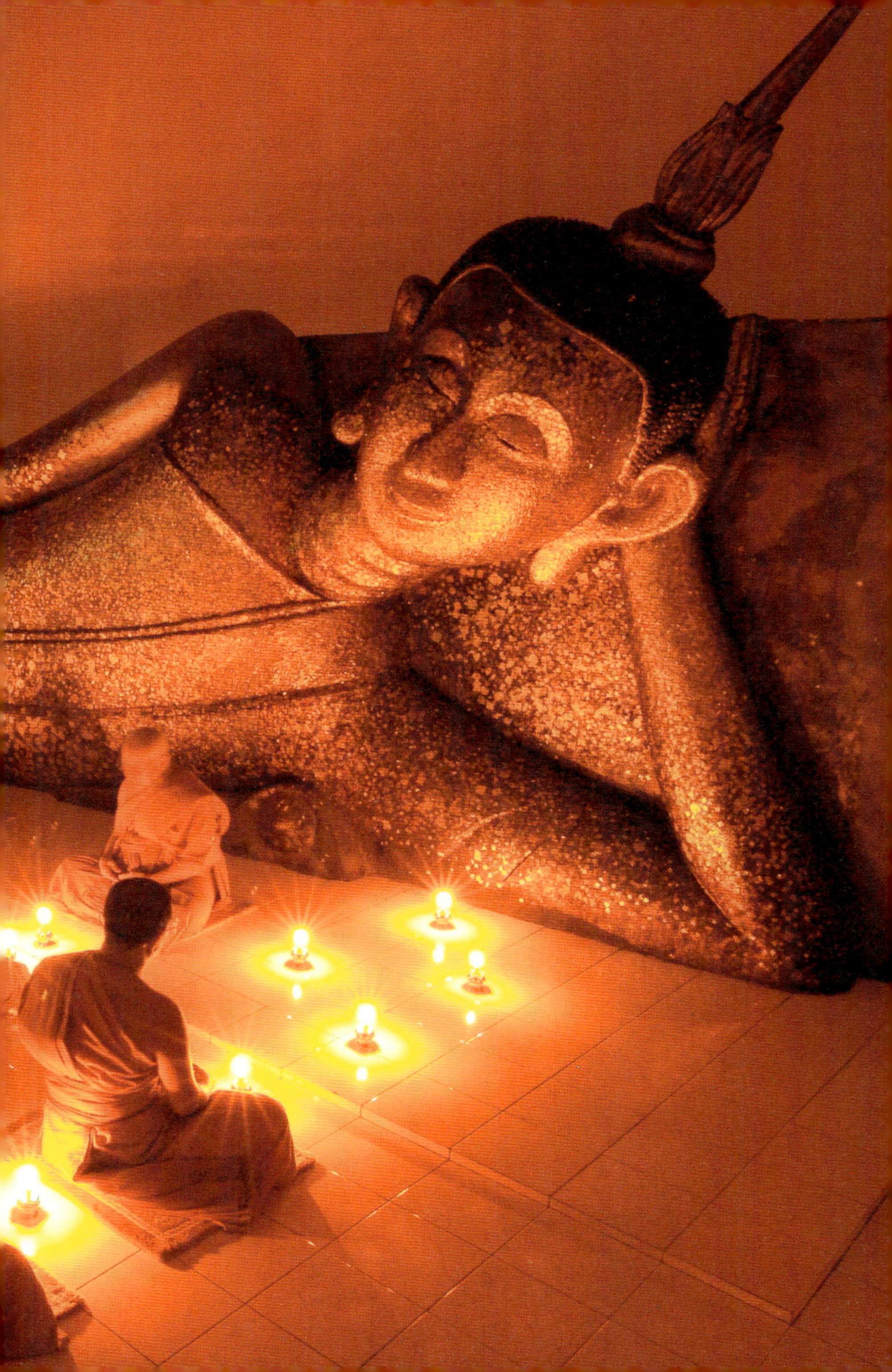

In Thailand besonders häufig ist die Geste *bhumisparsa-mudra,* Symbol für die Anrufung der Erdgöttin Thorani, als Buddha von Mara versucht wurde. Dabei befindet sich beim sitzenden Buddha die linke Hand im Schoß, ihre Innenfläche weist nach oben, während die rechte Hand über dem Knie hängt oder den Boden berührt. *Abhaya-mudra* ist die Geste der Furchtlosigkeit. Hier werden die Innenseiten der Handflächen dem Betrachter in Schulterhöhe entgegengestreckt. Die Symbolik richtet sich nach der jeweiligen Hand (beidhändig: Beruhigung des Meeres; linke Hand: Zurückweisung des Bösen; rechte Hand: Streit schlichtend). Bei der *vitarka-mudra* genannten Argumentationsgeste bilden Daumen und Zeigefinger einen Kreis. Dieses Symbol der Predigt ist häufig an Statuen der Mon-Zeit zu sehen. *Dharmacakra-mudra,* die Geste des Rades der Lehre zeigt beide Hände in Brusthöhe, die sinnbildlich ein Rad, Symbol für den Kreislauf der Inkarnation, umschließen. Bei der Meditationsgeste *samadhi-mudra* oder *dhyana-mudra* verschränken sitzende Statuen beide Hände auf dem Schoß, wobei die Handflächen nach oben zeigen. *Varada-mudra* ist die Geste des Segnens, Symbol des Beistands und der Gnade. Bei stehenden Figuren hängt ein Arm herab, die Innenseite der Handfläche ist zum Gläubigen gerichtet.

Buddhas vor dem Tempel
Wat Yai Chai Mongkol in Ayutthaya

GESTEN
BUDDHAS

STILEPOCHEN

Pagoden in der alten Königsstadt Ayutthaya

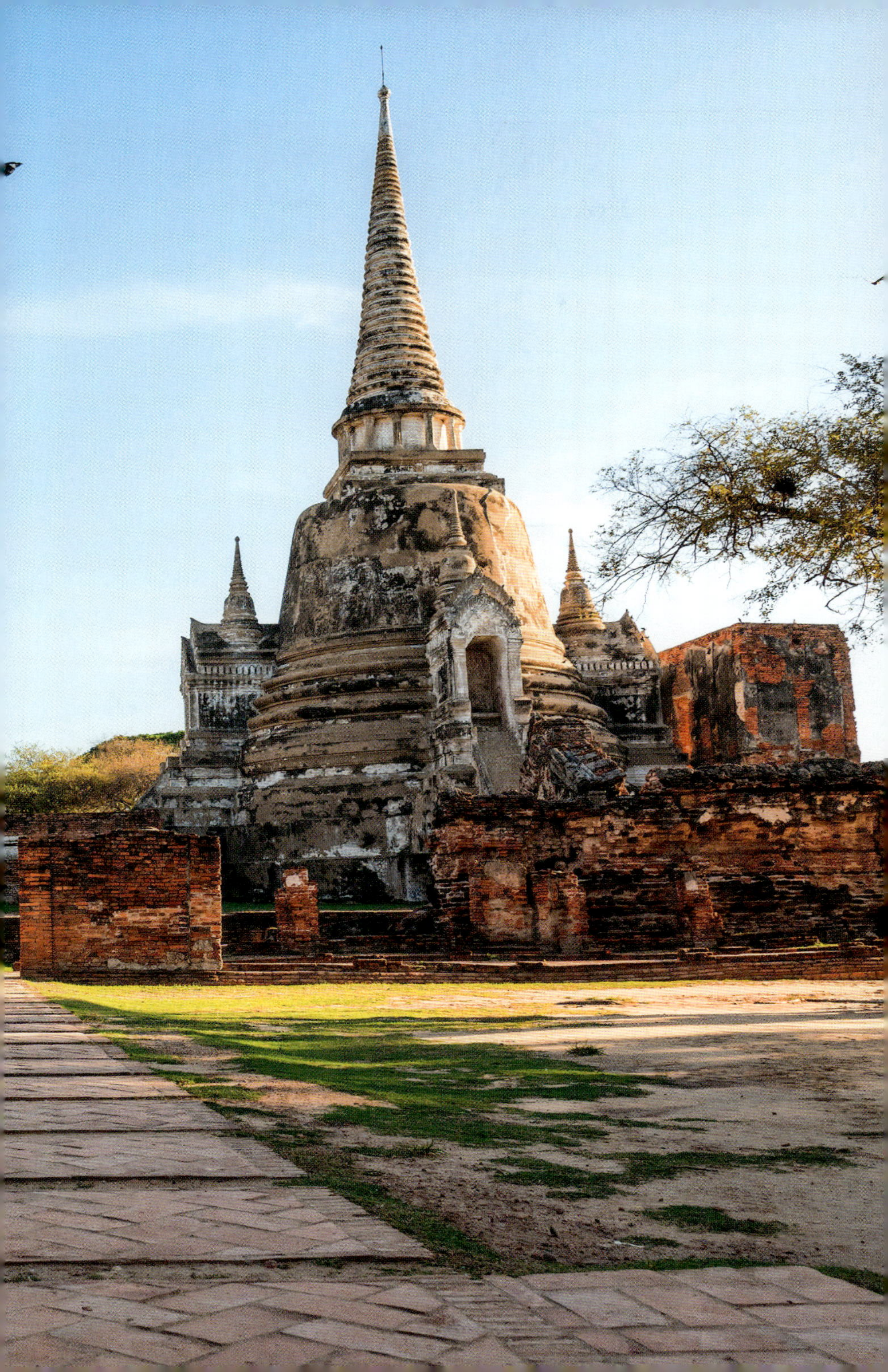

Steinerne chinesische Wächterfigur am Eingang zum Wat Pho in Bangkok

Thailands unterschiedliche Kunststile sind nicht immer eindeutig zu bestimmen, da manche gleichzeitig nebeneinander existierten und sich nur durch Regionalität und Fremdeinflüsse voneinander unterschieden. Außerdem veränderten und erneuerten viele Herrscher vorhandene Bauten, sodass die Einheitlichkeit eines Stil nicht gewahrt wurde.

DVARAVATI ODER MON (6./7.–11. JH.)

Die stark indisch beeinflusste Kunst der Mon war hauptsächlich im zentralthailändischen Chao-Phraya-Becken beheimatet. An indischen Vorbildern orientieren sich die quadratische Form und die an drei Seiten angebrachten Gitterfenster der Tempel. Stupas und Chedis sind aus Ziegeln gefertigt, der Mittelteil zeigt Glockenform. Charakteristisch für diese Epo-

Architektur

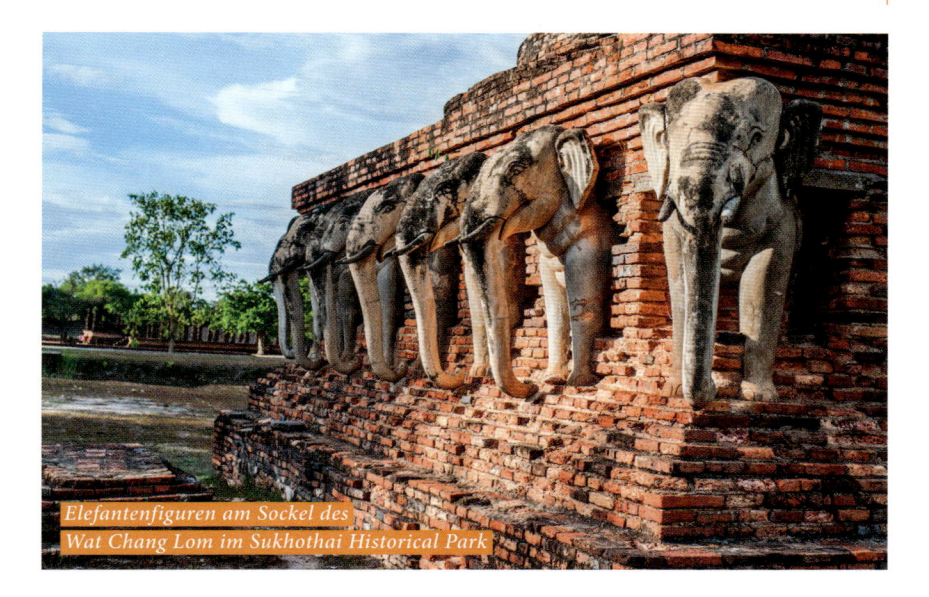

Elefantenfiguren am Sockel des Wat Chang Lom im Sukhothai Historical Park

che ist das Cakra, das die Zyklen von Leben und Wiedergeburt symbolisierende Gesetzesrad der buddhistischen Lehre. In Nakhon Pathom, einem frühen Zentrum buddhistischer Missionare aus Indien, hat man viele Exemplare aus dieser Zeit gefunden, in der Buddha nicht direkt abgebildet werden durfte. Kulturell verwandt ist der etwa zeitgleiche Hariphunchai-Stil im heutigen Nordthailand. Nur in Lamphun blieben Bauwerke erhalten. Die Nationalmuseen von Bangkok, Nakhon Pathom, Lamphun und Chiang Mai bewahren jedoch viele Buddhastatuen aus dieser Zeit. Stilprägend war eine große Vorliebe für Symmetrie und breitflächige Gesichter mit zusammenlaufenden Augenbrauen. Buddha wurde meist in der Geste der Argumentation gezeigt.

SRIVIJAYA (8.–13. JH.)

Die in Südthailand verbreitete Stilform stammt ursprünglich aus Indien, daher findet man hier viele Darstellungen von Hindu-Gottheiten, besonders von Vishnu und Lingam, dem Phallussymbol Shivas. Ihr Zentrum war Nakhon Si Thammarat (Wat Mahathat). Der Mahayana-Buddhismus Südthailands verehrte viele Bodhisattwa, erleuchtete Menschen, die ihren Eintritt ins Nirwana verschoben, um anderen den rechten Weg zu weisen. Als Inbegriff des Mitleids schlechthin gilt der vierarmige Heilige Avalokitesvara, dessen schönstes Exemplar, der in Chaiya gefundene Bodhisattwa Padmapani, in Bangkoks Nationalmuseum zu sehen ist. Ein Beispiel für den Architekturstil ist der kunstvoll ornamentierte, stark restaurierte Stufen-Chedi des Wat Phra Mahathat in Chaiya.

KHMER/LOPBURI (6.–14. JH., HOCHPHASE 12. JH.)

Der Khmer-Stil in Zentral- und Nordostthailand wurde entscheidend von Kambodscha beeinflusst. So hat sich der Prang aus dem Prasat genannten Tempelturm der Khmer entwickelt. Schöne Beispiele findet man in den Tempelanlagen von Phimai und Phanom Rung, allesamt Schreine für den heiligen Shiva-Phallus *(lingam)*. Ende des 12. Jhs setzte sich bei den Khmer der Mahayana-Buddhismus durch, so erschienen neben den Hindu-Gottheiten Abbildungen von Bodhisattwa und Buddha selbst. Der Er-

Wat Lok Mo Li in Chiang Mai ist ein schönes Beispiel für die filigrane Holzarchitektur des Lanna-Stils

leuchtete wurde hier zum ersten Mal »im Schutz der Naga« dargestellt. Nach einer Legende soll der Schlangenkönig Muchalinda Buddha nach dessen Erleuchtung (am 42. Tag) mit seinen Häuptern vor dem Dauerregen geschützt haben.

Nahezu identisch mit dem Khmer-Stil ist der Lopburi-Stil. Die Buddhas prägen eckige Gesichter mit ernsten Zügen, die Nase wurde flach gestaltet, die Augenbrauen sind fast gerade, die Lippen voll.

SUKHOTHAI (13.–15. JH.)

Charakteristisch für diese verfeinerte Kunstrichtung sind Lotosknospentürme. Die Ecken der Türme sind abgeflacht, geometrische Ausschmückungen aus Stuck und Backstein werden hinzugefügt. Stupas in verschiedenen Formen enden nach dem Vorbild der Reliquientürme Sri Lankas in langgezogenen Spitzen. Die schönsten Beispiele findet man in Sukhothai, Si Sat-chanalai und Kamphaeng Phet. Die Gesichter der androgyn wirkenden Buddhafiguren sind oval, haben feine, regelmäßige Züge, schlanke, gebogene Nasen, hochgeschwungene Augenbrauen und schwere Lider über geschlitzten Augen. Der Mund deutet ein Lächeln an. Der Kopfaufsatz ist meist flammenförmig. Bevorzugt wurde die sitzende Pose, mit der Erdanrufungsgeste *bhumisparsa-mudra*. Meist trägt Buddha ein enganliegendes Gewand, das die rechte Schulter freilässt.

Als perfekt angesehen wird das Buddhabildnis Phra Phuttha Chinnarat im Wat Si Ratana Mahathat von Phitsanulok. Eine Kopie befindet sich im Wat Benchamabophit in Bangkok. In Sukhothai taucht schließlich erstmals der schreitende Buddha auf, der oft aus lackierter, vergoldeter Bronze gefertigt wird. Sein linker Arm zeigt die Geste der Argumentation *vitarka-mudra*.

Architektur

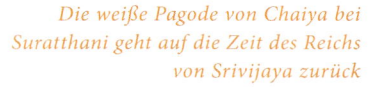

Die weiße Pagode von Chaiya bei Suratthani geht auf die Zeit des Reichs von Srivijaya zurück

Wat Chama Thewi in Lamphun zählt zu den wenigen erhaltenen Tempeln des Dvaravati-Stils in Thailand

LANNA (13.–16. JH.)

Diese besondere Stilrichtung des vom Theravada-Buddhismus geprägten Lanna-Königreichs im Norden Thailands sind Ähnlichkeiten mit der birmanischen Kunst nicht zu übersehen. Sie nimmt aber auch Vorbilder aus Indien und Sukhothai auf.

In der Architektur verwendete man vorwiegend Holz, fertigte überaus feines und kostbares Schnitzwerk, nutzte aber auch Stuck und Terrakotta. Auffällig sind die filigranen Metallschirme und Wächterlöwen, die man besonders in Chiang Mai und Chiang Rai sehen kann.

AYUTTHAYA (14.–18. JH.)

Die Hauptstilrichtung der Thai-Kunst, der Ayutthaya-Stil, präsentiert sich sehr prunkvoll, mit reicher Ornamentik. Stupas und an Maiskolben erinnernde Prangs sind nun höher und schlanker, die Basen werden oft mit in Stuck modellierten Löwen und Elefanten geschmückt. Stilprägend sind auch übereinander geschobene »Teleskopdächer«. Wats und Paläste werden mit kostbaren Wandmalereien geschmückt. Buddha zeigt sich im Fürstenschmuck als Gottkönig. Überhaupt verwendet man gerne edle Materialien wie Gold und Edelsteine.

RATTANAKOSIN (AB DEM SPÄTEN 18. JH.)

Der Rattanakosin-Stil folgt dem späten Ayutthaya-Stil (bestes Beispiel ist der Wat Arun in Bangkok), später oft in vergröberter Form, dazu kommen europäische und chinesische Elemente, wie man besonders deutlich am Wat Phra Keo in Bangkok sehen kann.

In der Malerei ist die Fortführung des Ayutthaya-Stils besonders kreativ, wie die (ständig erneuerten) fantasievollen Ramakien-Fresken im Tempelumgang zeigen.

TEMPEL-
ARCHITEKTUR

Der abends glanzvoll illuminierte Wat Arun in Bangkok ist ein geradezu magischer Anblick

Der typische Tempel *(wat)* umfasst eine Ordinationshalle *(bot)* sowie eine nicht festgelegte Zahl von Versammlungshallen *(viharn)* und turmartige Bauten zur Aufbewahrung von Reliquien *(chedis,* im Norden auch *that,* im indischen Stil *stupas* genannt). Der den Mönchen vorbehaltene *bot* ist von acht Markierungssteinen *(sema)* umgeben und oft nur dadurch von den Viharn zu unterscheiden. In der Mitte von Tempeln der Khmer-Epoche steht immer ein Turm *(prang)* mit einem heiligen Phallus *(lingam).*

Die Durchdringung von buddhistischer Thai- und hinduistischer Khmer-Kultur seit dem 10. Jh. brachte einige Hinduelemente dauerhaft in Thailands Ikonografie ein. Häufig anzutreffen sind der vierarmige Vishnu, der Garuda (halb Mann, halb Vogel), sein weibliches Pendant Kinnari, der achtarmige Shiva, der elefantenköpfige Ganesh, der dreiköpfige Elefant Erawan, Geister bannende Yak-Riesen und die vielköpfige Naga-Schlange.

Erste Symbole, die die Anwesenheit Buddhas oder die seiner Lehre verdeutlichten, waren seine »Fußspuren« *(buddhapada)* und das »Rad der Lehre« *(cakra).* Die *buddhapada* sind meist sehr groß, Längen bis zu 2 Meter nicht ungewöhnlich, oft überdimensioniert, aber kunstvoll

Der berühmte liegende Buddha des Wat Pho in Bangkok füllt fast den gesamten Tempel aus

gestaltet. In späterer Zeit bekam Buddha eine menschliche Gestalt, wurde aber überhöht und stilisiert dargestellt. In den Wandmalereien kann man Legenden aus dem Leben Buddhas erkennen *(jataka)*.

Die vier symbolträchtigen Grundpositionen der Buddhastatuen sind: in Meditation sitzend, im Sterben (ins Nirwana übergehend) liegend, stehend (besonders in der Ayutthaya-Epoche) und schreitend (Sukhothai-Stil). Diese Positionen werden mit verschiedenen typischen Handgesten *(mudra)* zusätzlich variiert.

TEMPEL-KNIGGE

Beim Besuch eines Tempels sollte man anständig gekleidet sein. Das bedeutet für die Frauen, Schultern und Knie bedeckt zu halten, für Männer – besonders Touristen –, auf Shorts zugunsten einer langen Hose zu verzichten. Auch ärmellose Shirts sind tabu. Schuhe zieht man grundsätzlich vor Betreten eines Tempels aus, doch gilt dies auch für private Wohnungen.

Im Buddhismus wird der Kopf als Besonderheit geehrt, deshalb sollte man es vermeiden, ihn zu berühren. Die Füße, die dagegen als unrein gelten, richte man möglichst nicht auf andere Menschen und schon gar nicht auf ein Buddhabildnis oder eine Buddhastatue.

BESTECHLICHE GEISTER

Sie werden in Thailand kein Gebäude ohne Geisterhäuschen *(san phra phum)* oder wenigstens einen Hausaltar finden. Hier wird den Ortsgeistern *(phi)* gehuldigt, die von alters her als die eigentlichen Besitzer eines jeden Platzes gelten. Täglich werden ihre Nachbildungen aus Gips mit kleinen Gaben (Speisen, Blumen, Räucherstäbchen, Kerzen) verwöhnt, oft stellt man ihnen gar eine komplette Dienerschaft, Tänzerinnen zur Unterhaltung und Haustiere als Figürchen zur Verfügung. Geister jeglicher Art durch Missachtung zu verstimmen und solchermaßen Feuer, Erdrutsch oder andere Katastrophen heraufzubeschwören, gilt schlichtweg als unvernünftig. Je prunkvoller das Gebäude, umso luxuriöser fällt auch das Geisterhäuschen aus. Ein besonders kunstvolles finden Sie vor Bangkoks World Trade Centre. Nie darf der Schatten des zu schützenden Hauses auf das Geisterhäuschen fallen, denn dann könnte der Geist auf die fatale Idee kommen, ins Haupthaus umzuziehen! Wird die Familie von Unglück heimgesucht, wird man zunächst einmal das Geisterhäuschen renovieren und an einen anderen Platz stellen.

Kunstvolle Geisterhäuschen mit Opfergaben sind in ganz Thailand ein vertrauter Anblick

Nun gibt es viele Geister und noch mehr Gefahren, die gebannt werden wollen, entsprechend hoch fällt die Zahl der möglichen Zauber aus. So bannt man die jeweilige Magie vorzugsweise in kleine Amulette *(khruang)*. Als Motive immer gern genommen werden Miniaturen heiliger Statuen berühmter Wats, verehrter Mönche, König Ramas V. oder legendärer Heiler. Oft sind sie mit magischen Formeln *(khruang rang plu sek)* beschrieben, meist in alter Khmer-Schrift *(khom)*. Diese werden dann bei Gefahr rezitiert. Der materielle Wert der meist aus Ton, Gips oder Bronze, aber auch aus Tigerzahn und Büffelhorn gefertigten Stücke ist oft nur gering, trotzdem geht der Preis besonders wirkungsvoller Amulette in die Millionen Baht. »Was für ein Amulett hat er getragen?« lautet oft die erste Frage, wenn jemand einem schweren Unglück oder Unfall entronnen ist. Der Preis für dieses besondere Amulett schießt dann garantiert in die Höhe! Ansonsten gilt: Hat man Glück, lag es am Amulett, hat man Pech, war das Amulett zu schwach, und trug man kein Amulett, war man nun wirklich selbst schuld!

Nutznießer sind oft als zauberkundig geltende Mönche, die wiederum manche Klöster in hochprofitable Manufakturen für magische Artefakte verwandelt haben und natürlich jedes Stück segnen müssen: Je mehr Charisma der Mönch hat, desto stärker ist auch das Amulett.

Eine riesige Auswahl finden Sie an den über 100 Ständen des Wat Rajnadda Buddha Centre im Südosten des Tempelbezirks: Bangkoks größtem Amulettmarkt. Es gibt schlichtweg kein Unglück, gegen das man sich nicht mit einem Amulett wappnen könnte. Dabei gelten z. B. die kleinen Phallusformen *(khruang phlad khik)* keineswegs als anstößig. Wohlmeinende Eltern binden sie sogar ihren kleinen Söhnen um das Handgelenk oder die Lenden: Gewissermaßen eine »Anzahlung« auf erhofften späteren Kinderreichtum, aber gegen Schlangenbisse helfen sie auch. All dies hat genauso wenig mit Buddhismus zu tun wie die Schutztätowierungen in Form blauschwarzer Muster und Inschriften, die Sie bei manchen Thais bemerken werden.

Geradezu bizarr wirkt oft das Figurensammelsurium in den Taxis. Buddhastatuen, Amulette und Fotos von Mönchen und Mitgliedern der Königsfamilie kleben auf dem Armaturenbrett, Yantra-Diagramme, eine Kombination aus Buchstaben und Zahlen, zieren das Innendach, Blumengirlanden und Perlenketten hängen vom Innenspiegel, stets der thailändischen Devise »mehr ist besser« folgend. Gewissermaßen sind diese Mini-Altäre die Lebensversicherung des Fahrers, Schutz gegen schlechtes Karma, das Sie, werter Fahrgast, ihm ins Fahrzeug tragen.

Die Alternative, nämlich einfach umsichtiger zu fahren, ist in dieser Vorstellungswelt, in der das eigene Schicksal weitgehend vorbestimmt ist, nicht vorgesehen. Aber mit dem Ihnen zugedachten Schicksal möchte der Fahrer lieber nichts zu tun haben!

Amulette helfen in Thailand für und gegen einfach alles

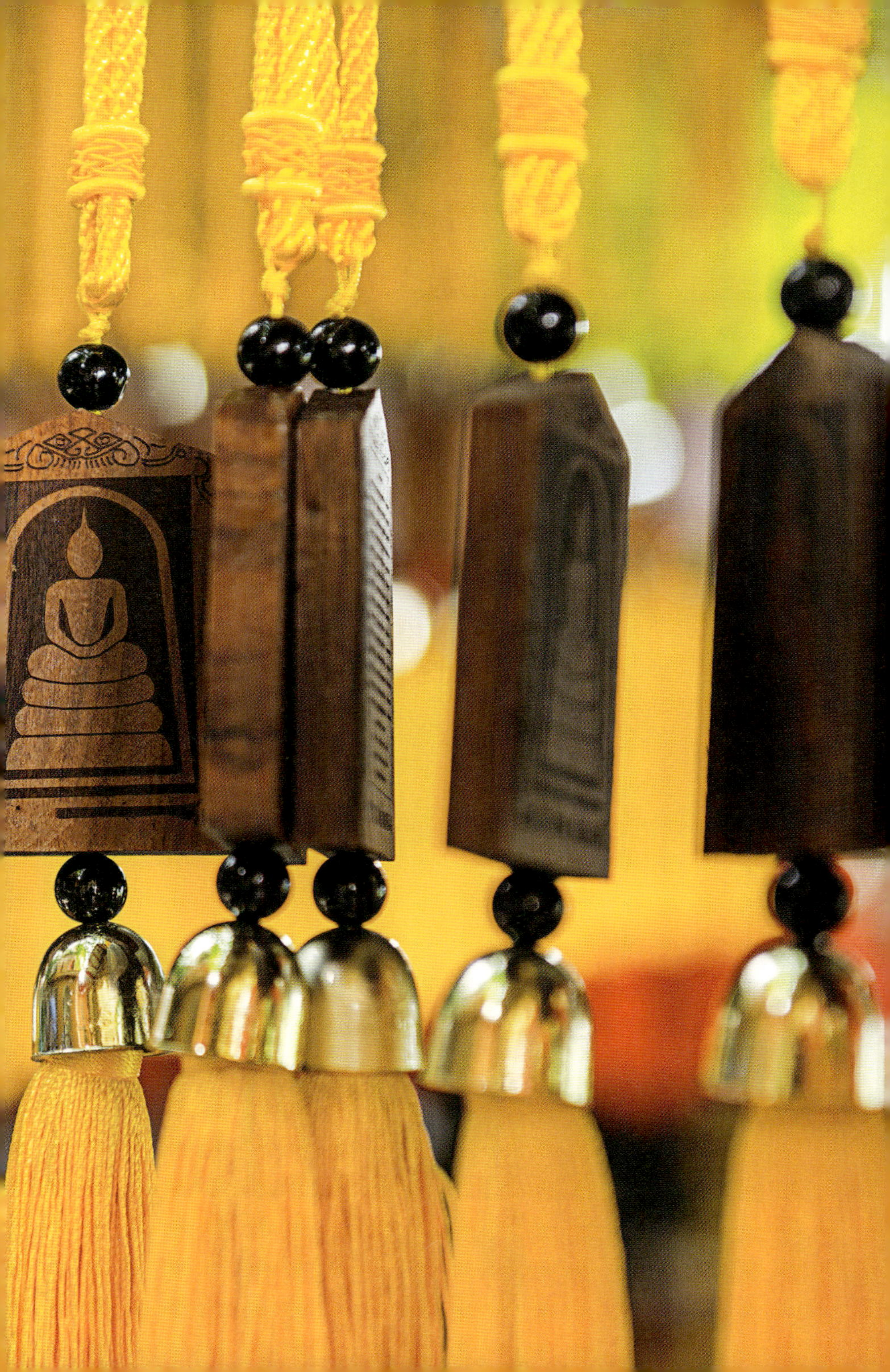

GETANZTER MYTHOS – DAS RAMAKIEN

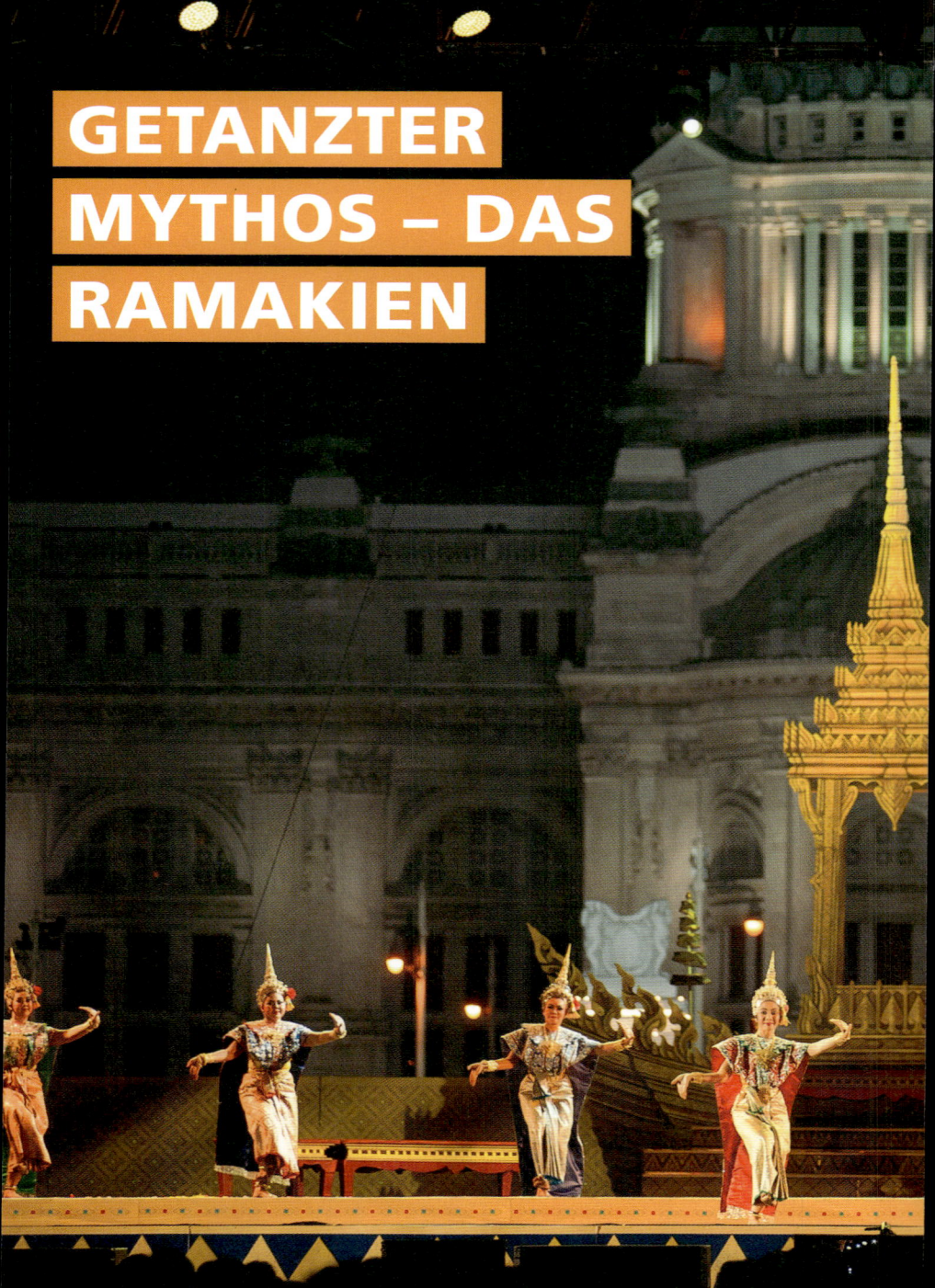

Spätestens nach der Eroberung von Angkor im 15. Jh. hat sich der altindische Epenklassiker Ramayana, den der Dichter Valmiki vor etwa 2000 Jahren schrieb, in Thailand etabliert. Die einstige Hauptstadt Ayutthaya ist sogar nach der legendären Heldenstadt Ayodhia aus dem Ramakien benannt und alle Könige der Chakri-Dynastie haben den Namen Ramas angenommen.

Frühe Übersetzungen sind der Zerstörung Ayutthayas durch die Birmanen im Jahr 1767 zum Opfer gefallen. Als klassische Interpretation gilt heute daher die immerhin 60 000 Zeilen umfassende Gedächtnisniederschrift unter der Ägide von König Rama I. (1736–1809), in dessen Regierungszeit auch die (bis heute immer wieder aufgefrischten) 178 Fresken mit Szenen aus dem Ramakien im Wandelgang des Wat Phra Kaeo in Bangkok entstanden.

DIE GESCHICHTE

Das Ramakien erzählt die Odyssee des Prinzen Rama (eine Inkarnation Vishnus), Sohn des Königs von Ayodha. Im ersten Teil des Epos erobert Rama die Königstochter Sita (Inkarnation der Göttin Lakshmi), weil er als einziger den Zauberbogen ihres Vaters, ein Geschenk Shivas, heben und spannen kann. Nach einer langwierigen, von Ramas Stiefmutter eingefädelten Palastintrige geht Rama mit seiner geliebten Gattin Sita und seinem guten Bruder Lakshaman in die Wälder. Im zweiten Teil entführt der Dämonenkönig Totsakan die schöne Sita. Mit Hilfe des ihm treu ergebenen Affenkönigs Hanuman und dessen Affenarmee besiegt Rama die Dämonen der Insel Langka (Sri Lanka) und befreit nach 14 Jahren seine Frau. Sita durchschreitet ein Feuer, um zu beweisen, dass sie ihrem Mann immer treu geblieben ist.

Der dritte und letzte Teil des Ramakien weicht vom indischen Original erheblich ab. Während im siebten Buch des Ramayana Mutter Erde die unschuldige Sita aufnimmt, damit sie die Zweifel ihres Gatten nicht mehr ertragen muss, sorgen die Götter im Ramakien für die Versöhnung zwischen Sita und Rama. Außerdem spielt der Affenkönig Hanuman mit seinen amourösen Abenteuern eine bedeutendere Rolle. Dazu kommen jede Menge Nebenhandlungen, die der thailändischen Mythologie und Folklore entnommen sind. Das Epos komplett aufzuführen würde wohl an die 720 Stunden dauern, heute interpretiert man stets nur wenige Szenen.

Das traditionelle Tanzdrama Khon führt mit Masken tragenden Tänzern Szenen aus dem Ramakien auf

Aufführung eines Schattenspiels im Wat Khanon in Ratchaburi

SCHATTENSPIEL UND TANZKUNST

Aufführungen sind schon für das Königreich Sukhothai bezeugt. Anfänglich spielte man die Geschichte des Kampfes zwischen Gut und Böse mit kunstvollen Puppen des aufwendigen Schattenspiels *nang yai* nach. Heute erlebt man Schattenspielaufführungen – in den vereinfachten Formen des *nang thalung* aus Malaysia – fast nur noch im tiefen Süden des Landes.

Das Ramakien ist aber auch der Klassiker der höfischen Tanzkunst Khon. In der königlichen Variante des *lakhon nai* führen hochspezialisierte Tänzer noch heute in Bangkoks Sala Chaloemkrung Royal Theatre Episoden aus dem Ramakien mit kunstvollen Masken und Kostümen auf. Rama und Sita tragen stets vergoldeten Kopfputz, der Affenkönig Hanuman ist an seiner weißen Maske zu erkennen, der Dämonenkönig Totsakan trägt im Kampf eine grüne, in Friedenszeiten eine goldene Maske. Die Tänzer folgen einer strengen Choreographie: Jede anmutige Geste schildert dem verständigen Publikum ein ganz bestimmtes Ereignis, ein ganz präzises Gefühl. Es wird nicht gesprochen, doch singt ein Chor, begleitet von einem klassischen Phipat-Orchester, Verse aus der Geschichte.

Das einfachere *lakhon chatri* wird häufig bei Tempelfesten und an Schreinen (z. B. vor Bangkoks Erawan-Schrein) zur Unterhaltung der Geister vorgetragen. Zumeist sind es Tänzerinnen in prunkvollen Kostümen, aber ohne Masken. Zum Repertoire gehören auch moralisch lehrreiche Geschichten aus dem Leben des Buddha und lokale Volkssagen.

Das derbe, oft zotige und mit Slapstick-Einlagen durchsetzte Volkstheater heißt *likay*. Auch hier spielt man gerne Szenen aus dem Ramakien, doch wird dabei heftig improvisiert.

Die khaen genannte laotische Mundorgel ist ein traditionelles Holzblasinstrument im Isaan

SCHRÄGE TÖNE

Thailands traditionelle Musik integriert Elemente aus China, Indien und Kambodscha. In westlichen Ohren klingt sie recht schräg, da sie auf die uns vertrauten Halbtonschritte verzichtet. Das klassische Orchester *phiphat* erinnert an das indonesische Gamelan: Es spielt auf Holzblas- und Saiteninstrumenten, Trommeln, Gongs sowie einer Art Xylophon. Die ersten Darstellungen dieser Orchester finden sich schon auf Steingravuren aus der Sukhothai-Zeit. Die Musik wurde entwickelt, um traditionelle Tanzdramen *(khon* oder *lakhon)* sowie Schattenspiele *(nang)* zu begleiten. In Bangkok können Sie besonders gute Aufführungen im Sala Chalermkrung Theatre, im National Theatre und im Thailand Cultural Centre sehen. Auch vor dem Erawan-Schrein und dem Lak Muang Schrein erklingt diese Musik, nicht immer in bester Qualität. Da es keine Notenschrift gibt, wird alles auswendig gelernt. Halten Sie Ausschau nach CDs des renommierten Prasit Thawon Ensembles.

MOR LAM UND LUK THUNG

Musikalische Trostspenderin der Arbeiter, Taxifahrer, Verkäuferinnen, Haus- und Barmädchen ist *mor lam,* ein aus dem nördlichen Isaan stammender Sprechgesang, gewissermaßen die Countrymusik des Landes. Ursprünglich wurde er nur mit laotischer Mundorgel *(khaen)*, zwei- bis viersaitiger Gitarre *(pin)* und kleinem Cymbalon *(ching)* instrumentiert. Heute setzen größere Gruppen gerne eine Hammondorgel ein und spielen auf westlichen Gitarren. Mit TV-Auftritten der Sängerin Banyen Rakgan verbreitete sich *mor lam* in den 1980er-Jahren in den von Migranten aus dem Isaan bewohnten Slums von Bangkok wie ein Lauffeuer.

Die moderne Weiterentwicklung ist *luk thung*. Die Übergänge sind fließend: Berühmte Interpretinnen des *mor lam* wie Jintara Poonlarp und Siriporn Ampaiporn beherrschen beide Musikstile, und keine Aufführung verzichtet auf Tänzerinnen in fantasievollen Kostümen. Generell ist *mor lam* aber wesentlich schneller, rhythmischer, improvisierter, fast rap- und bluesartig, auch rauer und ehrlicher, während *luk thung* eher balladenartig daherkommt. Besungen werden die Schicksale der Underdogs, es geht um Untreue, Heimweh, Verlust, die Verführung der Großstadt und durchaus auch um sexuelle Vergnügen, die gerne über Tonfall und oft recht anzügliche Performance angedeutet werden. Man hört diese emotionale, mitreißende Musik häufig bei Tempelfesten, in Boxstadien, auf ländlichen Feiern sowie während der

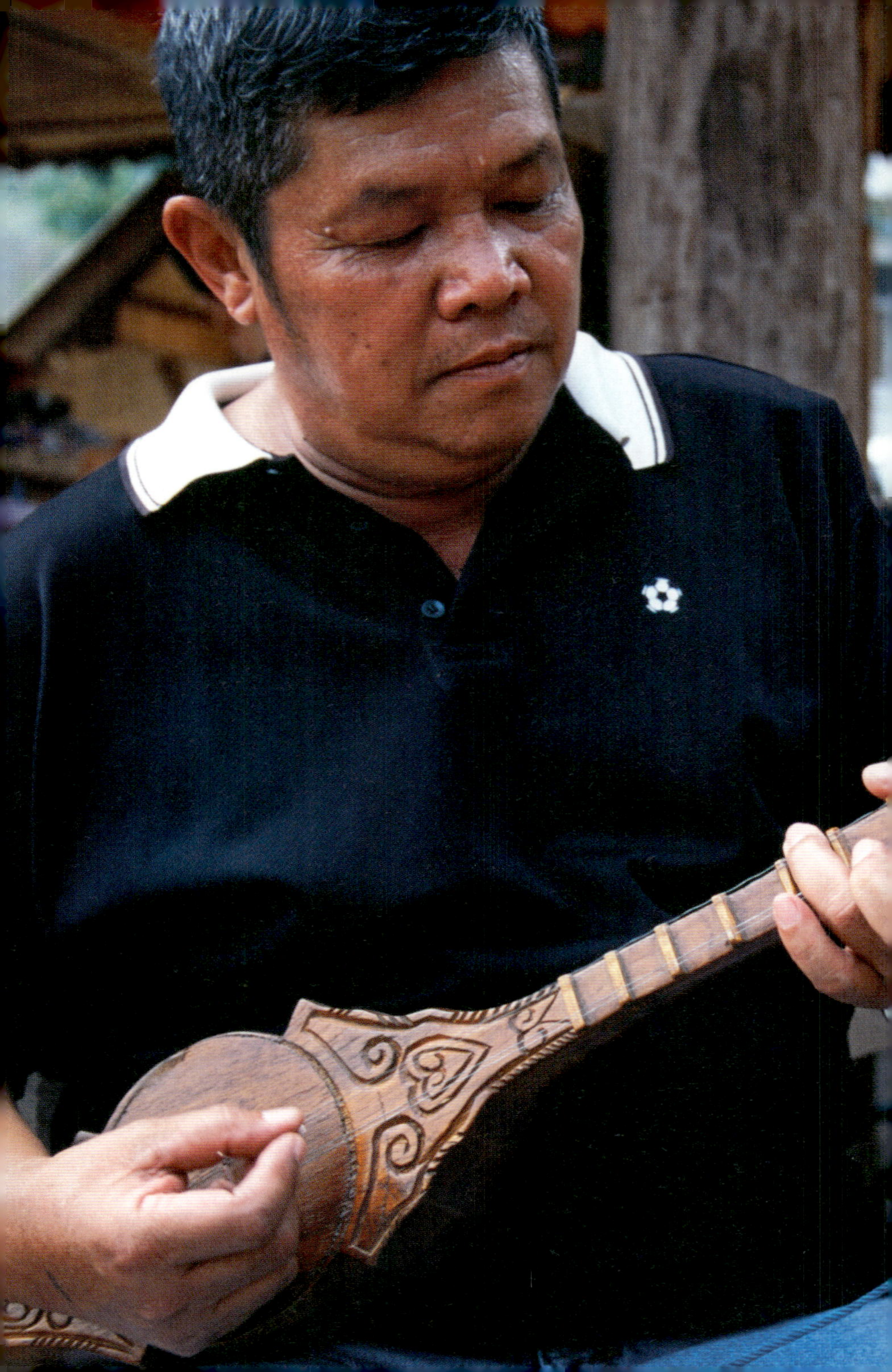

Mann eines Bergvolks nördlich von Chiang Mai spielt auf der traditionellen viersaitigen pin

ausgelassenen Songkran-Feierlichkeiten. Die großen Stars des *luk thung* waren die jung verstorbene stimmgewaltige Bauerntochter Pumpuang Duangjan (1961–1992), die einen elektronischen Dancefloor-Sound entwickelte, und der ungemein produktive Sänger Yodrak Salakjai (1956–2008), der über 3000 Songs aufgenommen hat. Derzeit besonders populär ist der Sänger Phai Phongsathon und die weiblichen Stars Sunaree Ratchasima, Arpaporn Nakornsawan, Ying Lee und Tai Orathai.

Liveshows können Sie z. B. allabendlich ab 22 Uhr in Bangkoks heißem Club Isan Tawandang (484 Pattanakam Road, kennt jeder Taxifahrer!) erleben.

POP UND ROCK

Konkurrieren müssen diese beiden Musikrichtungen mit einer dynamischen Pop- und Rockszene. Besonders populär ist String, das fröhlich Balladen, Rock, Indie, Disco, Techno, House, Rap und K-Pop aus Japan und Korea mixt. Die Protestlieder Songs for Life *(phleng pheua chiwit)* werden gerne mit karibische Rhythmen wie Reggae und Ska unterlegt. Die aktuellen Trendsetter der Thai-Musik treten auf dem Pattaya Music Festival im März auf. Kaufen können Sie CDs all dieser Musikrichtungen auf Bangkoks Nachtmärkten oder in den Läden Mae Mai Pleng Thai (Erdgeschoss des MBK-Centers) und DJ Siam (Soi 11, Siam Square).

MUAY THAI

Eigentlich dürfte es so etwa wie Thaiboxen in Thailand gar nicht geben. Es tut verflixt weh, was nicht gerade als *sanuk* gilt, der Fuß berührt den Kopf, sonst ein absolutes Tabu, und die entfesselte Zuschauermenge nimmt definitiv eine Auszeit von der Grundtugend des »kühlen Herzens«.

Egal, die großen Thaiboxkämpfe in den Bangkoker Stadien Lumpini und Ratchdamnoen begeistern täglich die Nation, und ohne Zögern würden die meisten Thais den rabiaten Kampfsport als eines der höchsten Kulturgüter ihres Landes nennen. Nur Takraw, eine Mischung aus Fuß- und Volleyball, das mit einem kleinen Rattanball gespielt wird, ist ebenso beliebt.

Eine der härtesten Sportarten ist Muay Thai auf jeden Fall. Westliches Kickboxen ist etwas für Weicheier, beim Muay Thai sind auch Knie- und Ellenbogenstöße erlaubt. Bis in die 1930er-Jahre ging es sogar noch wesentlich blutiger zu. Schmerzen und zumindest blaue Flecke sind aber auch heute garantiert. Schließlich ist Muay Thai eine 2000 Jahre alte und für Thailand seit über 500 Jahren bezeugte Kampftechnik »mit

Beim Muay Thai lassen die Thais ihrer Leidenschaft freien Lauf

den acht Gliedmaßen«, die man früher im Krieg anwendete, wenn man nicht mehr auf Speere und Schwerter zurückgreifen konnte.

Vor dem Kampf findet die rituelle Verneigung *(wai kru)* vor dem Trainer und dem Geist des Boxrings statt, gefolgt von einem langsamen »Tanz« *(ram muay)*, der die Kräfte der vier Elemente in den Körper ziehen soll. Gleichzeitig dient die Zeremonie als Warm-up. Ein Schutzamulett am Bizeps darf auch nicht fehlen. Der von Musik eines Phipat-Orchesters begleitete Fight geht über fünf Runden à drei Minuten. Über den Sieg entscheiden die Punkte oder ein Knock-out.

Mit den Kämpfen ist heute viel Geld zu verdienen, für die meist aus ärmlichen Verhältnissen stammenden Boxer ebenso wie für alle, die auf sie wetten. Das ist wiederum entschieden *sanuk!* Erlaubt sind Wetten aber nur an wenigen Orten, darunter eben in den Boxstadien. Wer einmal einen Kampf gesehen hat, der versteht, warum man körperlichen Auseinandersetzungen mit schmächtigen Thais lieber aus dem Weg gehen sollte.

IM SHOPPING-FIEBER

Thailand verleitet viele Urlauber zum leichtsinnigen Umgang mit der Reisekasse: Soviel Schönes gibt es auf den Märkten und in unzähligen kleinen Läden zu entdecken. Rund um Chiang Mai findet man die größte Auswahl an hochwertigen Souvenirs.

So ist das Dorf Ban Tawai auf schöne **Holzschnitzkunst** spezialisiert, von der kunstvoll verzierten Salatschüssel bis zum Teak-Elefanten. Mit Perlmutt dekorierte Möbelstücke und Alltagsgegenstände sind dagegen die Spezialität der Region rund um Phuket. Von Antiquitäten soll-

ten Laien aber besser die Finger lassen. Fälschungen sind zahlreich, und die wenigen echten Stücke stammen nicht selten aus Diebstählen. Für die Ausfuhr braucht man eine Erlaubnis des Fine Arts Department. Seriöse Händler haben die zu ihren Stücken passenden Dokumente bzw. kümmern sich um deren Beschaffung.

Wesentlich leichter als Mobiliar zu transportieren sind **Lackwaren**: Schmuckkästchen, Teller und dekorative Tierfiguren eignen sich ideal als Mitbringsel. Während die Birmanen roten Lack mit schwarzen Details bevorzugen, erkennt man

Kunsthandwerk

*oben: In der Nähe von
Chiang Mai werden
federleichte und farbenfrohe
Sonnenschirme gefertigt*

*links: Verkaufsstand für
Sonnenschirme bei Chiang Mai*

traditionelle Arbeiten aus Thailand am schwarz glänzenden Überzug mit Blattgolddekor.

Wahre Fliegengewichte sind die eleganten **Sonnenschirme** Nordthailands. Sie werden aus Bambus und handgeschöpftem Sa-Papier gefertigt, das aus der Rinde des Maulbeerbaums gewonnen wird. Die Künstler im Umbrella Making Center von Boh Sang bei Chiang Mai verzieren diese Papierschirme besonders schön mit filigranen Blumenmotiven. Das Papier wird aber natürlich auch für edle Schreibwaren verwendet.

Auch das in Grün- und Blautönen schimmernde Porzellan **Seladon** befriedigt den thailändischen Sinn für Ästhetik. Während der Sukhothai-Periode wurde es überall in Asien verkauft. Besonders originell sind verzierte Teeservices mit Kännchen in Elefantenform. Die besten Geschäfte finden Sie an der Sankamphaeng Road außerhalb von Chiang Mai oder im Thai Celadon House in Bangkok. Lampang ist für seine edle blau-weiße Keramik bekannt.

Die Bergvölker des Nordens sind begnadete **Kunsthandwerker.** Besonders schön zu Hause

Geschnitzte Elefanten gelten als glücksbringende Geschenke

Kunsthandwerk

Im Norden Thailands blüht die Kunst der Silberschmiede

Die Holzschnitzkunst blickt in Thailand auf eine lange Tradition zurück

machen sich die mit geometrischen Mustern verzierten Decken und Kissenbezüge, farbenfrohen Überwürfe sowie die reich bestickten Kappen, Jacken und Taschen. Auch Thailands schönste Korbwaren und Flechtarbeiten findet man rund um Chiang Mai.

Von erlesener Qualität sind viele **Silberwaren** der Bergvölker. Auf den getriebenen Silberschalen sind manchmal sogar ganze Szenen aus der Geschichte Siams eingearbeitet. Die besten Geschäfte finden Sie an der Wualai Road im Süden der Altstadt von Chiang Mai.

Im Süden des Landes, vorwiegend um Nakhon Si Thammarat (südlich von Ko Samui), wurde wiederum die **Niello-Technik** perfektioniert: In Silber (seltener auch in Gold) geritzte Blumen- und Flammenmuster werden mit einer schwarzen Metalllegierung ausgefüllt. Döschen, Manschettenknöpfe und Schmuck sind durchaus erschwinglich.

Nakhon Si Thammarat ist auch das Zentrum für **Puppen des Schattenspiels**, die man auf Bangkoks Chatuchak Markt kaufen kann. Hier wird man auch auf der Suche nach traditionellen **Khon-Masken** und **Musikinstrumenten** wie hölzernen Mundorgeln *(khaen)* aus dem Isaan, Trommeln oder Gongs, die das Phiphat-Orchester verwendet, fündig. Eigentlich gilt: Wer lange genug sucht, findet hier eigentlich alles. Nicht vergessen: *peng pai* heißt »zu teuer«.

Die vielfach in imposanten Geschäften angebotenen Rubine, Saphire, Topase, Jade und Andamanen-Perlen sind zwar meist keine Fälschungen, aber oft völlig minderwertig. Laien sollten daher unbedingt auf einen Kauf verzichten! In Bangkok können Sie Steine bei der Thai Gem & Jewelery Traders Association (Tel. 02 235 3039) schätzen lassen. Im Betrugsfall kann allerdings höchstens noch die Touristenpolizei weiterhelfen.

Die kunstvolle Ornamentik der farbenfrohen Thai-Seide ist ungemein vielfältig

AS SMOOTH AS SILK

So weich und glatt wie Seide: Seit Jahrzehnten bewirbt Thai Airways ihren Service mit diesem Slogan. Kaum zu glauben, dass synthetische Billigimporte aus China und Japan Thailands Seidenweberhandwerk vor 70 Jahren fast den Garaus gemacht hätten. Wiederbelebt hat die alte Tradition der Amerikaner Jim Thompson. Ihm gelang es, nicht nur westliche Modedesigner für diesen so herrlich in allen Farben schillernden Stoff zu begeistern, sondern auch Königin Sirikit, die das Handwerk bis heute aktiv fördert. Damit war der Siegeszug der Thai-Seide nicht mehr aufzuhalten.

Moderne Webstühle und haltbare Farben sind das Erfolgsrezept der heimischen Seide, die zwar etwas gröber als chinesische, dafür aber auch wesentlich robuster ist. Ein Sarong aus Thai-Seide hält ein halbes Jahrhundert. Im Norden webt man Goldfäden in elegante Sarongs mit linearen oder komplexen kleinen Mustern. Auch die Bergvölker, besonders die Lisu, aber auch die Hmong und Yaos, weben sehr farbenfrohe Brokatstoffe. Die Kleidung ist Ausdruck ihrer kulturellen Identität. Besonders aufwendig ist das im Isaan praktizierte Verfahren der Herstellung von Mudmee-Seide. Das Muster wird mit Wasserfarben auf Papier entworfen und nach dieser Vorlage der unversponnene Faden (*ikat*) eingefärbt.

Wunderschöne Halstücher, Kissenbezüge, Decken und Vorhänge (Maße mitnehmen!) bekommen Sie im Silk & Cultural Center des Seidenweberdorfs Pak Thong Chai bei Khorat und in mehreren Weberdörfern der Provinz Surin. Die Muster – es gibt über 700 – sind hier überwiegend kambodschanischen Ursprungs. Stoffe der von Thompson gegründeten Thai Silk Company Ltd. kann man im Hauptgeschäft (Surawong Road) und in den sechs alten Thai-Häusern Thompsons erstehen, der 1967 unter mysteriösen Umständen im Urwald verschwand. Seidenträume erfüllen auch die Geschäfte von T. Shinawatra Thai Silk in Bangkok und Chiang Mai. Enthusiasten pilgern Ende November/Anfang Dezember zur Thai Silk Fair in Khon Kaen.

FESTE &
VERANSTALTUNGEN

Jede Provinz und jeder Tempel feiert einmal jährlich ein Fest. Dazu kommen gesetzliche und religiöse Feiertage und lokale Feste. Im Folgenden finden Sie die wichtigsten und schönsten Feste. Die Termine der nach dem Mondkalender berechneten Feiertage ändern sich jedes Jahr – genaue Auskünfte sind beim Thailändischen Fremdenverkehrsamt zu bekommen.

1. Januar: Neujahr. Gesetzlicher Feiertag.
Januar/Februar: Chinesisches Neujahr. Das Fest dauert zwei Wochen, denn es gilt viele Geister zu besänftigen. Die Völker der Mien, Lisu und Lahu feiern ihre Neujahrsfeste von Dorf zu Dorf an verschiedenen Tagen, aber ungefähr zum gleichen Zeitpunkt. Trekking im Norden ist daher zu dieser Zeit besonders attraktiv.
1. Februarwoche: Chiang Mai feiert sein Blumenfest mit Umzügen und großem Rummel.
Vollmondnacht des dritten Mondmonats: Makha Bucha erinnert an eine berühmte Predigt Buddhas und wird mit Tempelfesten und Kerzenprozessionen gefeiert. Im Süden huldigt man der mit magischen Kräften ausgestatteten Göttin Chao Mae Lim Ko Nieo – mit Feuerläufern und Bootsprozessionen.

Das Fest Makha Bucha wird mit gen Himmel steigenden Papierballons gefeiert

Erste Aprilhälfte: Poi Sang Long in Mae Hong Son. Knaben der Shan-Minorität werden prunkvoll gekleidet, geschminkt und nach festlicher Prozession ordiniert – ein äußerst farbenprächtiges, ursprüngliches Spektakel.

6. April: Chakri-Tag. Gesetzlicher Feiertag zum Gedenken an Rama I., den Gründer der Chakri-Dynastie.

ca. 10.–20. April: Songkran, das thailändische Neujahr (Höhepunkt immer am 13.April) ist das wichtigste Fest des Landes. Zur heißesten und trockensten Zeit des Jahres herrscht bei regelrechten Wasserschlachten eine Art Ausnahmezustand, im Norden am wildesten. Am letzten Tag werden die Buddhastatuen mit Wasser begossen – damit wird alles Böse aus dem alten Jahr abgewaschen.

1. Mai: Tag der Arbeit. Gesetzlicher Feiertag.

5. Mai: Krönungsjubiläum des Königs. Gesetzlicher Feiertag.

2. Maiwoche: Königliche Pflugzeremonie. Auf dem Sanam Luang in Bangkok leitet der König

Feste & Veranstaltungen

Anlässlich des Fests Visakha Bucha überreichen besonders viele Gläubige den Mönchen von Chiang Mai Almosen

oder ein Stellvertreter mit einem brahmanischen Ritual die Zeit der Reissaat ein. Mit Blumen geschmückte Ochsen ziehen einen heiligen golden Pflug.

Vollmond im Mai: Visakha Bucha, eines der ältesten buddhistischen Feste, bei dem Buddhas Geburt, seine Erleuchtung und sein Eingang ins Nirwana mit Tempelprozessionen und viel Kerzenschein gefeiert werden.

Vollmond im Juli: Asaha Bucha. Zum Gedenken an Buddhas erste Predigt gibt es Kerzenprozessionen in allen Tempeln. Damit wird der Beginn der buddhistischen Fastenzeit angezeigt.

Am Tag nach Asaha Bucha: Khao Pansa. Erster Tag der buddhistischen Fastenperiode. Für drei Monate ziehen sich die Mönche in die Tempel zurück. Viele junge Männer gehen als Novizen in die Klöster.

12. August: Geburtstag der Königin. Gesetzlicher Feiertag.

September: Das Chinesische Mondfest im Süden von Thailand verzaubert besonders durch stimmungsvolle Laternenumzüge mit Drachen- und Löwentänzen.

September/Oktober: Die Bewohner Phukets begrüßen zum chinesisch-taoistischen Vegetarierfest neun Götter auf Erden – ein neuntägiges buntes, lautes und okkultes Spektakel.

Mitte Oktober/Mitte November: Thot Kathin, das symbolische Ende der Regen- und Fastenzeit, wird mit Tempelfesten und Geschenken an die Mönche gefeiert. Das ganze Land ist auf den Beinen: Auto- und Buskarawanen, Lkws mit Musikgruppen auf der Ladefläche sind feiernd unterwegs.

23. Oktober: Chulalongkorn-Tag, Todestag Ramas V. Gesetzlicher Feiertag.

November-Vollmond: Loy Krathong, das Lichterfest, ist eines der romantischsten und wichtigsten Feste des Landes. Landesweit setzen die Thais kleine Schiffchen mit Räucherstäbchen, Kerzen und Opfergaben auf Flüsse, Kanäle und Seen – für die Göttin des Wassers. Im Süden werden Bootsprozessionen veranstaltet.

Ende November: Elefanten Round-up in Surin.

November/Dezember: River-Kwai-Woche in Kanchanaburi mit einer nächtlichen Sound- & Lightshow an der »Todesbahn«.

5. Dezember: Geburtstag des Königs. 2017 wird er 90 Jahre alt. Gesetzlicher Feiertag. An einem der vorausgehenden Tage wird eine farbenfrohe Parade der königlichen Garden in Bangkok veranstaltet.

10. Dezember: Verfassungstag. Gesetzlicher Feiertag.

31. Dezember: Silvester. Gesetzlicher Feiertag.

SCHILLERND BIS SCHRILL – THAILANDS DRITTES GESCHLECHT

Transvestiten mit Federboas und glitzernden Paillettenkostümen? So schillernd und exotisch wie das Land selbst ist auch das Angebot an Showeinlagen in den Ferienzentren Südthailands.

Katoeys sind Transsexuelle in oftmals schrillen und aufwendigen Kleidern. Dank der hohen Toleranzschwelle der Thais wird den sogenannten Ladyboys und Homosexuellen das Leben relativ leicht gemacht, zumindest öffentlich. Arbeitgeber haben kaum Probleme damit, eine/n Transsexuellen in ihrer Firma zu beschäftigen, auch unter Sportlern und Filmstars ist so mancher *katoey* zu finden. In der Nobelhotellerie haben sie allerdings wenig Chancen. Umso geballter trifft man sie im Nachtleben von Bangkok,

Thailands drittes Geschlecht

Über 2500 Zuschauer bewundern täglich die Travestieshows in Pattayas Alcazar Cabaret

Pattaya und Patong (Phuket) an. Die in Thailand boomende plastische Chirurgie verschafft den Transsexuellen wohlgeformte, weibliche Oberkörper. Nur noch Stimme, Hände und Körpergröße verraten den Mann in der Frau. Viele Touristen können *katoeys* selbst bei genauem Hinsehen nicht von echten Frauen unterscheiden, was spätestens im Hotelzimmer zu peinlichen Situationen führen kann. Leider häufen sich auch aggressive Begegnungen: Besonders alkoholisierte Nachtschwärmer werden des öfteren von Katoey-Gruppen auf offener Straße begrapscht und dabei bestohlen.

Travestieshows

Die glamourösen Shows werden vom TAT energisch als Familienattraktion beworben. Tatsächlich bleibt das Gezeigte im wesentlichen jugendfrei.

Tiffany
464/9 Pattaya Second Rd.
Pattaya | Tel. 03 842 1701
www.tiffany-show.co.th

Alcazar
78/14 Pattaya 2nd Rd.
Pattaya | Tel. 03 842 2220
www.alcazarthailand.com

Phuket Simon Cabaret
Die tolle Truppe tritt jeden Abend zweimal auf, um 19.30 und 21.30 Uhr.
Patong Beach | Phuket
Tel. 076 34 2011
www.phuket-simoncabaret.com

Christy's Cabaret
Die Show beginnt erst um 23 Uhr. Hier trifft sich auch die Partyszene der Insel, denn der Eintritt ist frei – nur die Cocktails kosten ordentlich viel.
Chawaeng Beach
Ko Samui
Tel. 01 894 0356

Thailand mit seinen paradiesischen Stränden und dem kristallklaren Wasser ist ideal für sämtliche Wassersportarten. Aber auch Trekking auf Elefanten- oder Pferderücken sind beliebt.

WASSERSPORT

Paragliding, Surfen und Wasserski wird mittlerweile an fast allen erschlossenen Stränden angeboten. Von Jet Skis ist allerdings abzuraten, es kommt immer wieder zu tödlichen Unfällen. Außerdem macht Haftungsbetrug der Vermieter die Benutzung eines Jet Skis zum unkalkulierbaren Risiko.

Segeln lohnt entlang der Ostküste südlich von Pattaya und um Ko Samui, dort aber nur im Sommer. Die vielen kleinen Inseln der Andamanensee bieten ein sehr abwechslungsreiches Segelrevier. Die beste Zeit ist hier bei Nordostmonsun im Winter. Auf Segeltörn – ob als Tagestour oder weiter nach Malaysia – begibt man sich am besten von Phuket aus: Anbieter von Jachten und Kuttern finden sich im Jachthafen. Meistens geht es um das Mitsegeln, sodass Sie keine Vorkenntnisse benötigen. Der größte und beste Anbieter in Thailand (auch Segeln auf den Dschunken *Suwan Macha* und *June Bahtra*) ist Thai Marine Leisure auf Phuket (www.asia-marine.net). Sie können Ihren Segelurlaub durch die thailändische Inselwelt aber natürlich auch in Deutschland buchen, z. B. bei Scansail (www.scansail.de).

SPORT & AKTIVITÄTEN

Die Phang Nga Bay eignet sich bestens für Kanu- und Kajaktouren

Großes Vergnügen bereiten **Kanutouren** in die bizarre Phang Nga Bay. Zu empfehlen sind die Veranstalter Sea Canoe (www.seacanoe.net) und John Gray's Sea Canoe (www.johngray-seacanoe.com) in Phuket. Paddeltouren im Ang Thong Marine National Park westlich von Ko Samui sind ebenfalls ein einzigartiges Erlebnis für Jung und Alt.

Südthailand bietet **Tauchreviere** von Weltklasse. In allen größeren Badeorten wetteifern private Tauchschulen in allen Sprachen um die Gunst der Kunden. Sehr schöne Tauchgründe finden sich um die Inseln (Ko) Similan, Surin, Lanta und Tao.

REITEN

Ein Pferd kann man am Strand von Hua Hin mieten, gute Reitställe finden Sie aber auch auf Phuket, z. B. an den Stränden Nai Harn und Bang Tao im Südwesten bzw. Nordwesten der Insel.

Elefantenreiten, ein Erlebnis der besonderen Art, ist unter Tierschutzaspekten teilweise bedenklich. Wenn Sie den grauen Riesen wohlgesonnen sind, reiten Sie nur im Wald. Elefantentrekking durch tropische Urwälder ist auf Ko Chang besonders schön und tierfreundlich, noch reizvoller sind Touren im Norden ab Chiang Mai. Auf keinen Fall gehören die empfindlichen Dickhäuter an den Strand oder in die Großstadt!

FLOSSFAHRTEN

Kurztouren und mehrtägige Trips auf dem River Kwai starten in Kanchanaburi › **S. 202**. Auf dem Mae Nam Kok können Sie per Floß von Thaton nach Chiang Rai treiben. Sehr gelobt werden auch die Touren ab Pai.

GOLF

Erstklassige Plätze gibt es bei Bangkok, Chiang Mai, Chiang Rai, Kanchanaburi, Hua Hin, Cha-Am und Pattaya sowie auf Phuket. Caddys und Ausrüstung sind überall zu mieten, Gastspieler willkommen. Die besten Infos zum Thema Golfen in Thailand finden sie im Internet unter www.golfinthailand.com.

MEDITATION

Nur wer ein erhebliches Maß an Selbstdisziplin besitzt, wird die erforderliche Konzentration aufbringen und die strengen Regeln erfüllen können, die auch in den englischsprachigen Kursen für Ausländer gelten. Zum Schnuppern eignen sich die Kurse des International Buddhist Meditation Centre im Wat Mahathat am Sanam Luang in Bangkok (Tel. 02 222 8004).

Auf Ko Phi Phi Leh wurden Szenen von »The Beach« gedreht

THAIBOXEN

Wer boxen lernen möchte, kann sich an das Muay Thai Institute (Pathum Thani, www.muaythai-institute.net) wenden, eine renommierte Institution, die eine breite Palette von englischsprachigen Kursen anbietet.

TREKKING

Wandertouren werden im gesamten nordthailändischen Raum im Rahmen mehrtägiger Besuche bei Bergvolkdörfern angeboten – ein lukratives Geschäft, was leider manche Veranstalter schamlos ausnutzen. Im Extremfall werden Sie zu überhöhten Preisen auf Umwegen in angeblich unberührte Dörfer geführt, die seit Jahren täglich eine wahre Touristeninvasion erleben. Ein gelungenes Trekking bietet andererseits fantastische Impressionen von Menschen, Kulturen und Landschaften. Als generelle Faustregel kann man sich merken: Je kleiner der Ausgangsort ist, desto preiswerter und interessanter sind die angebotenen Treks.

Mae Hong Son und Pai sind ideale Ausgangspunkte für Trekkingtouren zu den Dörfern der Lisu, Lahu und Karen. Da es praktisch kein Bergvolkdorf mehr gibt, in dessen Nähe nicht eine gut ausgebaute Straße vorbeiführt, betragen die noch zu laufenden Strecken höchstens 20 km, meist weniger. Eine teure Anreise per Mietwagen, Hubschrauber oder Elefant mag zwar der Illusion Abenteuer dienen, notwendig ist sie auf keinen Fall. Gleiches gilt für die Verpflegung. In den Bergen isst man gekochten Reis mit Gemüse. Selbst in den ärmsten Dörfern sind zudem Eier, Konserven und abgekochtes Wasser erhältlich. Meiden Sie Trekking Guides, die in Rambo-Monturen daherkommen, als gelte es, gefährlichen Dschungel zu meistern. Tatsächlich gefährlich sind einige Routen entlang der Grenze zu Myanmar, aber diese Gegenden hat die Armee ohnehin gesperrt.

Auf Wanderungen durch die Urwälder des Khao Yai National Park begegnet man wilden Elefanten und hört vielleicht sogar einen Tiger brüllen.

FELSKLETTERN

Felsklettern ist in Krabi und am Rai Leh Beach groß in Mode. Auch Ko Phi Phi lockt mit abenteuerlichen Klettersektoren. Gute Onlineportale für Kletterfreunde in Krabi sind Hot Rock (www.railayadventure.com) und King Climbers (www.railay.com).

Wanderungen durch die Urwälder Thailands werden immer beliebter

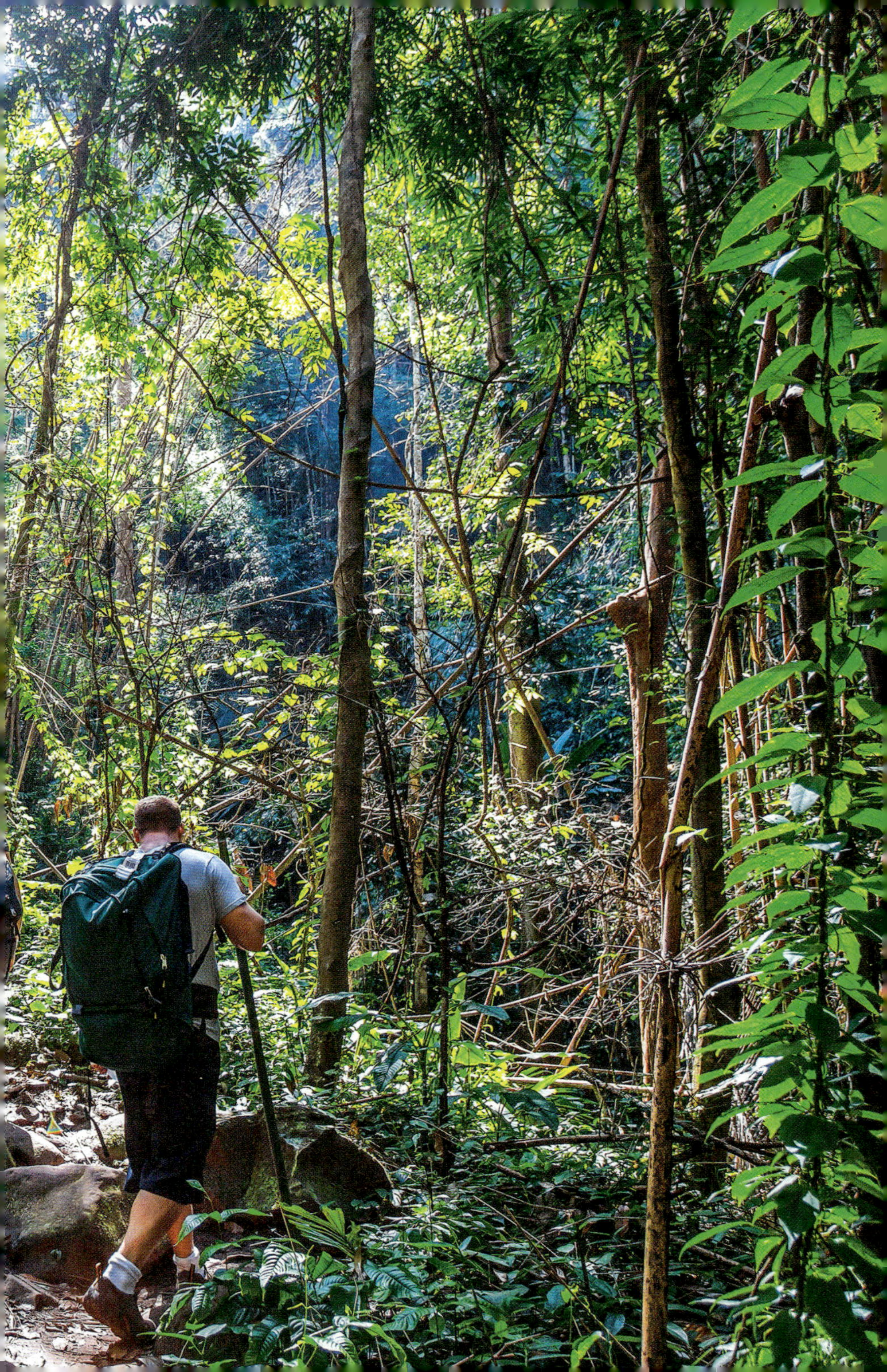

Die Korallenriffe in der Andamanensee gelten als eines der schönsten Tauchreviere der Welt: Blühende Korallengärten präsentieren sich in allen Formen, Größen und Farben. Rötliche Fächerkorallen wiegen sich sanft in der Strömung, Meeresschildkröten, Schwärme von bunten Schmetterlings- und Papagaienfischen setzen sich effektvoll in Szene. Delfine, Seekühe *(dugongs)*, Schwert- und Tintenfische gleiten elegant durchs Wasser, getüpfelte Leopardenhaie dösen am Meeresgrund, und gelegentlich schwebt mit elegantem Flügelschlag ein Manta vorbei.

Die Korallenriffe schützen die Küste als natürliche Wellenbrecher vor Erosion und Überflutung. Bei einem Tauch- und Schnorchelausflug sollten diese Naturschätze daher auf keinen Fall berührt werden. Sie können Ihren Teil dazu bei tragen, indem Sie keine Korallen als Souvenir kaufen.

Tauchfans reisen meist an die Andamanensee. Hier gibt es so viel zu sehen, dass manche ihren gesamten Urlaub unter Wasser verbringen. Die Trockenzeit (Okt.–April) garantiert die beste Sicht.

Gut und günstig tauchen lernen kann, wer sich auf Ko Tao im Golf von Thailand eine Schule sucht. Hier hat man das Tauchriff direkt vor dem Strand und muss nicht mit Booten hinausfahren. Die Sicht (bis zu 35 m) ist zwischen April und Juli sowie September (bester Monat) und Oktober am besten. Ungünstig ist der Novem-

FASZINIERENDE UNTERWASSERWELT

Thailands Korallenwelt ist unglaublich farbenfroh

ber, die Übergangszeit von Südwest- zu Nordostmonsun. In den Tagen nach der Vollmondparty auf Ko Phangan sind Tauchkurse auf Ko Tao besonders gut gebucht.

DIE BESTEN TAUCHPLÄTZE

Andamanensee: Ko Lantas drei Felsspitzen des Hin Daeng gelten als eines der Topreviere in Thailand; Steilwände mit Fächerkorallen, wo Haie, Fischschwärme und Mantas schwimmen. Zahme Leopardenhaie faszinieren am Einzelriff Hin Bida.

Die benachbarte Inselgruppe Ko Hai bietet Höhlen, enge Schlote und Steilwände. Taucherträume erfüllen auch die Similan Islands mit jeder Menge Korallen und Haien. Der Richelieu Rock der Surin Islands ist weltweit einer der besten Spots für die Walhai-Beobachtung. Ziel vieler Tagestouren im Osten und Süden Phukets sind Ko Racha Yai und Ko Racha Noi, Shark Point, Anemone Reef, Ko Dok Mai, Ko Phi Phi.

Ko Lipe ist das Zentrum für alle, die im noch fast unberührten Ko Tarutao National Marine Park tauchen wollen. Rund um Ko Adang, Ko Rawi und Ko Dong kann man sogar auf Walhaie treffen. Erfahrene Taucher zieht es zum traumhaft schönen Eight Mile Rock.

Golf von Thailand: Tolle Spots mit korallenbewachsenen Steilwänden und bis zu 25 m Sicht gibt's im Marine Park Ko Chang nahe der Grenze zu Kambodscha sowie rund um Ko Tao (bis zu 35 m Sicht). Auf der Insel gibt es etwa

Auf der kleinen Insel Ko Tao im Golf von Thailand sind Taucherboote ein vertrauter Anblick

Tauchen

50 Tauchschulen! Die besten Tauchplätze sind hier Nang Yuan Pinnacle, Green Rock, Japanese Gardens, White Rock (Hin Khao), Shark Island, Hinwong Pinnacle, Chumphon Pinnacle, Southwest Pinnacle und Sail Rock (Hin Bai).

TAUCHKURSE UND -AUSFAHRTEN

Die meisten Tauchbasen arbeiten nach PADI-Standard. Grundkurse dauern 4–5 Tage, die praktische Ausbildung erfolgt im Pool bzw. im offenen Meer. Das Niveau des Unterrichts ist hoch (je kleiner die Gruppe, desto besser.) Lassen Sie die tauchsportärztliche Untersuchung besser zu Hause machen.

Santana
Deutschsprachiger Unterricht, Tauchfahrten und Exkursionen, guter Shop.
Patong Beach | Phuket
Tel. 076 29 4220 | www.santanaphuket.com

Scuba Cat Diving
Exkursionen südlich von Koh Yao Yai sowie rund um die Inseln Racha Yai und Racha Noi.
Patong | Phuket
Tel. 076 29 3120
www.scubacat.com

Raya Yai Divers
Hoch gelobte Tauchbasis auf der Insel Raya Yai, 23 km südlich von Phuket.
Raya Yai | Tel. 08 1370 3376
www.rayadivers.com

Sea Dragon
Schnupperkurse, Tagestouren und Tauchsafaris nach Similan und Surin. Deutschsprachig.
Nang Thong Beach | Khao Lak
Tel. 076 48 5420
www.seadragondivecenter.com

Sub Aqua
Bietet gute Tagestouren. Shuttle von allen Stränden zwischen Takua Pa und Khao Lak zum Pier. Deutschsprachig.
Nang Thong Beach | Khao Lak
Tel. 076 48 5165
www.subaqua-divecenter.com

Lanta Diver
Skandinavische Leitung. Tagesausflüge nach Ko Ha, Ko Bida und Hin Bida, Tauchsafaris und Tauchkurse.
Ban Saladan | Ko Lanta
Tel. 075 68 4208 | www.lantadiver.com

Lotus Dive
Renommierte Tauchschule, auch Schnorchelausflüge
Walking Street zwischen Sunrise und Hat Pattaya
Ko Lipe | Tel. 074 75 0345
www.lotusdive.com

Chaloklum Diving
Tauchausflüge, Ausbildung auch auf Deutsch.
Ko Phangan | Tel. 077 37 4025
www.chaloklum-diving.com

New Heaven Dive School
Tauchgruppen mit max. 4 Teilnehmern, Studientauchgänge, Riffsäuberungen, Tiefsee- und Wracktauchen.
Ko Tao | Tel. 077 45 7045
www.newheavendiveschool.com

Ausrüstung und Preise
Die Ausrüstung von zu Hause mitnehmen sollte nur, wer viele Tauchgänge plant. Mit ca. 20 €/Tag ist die Miete moderat und die Ausrüstung entspricht dem allerneuesten Stand. Für das meist um 28 °C warme Wasser genügt ein leichter, 3–5 mm dicker Neoprenanzug (große Auswahl vor Ort) zum Schutz vor Korallen. Als Minimum für eine 2-Tank-Tauchfahrt sollten Sie etwa 50 € einplanen.

VERWÖHNEN AUF THAILÄNDISCH

Die Utensilien für das Verwöhnprogramm im Spa stehen bereit

Wellness – Wege zum ganzheitlichen Wohlbefinden – kennt man in Thailand schon über 2500 Jahre. Aus China und Indien kam mehr als 500 Jahre v. Chr. das Wissen um die Heilkunst, die damals auf einem tief verwurzelten Naturglauben aufbaute, in dem Mystisches und Astrologisches sich in den Ritualen wiederfindet. So alt sind beispielsweise die Techniken der Nuat Phaen Boran, der klassischen Thai-Massage. Heute reitet Thailand auf dem Kamm der Spa-Welle: Kaum ein gehobenes Hotel verzichtet noch auf die hauseigene Wellnessgrotte mit Massage, Aromatherapie, Schönheitssalon, Sauna und Whirlpool. Daneben locken zahlreiche Wohlfühleinrichtungen außerhalb der Hotels, oft noch preiswerter und leistungsbewusster. Eine komplette Behandlung dauert mindestens 4 Std. und empfiehlt sich gleich nach der Ankunft: So beginnt man den Urlaub gut erholt.

Wellnesshotels

Sie sind meistens topelegant, teuer und bieten in ihren Spas eine ganze Reihe klassischer Treatments in unvergleichlichem Ambiente. Die Bandbreite reicht vom Hautpeeling mit thailändischer Kräutertinktur bis zur Chewajit, der gesunden thailändischen Küche, die auf körperreinigenden Kräutern wie Chili, Ingwer oder Zitronengras basiert. In Bangkok bieten u. a. die Luxushotels Peninsula, Oriental, The Siam, Conrad, Metropolitan, Grand Hyatt Erawan und Sukhothai ein Verwöhnprogramm vom Allerfeinsten.

Diamond Cliff Resort & Spa

Wellnesshotel in spektakulärer Lage mit luxuriösen Spa-Einrichtungen.
284 Prabaramee Rd. | Patong Beach
Phuket | Tel. 076 38 0050
www.diamondcliff.com

Wellness

Tamarind Retreat
Ruhige Fluchtburg für Gestresste.
205/7 Thong Takian | Ko Samui
Tel. 08 0569 6654
www.tamarindsprings.com

Six-Senses Resorts & Spas
Drei Resorts auf Ko Samui, Phuket und Ko Yao Noi bei Phuket bieten Erholung in gehobenem Ambiente. Entspannung und Regenerierung aller Sinne ist das Hauptziel – weshalb es für Eltern eine Betreuung ihrer Kinder gibt. Auch Nicht-Hotelgäste können in den Genuss des Spas kommen.
www.sixsenses.com

Day Spas
Für spontan Entschlossene gibt es Wellnesszentren, in denen man sich einige Stunden lang verwöhnen lassen kann, z. B. mit Massagen, Aromatherapie, Kräuterbehandlungen oder Thai-Ayurveda. Je nobler, desto wichtiger ist die Voranmeldung.

Mandarin Oriental Spa
Besser als mit dem 90-minütigen »Signature Treatment« kann man einen Aufenthalt in Bangkok nicht beginnen.
Mandarin Oriental | 48 Oriental Ave.
Bangkok | Tel. 02 659 9000
www.mandarinoriental.com/bangkok

Banyan Tree
Luxus-Spa mit Open-Air-Whirlpool und grandiosem Ausblick.
Bangkok | Tel. 02 679 1052
www.banyantree.com

The Peninsula Spa
Maßgeschneiderte Programme, Schlafbehandlung, besonders gute Thai-Massage nach Wat-Pho-Lehre.
The Peninsula | 333 Charoen Nakorn Rd.
Bangkok
Tel. 02 020 1946
www.bangkok.peninsula.com

COMO Shambhala
Besonders noble Oase mit einer Vielzahl von Behandlungen.
Metropolitan Hotel | 27 S. Sathorn Rd.
Bangkok | Tel. 02 625 3355
www.comoshambhala.com

Yunomori Onsen Spa
Wellness und Badegenuss auf Japanisch.
A-Square 120/5, Sukhumvit 26
Bangkok | Tel. 02 259 5778
www.yunomorionsen.com

Banyan Tree Phuket
33 Moo 4, Srisoonthorn Rd.
Cherngtalay | Amphur Talang | Phuket
Tel. 076 32 4374 | www.banyantreespa.com

Nakalay Spa Phuket
Thavorn Beach Village | Phuket
Tel. 07 629 0334 | www.nakalayspa.com

Baan Wanphum Health Cottage & Herbal Hydrotherapy Spa
Nähe Wat Chalong
im Süden von Phuket
Tel. 07 635 2066

Ban Sabai Spa Ko Samui
Big Buddha Beach und Sunset Beach
Ko Samui | Tel. 07 724 5175
www.ban-sabai.com

Oasis Spa
Zweimal das volle Verwöhnprogramm in Chiang Mai, außerdem mehrfach in Phuket und Bangkok vertreten.
102 Sirimungklajan Rd. und
Lanna, 4 Samlan Rd.
Chiang Mai | Tel. 05 398 0111
www.chiangmaioasis.com

DIE KLASSISCHE THAI-MASSAGE

König Rama III. war von seinen Masseuren so begeistert, dass er vor 200 Jahren sämtliche der streng festgelegten Griffen der Nuat Phaen Boran, der klassischen Thai-Massage, an den Tempelfiguren des Wat Pho in Bangkok in Stein gravieren ließ. Hier und in vielen Hotels und Day Spas können Sie sich von Profis dehnen und drücken lassen – für unbewegliche westliche Besucher ist dies zunächst oft schmerzhaft, aber mit jeder Massage stellt man fest, dass man beweglicher wird. Die Popularität der Strandmassage hat zur Neuerrichtung vieler kleiner Salons geführt, in denen meist sehr sachkundig gearbeitet wird. Generell gilt: Je öffentlicher das alles stattfindet, desto seriöser. Meist kostet eine Stunde nicht mehr als 400 Baht.

Junge Hostessen am Eingang in knapper Schuluniform oder Hinweise auf »special« bzw. »full body massage« sind dagegen klare Hinweise, dass sexuelle Zusatzleistungen im Vordergrund stehen, keineswegs aber gute Massagen. Die klassische Thai-Massage beruht auf dem Prinzip, dass viele physischen und psychischen Probleme ihre Ursache in der Blockierung der zehn Energielinien *(sip sen)* haben. Der Masseur stimuliert mit Händen, Füßen, Fersen, Knien und Ellbogen in den überdehnten Gliedmaßen Druckpunkte, löst die Blockierung, bewirkt Entgiftung und stellt die Balance im Körper wieder her. Spricht der Masseur kein Englisch, deutet man einfach auf Körperstellen, die man nicht massiert haben möchte, und sagt *mai sabai* (nicht gut). Tut es richtig weh, klagt man sein Leid mit *jep jep* (es schmerzt sehr), und *bao bao na krap/ka* bedeutet »Bitte sanfter« Die Massage findet auf einer Matte oder Matratze statt, der Massierte schlüpft am besten in lockere Kleidung. Öle kommen bei der traditionellen Massage nicht zur Anwendung, es gibt aber auch (seriöse) Massagen ohne Dehnungen mit duftenden Jasmin- und Zitronengrasessenzen.

FUSSREFLEXZONENMASSAGE
Foot Reflexology stammt aus Fernost und wurde erst in jüngster Vergangenheit in Thailand zum Renner. Auch diese Technik ist unbestritten gut. Die Füße gelten als Spiegelbild von inneren Organen, Drüsen, Gliedmaßen und Sinnesorganen. Verbunden über Nervenstränge, die in den Füßen sitzen, sind diese Körperteile über entsprechende Druckpunkte zu beeinflussen. Neben beschwingtem Gang verleiht diese Massage unter anderem herrlichen Schlaf, besonders zu empfehlen nach dem Mittagessen oder zur Nacht.

MASSAGEKURSE
Wenn Sie fünf Tage Zeit, Fleiß und Ausdauer investieren, können Sie in 30 Stunden die Grundprinzipien der Thai-Massage auch selbst lernen. Lehrmaterialien gibt es auf Englisch, teilweise auch auf Deutsch, sodass Sie die komplizierten Körpermeridiane zumindest nicht auswendig lernen müssen. Die Abschlusszertifikate haben zwar keinen Wert, aber Sie werden zu Hause viele neue Freunde gewinnen ...

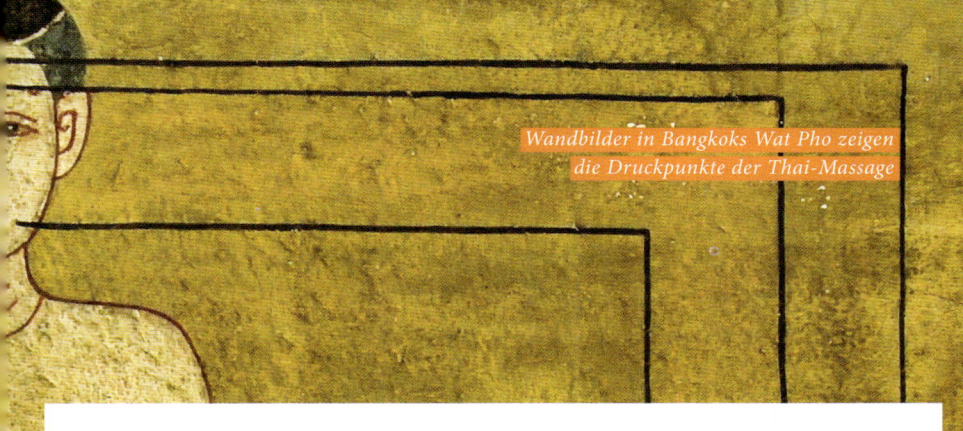

Wandbilder in Bangkoks Wat Pho zeigen die Druckpunkte der Thai-Massage

Wat Pho's Thai Traditional Medical and Massage School
Massiert wird an der Ostseite des Haupttempels. Ideal sind eine Stunde klassische Thai-Massage (420 Baht) und eine Stunde Fußreflexzonenmassage (420 Baht). Die Kurse kosten 9500 Baht (Fußreflexzonenmassage 7500 Baht) und finden in einem anderen Gebäude etwas außerhalb des Tempels statt (392/33–4 Soi Pen Phat 1, Maharat Rd., auf das Restaurant Coconut Palm an der Ecke achten, Tel. 02 622 3533 oder 02 622 3551). Hier kann man sich auch massieren lassen, ohne vorher Schlange zu stehen.
Tel. 02 221 2974 | www.watpomassage.com

Pian Massage School
Die Chefin hat lange als Massagelehrerin im Wat Pho gearbeitet, bevor sie sich selbstständig machte. Heute ist Pian einer der erfolgreichsten Massagebetriebe, mit angeschlossenem Schönheitssalon und Massageschule. Preiswert und gut (ab 250 Baht/Std.), aber immer mit viel Betrieb (bis 23 Uhr).
Ram Buttri Rd. (Nähe Khao San Rd.)
Bangkok
Tel. 02 629 0924
www.pianmassageschool.com

Phuket Health Spa
Professionelle Massagen und Kurse.
Kata Beach Spa Resort
5 Pakbang Rd. | Kata Beach
Phuket | Tel. 07 633 0914
www.phuket-massage.com

Maritime Park & Spa Resort
Speziell klassische Thai-Massagen.
Tungfah Rd. | Muang | Krabi
Tel. 07 562 0028-46
www.maritimeparkandspa.com

Old Medicine Hospital
Besonders traditionsreiche Massageschule. Die 5-tägigen Kurse (mit Unterkunft im Schlafsaal) kosten 5000 Baht.
238/1 Wuolai Rd. (gegenüber Old Chiangmai Culture Center)
Chiang Mai | Tel. 05 320 1663
www.thaimassageschool.ac.th

Thai Massage School
Oft empfohlene Massageschule. Ein 30-stündiger Einführungskurs (5 Tage) kostet 7500 Baht.
203/6 Mae Jo Rd.
Chiang Mai | Tel. 05 385 4330
www.tmcschool.com

Rada Massage and Spa
Gute klassische Thai-Massagen mit und ohne Kräuterbehandlungen.
2/2 Nimmanhemin Rd., Soi 3
Chiang Mai | Tel. 08 99556 1103
www.radaspachiangmai.com

Thai Massage Conservation Club
Hochbegabte blinde Masseurinnen, die sich vor allem auf kräftige Akkupressur konzentrieren.
99 Ratchamankha Rd., Nähe Wat Chedi Luang
Chiang Mai | Tel. 05 390 4452

LUXUSHOTEL ODER STRANDHÜTTE?

Thailand bietet bis in die fernste Provinzhauptstadt zahlreiche Unterkünfte für jeden Geldbeutel. Die Palette reicht von weltberühmten Luxushotels mit eigenem Butler bis zur einfachen, denkbar schlichten Hütte am Strand. Entsprechend unterschiedlich sind auch Preise und Service.

Am oberen Ende der Skala locken vollklimatisierte und höchst komfortable Luxusresorts, Swimmingpools, Tennisplätze, Sportangebote, hoteleigene Babysitter, Tourprogramme, und Ähnliches. Mittelklassehotels zwischen 1000 und 3000 Baht bieten einen vergleichsweise hohen Standard mit reichlich Komfort. Hotels unter 1000 Baht entsprechen nicht immer den europäischen Erwartungen hinsichtlich Ausstattung, Sauberkeit und Service. Für diesen Preis finden Sie aber an vielen Stränden schöne Bungalows. Preisgünstige Anlagen haben oft weder Warmwasser noch Klimaanlage, und kleinere unerwünschte Mitbewohner sind ohne chemische Keule oft nicht zu vermeiden. Über die kleinen, niedlichen *ging jok,* die über Wände und Decken huschen, sollten Sie sich freuen: Die Geckos vertilgen mit Vorliebe die lästigen Mücken und verschaffen Ihnen Ruhe vor den nervigen Plagegeistern.

Am unteren Ende muss man sich oftmals mit einem notdürftig zur Unterkunft umgebauten, engen Raum mit Pritsche, Moskitonetz, Ventilator und Sammelbad begnügen. Diese Guesthouses sind dank des ständig wachsenden Rucksacktourismus so zahlreich und billig (etwa 5 € pro Nacht), dass auf nähere Erwähnung in diesem Führer verzichtet wird.

In den meisten Nationalparks gibt es einfache Unterkünfte mit Kaltwasser sowie Campingflächen mit oder ohne Zelt. Eine Reservierung beim Royal Forest Department (www.forest.go.th) wird vor allem an Wochenenden und Feiertagen empfohlen.

Mindestens für den An- und Abreisetag lohnt sich eine Vorausbuchung in der Heimat. Dann kann man den jeweiligen An- und Abflug entspannt antreten. Und sobald ihre Urlaubsplanung genaue Formen angenommen hat, sollten Sie auch in Thailand den Gang zu einem Reisebüro nicht scheuen, um die aktuellen Sonderangebote abzufragen und vielleicht ein reizvolles Schnäppchen zu ergattern.

Unbedingt rechtzeitig reservieren sollten Sie für Ihren Weihnachtsurlaub, und auch während des chinesischen Neujahrsfests und Songkran ist eine frühzeitige Buchung unbedingt zu empfehlen. Eine vorausschauende Planung ist während der thailändischen Ferien gefragt.

Die empfohlenen Hotels zeichnen sich in ihrer Preisklasse durch besonders gute Ausstattung, Atmosphäre, Lage oder Ähnliches aus. Die Preiseinstufung basiert auf den Listenpreisen der Hotels. Die besseren Häuser liegen allerdings in heftigem Konkurrenzkampf und gewähren daher bei Buchungen über Reisebüros oder im Internet außerhalb der Saison Rabatte bis zu 80 % und teilweise selbst in der Hauptsaison noch einen Preisnachlass an der Rezeption, egal in welcher Kategorie oder Preisklasse. Damit werden selbst feinste Adressen erschwinglich. Rezeptionisten sind allerdings eher störrisch, da sie Provisionen erhalten.

Am Ostufer des Chao Praya in Bangkok liegen mehrere Luxushotels

Die günstigsten Tarife bekommen Sie fast immer im Internet. Die meisten Hotels erheben einen Zuschlag von 17 % für Steuern und Service.

WOHNEN MIT STIL

Chakrabongse Villas in Bangkok bietet drei luxuriöse Villen in einem ehemaligen Königspalast am Ufer des Chao Praya. › S. 188

Arun Residence in Bangkok bezaubert mit 5 eleganten Zimmern und einem grandiosem Sonnenuntergangsblick auf den Wat Arun. › S. 188

Centara Grand Beach Resort in Hua Hin glänzt im Kolonialstil. › S. 214

Trisara an Phukets bezauberndem Nai Yang Beach bietet Luxus pur mit privaten Infinity-Pools und himmlischen Betten. › S. 232

The Sarojin setzt mit eine japanisch inspirierten Gartenanlage und edlen Zimmern Maßstäbe auf Khao Lak. › S. 238

Nature Resort bietet Urwaldunterkunft in romantischen Baumhäusern mitten im Khao Sok National Park. › S. 241

Rayavadee Villas glänzt mit luxuriösen Pavillons zwischen zwischen Rai Leh und Phra Nang, Krabis schönsten Stränden. › S. 242

Pimalai Resort ist ein exquisites Verwöhnhotel am Ba Kan Tiang Beach von Ko Lanta. › S. 246

The Library punktet mit minimalistischem Zen-Design und jeder Menge Luxus am Chaweng Beach von Ko Samui. › S. 252

The Saboey entführt in eine marokkanisch-asiatische Traumwelt am Big Buddha Beach von Ko Samui. › S. 255

View Point Resort auf Ko Tao verführt mit balinesischem Stil und toller Aussicht › S. 262

Rachamankha bietet edlen China-Thai-Stilmix mit schicker Bar und tollem Pool, in der Altstadt von Chiang Mai. › S. 275

The Legend bei Chiang Rai bezaubert mit Lanna-Atmosphäre und Villen, die private Whirlpools bieten. › S. 289

Lotus Village in Sukhothai besticht durch seine bildhübsche Gartenanlage mit Teakhäusern an Lotusteichen. › S. 296

The Grotto Restaurant des Hotel Rayavadee am Hat Phra Nang von Krabi serviert das Essen direkt am Strand

Der stete Boom an thailändischen Restaurants, Kochbüchern und Kursen in unseren Breiten beweist es: Die Thai-Küche zählt zu den besten der Welt. Zwar gibt es auch viele sehr milde Gerichte, was aber als scharf bezeichnet wird, ist es auch wirklich. Bestes Löschmittel für den Gaumen ist nicht Wasser, sondern Reis.

REIS UND REISGERICHTE

Das Grundnahrungsmittel Reis gibt es als weißen Reis *(khao suay)*, der hauptsächlich in Mittel- und Südthailand gegessen wird, sowie als Klebreis *(khao nieo)*, den man im Norden und Nordosten bevorzugt. *Khao-suay*-Gerichte werden mit dem Löffel gegessen, wobei eine Gabel in der linken Hand die Portionen auf den Löffel schiebt. Gerichte mit Klebreis isst man mit der rechten Hand, die den Reis zu kleinen Bällchen formt. Das Geheimnis des typischen Duftes und Beigeschmacks vieler Thai-Gerichte: frische Korianderblätter *(phak chee)*, Zitronengras und

MACHT SÜCHTIG – THAILANDS KÜCHE

Thailands sauer-scharfe Suppen sind eine besonders gute Vorspeise

drei Sorten von Basilikum. Ingwer und Chili kurbeln den Kreislauf an, der im feucht-schwülen Klima arg strapaziert wird. Außerdem töten die beiden Gewürze auch Bakterien ab. Bei Europäern besonders beliebt ist gebratener Reis *(khao phat)*, das einzige Gericht, bei dem Reis mit anderen Zutaten vermischt wird.

VIELFÄLTIGE BEILAGEN

Sonst werden die Speisen separat zubereitet, über den Reis gegeben oder dazu gereicht. Standards sind mit Chili und Basilikum gebraten *(phat phrik bai kraphao)*, Süß-saures *(prieo waan)*, mit Austernsoße *(nam man hoy)*. Schon in die gehobenere Klasse gehören die sauer-scharfen *tom-yam-* und *tom-kha*-Suppen sowie die kalten, sauer-scharfen Salate *(yam)*. Das typische Aroma der *tom*-Suppen rührt von den Limettenblättern *(bai makhruut)*, den Zitronengrasstängeln *(takhrai)* und den Galgantwurzeln *(kha)*, die nicht mitgegessen werden.

Wirklich raffiniert wird die Thai-Küche bei den auf der Basis von Kokosnussmilch zubereiteten Currys: *kaeng karee,* mild mit Kartoffeln; *kaeng massaman,* süß und schwer mit Erdnüssen; *kaeng phet,* leicht und scharf; *kaeng khieo waan,* grünlich, süffig, sehr scharf. Zu den mit Klebereis gereichten Standardgerichten zählen gegrilltes Huhn *(gai yang)*, scharfer Fleischsalat mit Minze *(laap)*, scharfer Papayasalat mit Krabben *(somtam)* und scharfer Bambussalat *(suup naw mai)*.

NUDELGERICHTE

Nudeln gibt es in drei Varianten: dünne Reisnudeln *(khwitthieo sen lek)*, dickere, nahrhaftere *khwitthieo sen yai* sowie gelbe Eiernudeln *(bamee)*. Sie können die Nudeln gebraten *(phat)* sowie gekocht mit Brühe *(naam)* oder ohne Brühe *(haeng)* haben. Gängige Einlagen sind Fleisch- bzw. Fischbällchen *(luuk jin)*, mit Fleisch gefüllte Teigtaschen *(gieo)*, rötlich marinierte Schweinefleischscheiben *(mu daeng)*, sowie Hühner-, Rinder- und Entenfleisch.

Dazu gibt es Sojasprossen und anderes Gemüse. *Khanom jin* sind dünne, kalte Reisnudeln mit Fleischsoße und Salat, *phat thai* schmackhafte, leicht süße Bratnudeln mit Erdnüssen. *Yam wun sen* ist ein sehr scharfer kalter Nudelsalat. Zum Nachwürzen gibt es Chilis sowie Essig, Zucker und Fischsoße *(nam pla)*, die generell als Salzersatz verwendet wird. Nudelsuppen werden stets, andere Nudelgerichte oft mit Stäbchen gegessen.

SÜSSES

Auf der Basis von Eiern, Bananen, Kokos und Klebreis gibt es Puddings, Kuchen sowie Eiscreme. Immer ein Genuss ist *khao niew mamuang* (Klebreis mit reifer Mango). Westlichen Besuchern schmeckt besonders *foy thong*, süße Eierfäden, zu Bällchen gesponnen, sowie *khanom luuk chup*, mit Gelee überzogene Kokosmasse, die an mildes Marzipan erinnert.

RESTAURANTS

In der Provinz fragt man am besten den Hotelmanager nach einem Tipp. In den Touristenzentren hingegen bieten die Thai-Restaurants der Top-Hotels zuverlässig gutes bis sehr gutes Essen zu entsprechenden Preisen. In Bangkok, Pattaya, Chiang Mai, Phuket, Ko Samui findet man auch viele internationale Restaurants. Die beste und sicher preiswerteste Thai-Küche servieren aber die zahllosen Garküchen am Straßenrand.

KOCHEN MIT SANUK

Die thailändische Küche feiert weltweite Triumphe, warum da nicht den Urlaub durch einen Kochkurs bereichern? An Angeboten mangelt es nicht, und jede Menge Spaß ist garantiert!

Wichtigster Bestandteil eines Kochkurses ist der gemeinsame Gang über den Markt. Welche Chilis für welchen Zweck? Wie duftet wirklich frischer Koriander? Woran erkennt man eine gute Currypaste? Keine Sorge, die (meisten) Zutaten finden Sie heutzutage in allen deutschen Großstädten im Asien- und Gourmethandel.

Manches wird millimeterfein geschnitten, anderes grob zerhackt, und vieles zerrupft oder geknickt. Schauen Sie dem Lehrer genau auf die Finger. Thai-Küche hat viel mit Technik und Ökonomie zu tun. Da gibt es keine Sprachbarrieren. Thai-Gerichte benötigen meist auch nur wenige Zutaten: Der Pfiff liegt im Gleichgewicht der Geschmacksrichtungen sauer, scharf, salzig und süß.

Diese zu beurteilen und herzustellen erfordert eine profunde Kenntnis der erforderlichen Zutaten und gekonnte Handgriffe. In der separaten Disziplin »Food Carving« sind die Thais übrigens ungeschlagene Weltmeister.

Mit Rosen aus Tomaten oder Chrysanthemen aus Möhren wird man daheim seine Gäste nicht minder beeindrucken als mit einem gelungenen Curry.

KOCHKURSE IN BANGKOK
Oriental Hotel
Die Kochschule des Luxushotels vermittelt in ein- oder mehrtägigen Kursen einen Einblick in die Thai-Küche.
48 Oriental Ave. | Bangkok | Tel. 02 236 0400
www.mandarinoriental.com/bangkok

Thai House
In der stimmungsvollen Umgebung eines traditionellen Holzhauses in den Klongs von Nonthaburi, 22 km vor den Toren Bangkoks, lernt man in 2 oder 4 Tagen Currys, Suppen und allerlei anderes zu zaubern. Dreitägige Kurse kosten um die 17 000 Baht, inklusive Unterkunft, aller Mahlzeiten und Transfer.
32/4 Moo 8, Tambol Bangmaung
Amphoe Bangyai | Nonthaburi
Tel. 02 903 9611, 02 997 5161
www.thaihouse.co.th

May Kaidee's Vegetarian Restaurant
Die Kochkurse der Besitzerin May führen in die Feinheiten der vegetarischen Thai-Küche ein. Der zweistündige Crashkurs kostet 1000 Baht. Mays Kochbuch gibt es vor Ort zu kaufen.
117/1 Thanoa Rd. | Phra-Athit-Pier
Bangkok | Tel. 02 281 7137
www.maykaidee.com

KOCHKURSE IN CHIANG MAI
Thai Farm Cooking School
Auf der 30 Minuten außerhalb der Stadt gelegenen Ökofarm (Transfer inklusive) kann man Gemüse, Kräuter und Obstsorten aus organischem Anbau selbst ernten und anschließend lernen, damit feine (natürlich auch vegetarische und vegane) Gerichte zuzubereiten.
38 Soi 9 Moon Muang Rd. | Chiang Mai
Tel. 08 1288 5989
www.thaifarmcooking.com

KOCHKURSE AUF KO SAMUI
Samui Institute of Thai Culinary Arts
Chaweng Beach | Ko Samui
Tel. 07 741 3172 | www.sitca.net

THAILANDS GETRÄNKE

Das Lieblingsgetränk der Thais ist schlicht und einfach kaltes Wasser *(naam yen)*, das man aber nie aus der Leitung trinkt, sondern purifiziert *(nam plao)*. Die großen Plastikflaschen kosten um die 10 Baht und sind selbst in den kleinsten Dörfern erhältlich. Mit diesem Wasser putzt man sich auch die Zähne. Mineralwasser ist etwas teurer. Beliebt sind auch Softdrinks, die z. B. in den allgegenwärtigen 7-Eleven-Läden erhältlich sind.

Fruchtsäfte, pur *(naam khan)* oder mit Eis und Sirup *(naam pan)* verquirlt, sind im tropischen Thailand ein wahrer Genuss. Orangen, Limetten, Mangos, Guaven, Papayas, Bananen, Wassermelonen und Litschis werden auch zu leckeren Shakes, Smoothies und Lassis (mit Trinkjoghurt) verarbeitet.

An jeder belebten Straßenecke und den Stränden finden Sie Händler, die Ihnen für wenige Baht mit der Machete eine grüne, auf Eis liegende Kokosnuss aufschlagen. Strohhalm rein, fertig ist der erfrischende, gesunde, *nam maprao* genannte Energiedrink! Bier *(bia)* gilt als schickes, da wegen hoher Besteuerung für Einheimische nicht gerade billiges Getränk. Die einheimischen Sorten Singha (ausgesprochen: *sing*) und Chang gibt es frisch gezapft *(bia sot)*, in Dosen und in Flaschen. Heineken und Asahi, beide in Thailand gebraut, sind ebenfalls fast überall erhältlich.

Auch Kaffee *(kaafae)* und Tee *(naam chaa)* gibt es allerorten. Importierte Weine sind teuer und passen meist nicht zu den Aromen von Chilis und Thai-Gewürzen. In Thailand wird Wein vor allem im Nordosten rund um Nakhon Ratchasima angebaut, die Qualität wird immer besser. Probieren Sie mal Château de Loei.

Sehr populär ist der milde, allerdings für grandiose Kater sorgende goldfarbene Mekhong-Whiskey (35 % Alkohol), der aber nach Rum schmeckt. Kein Wunder, er wird zu 95 % aus Zuckermelasse und zu 5 % aus Reis gebrannt. Dem Destillat wird eine geheime Kräuter- und Gewürzmischung zugesetzt. Man trinkt ihn pur, mit Sodawasser, Limettensaft oder Cola. Vorsicht vor Imitaten!

มะพร้าวน้ำหอม
COCONUT
ลูกละ 40

Ein Stand mit frischen Kokosnüssen sorgt auf dem Chatuchak Markt in Bangkok für kühle Erfrischung

Die Stinkfrucht Durian ist nur für echte Kenner ein Genuss

TROPISCHE VERFÜHRUNG – THAILÄNDISCHE FRÜCHTE

Das regenreiche warme Klima und die fruchtbare Böden Thailands lassen das ganze Jahr über eine unglaubliche Fülle von Früchten und Gemüsesorten gedeihen. Die komplette Auswahl gibt es auf den Märkten, eine Explosion der Farben und Düfte.

Neben bekannten tropischen Früchten wie Ananas (*sapparot*), Orange (*som*), Limette (*manao*), Wassermelone (*taeng moh*), Kokosnuss (*maprao*), Papaya (*paw paw* oder *malakaw*), Mango (*mamuang*) und Bananen (*kluay*), alle in verwirrend vielen Sorten erhältlich, gibt es etliche exotischere Obstsorten.

Die Mangosteen (*mangkut*), eine tomatengroße violette Frucht, hat ein saftiges, erfrischendes weißes Fleisch. An eine relativ süß schmeckende Grapefruit erinnert die Pomelo (*som oh*), die gerne in Salaten auftaucht. Büschelweise warten haarige Rambutan (*luuk ngaw*), rot, pflaumengroß mit langen weichen Stacheln, und Longan (*lamyai*), kleine braune, eng mit Litschis verwandte Murmeln, auf Käufer. Bis zu 20 kg schwer wird die Jackfruit (*khanun*), birnenförmig, riesig und grün genoppt. Sie enthält Dutzende gelber, blütenartiger Samen mit kräftigem, aber leicht muffigem Aroma. Der Rosenapfel (*chomphoo*) in der Konsistenz unserem Apfel ähnlich, ist weiß über grün bis rot; je heller er ist, desto süßer schmeckt er.

Die hochgeschätzte zimtfarbene Tamarinde (*makhaam*) ist im Dezember und Januar reif. Ihr bräunliches bis schwarzrotes Fruchtmark schmeckt meist säuerlich und besitzt antiseptische Wirkung.

Im Inneren der furchtbar stinkenden Durian (*thurian*), einer großen stacheligen Frucht, befinden sich schleimig-gelbe Klumpen mit einem ungemein intensiven Geschmack, der irgendwo zwischen mildem Gammelkäse und alkoholischem Vanillepudding liegt. Die besten Durians kommen aus den Obstgärten rund um Nonthaburi.

An Straßenständen werden Früchte (*phonlamai*) als appetitlich geschnittene Snacks serviert oder als himmlisch leckere Shakes kredenzt. In Restaurants kommen Früchte als Beilage oder Dessert auf den Tisch, oft in ungemein kunstvoll geschnittener Blumenform. »Food Carving« ist eine hochgeschätzte Fertigkeit, die man in Kursen auch erlernen kann.

MANGOSALAT SÜSS-SAUER

ZUTATEN

2 kleine rote Zwiebeln
4 Frühlingszwiebeln
150 g Möhren
1 kleine rote Paprikaschote
3 Stangen Sellerie
1 grüne feste Mango
(Fruchtfleisch ca. 150 g)
250 g frische Ananas
3 Kaffir-Limettenblätter
4 EL Limettensaft
2 ½ EL vegane Fischsoße
2 ½ EL Palmzucker
1 Bund Koriandergrün
4 Stiele Minze
1 große rote Chilischote
30 g geröstete, gesalzene
Erdnusskerne

Für 4 Personen/40 Min.

ZUBEREITUNG

Die Zwiebeln schälen, längs halbieren und in feine Streifen schneiden. Die Frühlingszwiebeln putzen und waschen, das Weiße schräg in dünne Scheiben, das Grüne längs in feine Streifen schneiden. Die Möhren schälen und in streichholzähnliche Streifen schneiden oder hobeln. Die Paprikaschote nach Belieben schälen, dann vierteln und entkernen. Die Viertel waschen und quer in dünne Streifen schneiden. Den Sellerie putzen, waschen und quer in dünne Scheiben schneiden.

Die Mango schälen, das Fruchtfleisch erst in dünnen Scheiben vom Stein und diese dann in Streifen schneiden. Die Ananas schälen, in dünnen Scheiben vom Strunk und diese ebenfalls in Streifen schneiden. Die Kaffir-Limettenblätter waschen, an der Mittelrippe falten und diese herausziehen. Dann die Blatthälften übereinanderlegen und in haarfeine Streifen schneiden.

Den Limettensaft und die Fischsoße so lange mit dem Palmzucker verrühren, bis sich dieser aufgelöst hat. Das klein geschnittene Obst und Gemüse gut mit dem Dressing mischen und bis zur Verwendung durchziehen lassen. Inzwischen das Koriandergrün waschen und trocken tupfen, Blätter und zarte Stiele hacken. Die Minze waschen und trocken tupfen, einige Blätter beiseitestellen, den Rest hacken. Die Chilischote waschen und schräg in dünne Ringe schneiden, die Kerne dabei entfernen. Die Erdnüsse grob hacken. Den Salat mit Koriandergrün und gehackter Minze mischen, mit Chiliringen und Erdnüssen bestreuen und mit ganzen Minzeblättern dekorieren.

ZUTATEN

250 g Hähnchenbrustfilet
600 ml Hühnerbrühe (oder Wasser)
100 g dünne Reisnudeln (Vermicelli)
125 g Sojabohnensprossen (oder Mungbohnensprossen)
Salz
1 mittelgroße Möhre
1 kleine rote Zwiebel
1 Stange Sellerie
2 Frühlingszwiebeln
2 große rote Chilischoten
1 Bund Koriandergrün
2 Kaffir-Limettenblätter
4 EL Limettensaft
2 EL Palmzucker
2 EL Fischsoße
Austernsoße (nach Belieben)
30 g geröstete, gesalzene Erdnusskerne

Für 4 Personen/40 Min.

ZUBEREITUNG

Das Hähnchenfleisch waschen, trocken tupfen und in der knapp siedenden Brühe oder in Salzwasser ca. 15 Min. garen. Inzwischen die Nudeln nach Packungsanweisung garen, abgießen und gut abtropfen lassen.
Die Sprossen heiß waschen und in kochendem Salzwasser 3–5 Min. blanchieren, dann abgießen. Sie sollen weich und noch etwas knackig sein. Die Möhre schälen und in sehr feine Streifen schneiden oder hobeln. Die Zwiebel schälen, längs halbieren und in dünne Streifen schneiden. Den Sellerie putzen, waschen und quer in dünne Scheiben schneiden. Die Frühlingszwiebeln putzen und waschen, quer dritteln und längs in sehr feine Streifen schneiden.

Die Chilischoten waschen und in sehr dünne Ringe schneiden, die Kerne dabei entfernen. Das Koriandergrün waschen und trocken tupfen, Blätter und zarte Stiele hacken. Die Kaffir-Limettenblätter waschen, an der Mittelrippe falten und diese herausziehen. Dann die Blatthälften übereinanderlegen und mit einem Messer in haarfeine Streifen schneiden.

Nudeln und Sprossen in eine Schüssel geben. Limettensaft mit Palmzucker und Fischsoße mischen und darübergießen. Gemüse, Limettenblattstreifen und die Hälfte der Chiliringe untermischen. Das abgekühlte Fleisch erst quer zur Faser in dünne Scheiben, dann in Streifen schneiden und untermischen. Den Salat nach Belieben mit Austernsoße abschmecken und mit den restlichen Chiliringen, Koriandergrün und Erdnüssen bestreuen.

HÄHNCHEN-REISNUDEL-SALAT

STREETFOOD – IM REICH DER GARKÜCHEN

Die insgesamt besten und sicher preiswertesten Mahlzeiten erhalten Sie in den mobilen Minirestaurants und Küchenständen am Straßenrand. Dort kochen überwiegend Hausfrauen aus frischen Zutaten Gerichte, die sie gut beherrschen, und laufen damit professionellen Köchen oft den Rang ab. Es gibt nur das, was Sie sehen – ganz ohne Sprachproblem wählen Sie einfach mit dem Finger aus. Lediglich zwei Ausdrücke sollten Sie sich merken: »*Jimm dai mai?*« (Darf ich probieren?) – und natürlich dürfen Sie! »*Pet mai?*« (nicht scharf?) entspricht wiederum einer Brandschutzversicherung. Lautet die Antwort »*Mai pet*« (nicht scharf), sind sie auf der weitgehend sicheren Seite, denn pikant ist das Gericht oft immer noch. »*Pet pet*« (sehr scharf) ist dagegen eine Warnung, die nur Feuerschlucker ignorieren sollten. Fürsorgliche Köchinnen werden den leichtsinnigen *farang* aber meist energisch von seinem Abenteuer abhalten. Falls nicht, werden Sie nach dem ersten Biss für viel *sanuk* bei den umstehenden Gästen sorgen, bis der fürsorglich gereichte Reis seine lindernde Wirkung entfaltet.

Bestimmte Gerichte, deren Herstellung sich nur bei großen Mengen lohnt, werden ausschließlich von Garküchen angeboten, z. B. gedämpftes Huhn *(khao man kai)*, Eisbein in Sojasoße *(kha moo)* sowie gefüllte Hefeklöße *(salaphao)*, die pikant *(khem)* oder süß *(waan)* zu haben sind. Das Erscheinungsbild der Garküchen mag Ihnen dubios erscheinen, doch hier geschieht alles vor Ihren Augen. Wer länger im Land lebt, vertraut den Straßenköchen meist bedingungslos. In Bangkok kocht fast niemand zu Hause: Warum auch, wenn man sich an der Straße für umgerechnet ein bis zwei Euro den Bauch vollschlagen kann? Sollte es noch eines Beweises bedürfen: Die Kochutensilien, die auf dem Chatuchak Markt angeboten werden, richten sich fast ausschließlich an die Bedürfnisse der Garküchenbetreiber.

Garküchen sind die großen sozialen Gleichmacher in Bangkok: Hier schlürfen Konzernbosse und Prominente ihre Nudelsuppe neben Sekretärinnen und Arbeitern. Achten Sie auf zwei Dinge: Volle Tische, viel Betrieb und eine Schlange hungriger Gäste sind geradezu eine Garantie für kulinarischen Hochgenuss, und wer Zweifel an der Hygiene hat, achtet am besten darauf, wie Geschirr, Besteck, Töpfe und Pfannen gespült werden, denn auch das passiert vor ihren Augen.

Etwas mehr Vorsicht empfiehlt sich bei Getränken. Am besten trinken Sie nur aus original verschlossenen Flaschen. Eines sind Straßenküchen nicht, nämlich gemütlich oder gar romantisch. Man sitzt, wenn überhaupt vorhanden, auf Klappstühlen aus Plastik an wackeligen Klapptischen, abends meist unter hässlichem Neonlicht. Das interessiert die Thais aber überhaupt nicht. Ihre Kriterien sind andere: knackfrische Zutaten (möglichst noch fast lebendig) sowie Köchinnen und Köche, die mit Witz und Freundlichkeit für möglichst viel *sanuk* sorgen.

Bangkoks Hochburgen des Streetfood sind neben Chinatown besonders Banglamphu (nördlich des Tempelbezirks der Altstadt), die Stände des Samyan Market in der Nähe der Hualamphong Railway Station, der Umkreis der Skytrain- und MRT-Stationen im Geschäfts-

Garküchen versorgen Hungrige auch auf dem Wasser mit ihren preiswerten Köstlichkeiten

bezirk Silom/Sathorn und diverse Sois der Sukhumvit, die ebenfalls schnell mit dem Skytrain zu erreichen sind. Doch es gibt auch Verluste zu beklagen: Die ungemein beliebten Garküchen an der Sukhumvit Soi 38 müssen 2016 dem geplanten Bau von Luxusappartementblocks weichen. Einige werden wohl vor der Gateway Ekamai Shopping Mall an der Sukhumvit Soi 42 eine neue Heimat finden.

BANGKOKS CHINATOWN – PARADIES FÜR STREETFOOD-FANS

Wenn Sie nur kurz in Bangkok sind und möglichst viel Auswahl auf engstem Raum suchen, steuern Sie abends nach Ihrem Besuch der berühmten Altstadttempel zielsicher Chinatown an, die Geburtsstätte des Streetfood. Rund um die Yaowarat Road ist das Angebot an thai-chinesischen Köstlichkeiten geradezu überwältigend. Falls Sie die nachstehend aufgeführten Adressen nicht finden, keine Sorge. Nebenan schmeckt es meist genauso gut, und das bis spät in die Nacht hinein.

Fangen wir an in der Yaowarat Road: Liebhaber von Reisnudeln mit Rindfleisch, Bohnensprossen, Calamares und Shiitake-Pilzen in Sojasoße *(guaythiew lod)* schwören auf den bescheidenen Straßenkarren von **Guaythiew Lod** (vor dem Seiko-Geschäft, Di–So 18.30–1 Uhr, Tel. 02-225 3558). Knusprige, saftige und himmlisch zarte Schweinefleischhäppchen auf Reis mit süßer Soße *(khao moo grob)* serviert der Stand von **Nai Jui** (auf der Straßenseite des Talat Kao, Di–So 8.30–1 Uhr, Tel. 08 1009 9746). Gleich nebenan locken die fabelhaften dünnen Eiernudeln auf Hongkong-Art mit Krabben, Shrimps und Huhn *(bamee hong kong)* von **Xie Shark Fin** (Di–So 19–1 Uhr, Tel 08 1889 6976). Oder probieren Sie auf der gleichen Straßenseite (vor dem Geschäft Seng Heng Lee Goldsmith) die mit schwarzem Sesam gefüllten Klöße in Ingwerbrühe *(bua loy nam khing)* von **Chujit** (tgl. 18.30–23.30 Uhr, Tel. 08 1860 1053). Seafood-Fans schwärmen für die Austern- und Muschel-Omeletts im Shophouse von **Nai Mong Hoy Tod** in der 539 Soi Prapachai (unweit der Kreuzung Plang Nam Road und Charoen Krung Road, tgl. 11–21.30 Uhr, Tel. 08 9773 3133). Ebenso fabelhaft schmeckt die klare Fischbrühe mit Nudeln und Fischbällchen am Straßenkarren von **Lim Lao Ngo** im Food Court der Songsawad Road (tgl. 19–23 Uhr). Fisch und Seafood sind bei Sieng Gi für Thai-Verhältnisse geradezu teuer, aber für umgerechnet 5 bis 7 Euro bekommt man unvergleichlich frische Qualität, üppige Portionen und eine Brühe, die alle Geschmacksknospen zum Explodieren bringt (linke Straßenseite der Trok Ma Geng hinter dem Grand China Princess Hotel, tgl. 17–23 Uhr).

In **Little India** (Pahurat) müssen Sie unbedingt in Fett gebratene *samosas* (gefüllte Teigtaschen) und *tikki* (scharf gewürzte Krabbenkuchen) am Stand von **Samosa** probieren. Sie finden ihn in einer kleinen Soi links vom Eingang zum India Emporium (Mo–Sa 9–18.30, So 10–18.30 Uhr, Tel. 02 222 0090).

Die letzten beiden Adressen liegen nur einen Katzensprung vom Golden Mount entfernt, zwischen Altstadt und Chinatown. Das klassische Nudelgericht *phat thai* (Reisbandnudeln, Eier, Fischsoße, Tamarindenpaste, Knoblauchzehen, Chilipulver, Bohnensprossen, zerstoßene Erdnüssen und Shrimps) gelingt unvergleichlich gut auf den höllenheißen Woks von **Thipsamai Noodle Shop** (Mahachai Road 313, tgl. 17 bis 3 Uhr, Tel 02 221 6280). Gleich nebenan bereitet die Garküche von **Jae Fai** (Mahachai Road 327, tgl. außer Sa 15–2 Uhr, Tel. 02 223 9384) eine wahrlich himmlische *tom yam gung* zu. Diese sauerscharfe, mit Zitronengras, Limettenblättern, fein gehackten Frühlingszwiebeln, Korianderblättern, Strohpilzen und Garnelen zubereitete Hühnersuppe wird man wohl in jedem Thai-Restaurant der Welt bekommen, aber nirgendwo auch nur annähernd so »*aroi*« (lecker) wie hier.

In Thailands Garküchen wird man für wenige Baht satt

TOP 12 HIGHLIGHTS

Die Palastwache von Bangkoks Wat Phra Kaeo zeigt sich in besonders fotogenen Uniformen

WAT PHRA KAEO & KÖNIGSPALAST

Schon von Weitem weist die golden leuchtende Pagode Besuchern den Weg zum Privattempel der Chakri-Dynastie, der durch Eleganz, schillernde Farben und Verspieltheit besticht. Oft ist die weitläufige Anlage die erste Begegnung frisch eingeflogener Urlauber mit der faszinierenden Kunst des Landes. Vieles wirkt geheimnisvoll und fremd: Grimmig blickende Wächterfiguren, steinerne Elefanten, Garudas mit Nagaschlangen, liebreizende Vogelmädchen und bunte Staffeldächer, die Märchenbüchern entsprungen sein könnten. Im Bot, der Ordinationshalle, residiert Thailands meistverehrter Buddha – eine geheimnisumwitterte Figur aus dunkelgrüner Jade. Die Kamera bleibt hier in der Tasche, der Anblick der vielen Gläubigen, die dem Erleuchteten Lotosknospen, Jasmingebinde und Räucherstäbchen darbringen, bleibt auch so unvergesslich. Goldfarbene Schnitzereien, edle Perlmuttintarsien, Keramikblumen, Glasmosaiken, wertvolle Wandmalereien, die das Leben Buddhas schildern: Die Farbenfreude ist fast überwältigend. Die prachtvollen Bauten des Königspalastes demonstrieren wiederum in ihrem Stilwechsel den Einzug europäischer Einflüsse, gleichzeitig kündet ihr goldstrotzender Prunk von einer Zeit, als Könige in Thailand fast gottgleich verehrt wurden. Stundenlang könnte man schließlich im Wandelgang die goldschimmernden Fresken studieren. Sie schildern ins alte Siam versetzte Episoden aus dem Ramakien, der thailändischen Version des indischen Ramayana-Epos. › S. 168

Mit Gold überzogenes Kinnari (Vogelmädchen) in der Tempelanlage des Wat Phra Kaeo

CHATUCHAK MARKET

Mit sage und schreibe 14 Hektar Fläche ist »JJ« einer der größten Märkte der Welt, und einer, in dem man sich garantiert verläuft. Daran ändert auch ein am Eingang erhältlicher Lageplan wenig. Immerhin ist das Hinkommen leicht: Nur wenige Minuten dauert die Fahrt mit dem Skytrain bis zur Haltestelle Mo Chit. Hunderte von Ständen drängen sich dicht an dicht in einem charmant liebenswerten Chaos. Jeder findet über kurz oder lang im Gewusel, wovon er Momente zuvor noch gar nicht wusste, dass er es haben wollte, seien es nun Schattenspielfiguren, Kampffische, Thaiboxershorts oder Tempelgongs. Wer etwas gefunden hat, dass er unbedingt haben möchte, sollte aber sofort zuschlagen, denn später findet man oft den Stand nicht wieder. Neben viel sinnlosen Krimskrams gibt es auch Topqualität, denn viele Designer Bangkoks haben hier ihren eigenen Stand. Inneneinrichter werden in einen wahren Kaufrausch verfallen. Chatuchak ist eigentlich ein Wochenendmarkt (Sa/So 9–18 Uhr), doch öffnen die meisten Antiquitätenstände auch unter der Woche bzw. Freitag von 18 Uhr bis Mitternacht. Die Einheimischen shoppen am liebsten frühmorgens, wenn es noch kühl ist. Samstagmorgen sind hier auch die wenigsten Touristen unterwegs. Um die Mittagszeit herrscht drückende Schwüle, die in den besonders heißen Sommermonaten kaum zu ertragen ist. Handeln ist obligatorisch, aber auch beim Feilschen gilt es das Gesicht zu wahren. Verhungern muss natürlich niemand: Zahlreiche Garküchen und Imbissstände sorgen für das leibliche Wohl. › S. 186

Auf dem Chatuchak Market treffen sich jedes Wochenende Bangkoks Kauffreudige

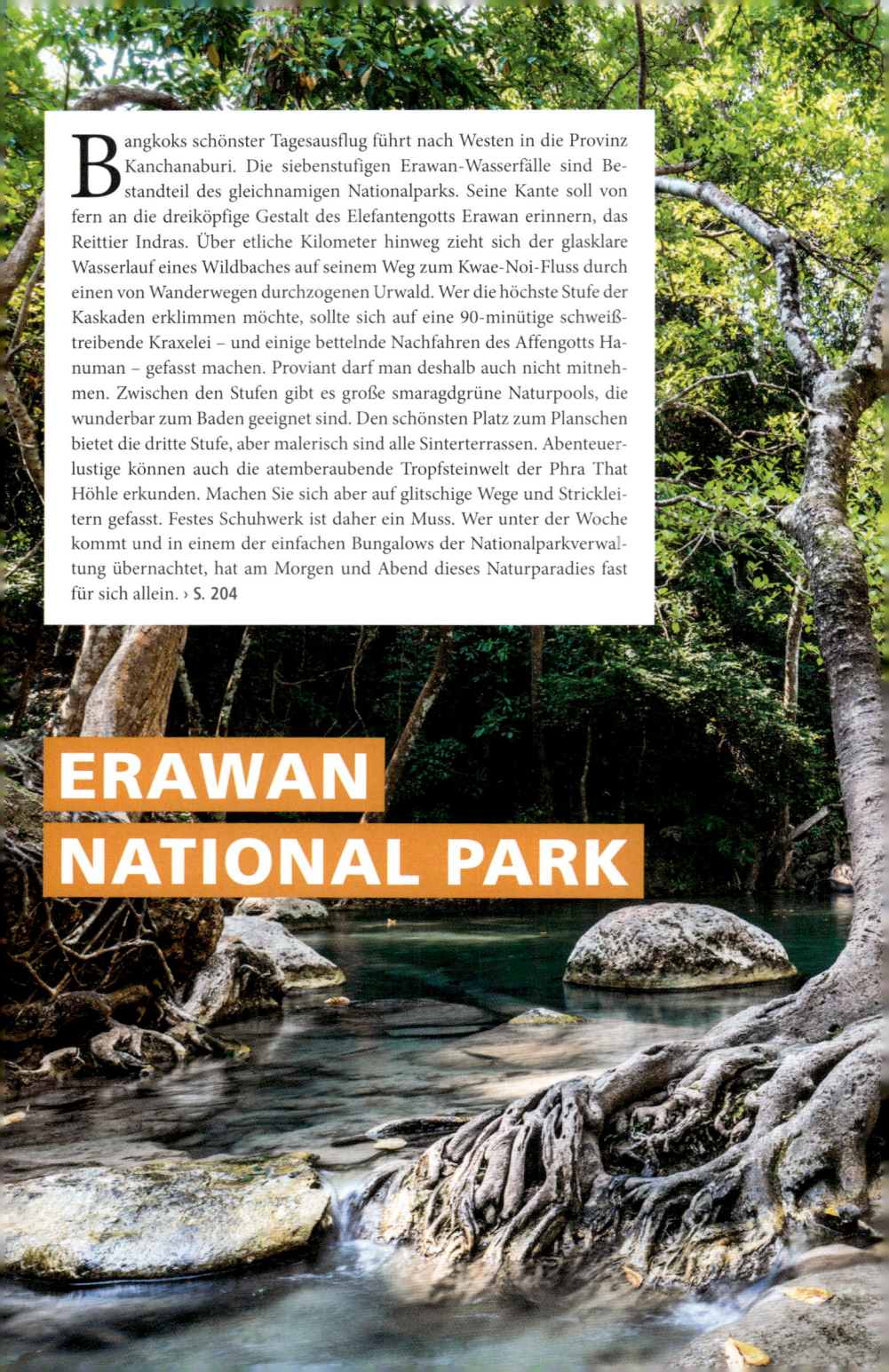

Bangkoks schönster Tagesausflug führt nach Westen in die Provinz Kanchanaburi. Die siebenstufigen Erawan-Wasserfälle sind Bestandteil des gleichnamigen Nationalparks. Seine Kante soll von fern an die dreiköpfige Gestalt des Elefantengotts Erawan erinnern, das Reittier Indras. Über etliche Kilometer hinweg zieht sich der glasklare Wasserlauf eines Wildbaches auf seinem Weg zum Kwae-Noi-Fluss durch einen von Wanderwegen durchzogenen Urwald. Wer die höchste Stufe der Kaskaden erklimmen möchte, sollte sich auf eine 90-minütige schweißtreibende Kraxelei – und einige bettelnde Nachfahren des Affengotts Hanuman – gefasst machen. Proviant darf man deshalb auch nicht mitnehmen. Zwischen den Stufen gibt es große smaragdgrüne Naturpools, die wunderbar zum Baden geeignet sind. Den schönsten Platz zum Planschen bietet die dritte Stufe, aber malerisch sind alle Sinterterrassen. Abenteuerlustige können auch die atemberaubende Tropfsteinwelt der Phra That Höhle erkunden. Machen Sie sich aber auf glitschige Wege und Strickleitern gefasst. Festes Schuhwerk ist daher ein Muss. Wer unter der Woche kommt und in einem der einfachen Bungalows der Nationalparkverwaltung übernachtet, hat am Morgen und Abend dieses Naturparadies fast für sich allein. › S. 204

ERAWAN NATIONAL PARK

Kühle Wasserfälle machen den Erawan National Park zu einem beliebten Ausflugsziel für gestresste Hauptstädter

PHANG NGA BAY

Mächtige Karstkegel rahmen die auf Stelzen gebaute Siedlung Ko Panyi in der Phang Nga Bay

Die etwa 400 Quadratkilometer große Bucht von Phang Nga ist das beliebteste Ausflugsziel aller, die auf Phuket Urlaub machen. Sie erwartet eine Zauberwelt aus über Hundert grün überzogenen bizarren, bis zu 350 Meter hoch aus dem tiefblau und türkis schimmernden Meer ragenden Karstkegeln. Die Bucht ist eines der größten Naturwunder Asiens und selbstredend Naturerbe der Menschheit. Mit einer Dschunke wie der *June Bahtra,* deren rostbraune Drachensegel sich romantisch in diese an chinesische Tuschzeichnungen erinnernde Landschaft einfügen, fährt man mitten hinein in dieses einzigartige Archipel, natürlich auch zur berühmten Insel Ko Phing Kan, auf der 1974 James Bond und Scaramanga ihr berühmten Pistolenduell austrugen. In der Inselbucht ragt der bizarre, 180 Meter hohe Felsen Ko Tapu (»Nagelinsel«) noch immer kerzengerade aus dem Meer, obwohl er im Bond-Film »Der Mann mit dem goldenen Colt« doch eigentlich in die Luft geflogen ist. Wer nicht früh genug aufgestanden ist, bekommt das Motiv aber nur mit unzähligen anderen posierenden Touristen aufs Bild. Aber das ist dann auch schon egal, denn ab dem späten Vormittag verblassen die auf den Postkarten so eindrucksvoll wirkenden Farben ohnehin. In die unzähligen Höhlen und Grotten kommt man nur mit den kleinen, wendigen Langbooten. Beliebt sind mehrtägige Kanutrips, bei denen ein »Mutterschiff« mitfährt, um den Kanuten längere Anfahrtswege zu ersparen. › **S. 241**

SIMILAN ISLANDS

Weitab vom Festland, und doch mit organisierten Tauchausflügen von Phuket und Khao Lak aus in wenigen Stunden zu erreichen, liegen diese grünen Tupfer in der glasklaren, in allen Blautönen leuchtenden Andamanensee. Die streng geschützten Inseln bieten schneeweiße Strände, runde Granitfelsen, die an die Seychellen erinnern, tropischen Regenwald und trotz des Touristenandrangs noch immer wunderbare Tauch- und Schnorchelreviere von Weltformat. Unter Wasser treiben es die Blumenkohl- und Feuerkorallen, die Trompeten- und Anemonenfische noch bunter als die schrillen Drag Queens in den Cabarets von Phuket. Aber auch Großfische wie Weißspitzen-, Leoparden- und Ammenhaie, Mantas, Barrakudas und Zackenbarsche werden häufig gesichtet. Mit etwas Glück ergibt sich sogar eine unvergessliche Begegnung mit Walhaien. Selbst Wasserscheue kommen auf ihre Kosten, denn die Inseln locken mit einer reichen gefiederten Tierwelt. Es lohnt sich, wenigstens einmal in den einfachen Nationalparkbungalows zu übernachten, dann hat man morgens, bevor die Ausflugsboote anrücken, die Strände fast für sich allein. › S. 239

Die glatt geschliffenen Granitfelsen von Ko Similan erinnern an die Seychellen

5

Vor 40 Jahren könnte Thailands Postkartenstrand tatsächlich »The Beach« gewesen sein, der Prototyp aller tropischen Strände: Eine kilometerlange, sanft geschwungene Mondsichel aus puderzuckerfeinem, weißem Sand, zur einen Seite gesäumt von der plätschernden türkisfarbenen See des Golfs von Thailand, zur anderen von einem ewig rauschenden Palmenmeer. Nur ein paar einfache Hütten boten den ersten Rucksackreisenden Unterkunft, und die begingen den fatalen Fehler, die Kunde vom preiswerten Paradies zu verbreiten. Natürlich lasen auch die Touristiker mit. Heute säumen immer noch unzählige Palmen, aber auch Hotels aller Preisklassen den Strand, der zu einem der großen Urlaubsmagneten des Landes aufgestiegen ist. Robinsonidylle gibt es natürlich nicht mehr, dafür aber Luxus, Wellness, Yoga-Retreats, internationale Küche und jede Menge Nachtleben. Auch die Sonnenuntergänge sind noch immer so dramatisch schön wie früher. Insgesamt gesehen geht es hier noch etwas gesitteter zu als am Patong-Beach des großen Urlaubsrivalen Phuket an der Andamanensee. Ein heißer Tipp ist Chaweng auch für Sommerurlauber, denn um diese Zeit regnet es auf Ko Samui längst nicht so viel wie auf Phuket. › **S. 252**

CHAWENG BEACH
KO SAMUI

Chaweng Beach besitzt den feinsten Sand aller Strände von Ko Samui

Wenn die so überaus kunstvoll geschnitzten Lanna-Tempel der Altstadt von Chiang Mai im letzten Abendlicht erstrahlen, wird es Zeit, zum Tha Phae Gate zu spazieren, denn zwischen Osttor und Fluss kitzelt Nordthailands populärster Markt alle fünf Sinne. Farbenfroh und laut geht es hier zu, aber doch um einiges entspannter als in Bangkok. Zugegeben, der hell erleuchtete Night Bazaar orientiert sich unverfroren an dem Bedarf der internationalen Souvenir- und Schnäppchenjäger, ein knapper Quadratkilometer mit Buden, Ständen und Hallen, der erst bei Sonnenuntergang zum Leben erwacht und dann bis Mitternacht pulsiert. Von Markenkopien über Seifenblumen, Teakholzelefanten bis zu tibetischen Halsketten findet sich hier alles, was Touristenherzen höher schlagen lässt. Wer ernsthaft an hochwertigem Kunsthandwerk der Bergvölker interessiert ist, belässt es angesichts der hier geforderten Preise lieber beim Gucken. Zuschlagen sollte man aber unbedingt bei den vielen Garküchen der »Fressmeile« rund um das Galare Food Center, die alle Leckereien der Küche des Nordens für wenige Baht anbieten. Mutige probieren geröstete Heuschrecken oder frisch frittierte Käferlarven. Natürlich ist auch für jede Menge Unterhaltung gesorgt, von Drag-Shows bis zum Thaiboxen. › S. 274

NACHTMARKT IN CHIANG MAI

7

Der berühmte Nachtmarkt von Chiang Mai ist eher was zum Gucken als zum Kaufen

Der lauschige Ort Pai, wichtigster Marktflecken der umliegenden Stammesdörfer, ist im Dezember und Januar Liebling der Thai-Bohème aus Bangkok, die zum Schaulaufen anlässlich eines Film- und Musikfestivals anrückt. Dann treffen Filmsternchen aus Bangkok auf westliche Traveller im Rasta-Look, die den Mae-Hong-Son-Loop absolvieren. Diese sehr beliebte, äußerst kurvenreiche Rundreise führt durch die kühle Bergwelt westlich von Chiang Mai.

Entstanden ist auf diese Weise in Pai eine amüsante Multikulti-Szene, wie man sie sonst nur an den Stränden des Südens findet. Mancher Südostasien-Traveller bleibt hier wochenlang hängen, denn dieser lockere, nebelverhangene Haufen alter Holzbauten am Pai-Fluss lädt dazu ein, jedes Zeitgefühl zu verlieren, die Annehmlichkeiten der westlichen Zivilisation plus jede Menge Exotik zu noch immer günstigen Preisen zu genießen und die Kulturen der Shan, Lisu, Lahu und Karen kennenzulernen. Diese Bergvölker widmen sich heute nicht mehr dem Opium, sondern den Touristen, die in Pai neben preiswerten Herbergen, guten Restaurants und schicken Cafés eine beeindruckende Palette an Aktivitäten geboten bekommen: Unanstrengendes Trekking durch die umliegenden Dörfer, Motorrad- und Kajaktouren, Elefantenreiten, Höhlenwandern, Baden in heißen Quellen, Yoga und Meditation, Koch- und Massagekurse und vieles mehr. › **S. 287**

PAI ★8

Pai am gleichnamigen Fluss zieht Rucksackreisende geradezu magisch an

SUKHOTHAI

Wenn sich im zartrosa Licht des frühen Morgens mächtige Tempelsäulen, glockenförmige Pagoden mit Lotosknospenspitzen, Prangs im Khmer-Stil und geheimnisvoll lächelnde Buddhastatuen in stillen, perlmuttfarben schimmernden Wasserlilienteichen spiegeln, entfaltet sich der ganze Zauber der ersten Königsstadt des freien Thailand. Sukhothai bedeutet »Dämmerung der Glückseligkeit«, heute ist die Wiege Thailands UNESCO-Weltkulturerbe. Vor über 700 Jahren schuf der für seine Toleranz und seinen Wagemut berühmte König Ramkhamhaeng ein Reich, dessen Grenzen von Laos bis zur Malaiischen Halbinsel reichte. Geschichte und Mythos sind hier kaum zu trennen. So soll der hochverehrte König von seinen Untertanen keine Steuern erhoben haben: ein Vorgeschmack auf das Nirwana? Jedenfalls bescherte die kurze Sukhothai-Epoche Thailand vom 13. Jhs. bis zur Mitte des 14. Jhs. die schönsten Kunstwerke des Landes, darunter den berühmten schreitenden Buddha. Am besten erkundet man das weitläufige Terrain des Sukhothai Historical Park mit dem Fahrrad, und mit viel Zeit, um in dieser Hochburg des Theravada-Buddhismus im Schatten eines Banyanbaums über die Vergänglichkeit allen irdischen Seins zu meditieren. Einen absolut magischen Anblick bietet Sukhothai während des alljährlichen Lichterfests Loy Krathong, wenn zur Zeit des Novembervollmonds aufsteigende Laternen den Abendhimmel der Tempelstadt erhellen und unzählige Schiffchen mit brennenden Kerzen die Teiche und Wasserwege in ein flackerndes Lichtermeer verwandeln. › **S. 293**

Sukhothai am frühen Morgen strahlt eine besondere Ruhe aus

Im späten 17. Jh. priesen Gesandte des französischen Sonnenkönigs Ayutthaya als großartigste Metropole der Welt, und die vornehmen Herren waren immerhin den Glanz von Versailles gewöhnt. Siam war auf seinem politischen wie kulturellen Zenith angelangt. Um diese Zeit soll Ayutthaya eine Million Einwohner gezählt haben und trieb Handel mit der ganzen Welt, entzog sich dabei aber geschickt dem kontrollierenden Zugriff europäischer Kolonialmächte. Die Birmanen zerstörten den architektonischen Traum 1767, doch selbst die Überreste zählen noch zu den beeindruckendsten Ruinen Südostasiens. Im Morgenlicht scheinen die mächtigen Prangs förmlich zu glühen, die Abendsonne taucht sie wiederum in ein geheimnisvolles Licht, bevor Scheinwerfer sie effektvoll illuminieren. Zu den meistfotografierten Motiven Thailands zählt ein steinerner Buddhakopf, der seine letzte Ruhestätte im verschlungenen Wurzelwerk eines mächtigen Banyanbaums gefunden hat. 90 km nördlich von Bangkok gelegen, lässt sich Ayutthaya in einem Tagesausflug oder besser auf einem gemütlichen Zweitagestrip erkunden. Besonders stil- und stimmungsvoll ist die gemächliche Anreise auf dem Fluss Chao Praya an Bord der Reisbarke *Mekhala*. Dabei lernt man auch die 30 km vor Ayutthaya liegende zauberhafte königliche Sommerresidenz Bang Pa In kennen. › **S. 306**

AYUTTHAYA

10

Safrangelbe Mönchsroben zieren die Buddhas und Pagoden des Wat Yai Chai Mongkol in Ayutthaya

KHAO YAI
NATIONAL PARK

Im Khao Yai National Park leben Elefanten noch in ihrem natürlichen Habitat

Im Morgengrauen hüllen Nebelschwaden die bis zu 70 m hohen Baumriesen des Regenwalds ein, Weißhandgibbons turnen über mächtige Äste und lassen ihre melodischen Heuler erschallen, wilde Elefanten trompeten auf einsamen Urwaldpfaden, und vielleicht ist sogar das Brüllen eines mächtigen Tigers zu vernehmen. Die faszinierenden Raubtiere, von denen es hier noch an die 50 Exemplare geben soll, sind aber klug genug, sich von Wanderern in Thailands größtem Nationalpark fernzuhalten. Wer mit Hilfe kundiger Führer dennoch einen Tiger erspäht, wird davon noch seinen Enkeln erzählen.

Auch Zibet-Wildkatzen, Nebelparder und Malaienbären machen sich eher rar, was glücklicherweise auch für die hier ebenfalls heimischen Kobras gilt. Es erschließen zwar Straßen und ausgeschilderte Wanderwege Teile des von Flüssen durchzogenen Dschungelgebiets, das jährlich etwa eine Million Besucher zählt, doch manche undurchdringliche Regionen dieses Weltnaturerbes mit seinen fünf Vegetationszonen hat bis heute kaum ein Mensch betreten. Das gilt natürlich nicht für die beeindruckenden Wasserfälle des Namtok Haeo Suwat, dessen Naturpool im Hollywoodfilm »The Beach« eine erfrischende Rolle spielte. In seiner Umgebung findet man besonders viele farbenprächtige Orchideen. Auch Eisvögel und Sittiche setzen charmante Farbtupfer im grünen Meer. Noch mächtiger ist allerdings der dreistufige Haeo Narok: Allein seine letzte Kaskade stürzt sich 80 m in die Tiefe. › S. 312

Noch immer behandelt Thailand den Isaan, den Nordosten, etwas stiefmütterlich, doch inzwischen hat man zumindest das kulturtouristische Potenzial seiner Tempel aus der Khmer-Zeit nahe der Grenze zu Kambodscha erkannt. Noch verhindern politische Animositäten zwischen beiden Ländern, dass endlich wieder eine Straße von Angkor Wat nach Phimai führt, wie es zur Blütezeit des Khmer-Imperiums der Fall war, das vom 9. bis ins 13. Jh. über weite Gebiete des heutigen Thailand herrschte. Es war der buddhistische Khmer-König Jayavarman VII. (1181–ca. 1220), der die Errichtung von 121 sogenannten Rasthäusern entlang von Handels- und Pilgerrouten anordnete. Besonders früh entstanden sind die Prangs des Prasat Hin Phimai, neben dem nicht minder faszinierenden Prasat Phanom Rung, Thailands bedeutendstes Bauwerk aus dem 11./12. Jh. Sie gelten als Vorstudie für die Türme von Angkor Wat. Mit nur 28 m ist Phimai zwar relativ klein, mit seinen kunstvolle Steinmetzarbeiten dafür aber eines der feinsten und besterhaltenen Beispiele frühkambodschanischer Baukunst. Löwen, Naga-Schlangen, Dämonen, Garudas, Lotosknospen und Reliefs aus Sandstein mit szenischen Darstellungen des Mahayana-Buddhismus haben die Jahrhunderte überdauert. Anfang November lohnt der Besuch ganz besonders: Dann werden die Tempelanlagen fünf Nächte lang illuminiert. › S. 315

PRASAT HIN PHIMAI

⭐ 12

Phimai ist ein eindrucksvolles Zeugnis der Khmer-Architektur in Thailand

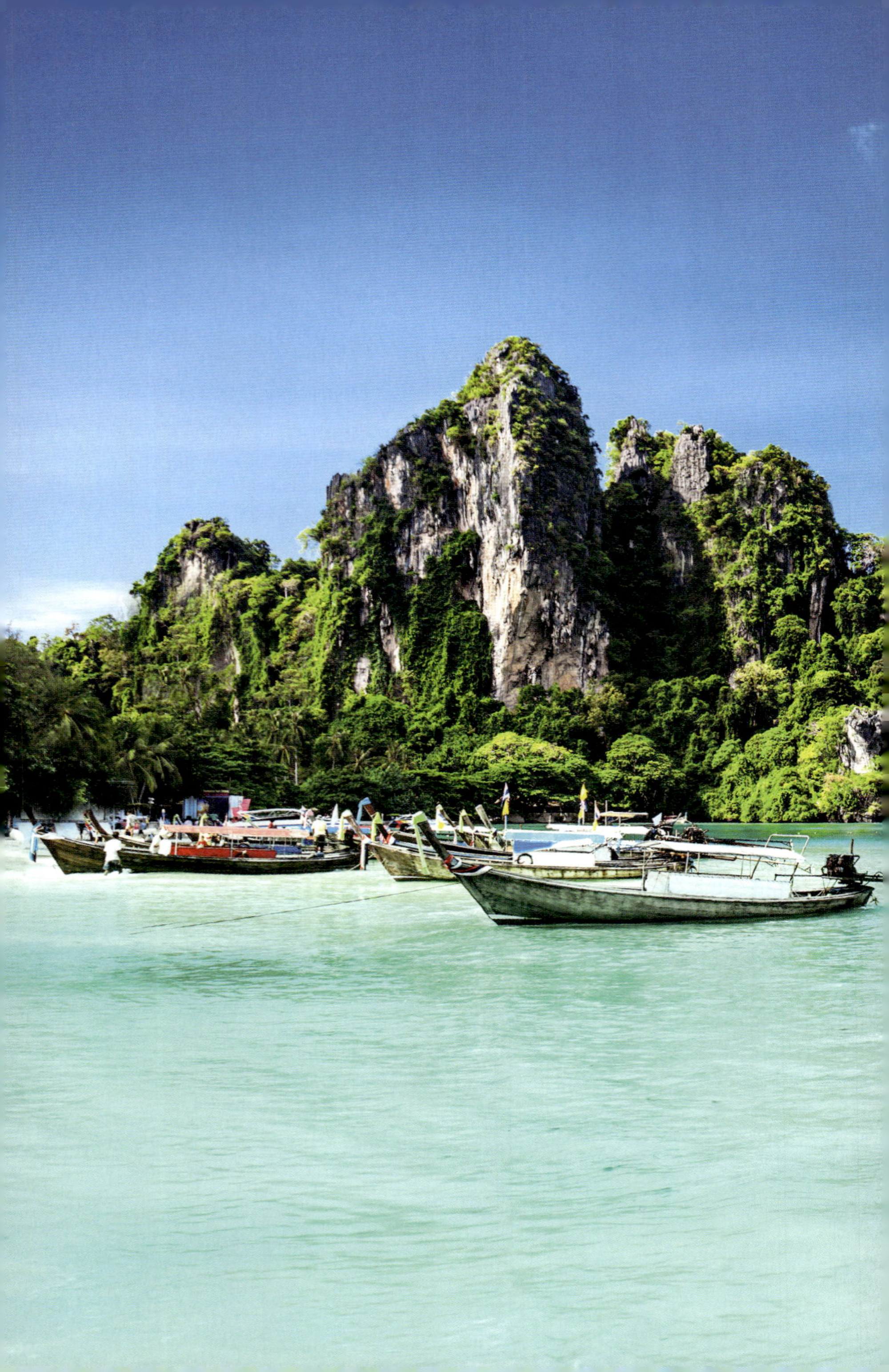

TOUREN IN THAILAND

Mit Longtailbooten kommt man auch an sonst unzugängliche Strände der Phang Nga Bay

Skyline von Bangkok mit Königspalast bei Sonnenaufgang

Karte S. 166

BANGKOK, PATTAYA & HUA HIN

Ausufernde Metropole, Dreh- und Angelpunkt des Königreiches: Die Neun-Millionen-Stadt **Bangkok** leidet unter krassen sozialen Gegensätzen und großem Verkehrschaos, ist aber gleichzeitig eine der facettenreichsten und dynamischsten Städte der Welt. Sie lockt mit prächtigen Tempeln, Shoppingpalästen, Märkten, kulinarischen Entdeckungen und turbulentem Nachtleben, das keineswegs nur anrüchige Seiten kennt. Bangkoks wichtigste Sehenswürdigkeiten, seine berühmtesten Tempel und Museen, liegen in der Altstadt Rattanakosin. Hier im inneren Flussbogen gründete der erste Rama der Chakri-Dynastie 1782 die Stadt am Ufer des Chao Phraya. Die Nachbarstaaten von Siam waren unterdessen an europäische Kolonialmächte gefallen, und während diese dort einen blühenden Handel trieben, schlummerte Bangkok in tiefer Abgeschlossenheit. Erst mit den politischen Verwerfungen im Zuge des Vietnamkrieges sollte sich das ändern. Beinah über Nacht schossen aus Reisfeldern immer neuere Wolkenkratzer empor, wurden stille Kanäle zugeschüttet und mit vielspurigen Autobahnen bedeckt sowie bunte Märkte in hochmoderne glitzernde Geschäftszentren verwandelt.

Auf einer Bootsfahrt durch die Klongs von **Thonburi**, Bangkoks Schwesterstadt am Westufer des Chao Praya, kann man dagegen die ländliche Seite Bangkoks kennenlernen, den hier spielt sich das Leben noch weitgehend auf dem Wasser ab.

Von Bangkok bieten sich zahlreiche lohnende Ausflüge an, u.a. zur berühmten Brücke am Kwai und in den Erawan-Nationalpark, in dem mächtige Wasserfälle rauschen.

Über sieben Millionen Besucher strömen jedes Jahr in Thailands Amüsierzentrum **Pattaya** an der Ostküste des Golfs. Schönere Strände bieten die Insel **Ko Samet** weiter östlich und die Urwaldinsel **Ko Chang**, ein Paradies für Wanderer und Taucher.

Südlich von Bangkok liegen an der Golfküste die zu Unrecht von Touristen weitgehend ignorierte historische Tempelstadt **Phetchaburi,** der nostalgische königliche Badeort **Hua Hin** und der landschaftlich reizvolle **Khao Sam Roi Yot National Park.**

TOUREN IN BANGKOK

Tour 1: Bangkok in zwei Tagen

ROUTE: Wat Phra Kaeo/Königspalast › Lak-Muang-Schrein › Wat Mahatat › Wat Arun › Wat Pho › Wat Saket › Wat Suthat › Siam Square

KARTE: Seite 166
DAUER: 2 Tage, davon ein halber Tag für das Palastareal.
PRAKTISCHE HINWEISE:
» 1. Tag: zu Fuß durch die Altstadt bummeln, anschließend mit dem Expressboot auf dem Chao Praya nach Süden und dann weiter mit dem Skytrain ins moderne Bangkok fahren.
» 2. Tag: Taxifahrten, zu Fuß durch Banglampu und Chinatown und dann mit dem Skytrain ins Nachtleben.

TOUR-START

Bangkoks bedeutendste Sehenswürdigkeiten, die Tempelanlage **Wat Phra Kaeo** A › S. 168 und der **Königspalast** B › S.171, öffnen schon um 8.30 Uhr. Zu dieser Zeit ist es hier noch himmlisch ruhig, die farbenfrohen Dächer und goldenen Chedis leuchten fotogen in der Morgensonne, und wenn die ersten Bustouristen anrücken, gehen Sie einfach in den ruhigen Wandelgang, um die großartigen Ramakien-Fresken zu studieren. Kleben Sie dann Ihre für wenige Baht vor Ort erworbenen Blattgoldblättchen an die Glück bringende Säule des **Lak-Muang-Schreins** C › S. 172 und schlendern Sie hinüber zum **Wat Mahathat** D › S. 172, um in das turbulente Treiben auf dem Amulettmarkt (Do–Di) einzutauchen.

Die heiße Mittagszeit lässt sich am besten bei den historischen Buddhas im nahen **Nationalmuseum** E › S. 172 verbringen. Vom Pier (Tha) Pra Chan geht es dann auf dem Fluss nach Süden bis Tha Tien. Hier können Sie im vorzüglichen Restaurant der Arun Residence › S. 188 direkt am Fluss mit tollem Blick auf den **Wat Arun** H › S. 178 speisen oder sich im Roti Mataba › S. 194 stärken. Danach bummeln Sie zum nahen **Wat Pho** G › S. 176, um den berühmten Ruhenden Buddha zu bewundern, eine traditionelle Thai-Massage auszuprobieren (auch ohne Voranmeldung) und die farbenfrohen Chedis im milden Licht des späten Nachmittags zu fotografieren. Gegen 17.30 Uhr spazieren Sie wieder zurück zum Flussufer, um den magischen Anblick des **Wat Arun** H › S. 178 bei Sonnenuntergang zu erleben. Nehmen Sie dann um 18 Uhr das letzte Expressboot zum Pier des Hotels Shangri La. Von dort sind es nur ein paar Schritte zum Skytrain, mit dem Sie bequem ins Nachtleben von Bangkok fahren, nach Patpong oder zur Amüsiermeile Sukhumvit.

Auch der zweite Tag beginnt früh. Ein Taxi bringt Sie zum **Wat Saket** I › S. 181, denn morgens ist der Blick vom Golden Mount über die Altstadt bis hin zum Wat Phra Kaeo und Wat Arun am schönsten. Um diese Zeit nehmen die safrangelb gewandeten Mönche die Gaben der Bevölkerung entgegen. Von hier spazieren Sie durch die Bamrung Muang Road › S. 181 mit ihren vielen buddhistischen Devotionalien zum reich verzierten **Wat Suthat** J › S. 180 mit dem großen Bronze-Buddha aus der Sukhothai-Zeit. Den Weg nach Chinatown › S. 182 (1 km) können Sie mit dem Taxi oder Tuk-Tuk verkürzen. Dann schlendern Sie vom indischen Stoffmarkt Pahurat durch die Sampeng Lane zum Markt Talaad Kao, anschließend durch Yaowarat und Charoen Krung zum Wat Traimit, wo Sie sich den berühmten meditierenden Buddha aus reinem Gold ansehen können.

Ein Taxi bringt Sie anschließend zum **Siam Square** Q › S. 184. Besuchen Sie zunächst das schöne **Jim Thompson House** R › S. 184 nordwestlich des Platzes mit seinen vielen Antiquitäten, denn es schließt bereits um 17 Uhr. Danach bietet sich ein Bummel durch das Luxuskauf-

Karte
S. 166

Bangkok
Touren

haus Siam Paragon an, das lange geöffnet hat. Auch das Aquarium von Siam Ocean World im Untergeschoss schließt nicht vor 22 Uhr, und zahlreiche Garküchen stillen Ihren Hunger. Wieder wartet der Skytrain darauf, Sie ins Nachtleben von Silom und Sukhumvit zu entführen.

Tour 2: Zwei Zusatztage in Bangkok

ROUTE: Klongs von Thonburi › Khao San Road › Wat Benchamabophit › Vimanmek Mansion › Oriental Hotel › State Tower › Ayutthaya

KARTE: Seite 166
DAUER: 2 Tage
PRAKTISCHE HINWEISE:
» 1. Tag: Longtailboot in die Klongs, zu Fuß durch Banglampu, Fahrten mit Taxi und Expressboot.
» 2. Tag: Zug oder Bus nach Ayutthaya.

TOUR-START

Am ersten Verlängerungstag bringt Sie ein Taxi oder Expressboot zum Pra-Athit-Pier im Stadtviertel Banglampu. Mit einem Ausflugsboot geht es in die **Klongs von Thonburi** › S. 176, deren Holzhütten im Morgenlicht leuchten. Zurück am Pier schlendern Sie durch die nahe **Khao San Road** F › S. 176, nehmen dann ein Taxi zum Dusit Park, um den eleganten Marmortempel **Wat Benchamabophit** K › S. 181 und den vergoldeten Holzpalast **Vimanmek Mansion** L › S. 181 von König Rama V. zu besichtigen. Ein Taxi bringt Sie zurück zum Fluss. Mit dem Expressboot können Sie anschließend flussabwärts zum berühmten **Oriental Hotel** › S. 189 fahren (Fähranleger Tha Oriental), dort einen Tee trinken und anschließen durch das Ausländerviertel **Old Farang** bummeln, in dem noch viele Gebäude im westlichen Kolonialstil stehen, so die Botschaft Portugals (vor dem Sheraton-Hotel), das alte Zollgebäude und den Sitz der East Asiatic Company. Dann fahren Sie zur Sky Bar des nahen **State Tower** › S. 196 im Sirocco hinauf, um bei einem Drink die fabelhafte Aussicht über den Chao Phraya zu genießen. Eine Station des Skytrains ist gleich um die Ecke. Gehen Sie früh schlafen, damit Sie am nächsten Morgen bereits gegen 6 Uhr den ersten Zug oder Bus nach **Ayutthaya** › S. 306 erwischen. In der Morgensonne ist die herrliche Ruinenstätte am schönsten und das schattenlose große Areal auch noch erträglich kühl. Am Abend geht es wieder zurück nach Bangkok.

Perlmuttornamente zieren die Fußsohlen des liegenden Buddha im Wat Pho

Bangkok
0
1000 m
Sky Train
U-Bahn (M.R.T.)
Riverside Plaza Hotel
Krung Thon Bridge
Tha Thewet
Thewet Flower Market
Neues Parlament
Altes Parlament
Zoo
Suan Amporn
DUSIT
Rama VIII Bridge
BANGPHLAD
Tha Wisut Kasat
Tha Wat Sam Phaya
Tha Wat Dao Dung
Tha Phra Athit
Phra Pin Klao Bridge
Klongs von Thonburi
Klong Bangkok Noi
Bahnhof Thonburi
Tha Thonburi Station
Tha Phra Chan
Thammasat University
Nationalgalerie
Nationaltheater
Marco Polo Hotel
Wat Bovornives
BANGLAMPU
Royal Hotel
Palace Hotel
Ratchadamnoen Klang Rd
Wat Ratchanadda
Klong Wat Theptida
Giganten-schaukel
Southern Bus Terminal
Phra Nok Road
Tha Phra Nok
Tha Mahathat
Amulett-markt
Na Phra Lan Rd
Sanam Luang
Tha Chang
Saranrom Rd
RATTANA-KOSIN
Wat Ratchapradit
Wat Ratchabophit
Romaneenart Park
Charoen Krung Rd
Thai Wang Rd
Tha Tien
Klong Mon
Pahurat-Markt
CHINA-
TOWN
Talaad Pak Klong
Tha Rachinee
Tha Saphan Phut
Memorial Bridge
Tha Rajawongse
Thesaban Rd
Chao Phraya
Tha Harbour Dep.
Royal Orchid Sheraton
Tha Si Phaya
KLONG SAN
Somdet Chao Phaya Rd
Lard Ya Road
Charoen Rat Road
Tak-Sin-Statue
Wongwian-Yai-Bhf.
Charoen Nakhon Rd
Prachathipok Road
Tha Wat Muang Kae
Orient Hotel
Tha Orie
Shangri Hotel

Bangkok
Touren

TOUREN IN BANGKOK

1 Bangkok in zwei Tagen

WAT PHRA KAEO/ KÖNIGSPALAST › LAK-MUANG-SCHREIN › WAT MAHATAT › WAT ARUN › WAT PHO › WAT SAKET › WAT SUTHAT › SIAM SQUARE

2 Zwei Zusatztage in Bangkok

KLONGS VON THONBURI › KHAO SAN ROAD › WAT BENCHAMABOPHIT › VIMANMEK MANSION › ORIENTAL HOTEL › STATE TOWER › AYUTTHAYA

- **A** Wat Phra Kaeo
- **B** Königspalast
- **C** Lak-Muang-Schrein
- **D** Wat Mahathat
- **E** Nationalmuseum
- **F** Khao San Road
- **G** Wat Pho
- **H** Wat Arun
- **I** Wat Suthat
- **J** Golden Mount & Wat Saket
- **K** Wat Benchamabophit
- **L** Vimanmek Mansion
- **M** Sampeng Lane
- **N** Talaad Kao
- **O** Old Siam Plaza
- **P** Wat Traimit
- **Q** Siam Square
- **R** Im Thompson House
- **S** Erawan-Schrein
- **T** Lumpini Park
- **U** Patpong

BANGKOK 1 [C6]

Sanam Luang [b3]

Am »Königsplatz« schlägt das Herz der Stadt. Hier werden seit der Stadtgründung offizielle Feiern abgehalten. Wer nicht mehr als einen Tag Zeit für Bangkok hat, sollte ihn hier verbringen. Ab dem späten Nachmittag erblüht auf dem großen Oval Thailands Gegenwartskultur: ein Trödelmarkt, Snack- und Getränkestände, Wahrsager, Bauchläden mit Aphrodisiaka und an windigen Tagen ein Himmel voller bunter flatternder Papierdrachen.

Hinter den weiß getünchten Mauern an der Südseite drängen sich die Besucher durch die berühmteste Sehenswürdigkeit Bangkoks. Kommen Sie am besten schon frühmorgens, am besten vom Fluss her, denn vom Boot bietet sich der schönste Blick auf die leuchtenden Dächer und goldenen Spitzen des von einer Mauer umgebenen Tempel- und Palastkomplexes.

Wat Phra Kaeo A ⭐ [b3]

Thailands bekannteste Tempelanlage ist 1782 entstanden, im Gründungsjahr der Stadt und der herrschenden Chakri-Dynastie. Rund um die Innenseite der Mauer erzählen 178 farbenfrohe Fresken im Uhrzeigersinn aus dem Ramakien, der thailändischen Version des indischen Ramayana-Epos. Die Bilder wurden 1830 unter Rama III. geschaffen und 1932 komplett restauriert. Die Lektüre dieses faszinierenden Comicstrips beginnt links vom Hauptportal.

Zwei grimmig blickende grellbunt bemalte Wächterfiguren, die legendäre Riesen *(yaksha)*, hüten die Eingangstore zum Sakralbereich, der etwa ein Zehntel des Gesamtareals einnimmt. Sie stehen an allen sechs Portalen und sollen böse Dämonen abweisen. Man schaut auf den Tempel des Smaragd-Buddhas, geht in einem sinnvollen Rundgang jedoch nach links, wo man über Treppen zu einer Terrasse mit drei imposanten Gebäuden gelangt.

Der Weg führt zuerst zum großen **Goldenen Chedi** (Chedi Phra Si Ratana), der eine Reliquie Buddhas birgt. Er wurde 1855 unter Rama IV. nach dem Vorbild des in Ayutthaya zerstörten Wat Si Sanphet erbaut. Er ist der höchste Tempel der Anlage und fasziniert durch seine aus Italien stammenden vergoldeten Fayencen, die unter Rama V. angebracht wurden. Ungewöhnlich ist die Form: Auf einem runden Sockel mit vier stets geschlossenen Türen befindet sich eine umgedrehte Glocke, deren oberes Ende in einen quadratischen Block übergeht. Auf diesem sitzt wiederum eine runde, sich nach oben verjüngende Spitze.

In unmittelbarer Nähe steht die mit Glasmosaiken und Schnitzarbeiten verzierte **Königliche Bibliothek** (Phra Mondop). An den vier Ecken des Baus sind steinerne Buddhas im Borobodur-Stil (Java) aus dem 14./15. Jh. angebracht. Das siebenstufige Dach läuft in einer grazilen Spitze aus. Zahlreiche Elefantenfiguren fungieren als steinerne Wächter. Mit Perlmutt besetzte Portale führen in das Innere, dessen Wände mit goldenen Ornamenten verziert sind. Der Boden soll aus reinem Silber gearbeitet worden sein.

Hinter der Bibliothek können Sie ein Sandsteinmodell des kambodschanischen Königstempels **Angkor Wat** bewundern. Es wurde unter Rama IV. begonnen, als Kambodscha noch Protektorat Siams war. Es heißt, dass der König ursprünglich das Original nach Bangkok versetzen lassen wollte. Angkor war einst dem hinduistischen Gott Vishnu geweiht, als dessen Inkarnation sich die Könige Thailands betrachten. Kleine Pavillons, die heiligen weißen Elefanten gewidmet sind, umgeben die Bibliothek.

Über und über mit farbigen Fayencen geschmückt präsentiert sich das als Ahnenkultstätte genutzte **Königliche Pantheon** (Prasat Phra Tepidorm), dessen vierfach gestaffeltes Dach

Bangkok
Wat Phra Kaeo

Wat Phra Kaeo mit Goldenem Chedi

von einem hellgelben Prang gekrönt wird. Zwei kleine goldene Chedis, bewacht von grazilen Vogelmädchen *(kinnaras)*, flankieren den Eingangsweg, an den Seitentreppen winden sich goldene Nagaschlangen hinauf. Im Inneren stehen lebensgroße Statuen der Chakri-Könige. Nur einmal im Jahr, am 6. April (Chakri-Tag), werden die Tore für das Volk geöffnet, das dann der Monarchie mit Blumen und Räucherstäbchen seine Hochachtung erweist.

Steigt man die Stufen zum kleinen Vorplatz hinab, gelangt man zu den acht im Khmer-Stil gehaltenen **Prangs,** von denen nur zwei im heiligen Bezirk stehen. Ihre Zahl soll an die verehrungswürdigen Planeten, aber auch an Buddha und seine Lehre erinnern.

Links hinter der Terrasse nehmen drei Gebäude den Nordflügel des Wats ein. **Ho Phra Monthien Dharma** ist eine Halle mit goldfarbenen Schnitzereien, die als Bibliothek genutzt wird. Hier bereiten sich die Mönchsnovizen auf ihre Prüfungen vor. Die Einlegearbeiten aus Perlmutt an den Türen stammen zum Teil noch aus Ayutthaya. In der Mitte steht der **Phra Viharn Yod.** Man erkennt ihn an seinem kreuzförmigen Grundriss und dem mit Keramikblumen verzierten Turm. Der Viharn bewahrt Buddhastatuen und die Steinplatte *(managsila)*, die dem ersten Thai-König als Thron diente. Das dritte Gebäude ist das Mausoleum **Ho Phra Nak**, in dem Urnen der Königsfamilie aufbewahrt werden, eine Halle mit rot-weiß-grünem Staffeldach. Den Namen erhielt der Bau wegen seines 4 m hohen Kupfer-Buddhas, der aus Ayutthaya stammen soll.

Mittelpunkt und Hauptattraktion des Wat ist der **Bot,** der dem hochverehrten Nationalheiligtum des Landes geweiht ist. Aus ganz Südostasien kommen Gläubige, um dem Erleuchteten Lotusknospen, Jasmingebinde und Räucherstäbchen darzubringen. Die Thais verharren vor und im Bot in tiefer Andacht. 8 Ba-Sema-Steine grenzen ihn deutlich vom übrigen Tempelbezirk ab. Er hat einen rechteckigen Grundriss, ein beeindruckendes vierfach gestaffeltes Dach, grandios mit aufwendigen Glasmosaiken und chine-

Bangkok
Wat Phra Kaeo

sischen Kacheln verzierte Außenwände und steht auf einem Marmorsockel mit vier Treppenaufgängen. Bronzelöwen im Khmer-Stil bewachen die zu den drei Portalen führenden Stufen. Das zentrale Hauptportal ist den Königen vorbehalten, die Eingänge für das Volk befinden sich im Norden und Süden. Besonders reizvoll gestaltet sind die geschnitzten Giebelfenster und die Perlmuttintarsien der Türen. An der Basis reihen sich 112 Garuda-Figuren aneinander, von denen jede eine Naga (Schlange) hält. Im Inneren ist Fotografieren strengstens untersagt. Hier thront auf einem 11 m hohen vergoldeten Podest der legendäre **Smaragd-Buddha** aus grünlich schimmernder Jade (nicht Smaragd!) in einer Glasvitrine auf einem Sockel unter einem neunstufigen Baldachin. Die beidseitig herabhängenden Kristallkugeln symbolisieren Sonne und Mond. Die Entstehungszeit der lediglich 66 cm große Figur ist unbekannt. Entdeckt wurde sie, unter Stuck verborgen, in Chiang Rai. Von dort kam sie zuerst nach Lampang, dann brachte man sie nach Chiang Mai. Ein Jahrhundert später begleitete sie siegreiche Prinzen nach Laos. Ende des 18. Jhs. war sie die kostbarste Kriegsbeute, die General Taksin aus Vientiane mitbrachte. 1784 wurde die Statuette schließlich an ihren heutigen Platz aufgestellt. Wertvolle Wandmalereien aus dem späten 18. Jh. widmen sich dem Leben Buddhas und gewähren gleichzeitig faszinierende Einblicke in das Alltagsleben im Siam des 18. Jhs.

Bevor man den Bot betritt, muss man die Schuhe ausziehen, innen sollte man sich sofort niedersetzen, um niemanden bei der Kontemplation zu stören. Achten Sie peinlichst darauf, dass Ihre Fußsohlen nicht auf die heilige Statue zeigen. Dreimal im Jahr wechselt der König oder der von ihm beauftragte Prinz die Bekleidung des Buddhas. In der heißen Jahreszeit trägt er viele Juwelen und eine Krone. Während der Regenzeit legt man ihm die safrangelbe Mönchsrobe an, auf dem Kopf glänzen Saphire. In der kühlen Jahreszeit hüllt man ihn in einen juwelenbesetzten Goldumhang, der das Mönchsgewand umschließt. Die Kopfbedeckung ist dann

Vergoldete Staffeldächer zieren den Königspalast

aus Gold und Diamanten gefügt. Rechts und links neben der kostbaren Figur stehen zwei historisch bedeutsame Buddhastatuen, die 3 m hoch und reich verziert sind.

Königspalast ❽ ⭐ [b3]

Durch ein Portal an der Tempelrückseite gelangen Sie auf das Gelände des **Königspalastes**. Es gliedert sich in einen äußeren, der Öffentlichkeit zugänglichen und in einen inneren, der königlichen Familie und Repräsentationszwecken vorbehaltenen Bereich. Die architektonische Vielfalt der Bauten spiegelt die Aufgeschlossenheit der Chakri-Herrscher der letzten zwei Jahrhunderte wider. Die Räume dienen heute nur noch offiziellen Zeremonien (der König wohnt weiter nördlich im Chitralada-Palast).

Zunächst stehen Sie vor dem 1903 errichteten neoklassizistischen **Boroma Phiman,** der ehemaligen Prinzenresidenz. Sie dient heute als Gästehaus für Staatsbesuche. Die Wände zieren Fresken mit Szenen aus der indischen Mythologie und altindische Schrifttafeln. Hinter dem Gebäude liegt der allerdings Besuchern nicht zugängliche Sivalaya-Garten, der mehrmals im Jahr als Ort für die königlichen Gartenfeste diente.

Der Rundgang führt vorbei an dem Phra Mahamontien (Große Residenz) genannten Gebäudeensemble, das aus drei hintereinanderliegenden Bauten mit kleinen Höfen und anmutigen Pavillons besteht. Hier residierten Rama II., III. und IV. Zu besichtigen ist nur die die von Rama I. als Gerichtsgebäude errichtete Audienzhalle **Amarinda Vinichai,** in deren Mitte ein Thron mit neunfach gestaffeltem Schirm steht, flankiert von filigranen Goldbäumen. Hier hält der König seine Geburtstagsrede. Ein vergoldeter bootsförmiger Altar verbirgt die Tür zu den hinteren Gemächern: Im Saal **Phaisan Taksin** erhielt der König während seiner Krönung die royalen Insignien. Hier steht ein ebenfalls vergoldeter Thron unter dem neunstufigen königlichen Baldachin. Anschließend verbrachte er die erste Nacht seiner Herrschaft im dritten Pavillon, genannt **Chakraphat Phiman**.

Chakri Maha Prasat im Zentrum des Palastkomplexes lässt den europäischen Baumeister auf den ersten Blick erkennen. Das Renommiergebäude mit seiner neoklassizistischer Marmorfassade wurde 1867 im Auftrag von Rama IV. von einem britischen Architekten im italienischen Stil entworfen, um hundert Jahre Chakri-Dynastie und Stadtgründung zu feiern. Nur das gestaffelte Dach trägt die typisch siamesischen Züge mit Spitztürmen und farbigen Ziegeln. Der mit Kassettendecken, Kristalllüster und historischen Gemälden ausgestattete Thronsaal wird für Staatsempfänge genutzt.

Der älteste und berühmteste Gebäudekomplex ist die westlich anschließende Dusit-Gruppe. Der grazile Bau des mit eleganten Mosaiken verzierte Pavillons **Aphon Phimok Prasat** diente dem König als Umkleideraum, bevor er den Audienzsaal betrat.

Dieses **Dusit Maha Prasat** genannte Gebäude im schönsten Rattanakosin-Stil mit kreuzförmigen Grundriss wurde 1789 von Rama I. als Krönungs- und Empfangshalle erbaut. Die Wände sind blendend-weiß, die prachtvollen vierfachen Staffeldächer mit roten und grünen Ziegeln werden von vier Garudas getragen und enden in einem neunfach gestaffelten Turm mit vergoldeter Spitze. Die Innenwände zeigen Pflanzendekor. Während Rama I. zu seiner Zeit in einer Loge hoch über dem Hofstaat thronte, nahmen spätere Könige auf einem neueren perlmuttverzierten Thron Platz. Ihn überspannt als Symbol für den König ein weißer, neunfacher Ehrenschirm. Die Halle wird seit dem Tod von Rama I. zur Aufbahrung verstorbener Mitglieder des Königshauses genutzt.

Nach Verlassen des Palastbezirks kommen Sie am (eher überschätzten) **Wat-Phra-Kaeo-Museum** vorbei, das Yaksha und Garudas im Original zeigt und sonstige Ausgrabungsfunde sowie Modelle wichtiger Tempelanlagen Bangkoks präsentiert. Ein weiteres Museum finden Sie

Bangkok
Lak-Muang-Schrein/Wat Mahathat

rechts vom Eingang zum Tempelbezirk. Es zeigt Münzen, Schmuckstücke, Amulette und königliche Gewänder.

Info

Die 219 ha große Palast- und Tempelanlage ist tgl. 8.30–16 Uhr geöffnet; die Paläste sind nur Mo–Fr zu besichtigen (Eingang Na Phra Lan, Tel. 02 222 0094, Fähranleger Tha Chang). Das Ticket kostet 500 Baht und gilt (die nächsten 7 Tage) auch für die Vimanmek Mansion › S. 181. Die königlichen Stätten dürfen Sie nur angemessen gekleidet besichtigen: keine nackten Beine, geschlossenes Schuhwerk, Schultern und Arme bis zum Ellenbogen bedeckt. Zur Not können Sie sich kostenlos etwas Passendes ausleihen, müssen aber einen Geldbetrag (200 Baht) als Pfand hinterlegen. Kommen Sie am besten morgens, wenn es am kühlsten ist, und reservieren Sie die Mittagszeit für das Studium der Ramakien-Fresken im schattigen Wandelgang. Man besucht stets zuerst den Tempel, dann den Palast.

Warnung: Rund um das Areal treiben sich besonders viele Schlepper herum, die Touristen weismachen wollen, Tempel und Palast seien heute geschlossen, um ihre ahnungslosen Opfer dann in Nepperläden zu lotsen. Ignorieren Sie diese Zeitgenossen einfach.

Lak-Muang-Schrein C [c3]

Die am 21. April 1782 als Grundstein der Stadt aufgestellte Säule ist dem Schutzgeist Bangkoks gewidmet, der durch zwei phallusartige vergoldete Säulen *(linga)* veranschaulicht und von den Gläubigen hochverehrt wird. Hier herrscht ständig ein lebhaftes Treiben: Die Thais bitten mit reichlich Opfergaben um die Erfüllung von Wünschen, bezahlen Tänzer zur Unterhaltung des Geists, reiben Blattgold auf die Säule und kaufen Lose – der gute Geist wird ihrem Glück dann sicherlich nachhelfen! Gelegentlich finden hier auch Tanzvorführungen oder Thai-Dramen statt. In der Umgebung des Schreins verdienen Tierhändler ihr Geld, indem sie den Gläubigen Tiere in Käfigen verkaufen (vor allem Vögel), die diese dann in die Freiheit entlassen. Diese barmherzige Tat soll Glück bringen, die Geister besänftigen und den Menschen ein Stück näher ins Nirwana führen.

Wat Mahathat D [b3]

Hinter der roten Fassade an der Westseite des Sanam Luang verbirgt sich hinter der Nationalbibliothek der unter Rama I. gegründete »Tempel der Großen Reliquie«, eine der ältesten Kultstätten Bangkoks, mit einer buddhistischen Universität. Unter der Woche ist der Tempel eine Oase der Ruhe, die nur von Vogelzwitschern und dem Singsang der Mönche unterbrochen wird, doch am Sonntagmorgen versammeln sich hier zahlreiche Gläubige. Hier kann man – auch auf Englisch – Erkenntnismeditation erlernen. Außerdem wird in der Sprachabteilung Pali erforscht und gelehrt. Der Wat besteht aus einem kleinen Bot, mehreren Viharn (einer besitzt zwei große und wertvolle Buddhastatuen aus Lopburi) und einem Chedi, der eine kostbare Reliquie enthält. Meist ist nur ein kleiner Teil des Wat den Besuchern zugänglich (Haupteingang an der Na Phra That Rd., tgl. 8–17 Uhr).

Auf der Rückseite, in den engen Gassen am Flussufer drängen sich auf dem **Amulettmarkt** (Do–Di) meist viele, viele Menschen. Winzige Stände bieten hier Devotionalien, Fachliteratur sowie magisches Zubehör aller Art an.

Nationalmuseum E [b3]

Am Nordende des Sanam Luang wurde im 1874 von Rama V. gegründeten Nationalmuseum ohne Zweifel eine der besten Kunstsammlungen Südostasiens zusammengetragen: Sie bieten einen guten Überblick über die thailändische Ge-

Bangkok
Nationalmuseum

schichte und Kultur aller Epochen. Idealerweise besucht man daher das Museum, bevor man zu den großen Tempelstädten Zentralthailands, Ayutthaya und Sukhothai, aufbricht. Achtung: Wegen andauernder Renovierungsarbeiten sind nicht alle Säle geöffnet (Na Phra That Rd, Tel. 02 224 1333, Mi–So 9–16, Führungen auf Deutsch Mi und Do 9.30 Uhr).

Teile der Museumsanlage gehörten früher zum Vorderpalast (Wang Na) des Uparat (Zweiter König). Dieser war der designierte Thronfolger, gewöhnlich ein naher Verwandter (Bruder, Onkel) des Herrschers. Das Verhältnis war nicht unproblematisch, es kam immer wieder zu Machtkämpfen. So torpedierte der letzte, besonders mächtige Uparat, Bovorn Vichaicharn, die Reformen des jungen Königs Chulalongkorn (Rama V.), vergeblich allerdings. Nach dem Tod des Zweiten Königs (1885) schaffte Rama V. daher das Uparat-System komplett ab und bestimmte seinen ältesten Sohn zu seinem Nachfolger. Zu sehen sind zahllose Buddhaskulpturen aus verschiedenen Epochen, königliche Sänften und Kutschen sowie Musikinstrumente, Schmuck, Waffen und etliche andere Alltagsgegenstände. Pläne und Beschreibungen erhält man an der Kasse.

Der Pavillon neben der Kasse zeichnet die **Galerie der Geschichte Thailands** (Saal 1) mit schönen Modellen die Entwicklung des Landes nach. So finden Sie hier die gravierte Stele von König Rama Khamhaeng mit den ersten bekannten Aufzeichnungen in Thai-Schrift. Sie erzählen von der Geschichte des Königreichs von Sukhothai.

Im Eingangshof vor dem Palast steht der **Wat Buddhaiswan** (Saal 2) aus dem Jahre 1795. Er wurde zu Ehren der unter einem Baldachin sitzenden Buddhafigur **Phra Buddha Sihing** als Privatkapelle des Erbprinzen errichtet. Einmal im Jahr, am Vortag des Songkhram-Festes, wird die Statue in einer Prozession durch die Straßen ge-

Bangkoks Nationalmuseum bewahrt die wichtigsten kulturellen Schätze des Landes

Die Träger der prunkvollen königlichen Sänfte hatten schwer zu schleppen

tragen. Geschaffen wurde sie wohl um 1250 in Sukhothai. 1795 ließ sie König Rama I. aus Chiang Mai nach Bangkok überführen. Nach dem Smaragd-Buddha im Wat Phra Kaeo gilt sie als heiligster Buddha Thailands. Die äußerst wertvollen, ohne spätere Überarbeitung erhaltenen **Wandmalereien** des Bot illustrieren in sehr allegorischer Weise das Leben Buddhas. Mit Episoden aus dem Ramakien verziert sind die Lackschränke, in denen heilige Schriften des Buddhismus aufbewahrt wurden.

Zu Rechten des Wats ist ein **Gebäude mit Leichenwagen und Sänften** (Saal 7) zu sehen, die seit der Zeit von Rama I. (bis heute) zur Einäscherung verstorbener Mitglieder der königlichen Familie benutzt wurden. Die Wagen haben einen pavillonartigen Aufbau, in dem die Urne des Verstorbenen Platz fand. Ein aus Teakholz gefertigter Wagen wiegt 20 Tonnen! Um ihn zu bewegen, war die Kraft von 160 Männern erforderlich. Die meisten Gefährte stammen aus der Zeit Ramas I. Links gegenüber des Wats – auf gleicher Höhe – steht das **Rote Haus** (Tamnak Daeng), ein bemerkenswertes Teak-Haus aus dem späten 18. Jh. Hier befanden sich einst die privaten Gemächer von Prinzessin Si Sudarak, die älteste Schwester Ramas I. Zu sehen sind Möbel aus dem Anfang der Bangkok-Zeit zu sehen, so ein holzgeschnitztes vergoldetes chinesisches Bett mit Baldachin, ein Toilettentisch und Handtuchhalter im Schlafzimmer. Die Gewänder der Prinzessin wurden in Lackholztruhen aufbewahrt.

Nun betritt man das alte **Palais des Zweiten Königs,** das Zentralgebäude der Anlage. Im Audienzsaal (501) ist ein mit Blattgold und polychromen Spiegeln verzierter bootsförmiger Holzthron zu sehen. In Saal 502 sind Goldschätze ausgestellt, die in einem alten Chedi in Ayutthaya gefunden wurden.

Bangkok
Nationalmuseum

Es schließt sich der zentrale Saal (503) an, in dem man prunkvolle Sänften und Elefantensättel (*howdah*) aus vergoldetem Holz bewundern kann. Ein besonders kostbarer Sattel ist ganz aus Elfenbein gefertigt. Ihn durften nur Prinzessinnen besteigen. Die übrigen Gemächer gruppieren sich um dieses Vestibül.

Eine Treppe führt in den **Saal der Fünf Königlichen Embleme** (504). Hier sind königliche Insignien (Krone, siebenfacher Sonnenschirm, königlicher Stab, Schwert und vergoldete Schuhe), Gebrauchsgegenstände und goldene Buddhas zu sehen (Schuhe ausziehen!). Saal 505 bewahrt eine großartige Sammlung von **Marionetten und Masken,** die Interpreten des klassischen Khon-Tanzes tragen. Der Tanz basiert auf dem klassischen Drama Ramakien, das aus dem indischen Kulturkreis stammt und in Thailand adaptiert wurde. Eine lebensgroße Elefantenfigur in voller Kampfmontur bewacht den **Waffensaal** (508). Könige und hohe Würdenträger kämpfen in Thailand auf dem Rücken von Elefanten, gewöhnliche Soldaten zu Fuß. Dahinter sind in Saal 510 kunstvolle **Teakmöbel** zu sehen: Die ältesten wurden im 17. Jh. gefertigt. In Saal 512 ist eine Ausstellung von **Prunkgewändern** aus chinesischer und kambodschanischer Seide oder indischem Brokat zu sehen (die meisten aus königlichem Besitz), in der **Musikgalerie** (514) Instrumente traditioneller Orchester aus ganz Südostasien.

Über die Haupttreppe geht es nun direkt in den ersten Stock des Südflügels (Säle 301–308). Rechts geht es in den Saal der Vorgeschichte (302), der den Zeitraum zwischen dem 3. Jahrtausend bis zum 4. Jh. vor unserer Zeitrechnung abhandelt. Hier ist eine Sammlung von Keramiken und Bronzen zu sehen, die überwiegend in Ban Chiang (Isaan) ausgegraben wurden. Im Saal gegenüber (303) sind bemerkenswerte **Buddhaköpfe** aus Terrakotta mit fein geschnittenen Gesichtszügen im Dvaravati-Stil (Ende 6. Jh. bis 11. Jh.) des Mon-Königreichs zu bewundern. Auch die großen Buddhastatuen mit erhobenem Arm (Argumentationsgeste) verraten den birmanischen Einfluss auf die Mon-Kultur. Mittelpunkt des Saals ist ein wunderschönes, in Nakhon Pathom gefundenes Gesetzrad: Symbol der buddhistischen Lehre.

Saal 304 widmet sich der hinduistischen Kunst Javas, die den Süden Thailands vom 8. bis 13. Jh. beeinflusste. Die Kunstwerke stammen aus dem Königreich Borobudur (Java, 7.–11 Jh.). Besonders beeindruckend ist eine **Statue des Ganesh,** Sohn des Shiva und Symbol der Weisheit. Er thront auf einem Sockel aus Totenschädeln, als Zeichen seiner Herrschaft über die Unterwelten. In Saal 305 illustrieren besonders zwei Statuen die künstlerische Raffinesse des aus Sumatra stammenden Srivijaya-Königreichs (7.-9. Jh.), ein Bodhisattwa Avalokiteshvara (7. Jh.) und ein Sitzender Buddha (13. Jh.), den eine Naga-Schlange beschützt.

Kehren Sie nun ins Erdgeschoss zurück, um in den Saal 306 zu gelangen. Das Meisterwerk ist hier eine großartige Statue des Vishnu und anderer hinduistischer Gottheiten, die in Si Thep und in anderen Orten Südthailands gefunden wurden. In Saal 308 demonstriert ein Meditierender Buddha im Lopburi-Stil (11. Jh.) den Einfluss der Khmer-Kultur ebenso wie die fein gemeißelten Türstürze mit Szenen aus der hinduistischen Mythologie.

Der Besuch des Nordflügels (401–408) beginnt im Erdgeschoss. Kunstwerke aus dem von birmanischen Einfluss geprägten Lanna-Königreich des Nordens (15.–16. Jh.) versammeln die Säle 401 und 402, dann geht es in den 1. Stock, um in Saal 403 einen kolossalen Sitzenden Buddha aus weißem Quarz im Dvaravati-Stil zu sehen. Die absoluten Highlights der Kunst Siams, Meisterwerke aus Sukhothai (13.–14. Jh.) und Ayutthaya (14.–18. Jh.) zeigen die Säle 405 und 406, darunter der berühmte, unnachahmliche Eleganz ausstrahlende **schreitende Buddha** aus Sukhothai. Außerdem kann man fein gearbeitete Truhen bewundern, in denen man heilige buddhistische Schriften aufbewahrte, so wie **Keramik aus Sangkhalok,** die im 15. und 16. Jh. in ganz Südostasien hochgeschätzt wurde.

Bangkok
Khao San Road

AUF DEN KLONGS INS LÄNDLICHE BANGKOK

Mit öffentlichen (oder gecharterten) Longtailbooten geht es vom Pier (Tha) Chang hinter dem Königspalast in Bangkok durch die Klongs der westlichen Vororte Thonburi und Nonthaburi.

Vorbei an Slums und Palästen, Märkten, Tempeln und Industrieanlagen vollziehen Sie scheinbar so einem Ausflug auch eine Reise durch die Zeit: Weiter draußen wird das Wasser sauberer, die Kanäle werden stiller, die Ufer grüner, und an manchen Stellen sieht alles fast noch so aus wie vor 50 Jahren.

Mitchaophraya veranstaltet preiswerte, ganztägige, kombinierte Fluss- und Klong-Touren inklusive Besichtigung der königlichen Barken, eines schwimmenden Marktes sowie der Keramikmanufakturen der Mon-Minorität von Nonthaburi (Tel. 02 225 6179, Sa/So Start um 9 Uhr ab Tha Chang).

Khao San Road ❻ [c2]

Die nördlich der Altstadt im Viertel Banglampu gelegene Backpacker-Gegend um die Khao San Road ist angesagt. Das chinesische Viertel rund um den Chanasongkram-Tempel ist ein hipper Treffpunkt nicht nur der Hippies, sondern auch einheimischer Yuppies und gutbürgerlicher Einzelreisender. Nur einen Steinwurf von den Kulturattraktionen Bangkoks entfernt, ohne Staus, aber dafür mit einer Grünanlage am Sumen-Fort, findet der Besucher hier für wenig Geld alles, was er liebt, und obendrein mehr altes Bangkok als sonst wo. Im Gassengewirr verstecken sich ferner mehrere hochkarätige Bars, Restaurants, Läden, Hotels und zahllose Guesthouses. Ein Tipp ist die nahe, parallel zum Fluss verlaufende Phra Athit Road, in der sich immer mehr Künstler und Galerien niederlassen. Auch die Lokale sind hier wesentlich besser.

Wat Pho ❼ [b4]

Südlich des Königspalastes, nur durch die Thai Wang Road von diesem getrennt, liegt Bangkoks größter und ältester Tempel, auch Wat Chetuphon genannt. Die Gesamtanlage wurde unter Rama I. ab 1793 in 12 Jahren an der Stelle errichtet, wo sich zuvor Wat Bodharam (Tempel des Bodhi-Baumes) aus dem 16. Jh. befunden hatte. Rama III. vergrößerte den Klosterbezirk auf 8 ha, um die Wissenschaften zu fördern. So entstand hier nach seinem Willen die erste öffentliche Volksuniversität Thailands, zu der alle Zugang hatten. Das Gelände ist von weißen Mauern umgeben. Von 16 Toren sind zwei geöffnet. Am besten wählen Sie nicht den Eingang an der Thai Wang Road, sondern den Haupteingang an der Chetuphon Road (www.watpho.com, tgl. 8–18.30 Uhr). In den Klostergebäuden auf der anderen Seite dieser Straße leben rund 300 Mönche, die sich gerne mit interessierten Besuchern unterhalten.

Die Hauptattraktion des Wat Pho ist der von Rama III. erbaute **Viharn Phra Non** gleich rechts vom Haupteingang des Wat. Er birgt eine 46 m lange, 15 m hohe vergoldete Statue des »Ruhenden Buddha«, die den Eingang Buddhas ins Nirwana symbolisiert. 108 Perlmutornamente an den parallel zueinander liegenden Fußsohlen belehren über die Eigenschaften *(lakshanas)*, die Buddha von Normalsterblichen unterscheiden. Wenn Sie Ihr Karma günstig stimmen wollen, werfen Sie in alle um den liegenden Buddha herum aufgestellten 108 metallenen Almosenschalen je eine 25-Satang-Münze, die Sie vor Ort für wenige Baht erhalten.

Neben dem Viharn steht der **Chinesische Pavillon**, der einen heiligen Bodhi-Baum umschließt. Bunte Bänder sind um den Stamm gewickelt.

Der Rundgang führt nun, vorbei an einem großen Gong, zu einer von kleinen Mauern um-

> Karte
> S.166

Bangkok
Wat Pho

Goldene und schwarze Buddhas zieren die Wandelgänge des Wat Pho

gebenen Terrasse, auf der vier große, mit farbigen Fayencen dekorierten **Chedis** angeordnet sind. Sie erinnern an die ersten vier Könige der Chakri-Dynastie. Der grüne Chedi wurde von Rama I. errichtet, er enthält einen stehenden Stein-Buddha aus Ayutthaya, dessen Goldummantelung die birmanischen Eroberer geraubt haben.

Der weiße Chedi erinnert an Rama II., der gelbe an Rama III. Der blaue Chedi wurde von Rama IV. nach dem Vorbild eines Chedi in Ayutthaya erbaut, der dort zur Erinnerung an die mutige Königin Suryothai erstellt wurde.

Der Wat ist Zentrum einer landesweiten Bewegung für Lehre und Erhalt traditioneller Thai-Medizin und Massage. So finden Sie gegenüber den Chedis zwei **Medizinpavillons**. Einer zeigt eine Reihe anatomischer Reliefs, die auf Marmorplatten geritzt wurden. Sie illustrieren die Geheimnisse der Reflexzonen.

Wandelgänge mit knapp 400 Buddhastatuen verbinden die vier Viharns, die sich um das Hauptheiligtum gruppieren. Alle bewahren Buddhas, die aus dem geplünderten Ayuthaya gerettet und von Rama I. hierher verbracht wurden. Die vier Ecken des Innenhofs nehmen vier prachtvolle Prangs ein.

Eine Plattform aus Marmor trägt den 1990 restaurierten **Bot,** dessen Zugänge birmanische Bronzelöwen bewachen. Zwei Reihen mit je acht Teakholzsäulen gliedern das mit prachtvollen Wandfresken ausgemalte Innere, die vorherrschenden Farben sind Rot und Gold. Die herrlichen 152 Marmorreliefs am Sockel illustrieren die Szenen des Ramakien. Achten Sie auch auf die vergoldeten Fensterläden und Teakholztüren mit Perlmuttintarsien (Nordseite) und auf die Türwächter. Letztere sind Figuren, die vermutlich als Schiffsballast aus China eingeführt wurden. Sogar Europäer mit Zylinder sind darunter.

Wenn Sie den Bezirk des Bots durch den östlichen Viharn verlassen, kommen Sie zu Pavillons, in denen Sie sich massieren lassen (leider inzwischen Massenabfertigung) oder einen Massagekurs belegen können (tgl. 8–18 Uhr).

Wat Arun [H] [b4]

Am gegenüberliegenden Flussufer (Fähren alle 10 Minuten ab Tha Tien hinter Wat Pho) erhebt sich der »Tempel der Morgenröte«, einer der schönsten Sakralbauten des Landes und Wahrzeichen Bangkoks, dessen Silhouette auch im Logo der Tourismusbehörde TAT erscheint. Der gesamte Komplex ist mit einem Mosaik aus buntem chinesischen Porzellanscherben und Muscheln überzogen. Diese wurden vor über 100 Jahren als Ballast in den Handelsschiffen von China nach Siam gebracht. Es sollen insgesamt etwa eine Million Teile sein, die sich zu Blumenmuster arrangieren.

Bei Sonnenuntergang bietet Wat Arun einen wahrlich zauberhaften Anblick, dann strahlen die Fayencen in Rosa, Grün, Gelb und Blau besonders intensiv, während sie im frühen Morgenlicht einen zarten perlengleichen Schimmer annehmen. Nachts wird das Ensemble effektvoll angestrahlt. Derzeit verschwindet die Pracht des Prang allerdings wegen Restaurierungsarbeiten teilweise unter Gerüsten. Ansonsten bietet sich auf halber Höhe von der Aussichtsplattform ein herrlicher Rundblick, besonders auf den Wat Po am gegenüberliegenden Flussufer.

An der Stelle des heutigen Wat Arun befand sich eine ältere, Wat Makok genannte buddhistische Tempelanlage. Diese hatte General Phraya Taksin der Überlieferung nach 1767 nach seiner Ankunft aus dem von Birmanen zerstörten Ayutthaya in der Morgenröte erblickt und darauf beschlossen, hier die neue Hauptstadt zu gründen und seinen ersten Palast zu errichten. Taksin ließ den Tempel restaurieren und be-

Vom Fluss aus kann man den majestätischen Tempel Wat Arun am Ufer von Thonburi besonders gut bewundern

Bangkok
Wat Arun

nannte ihn in Wat Chaeng um. Der im Zentrum stehende 79 m hohe Prang (unterschiedliche Höhenangaben) wurde aber erst einige Jahrzehnte später ab Rama II. im klassischen, von der Khmer-Architektur inspirierten Ayutthaya-Stil aufgeführt. Erst jetzt wurde die Anlage in Wat Arun umbenannt. Der Umfang des Prangs beträgt an der Basis 234 m. Er symbolisiert nach hinduistisch-buddhistischer Philosophie die Weltenachse, den heiligen Berg Meru. Ihn flankieren vier kleinere Prangs: Symbole der Weltmeere und Windrichtungen. Aus kleinen Nischen blicken Statuen des Windgotts Phra Phai, auf einem weißen Pferd sitzend, in alle vier Himmelsrichtungen.

Vier steile Treppen an den vier Seiten verbinden insgesamt vier Ebenen, auf denen der Phra Prang umrundet werden kann. Übergroße Steinstatuen chinesischer Krieger flankieren die Treppenaufgänge.

Zwischen den kleineren Prangs steht auf der ersten Terrasse jeweils einer von insgesamt vier portalartigen Mondops, in denen Statuen die wichtigen Stationen im Leben des Buddha illustrieren: Geburt (Norden), Meditation (Osten), erste Predigt (Süden) und Eingang ins Nirwana (Westen).

Die zweite Ebene wird von Dämonen (*yakshas*) als Karyatiden getragen. Zwischen diesen Ebenen sind kleine Nischen eingerichtet, in denen Kinnara bzw. Kinnari genannte Figuren mythologischer Vogelwesen zu sehen sind: Bewohner des Himaphanta-Waldes an den Hängen des Berges Meru.

Die dritte Ebene stützen Affen, die im Ramakien eine bedeutende Rolle spielen. Auch hier gibt es Nischen mit Kinnari-Figuren. Die vierte und oberste Ebene wird von himmlischen Devatas getragen. Auf allen vier Seiten sind kleine Nischen mit Statuen des Hindu-Gottes Indra zu sehen, Herrscher des Tavatimsa-Himmels, in dem alle Wünsche erfüllt werden. Er reitet auf dem dreiköpfigen Elefanten Erawan.

Die Spitze des Prang tragen Figuren des Gottes Vishnu, der auf dem mystischen Vogel Garuda reitet. Auf der Spitze des Turms ist ein Vajra angebracht, ein mythischer Dreizack des Gottes Shiva und die Waffe Indras. Auf diesen ließ König Rama III. dann noch eine goldene Krone setzen.

Der **Bot** wurde nach einem Brand unter Rama V. neu errichtet. Sein mit orangefarbenen und grünen Keramikfliesen gedecktes Dach wird von weißen, achteckigen Säulen mit vergoldeten Lotus-Kapitellen getragen. Zwischen den beiden östlichen und den westlichen Eingängen des Bot ist Phra Phuttharup Narumit, eine stehende Buddhastatue in königlichem Ornat in einer eigenen Nische dargestellt. Die Innenwände schmücken Wandmalereien, die Geschichten aus den letzten zehn Leben des Buddha (Jataka) schildern. Die Haupt-Buddhastatue im Bot zeigt die Geste der Erdanrufung. Der Legende nach soll Rama II. sie eigenhändig modelliert haben. In ihrem Sockel wird die Asche des Königs aufbewahrt.

Im **Viharn,** den zwei große Wächterfiguren (*yakshas*) schützen, war der Smaragd-Buddha bis zu seiner 1782 erfolgten Überführung in den Wat Phra Kaeo aufgestellt. Die Außenwände sind mit farbigen Kacheln, das Dach ebenfalls mit grünen und orangefarbenen Keramikfliesen bedeckt. Im Innern befindet sich eine Buddhastatue aus vergoldetem Kupfer aus der Regierungszeit von König Nang Klao (Rama III.), in dessen Brust im September 1953 angeblich eine Reliquie des Buddha gefunden wurde. Die Statue zeigt die Geste der Erdanrufung. Eine weitere, kleinere Bronzestatue mit Namen Phra Arun wurde 1858 aus Vientiane hierher gebracht.

Zwischen dem Wandelgang des Bot und dem Viharn steht ein luftiger quadratischer Mondop. Seine weißen Außenwände sind mit einem Blumenmuster bedeckt. Im Innern befindet sich ein Fußabdruck des Buddha (Phra Bat). Nördlich des Mondop stehen zwei dreistöckige Glockentürme symmetrisch zum Wihan (tgl. 7.30 bis 17.30 Uhr, lieber am Morgen kommen, da der Tempel oft früher schließt).

Bangkok
Wat Suthat

Wat Suthat ❶ [c3]

Der ab 1807 im schönsten Rattanakosin-Stil errichtete Tempel (auch Wat Phra Yai genannt) an der Südseite des Platzes der Großen Schaukel (Sao Ching Chah) ist ein Symbol des religiösen Synkretismus zwischen Hinduismus und Buddhismus. Ursprünglich war er dem Hindugott Indra geweiht, der über dem Hauptportal auf seinem dreiköpfigen Elefanten Erawan reitend abgebildet ist. Am späten Nachmittag erstrahlt die Anlage im schönsten Licht.

Im Vorhof stehen rund um die innere Mauer um den Viharn 28 sechseckige Steinpagoden (*tha*) im chinesischen Stil mit kleinen fensterartigen Öffnungen für jeweils eine Laterne. Sie erinnern an die 28 Pacceka-Buddhas, die auf den Wandmalereien im Viharn beschrieben sind. Dabei handelt es sich um Erleuchtete, die zwar die Erleuchtung durch sich selbst erreicht haben, aber nicht in der Lage sind, andere anzuleiten. Sie sind nur zweitrangig in ihrer geistigen Entwicklung zu einem Buddha. Sie ordinieren andere, aber ihre Ermahnungen betreffen nur gutes und angemessenes Verhalten. Ihre Verwirklichung des Dharma ist »wie der Traum eines Taubstummen.«

Auch die **160 vergoldeten Buddhafiguren** des überdachten Wandelgangs um den Viharn sind Geschenke reicher Chinesen. Die Statuen sitzen auf einem Sockel mit Gold- und Spiegelmosaikverzierungen. An der Wand hinter den Statuen sind fallende Magnolienblüten gemalt: Himmlische Blumen, die auf den Buddha herabregneten, als er seine Erleuchtung erfuhr.

Der riesige **Viharn** selbst zeigt grandiose Holzschnitzarbeiten. Die Teakholzportale sollen der Überlieferung nach von König Rama II. persönlich mit Schnitzwerk verziert worden sein. Anschließend soll der Monarch die Werkzeuge vernichtet haben, damit niemand mehr Vergleichbares schaffen würde. Im Inneren thront der beeindruckende, 8 m hohe bronzene und vergoldete Sakyamuni-Buddha (14. Jh.), eines der berühmtesten Relikte der Sukhothai-Periode. Die hochverehrte Statue stammt aus dem Wat Mahatat in Sukhothai und zeigt die Geste der Erdanrufung. Die herrlichen Wandfresken illustrieren die Geschichten der 28 Pacceka-Buddhas. Sie wurden Ende der 1980er-Jahre mit finanzieller Unterstützung der Bundesrepublik Deutschland restauriert.

Der besonders schöne **Bot** besitzt ein vierfach gestaffeltes Dach, das von 68 Säulen gestützt wird. Besonders prachtvoll geschnitzt sind die Giebel. An der Ostseite fährt Phra Athit, die Sonne, in einem von Rajasi-Löwen gezogenen goldenen Prunkwagen. Der westliche Giebel zeigt Phra Chan, den Mond. Auch er fährt einen prunkvollen Wagen, der von Pferden gezogen wird. Der Bot bewahrt einen großen goldenen Buddha, Phra Phuttha Tri Lokachet. Vor der großen Statue sitzt eine weitere kleinere Statue, umringt von achtzig Schülern des Buddha. Die Wände des Bots sind vollständig mit Fresken ausgemalt, welche die Geschichten aus der thai-

Mönche beten vor dem Goldenen Buddha im Wat Suthat

> Karte
> S. 166

Bangkok
Golden Mount & Wat Saket/Nördlich des Zentrums

ländischen Folklore erzählen. Besonders schön ist die Darstellung des Himaphanta, ein Waldgebiet mit vielen Fabeltieren aus der thailändischen Kosmologie Traiphum Phra Ruang. Es liegt an den Hängen des Weltenberges Meru, der zentralen Achse der buddhistischen Welt. Die acht Eingänge zum Bot bewachen jeweils zwei westliche Steinsoldaten.

Sao Ching Chah

An den über 20 m hohen roten Riesenpfählen vor dem Tempel hing einst die **Große Schaukel**, die man zu Wettbewerben nutzte. Drei Mannschaften mit je vier Männern schwangen sich zu Ehren Shivas mit der Schaukel mindestens 25 m hoch in die Lüfte, um einen an einer Stange hängenden Beutel mit Silbergeld mit den Zähnen zu erhaschen. Nach zahlreichen tödlichen Unfällen verbot Rama VII. 1935 das Ritual, das auf eine brahmanische Legende zurückzuführen ist (Bamrung Muang Rd., tgl. 9–21 Uhr).

Shopping
In der Bamrung Muang Road gehen die Mönche ihre buddhistischen Devotionalien einkaufen: Goldene Buddhas, Fächer, Kerzen, Altäre, Bettelschalen u.v.m. Bei dem kleinen Laden **Kor Panich**, Ecke Tanao Road, kann man den populären Thai-Nachtisch *khaoniao mamuang* (Klebreis mit Mango) probieren. Den Reis mit süßer Kokosmilch gibt es im Laden, die Mango dazu kauft man draußen von einem Händler.

Golden Mount & Wat Saket ❿ [d3]

Ein wundervoller Blick über Bangkok, vor allem nach Osten über den alten Stadtkern bis zum Wat Phra Kaeo und Wat Arun, präsentiert sich von der Plattform des goldenen Chedi auf dem Golden Mount in 60 m Höhe. Die 318 Stufen nach oben zu der ruhigen buddhistischen Tempelanlage flankieren Grabsteine, Urnen und Gebetsplätze.

Der Viharn des Wat Saket besitzt sehr schöne, in Rot und Gold gehaltene Wandmalereien, während im Bot die von Rama I. aus den Ruinen Sukhothais gerettete Buddhastatue (Phra Attharot aufgestellt ist. Diese stehende Figur soll ungefähr 600 Jahre alt sein.

Nördlich des Zentrums

WAT BENCHAMABOPHIT ❿ [E2]
Der 1899 von Rama V. (Chulalongkorn) ganz aus weißem Carrara-Marmor im Stadtbezirk Dusit erbaute Tempel ist eine elegante Verschmelzung von Buddhismus und westlicher Sakralkunst. Gelungen ist sie dem italienischen Architekten Hercules Manfredi. Das dreistufiges Dach setzt sich aus glasierten goldgelben chinesischen Ziegeln zusammen. Ein Hof der Anlage enthält eine beispielhafte Sammlung von 53 Buddhastatuen verschiedener Stile und Epochen, darunter der berühmte Schreitende Buddha aus Sukhothai, aber auch birmanische, ceylonesische und japanische Exemplare. Am frühen Morgen nehmen Mönche vor dem Wat die Gaben der Gläubigen an.

Die Vorhalle des Bot besitzt reichverzierte Giebel, auf dem Vishnu auf einem Garuda, der dreiköpfige Elefant Erawan und das Rad der Lehre abgebildet sind. Den Eingang schützen zwei weiße Marmorlöwen im birmanischen Stil. Auf dem Hauptaltar thront ein goldener Buddha, eine Nachbildung der berühmten Statue aus dem Wat Mahathat von Phitsanulok. In seinem Sockel ruht die Asche Ramas V. Achten Sie auf die Glasfenster, die an den Stil westlicher Kirchen erinnern, aber Figuren des Buddhismus zeigen.

VIMANMEK MANSION ❿ [D1]
1901 ließ sich Rama V. diesen dreistöckigen Palast aus goldfarbenen Teakholz errichten. Statt Metallnägeln verwendete man Holzzapfen.

Bangkok
Nördlich des Zentrums/Chinatown

Rund 40 von insgesamt 81 Räumen stehen dem Publikum offen, sie sind liebevoll mit historische Familienfotos, antiken Möbeln, Gemälden, Kunst- und Alltagsgegenständen aus königlichem Besitz eingerichtet, darunter alte Schreibmaschinen, Himmelbetten und Badezuber sowie die erste Dusche Siams.

Ein Besuch ist nur im Rahmen einer 90-minütigen Führung möglich (alle 30 Minuten 9.45–15.15 Uhr; es gilt die Eintrittskarte vom Wat Phra Kaeo, www.vimanmek.com).

Im Garten mit kleinen Seen werden klassische Thai-Tänze vorgeführt (tgl. um 10.30 und 14 Uhr).

Chinatown [d4–e5]

In den Straßen und Gassen zwischen **Yaowarat** und **Charoen Krung** (New Road) ist der chinesische Einfluss allgegenwärtig. Spätestens an den vielen Restaurants, den roten Lampions und Neonreklamen mit chinesischen Zeichen lässt sich die fernöstliche Herkunft der Bewohner erkennen: Die Läden verkaufen chinesische Arzneien, in den Porzellangeschäften drängen sich chinesische Kaiserfiguren und dicke lachende Buddhas, und in zahllosen Goldläden wird gefeilscht um jedes Karat.in schattigen Tempelhöfen lesen betagte Männer die Zeitung. Den Chinesen besonders wichtig ist der Wat Mangkorn (Neng Noi Yee) an der Ecke Charoen Krung und Mangkorn Road. Rote Säulen und vergoldete Drachen markieren den Eingang des Tempels, der drei Konfessionen geweiht ist: Taoismus, Konfuzianismus und Buddhismus.

Eine typisch chinesische Marktstraße ist die Soi Wanit 1, besser bekannt als **Sampeng Lane** M [d4/5]. Im Schneckentempo schiebt man sich vorbei an Läden mit buntem Allerlei, Pfannen und Töpfen, Blumen und Obst. An der Ecke Mangkon Road liegen das **Goldgeschäft Tang To Kang** und gegenüber eine Filiale der **Bangkok Bank**, zwei besonders schöne Beispiele der klassischen Bangkoker Architektur des 19. Jhs. An der nächsten Ecke geht es links in die Soi Itsaranuphap.

Auf dem Markt **Talaad Kao** N [d4] werden frische und getrocknete Fische feilgeboten und, wenn Sie der Straße folgen, die gesamte Palette asiatischer Lebensmittel.

Restaurant
Nang Gin Kui €€
In ihrer Privatwohnung mit Flusspanorama servieren Florian (ein Wiener) und Goy mehrmals die Woche 12 Gästen ein fabelhaftes 12-Gänge-Menü mit Thai-Köstlichkeiten. Nur mit Reservierung!
Charoen Krung Soi 20
Chinatown
Tel. 08 5904 6996
www.nangginkui.com

Shopping
Im überdachten indischen Stoffmarkt **Pahurat** finden Sie preiswerte Seidenstoffe (leider auch viele Imitationen). Hochwertige Seide erwerben Sie lieber in der **Old Siam Plaza** O [c4] auf der anderen Straßenseite. Hier bekommt man eine fabelhafte Auswahl an handgefertigten und handgefärbten Seidenstoffen. Eine Näherin oder Schneiderin ist stets bei der Hand. Auch wer seine Wohnung neu einrichten möchte, macht hier die Schnäppchen seines Lebens.

WAT TRAIMIT P [E5]
Ein kleines Tor mit der Aufschrift »The Golden Buddha« führt zu dem für sich gesehen wenig bemerkenswerte Tempel am Rande Chinatowns. Hier wurde in den 1950er-Jahren eine vermeintlich aus Zement gegossene Buddhastatue beschädigt. Unter dem Riss schimmerte pures Gold hervor. Die 5,51 t schwere, massiv goldene Statue im Sukhothai-Stil (13. Jh.) zählt zu den größten buddhistischen Kunstschätzen Thailands. Der reine Goldwert betrug 2006 etwa 200 Mio. Euro! Sie wurde wohl in Ayutthaya mit Stuck überzogen, um sie vor birmanischen Plünderern zu retten.

In der Yaowarat Road dominieren Werbetafeln mit chinesischen Schriftzeichen

Bangkok
Rund um den Siam Square

Rund um den Siam Square ⓞ [g4]

Der Platz ist flankiert von mehreren Einkaufszentren, nachts locken hier zahlreiche Discos und Kneipen. Bis spät in den Abend hinein bummeln die Thais durch das **Mahboonkrong Shopping Center**, kurz MBK genannt. Im obersten Stock bieten Dutzende kleiner Garküchen Stärkung.

Hoch oben auf der Ebene des Skytrains hat sich eine ganz eigene Welt entwickelt. Über einen Walkway geht es von der Station Siam Center direkt in die Einkaufszentren, z. B. ins Luxuskaufhaus **Siam Paragon**. Hier bleibt kein Wunsch unerfüllt, es gibt alles, vom Edelstein bis zu extravaganten Leckereien – sogar eine Buchhandlung mit einer beachtlichen Auswahl an deutschen Büchern.

Im Untergeschoss befindet sich **Siam Ocean World**, ein sehenswertes Aquarium mit imposanten Becken, in denen sich auch seltene Tiere wie Ammenhaie oder Nautili tummeln (tgl. 10–21 Uhr, www.siamoceanworld.co.th).

JIM THOMPSON HOUSE ⓡ [f3]

Der Amerikaner Jim Thomson, 1967 während einer Malaysia-Reise in den Cameron-Bergen verschollen, wurde in den 1950er-Jahren durch den Aufbau einer thailändischen Seidenindustrie reich und berühmt. 1959 ließ er sich Häuser des 18. und 19. Jhs. aus der Provinz nach Bangkok schaffen und dort an einem Klong zu einer neuen Wohnanlage zusammensetzen. Heute wirken sie wie eine nostalgische Insel inmitten des sie umgebenden Beton-Brutalismus.

Die Innenräume füllte er mit seiner eindrucksvollen Sammlung südostasiatischer Antiquitäten, darunter Bilder aus Thai-Seide, Ben-

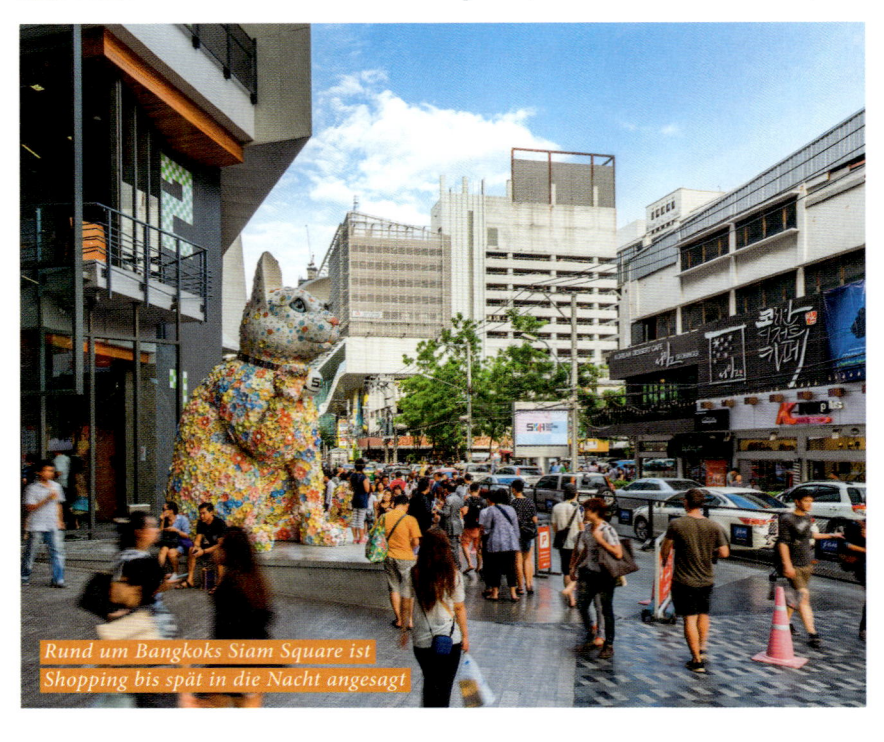

Rund um Bangkoks Siam Square ist Shopping bis spät in die Nacht angesagt

charong-Keramik, chinesisches Porzellan und Buddhafiguren fast aller Epochen. An den Wänden seines Büros hängen wertvolle historische Landkarten Siams, die aus der Zeit der französischen Botschaft des Chevalier de Chaumont in Ayutthaya stammen. Zauberhaft sind der üppige Tropengarten und das charmante Teehaus im Erdgeschoss (Soi Kasemsan 2, Tel. 02 216 7368, www.jimthompsonhouse.com, Mo bis Sa 9–17 Uhr).

SUAN-PAKKARD-PALAST [f3]

Ein Abstecher nach Norden in die Sri Ayutthaya Rd. führt zu einer Ansammlung traditioneller Thai-Bauten aus dem 19. Jh. inmitten eines reizenden Garten, den die Bewohnerin Prinzessin Chumbhot Nagara Svarga, eine renommierte Kunstsammlerin, der Öffentlichkeit zugänglich machte.

Haus 1 zeigt vorzügliche Khmer-Statuen, darunter einen Sitzenden Buddha im U-Thong-Stil (13.-14. Jh.). Im Empfangssaal sind alte Lacktruhen und Betelgefäße zu sehen, in Haus 3, das einen zauberhaften Blick auf den Garten bietet, bewundert man Gegenstände aus dem Besitz der königlichen Familie, darunter Tragsessel und Musikinstrumente. Die Wände zieren französische Bilder aus dem 17. Jh mit Ansichten Siams. Haus 4 zeigt u.a. Masken des Khon-Theaters, während in den Häusern 5 und 6 Funde aus prähistorischer Zeit ausgestellt sind, darunter besonders Keramik aus Ban Chiang, die mit roten und weißen Spiralen verziert ist. Im hinteren Teil des Gartens steht der einzige gut erhaltene Pavillon aus der Ayutthaya-Epoche mit erlesenen Goldmalereien auf schwarzem Lack: eine Klosterbibliothek aus dem 18. Jh. (Tel. 02 245 4934, www.suanpakkad.com, tgl. 9-16 Uhr).

ERAWAN-SCHREIN S [h4]

Als es 1956 beim Bau des damaligen Erawan-Hotels zu zahlreichen Unglücken kam, fürchtete man den Zorn von Geistern, die vermutlich in Bäumen lebten und dem Hotelbau weichen sollten. Nachdem man für sie den Schrein errichtet hatte, gab es keine Zwischenfälle mehr. Später riss man das ursprüngliche Hotel ab und ersetzte es durch das Hyatt, das 1991 eingeweiht wurde. Hier herrscht ständiges Kommen und Gehen, Beten und Opfern. Tänzerinnen geben tagsüber Kostproben des klassischen Thai-Tanzes – dem Hindugott Brahma (Phra Phrom) zu Ehren, der bei liebevoller Behandlung viele Wünsche erfüllen soll. Die vergoldete Gipsstatue ist oft vor lauter Blumengirlanden und Weihrauch kaum noch zu erkennen. Am 17. August 2015 kamen bei einem Bombenanschlag vor dem Schrein 20 Menschen ums Leben. Der Anschlag soll als Rache für Polizeimaßnahmen gegen ein Menschenschmugglernetzwerk für Uiguren ausgeführt worden sein.

LUMPINI PARK [g5–h6]

Bangkoks größte Grünanlage lohnt zu jeder Tageszeit. Morgens ab 6 Uhr versammeln sich viele Menschen, die Schattenboxen trainieren. Später finden auf einer Bühne Kulturveranstaltungen statt, und auf der Sportanlage rechts neben dem Haupteingang spielen am späteren Nachmittag fast täglich hervorragende Takraw-Teams. Auf einem kleinen, künstlich angelegten See kann man Ruder- oder Tretbooten fahren.

Patpong [f5–g6]

Jenseits der Rama IV. Road ziehen die drei neonblinkenden Gassen von Patpong die Massen an. Hier konkurriert ein Nachtmarkt, der Markenpiraterie an den Touristen bringt, mit Dutzenden von Bars und Go-Go-Schuppen. In deren Parterre geht es harmlos zu, aber lassen Sie sich nicht in die oberen Stockwerke lotsen, wo Minuten einer dubiosen Show und ein paar Bier schnell 2000 Baht kosten können. Im Fall der Fälle kann eventuell die Touristenpolizei helfen, die an der Patpong eine mobile Einsatzstelle eingerichtet hat.

Chatuchak Market ⭐ [C6]

Auf dem Megamarkt im Norden der Stadt an der Phaholyothin Road, nahe Northern Bus Terminal und Skytrain-Endstation, kann jeder seiner Kaufwut freien Lauf lassen. Tausende Stände drängen sich in einem unübersichtlichen Gassengewirr. Hier können Sie wundervoll und hautnah Bangkoker Alltag erleben. Tolle Souvenirs sind coole Shirts, ethnische Kleidung, Musikinstrumente, Kunsthandwerk der Bergvölker, Amulette, Antiquitäten und Kreationen junger einheimischer Designer. Gegessen wird in unzähligen Garküchen (tgl. bis Sonnenuntergang, möglichst frühmorgens kommen; inoffizieller Führer unter www.chatuchak.org).

MUSEUM OF CONTEMPORARY ART (MOCA)

Das nördlich des Chatuchak Market liegende grandiose neue Museum für Zeitgenössische Kunst hat der äußerst kunstverständige Telekom-Milliardär Boonchai Bencharongkul finanziert. Er stattete die großzügigen Räume auch mit zahlreichen Kunstwerken aus (darunter Skulpturen von Paitun Muangsomboon und Chalood Nimsamer). Viele gab er eigens dafür in Auftrag. Besucher müssen derzeit noch an der Endstation des Skytrains aus- und in den Bus umsteigen, bald wird das Museum jedoch direkt zu erreichen sein (499 Kamphaengphet 6 Rd., Ladyao, Chatuchak, Tel 02 953 1005, www.mocabangkok.com, Di–Fr 10–17, Sa/So 11–18 Uhr; Eintritt 250 Baht).

Info
Tourism Authority of Thailand (TAT)
Infoschalter auch am Flughafen.
4 Ratchadamnoen Nok Ave. | Bangkok
www.tourismthailand.org

Tourist Police
Neben dem TAT
Zweigstellen am westlichen Ende der Khao San Rd., am Lumpini Park und abends in der Patpong Rd. Fast landesweit ist die Touristenpolizei in Notfällen unter Tel. 1155 rund um die Uhr zu erreichen.

Anreise
Flugzeug: Suvarnabhumi-Airport (www.bangkokairportonline.com) etwa 50 km außerhalb des Zentrums (Richtung Pattaya). Verbindung in die Innenstadt: Suvarnabhumi Airport Express Line (15 Minuten nonstop bis zur Station Makkasan, 90 Baht) und Suvarnabhumi Airport City Line (25 Min. mit 6 Stopps bis zur Station Phaya Thai, 45 Baht), dann Taxi in die Innenstadt (60–100 Baht), www.bangkokairporttrain.com). Taxis und Mietwagenfirmen bieten auf Level 1 ihre Dienste an (Taxameter plus 50 Baht Flughafenzuschlag, plus Autobahngebühr, kein Coupon-System, je nach Verkehr zwischen 350 und 450 Baht).

Bus: Richtung Norden (u. a. Chiang Mai) ab Northern Bus Terminal (Mo Chit), Kamphaengphet 2 Rd., Tel. 02 936 2841-8 (für Norden), Tel. 02 936 2853-6 (für Nordosten); Richtung Süden ab Southern Bus Terminal in Thonburi (Phra Pinklao Rd., Tel. 0 2435 1190), nach Pattaya ab Eastern Bus Terminal (Ekamai), Sukhumvit Rd., Tel. 02 392 9227.

Zug: Hauptbahnhof Hua Lamphong in Chinatown, Tel. 02 223 3762. Fahrkarten auch in jedem Reisebüro.

Verkehrsmittel in der Stadt
Skytrain: Die Hochbahn mit ihren zwei Linien ist Bangkoks bestes und schnellstes Verkehrsmittel (www.bts.co.th, tgl. 6–24 Uhr).

U-Bahn: Die Metro ist zwischen Lumpini Park und Hauptbahnhof von Interesse (www.mrta.co.th).

Boot: Die Schnellboote des Chao Phraya River Express verkehren auf dem Flussbogen in der Innenstadt und halten an vielen touristisch interessanten Punkten (www.chaophrayaexpressboat.com, tgl. 6–18 Uhr).

Für die kleineren, lauten Longtailboote gilt: Zahlen Sie pro gechartertem Boot (nicht pro

Karte
S. 166

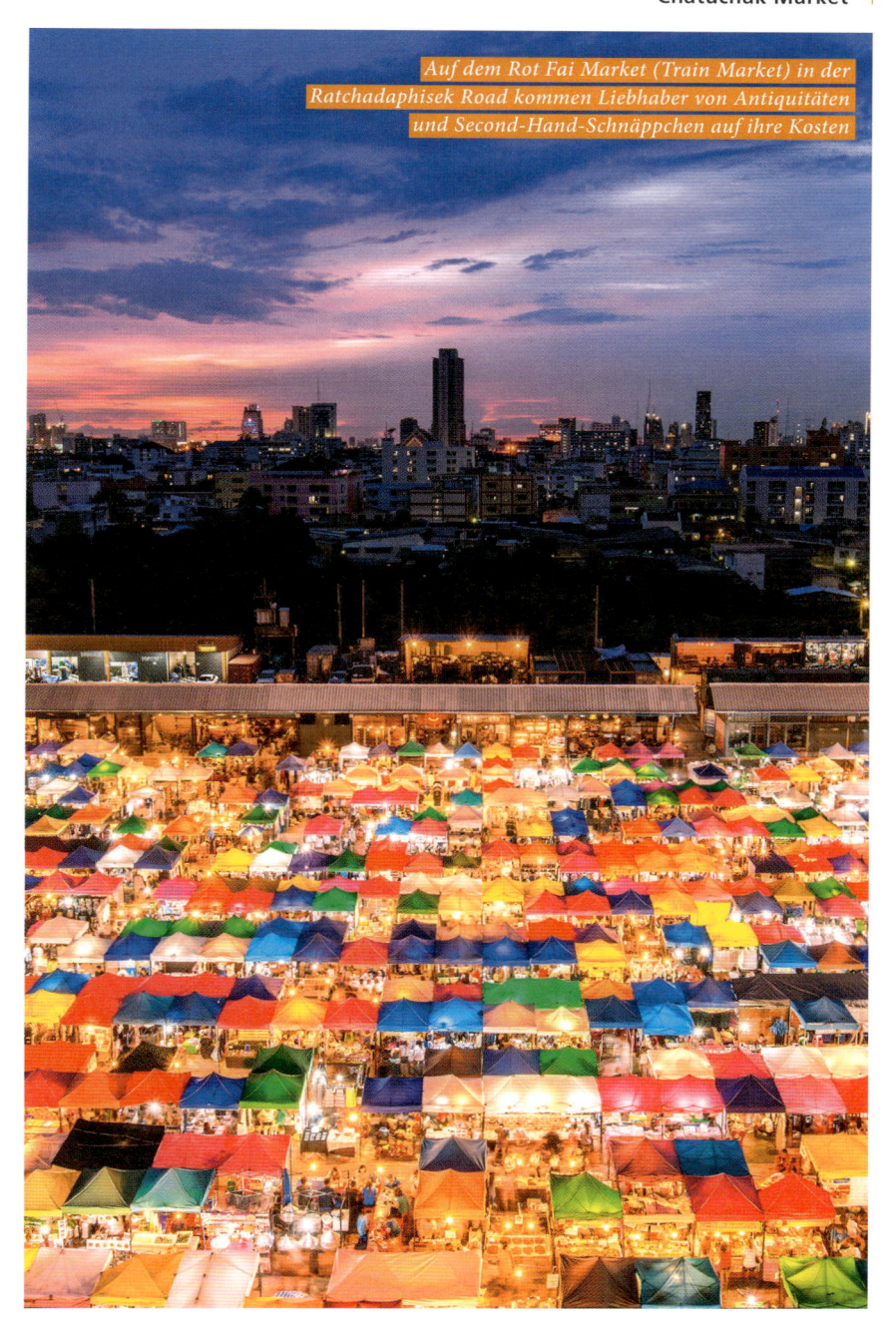

Bangkok
Chatuchak Market

Auf dem Rot Fai Market (Train Market) in der Ratchadaphisek Road kommen Liebhaber von Antiquitäten und Second-Hand-Schnäppchen auf ihre Kosten

Fahrgast!) max. 800 Baht für die erste und 400 Baht für jede weitere Stunde.
Taxi: Taxis sind komfortabel und preiswert, aber bestehen Sie unbedingt auf Einschalten des Taxameters.
Tuk-Tuk: Mit den dreirädrigen, offenen Tuk-Tuks sollte man, wenn überhaupt, nur kurze Strecken fahren. Sie sind unsicher, kaum billiger als Taxis, man schluckt Abgase und wird gern in ein unseriöses Schmuckgeschäft bugsiert. Im Zweifel sofort aussteigen!

Hotels
Arun Residence €€€
Schön restauriertes altes Haus am Fluss. 5 elegante Zimmer, alle mit grandiosem Sonnenuntergangsblick auf den Wat Arun. Buchen Sie die Arun Suite mit ihrem großen Balkon. Gutes Restaurant und opulentes Frühstück.
36–38 Soi Pratoo Nok Yoong
Tien-Pier | Bangkok
Tel. 02 221 9158
www.arunresidence.com

Banyan Tree €€€
Bei Geschäftsleuten beliebtes Hotel mit luxuriösem Spa, Open-Air-Restaurant Vertigo und Moon-Bar.
Thai Wah Tower
21/100 Sahtorn Tai Rd.
Bangkok
Tel. 02 679 1200
www.banyantree.com

Chakrabongse Villas €€€
Ehemaliger königlicher Palast am Chao Praya mit herrlichem Garten und drei luxuriösen Villen: Das Thai House ist im Ayutthaya-Stil gestaltet, die Riverside Villa (mit Blick auf den Wat Arun) und die Garden Suite bieten modernsten Komfort. Die Chinese Suite am Pool. ist erlesen möbliert. Drei kleinere Zimmer sind im marokkanischen Stil eingerichtet. Exklusives Ausflugsboot für Gäste.
396 Maharaj Rd. | Bangkok
Tel. 02 622 1900
www.chakrabongsevillas.com

Ibrik Resort Sathorn €€€
Nur drei elegante und geräumige Zimmer mit eigenem Bad und Balkon bietet dieses Boutiquehotel in bester Silom-Lage, nur wenige Meter von der Skytrain- Station Surasak. Das Spitzenrestaurant Blue Elephant ist gleich nebenan.
235/16 South Sathorn Rd. | Bangkok
Tel. 02 211 3470
www.ibrikresort.com/city

Luxx €€€
Kleines Designhotel mit Zen-Atmosphäre, nur einen Steinwurf von der Silom Rd. entfernt. Komfortable Zimmer, verglaste Bäder mit Holzwanne. Die noch hippere Schwester Luxx XL am Lumpini Park bietet Garten und Pool.
6/11 Decho Rd. | Bangkok
Tel. 02 635 8800
www.staywithluxx.com

Luxx XL €€€
Die noch hippere Schwester des Luxx bietet am Lumpini Park Garten und Pool.
82/8 Langsuan Rd.
Bangkok | Tel. 02 684 1111
www.staywithluxx.com

Ma du Zi €€€
Kleines, sehr feines Luxushotel. Elegant-moderne, riesige Zimmer mit Ledermobiliar, Badezimmer mit Whirlpool, dazu viel persönlicher Service. Französisches Restaurant mit provenzalischer Gourmetküche.
9/1 Ratchadapisek Rd. | Bangkok
Tel. 02 615 6400
www.maduzihotel.com

The Metropolitan €€€
Moderne Eleganz aus dunklem Holz, hellem Stein und viel Glas. Dazu fabelhafte kreative Thaiküche des Australiers David Thompson im Restaurant nahm, die elitäre Met-Bar und mit

Bangkok
Hotels

dem balinesisch inspirierten Como Shambhala eines der besten Spas der Stadt.
27 South Sathorn Rd. | Bangkok
Tel. 02 625 3333 | www.comohotels.com

Old Bangkok Inn €€€
Romantisches familiengeführtes und umweltbewusstes Boutiquehotel. Schönes Mobiliar aus wiederverwendetem Teakholz, luxuriöse Betten, liebevoll dekorierte Bäder, Satelliten-TV und PC mit Internetanschluss zeichnen die zehn Zimmer aus.
609 Pra Sumen Rd. | Phra-Athit-Pier
Bangkok | Tel. 02 629 1787
www.oldbangkokinn.com

Oriental Hotel €€€
Eines der berühmten Kolonialhotels Südostasiens. Diese Tradition verströmen noch die Zimmer im ursprünglichen »Author's Wing«, wo berühmte Literaten genächtigt haben. Beim Service ist das Oriental immer noch ungeschlagen. Wenigstens einmal sollte man im Hotel den Fünfuhrtee genommen haben. Das Spa (am Thonburi-Ufer) gehört zu den besten der Stadt.
48 Oriental Avenue
Bangkok | Tel. 02 659 9000
www.mandarinoriental.com/bangkok

Rembrandt Hotel €€€
Elegantes Hotel unter Schweizer Leitung. Alle Zimmer mit großartigem Ausblick, dazu das Rang Mahal, das beste indische Restaurant der Stadt.
19 Sukhumvit Soi 18
Bangkok | Tel. 02 261 7100
www.hotel.rembrandtbkk.com

Sukhothai Hotel €€€
Lilienteiche, Statuen und Pagoden aus der Sukhotai-Zeit gemischt mit modernem Design-Understatement. Das Restaurant La Scala serviert beste italienische Küche, das Celadon feinste Thai-Spezialitäten, und in der coolen Zuk-Bar kann man herrlich abhängen. Am Hotelpool finden sich die Stars der asiatischen Medienszene sonntags zum jazzigen Brunch, freitags und samstags zum legendären Schoko-Büfett ein. Top sind auch Pool und Fitnesszentrum. Ganz in der Nähe liegt der Lumphini-Park, der zum morgendlichen Joggen oder Tai Chi einlädt.
13/3 South Sathorn Rd. | Bangkok
Tel. 02 344 8888 | www.sukhothai.com

W Bangkok €€€
Das erst vor wenigen Jahren in Silom eröffnete 31-stöckige Luxushotel vereint geradezu futuristisch anmutenden Komfort mit thailändischer Gastfreundschaft. Haltestellen von BTS und MRT liegen in unmittelbarer Nähe. Die elegant eingerichteten Zimmer glänzen mit traumhaft guten Betten, einem Luxusbad und Panoramablick. Dazu kommt ein wirklich vorzügliches Frühstück. Spa, Pool und Fitnessraum.
106 North Sathorn Rd. | Bangkok
Tel. 02 344 4000
www.whotelbangkok.com

Phranakorn-Nornlen Hotel €€
Charmantes umweltbewusstes Hotel in Banglampu mit relaxter Atmosphäre. Liebevoll eingerichtete klimatisierte Zimmer. Vegetarisches Frühstück inklusive.
46 Thewet Soi 1 | Thewet-Pier | Bangkok
Tel. 02 628 8188
www.phranakorn-nornlen.com

Lub D €–€€
Neues und erstaunlich schickes Hostel mit modernen, komfortablen Zimmern und großen Betten, Klimaanlage, kostenlosem WLAN und Safe. DZ mit eigenem Bad. Ein zweites Hostel hat am Siam Square eröffnet, mit Skytrain-Haltestelle vor der Haustüre.
4 Decho Rd. (etwas abseits der Silom Rd.)
Bangkok | Tel. 02 634 7999
925/9 Rama 1 Rd. (Siam Square)
Bangkok | Tel. 02 612 4999
www.lubd.com

Bangkok
Hotels/Restaurants

Link Corner Hostel €
Sympathisches Hostel mit blitzsauberen klimatisierten Zimmern. Ideale Lage, da die Airport City Line (Rachaprarop Station) fast vor der Haustür hält.
86/7 Ratchaprarop Rd. | Phaya Thai
Bangkok | Tel. 02 640 0550
www.linkcornerhostel.com

Shanti Lodge €
Eines der besten Guesthouses der Stadt. Zimmer und (geteilte) Bäder sind blitzblank. Die teuersten Zimmer bieten Klimaanlage, heiße Dusche. Das Penthouse (€€) hat sogar einen eigenen Dachgarten. Restaurant.
37 Sri Ayutthaya Soi 16 | Bangkok
Tel. 02 281 2497
www.shantilodge.com

Suk 11 €
Seriöses Guesthouse im Nightlife der Sukhumvit. Alle Zimmer mit Klimaanlage, Bäder mit Warmwasser. Wäschereiservice und WLAN.
1/13 Sukhumvit Rd. Soi 11 | Bangkok
Tel. 02 253 5927 | www.suk11.com

Bed Station Hostel €
Topmodernes Hostel in der Nähe der Airport City Line (Phaya Thai Station und BTS Sukhumvit Line: Rachathewi). Sehr sauber und freundlich, gute Betten, großer gemütlicher Salon.
Soi Phetchaburi 16 Phetchaburi Rd.
Bangkok | Tel. 02 019 5477
www.bedstationhostel.com

Restaurants

Aston Dining Room & Bar €€€
Innovative asiatisch-europäische Fusionsküche des jungen Thai-Kochs Zra Jirarath, der lokalen Zutaten ganz neue Facetten abgewinnt und Ausflüge in die Molekularküche unternimmt.
68 Sukhumvit Soi 31 | Bangkok
Tel. 02 102 2233
www.astonbkk.com
Mo–Sa 18–23 Uhr

Gaggan €€€
Progressive indische Küche bringt Gaggan Anand aus Kalkutta auf den Tisch. Er hat im legendären El Bulli des Molekular-Papstes Ferran Adria in Barcelona gelernt: Das Ergebnis wird inzwischen in ganz Südostasien gefeiert.
68/1 Soi Lang Suan, Ploenchit Rd.
Bangkok | Tel. 02 652 1700
www.eatatgaggan.com

Ginza Sushi Ichi €€€
Im Erdgeschoss des Grand Hyatt wird vielleicht das beste Sushi Bangkoks serviert. Wilder Blauflossentunfisch und Seeigel werden täglich von Tokio berühmten Tsukiji Markt eingeflogen und unter dem wachsamen Auge von Meister Masakazu Ishibashi konkurrenzlos frisch verarbeitet.
494 Ploenchit Rd. | Bangkok
Tel. 02 250 0014
www.ginza-sushiichi.jp

Issaya Siamese Club €€€
Das alte Haus versteckt sich in einer Gasse unweit der Rama IV Road (MRT Lumphini oder Taxi nehmen). Hier serviert Ian Kittichai in romantischem Ambiente vielgerühmte kreative Thaiküche.
4 Soi Sri Aksorn, Chue Ploeng Rd.
Bangkok | Tel. 02 672 9040
www.issaya.com

Mezzaluna €€€
Innovative Gourmetküche im 65. Stock des Lebua State Tower. Der japanische Chef, Ryuki Kawasaki, hat in Lyon gelernt.
1055 Silom Rd. | Bangkok
Tel. 02 624 9555
www.lebua.com/mezzaluna
Di–So Abend

nahm €€€
Der Australier David Thompson mischt die Thai-Küche in Bangkok auf und macht bei der Schärfe keine Kompromisse.

Geschätzt 7000 Tuk-Tuks rollen noch heute durch die Straßen von Bangkok

Metropolitan by Como
27 Sathon Thai Rd. | Bangkok
Tel. 02 625 3333
www.comohotels.com

Sra Bua €€€
Molekulare Thaiküche im eleganten Dekor des Siam Kempinski Hotel, eine höchst spannende Angelegenheit. Vorbild war immerhin das Kiin Kiin Restaurant von Henrik Yde-Andersen in Kopenhagen, das den ersten Michelin-Stern überhaupt für Thai-Küche erhielt.
991/9 Rama I Rd. | Bangkok
Tel. 02 162 9000
www.kempinskibangkok.com

Vertigo €€€
Fusionsküche in Open-Air-Restaurant und Moon Bar im 61. Stock mit Superaussicht.
Banyan Tree Hotel | Thai Wah Tower
21/100 Sahtorn Tai Rd.
Bangkok | Tel. 02 679 1200
www.banyantree.com

Yamazato €€€
Das im schicken Hotel Okura Prestige eröffnete Restaurant zelebriert das japanische Kaiseki Ryori in Perfektion.
Park Ventures Ecoplex
57 Wireless Rd. | Bangkok
Tel. 02 687 9000 | www.okurabangkok.com
tgl. 11.30–14.30, 18–22.30 Uhr

Kaze Fresh €€–€€€
Sushi ohne Chichi, außerdem einige Tempura-Optionen.
318 Sukhumvit Soi 55
Bangkok | Tel. 02 392 3544
www.facebook.com/kazefreshthailand

Zanotti €€–€€€
Einer der besten Italiener der Stadt, mit toller Weinnkarte. Preiswerter ist das Schwesterlokal Vino de Zanotti (Rama IV Rd., Soi Nanglinchee 9, Tel. 02 678 0577).
21/1 Silom Rd. | Bangkok
Tel. 02 636 0002 | www.zanotti-ristorante.com

Baan Khanitha €€
Elegantes Thai-Lokal. Seafood und alle Arten von Thai-Genüssen mit an westliche Gaumen angepasster Schärfe.
36/1 Sukhumvit Soi 23 | Bangkok
Tel. 02 258 4181
Filiale: 69 South Sathorn Rd. | Bangkok
Tel. 02 675 4200
Filiale: 31 Soi Sukhumvit 53 Sukhumvit Rd.
Bangkok | Tel. 0 2259 8530
www.baan-khanitha.com

Bei Otto €€
Etablierte Adresse für Schweinshaxe, Würste, feine Backwaren und deutsche Biere. Im Laden gibt es importierte Lebensmittel.
1 Sukhumvit Soi 20 | Bangkok
Tel. 02 259 4560 | www.beiotto.com

Blue Elephant €€
Restaurierte alte Villa mit experimenteller Thai- und europäischer Küche, darunter Exotisches wie Krokodil. Reservierung empfohlen. Auch Kochkurse.
233 Sathorn Tai Rd | Bangkok
Tel. 02 673 9353 | www.blueelephant.com

Hazara €€
Das Teak-Haus im Ayutthaya-Stil serviert panasiatische Köstlichkeiten: nordindische, chinesische und vietnamesische Küche. In der Face Bar im Erdgeschoss gibt's leckere Nudelsuppe.
29 Sukhumvit Soi 38 |Bangkok
Tel. 02 713 6048 | www.facebars.com

La Bottega di Luca €€
Authentische italienische Küche, wirklich feine, wechselnde Pastaspezialitäten. Tolle Weinkarte mit italienischen Gewächsen.
2nd floor, Terrace 49, Sukhumvit Soi 49
Bangkok | Tel. 02 204 1731
www.labottega.name

Karte S. 166

Bangkok
Restaurants

Le Dalat Indochine €€
Altes zweistöckiges Thai-Haus, dekoriert mit Antiquitäten und chinesischer Lackmalerei. Die hier servierte vietnamesische Küche ist vielleicht die beste in Bangkok. Die Shrimps in Tamarindensoße sind ein Traum.
57 Soi Prasarnmitr Sukhumvit 23
Bangkok | Tel. 02 259 9593
www.ledalatbkk.com

Le Isaan €€
Larb und *som tam* sind hier wirklich fast so scharf wie in Thailands Nordosten.
Suan Phlu Soi 8
Thung Maha Mek | Bangkok
Tel. 08 9213 0169

Once Upon a Time €€
Drei Holzhäuser mit reizvollem Garten sorgen fürs Ambiente. Traditionelle, aber eher milde regionale Thai-Spezialitäten.
32 Petchaburi Soi 17 | Bangkok
Tel. 02 252 8629

Rang Mahal €€
Die geheimnisvoll gewürzten nordindischen Muglai-Gerichte sind klasse, die Aussicht vom 26. Stock auch. Toller Sonntagsbrunch.
Rembrandt Hotel
19 Sukhumvit Soi 18 | Bangkok
Tel. 02 261 7100
www.rembrandtbkk.com

Ruen Urai €€
Thai-Küche mit vietnamesischen und japanischen Akzenten in einem attraktiven Teakhaus mit etwas heruntergeregelter Schärfe.
118 Surawong Rd. (neben Rose Hotel)
Bangkok | Tel. 02 266 8268
www.ruen-urai.com

Seven Spoons €€
Sehr leckere mediterrane Küche mit vielen Optionen für Vegetarier. Die Cocktails sind sensationell gut.
211 Chakkrapatipong Rd., Ecke Lan Luang Rd.
Bangkok | Tel. 02 629 9214
www.sevenspoonsbkk.com

Soul Food Mahankorn €€
Die Idee des Amerikaners Jarrett Wrisley war so einfach wie erfolgreich: Streetfood der Garküchen in einem ansprechenden Restaurant-Ambiente zu servieren. Noch schätzen überwiegend *farangs* das Lokal, denn nach wie vor essen die meisten Thais lieber draußen, sitzen auf Plastikstühlen im Neonlicht, zahlen dafür aber wesentlich weniger. Auch gute Cocktails.
56/10 Sukhumvit Soi 55
Bangkok | Tel. 02 714 7708
www.soulfoodmahanakorn.com

Supanniga Eating Room €€
Einfache, aber vorzügliche Familienrezepte werden im Supanniga nachgekocht. Am besten isst man hier in einer größeren Gruppe, um sich die vielen aufgetragenen Leckereien zu teilen, wie man das auch – natürlich nicht so üppig – in der Thai-Familie macht.
160/11 Sukhumvit Soi 55
Bangkok | Tel. 02 714 7508
www.supannigaeatingroom.com

Krua Apsorn €–€€
Gefeierte Thai-Küche ohne Kompromisse (fabelhafte Currys!).
503–505 Sam San Rd. | Bangkok
Tel. 02 685 4531
www.kruaapsorn.com

Nara €–€€
Halb Bangkok kommt hierher zum Lunch. Die süß-scharfe Sukhothai-Nudelsuppe mit Schweinefleisch und knackigem Gemüse kostet weniger als 2 €.
Erawan Bangkok Mall
494 Ploenchit Rd.
Bangkok
Tel. 02 250 7707
www.naracuisine.com

Bangkok
Restaurants/Nightlife

Pala Pizza €–€€
Pizzen sind in Bangkok in der Regel kulinarische Katastrophen, hier schmeckt die Holzofenpizza fast wie in Rom: Luftig, knusprig und mit frischen Zutaten.
BTS Asoke oder MRT Sukhumvit
Bangkok | Tel. 02 259 1228
www.palapizzabangkok.com

May Kaidee's Vegetarian Restaurant €
Preiswerte, himmlisch gute vegetarische Thai-Küche in einer Seitenstraße der Khao San Rd. (hinter dem Burger King).
59 Tanao Rd. | Phra-Athit-Pier
Bangkok | Tel. 02 629 4413
www.maykaidee.com

Ricky's €
Ideal für ein westliches Frühstück in Banglampu. Hier gibt's gutes Weißbrot, Omeletts, Caffè Latte und Eiskaffee.
22 Phra Athit Rd. | Phra-Athit-Pier
Bangkok | Tel. 02 629 0509

Roti Mataba €
Etwas über 2 € kostet hier Roti (Fladenbrot) mit leckeren Füllungen, die ideale Stärkung vor und nach Tempelbesuchen.
Phra Athit Rd. | Phra-Athit-Pier
Bangkok | Tel. 02 282 2119

Nightlife
Aktuelle Veranstaltungstipps: Guru Magazine (Fr in der Bangkok Post), Best of the Week (Fr in The Nation) und BK-Magazine (www.bk.asia-city.com), das jede Woche kostenlos in vielen Cafés und Hotels ausliegt, www.thaiticketmaster.com.

Bessere Optionen als Patpong gibt es genug: Piano- und Jazzklubs, Hightechdiskotheken, professionelle Transvestiten- und Folkloreshows. In der Royal City Avenue reihen sich auf 2 km zwischen Rama IX. Rd. und New Phetchaburi Rd. Klubs und Bars aneinander. In der »Szene«-Straße Thanon Tanao treffen sich jugendliche Thais bei Bier und Cocktails. Die Yuppies schwärmen in die Tanztempel der Sukhumvit Rd. aus (z. B. Discovery, Narcissus).

Above Eleven
Schicke, aber unprätentiöse Dachterrassenbar im 33. Stock der Fraser Suites mit vorzüglicher japanisch-peruanischer Küche und fabelhafter Aussicht bei einem Pisco Sour auf Bangkoks Skyline.
Sukhumvit Soi 11 | Bangkok
Tel. 08 35 42 1111 | www.aboveeleven.com

A.R Sutton & Co Engineers Siam
Unspektakuläre Lage im Erdgeschoss des Einkaufszentrums Park Lane Ekamai, aber die Innenausstattung des australischen Bardesigners Ash Sutton lohnt ebenso den Besuch wie die gehaltvollen Cocktails. Kenner trinken hier Iron Balls Gin on the Rocks.
Sukhumvit Soi 63 | Bangkok

Bamboo Bar
Geradezu eine Legende, die elegante Bar des Mandarin Oriental. 2014 wurde sie komplett renoviert, doch die Atmosphäre ist geblieben. Probieren Sie die von Sompong Boonsri kreierten Cocktailklassiker wie den Thaijito (Mojito mit Mekhong-Whiskey und Zitronengras) oder die New Originals des italienischen Mixologen Mirko Gardelliano. Livejazz tgl. ab 21 Uhr.
48 Oriental Avenue | Bangkok
Tel. 02 659 9000
www.mandarinoriental.com/bangkok

Bar Bali
Idealer Ort zum Abhängen. Kunstausstellungen und Livemusik.
58 Phra Athit Rd. | Bangkok
Tel. 0 2629 0318

BarSu
Sushi, Tempura, Tapas und eine gute Cocktailkarte ziehen ein etwas reiferes Publikum in die-

sen coolen Nightclub im Sheraton Grande Sukhumvit.
250 Sukhumvit Rd | Bangkok
Tel. 0 26498358
www.barsubangkok.com

Brown Sugar
Hier wird seit über 30 Jahren jede Nacht außer montags bester Jazz live gespielt. Zu vorgerückter Stunde erklingt dann auch Soul, Funk, R&B und die gut sortierte Bar wird geplündert.
469 Phrasumen Rd.
Banglamphu | Bangkok
Tel. 0 2282 0396
www.brownsugarbangkok.com

Cé La Vi
Nightlife-Palast (hieß bis 2016 Ku de Ta) im 39./40. Stock des Sathorn Square Building mit natürlich traumhaftem Stadtpanorama. Großer Dancefloor mit Lightshow, mehrere Bars, zwei Restaurants und exklusive VIP-Areale.
98 North Sathorn Rd.
Bangkok
Tel. 02 108 2000

The Club
Drum 'n' Bass, House, Tribal und zuckende Farblaser. Donnerstags ist Full Moon Party à la Ko Phangan, mit psychedelischer Trancemusik.
123 Khao San Rd. | Bangkok
Tel. 02 629 1010
www.theclubkhaosan.com

Foreign Correspondents Club of Thailand
Im Penthouse des Maneeya Center (mit Raucherterrasse und Blick auf den Golfplatz des Royal Bangkok Sports Club) hängen die Journalisten ab, Nichtmitglieder sind aber willkommen. Viele Veranstaltungen und natürlich Nachrichtenbörse par excellence. Fr abend Livejazz.
518/5 Ploenchit Rd. | Bangkok
Tel. 02 652 0580 | www.fccthai.com
Sa/So geschl.

Glow
Angesagter zweistöckiger Nightclub für Late-Night-Gäste, die auf Underground House und Drum & Bass mit viel Laser und LED-Beleuchtung abfahren. Oft legen Top-DJs auf. Im oberen Stock kann man auf Daybeds chillen.
Sukhumvit Soi 23
Bangkok | Tel. 08 66 14 3355

Hippie De Bar
Eine der coolsten und ruhigsten Bars in der turbulenten Khao San Rd. mit gemischtem Publikum.
46 Khao San Rd. | Bangkok
Tel. 02 639 3508

LED Club
Heißer Undergroundclub, enorme Soundanlage und internationale DJs.
Royal City Avenue | Rama 9 Rd.
Bangkok | Tel. 08 6860 0808

The Living Room
Die Bar im Sheraton Grande Sukhumvit gehört zu den Top Locations der Stadt für Livejazz in relaxter Atmosphäre bei einem Glas Wein oder Whiskey. Sehr beliebt ist der Jazz-Brunch am Sonntag.
250 Sukhumvit Rd.
Bangkok | Tel. 02 649 8353
www.thelivingroomatbangkok.com

Long Table
Thai-Tapas und Sundowner im 25. Stock des Column Tower. Plätze auf dem Aussichtsbalkon frühzeitig reservieren! Probieren Sie die Hauscocktails Som-O and Salty Soi Dog.
Sukhumvit Soi 16
Bangkok | Tel. 02 302 2557
www.longtablebangkok.com

Moon Bar
Der glorreiche Sonnenuntergangsblick vom 61. Stock des Banyan Tree Hotels gehört zum absoluten Muss eines Bangkok-Besuchs. Dazu ge-

Bangkok
Nightlife/Shopping

nießt man den eigens dafür kreierten Cocktail Vertigo Sunset (Ananas-, Cranberry- und Limettensaft mit Malibu-Rum). Wenn es auf der Terasse zu voll wird, kann man in die 9 Stockwerke tiefer gelegene Bar Latitude ausweichen, die Sicht ist dort eigentlich fast genauso gut.
21/100 South Sathorn Rd. | Bangkok
Tel. 02 679 1200 | www.banyantree.com

Q Bar
Party-Institution seit 1999 mit internationalen DJs (House, Hip-Hop, Drum 'n' Bass, Soulful Jazz), etwas reifere Klientel. Tolle Cocktailkarte.
34 Sukhumvit Soi 11
Bangkok | Tel. 08 2308 3246
www.qbarbangkok.com

Red Sky
Vom 55. Stock des Centara Grand ist der Blick auf die funkelnde futuristische Skyline besonders eindrucksvoll. Ideal für einen Sundowner nach einem Shopping-Nachmittag in den nahen Einkaufszentren Siam Paragon, Gaysorn and Central World.
999/99 Rama I Rd.
Bangkok | Tel. 02 100 1234
www.centarahotelsresorts.com/redsky

Route 66
Riesiger durchgestylter Klub mit drei Dancefloors – meist Hip-Hop, Techno, Thai-Pop. Am Wochenende ist hier die Hölle los. Das Publikum ist jung, die Drinks sind erschwinglich. Hier legen die besten DJs der Stadt auf.
Royal City Avenue/Rama 9 Rd.
Bangkok | Tel. 02 203 0936
www.route66club.com
Tgl. 20–2.30 Uhr

Saxophone Pub
Jazz-, Blues-, Ska- und Reggae-Livemusik seit 1987. So abends Jam Session, am Mo spielt ab Mitternacht der legendäre Saxophonist Koh Saxman. Nicht minder gut ist die Ped's Band (Fr/Sa Abend).
Victory Monument | Phaya Thai Rd.
Bangkok | Tel. 02 246 5472
www.saxophonepub.com

Sky Bar
Eine inzwischen schon legendäre Bar im 63. Stock des The Dome at Lebua in Silom. Seit ihrem »Auftritt« im Hollywoodfilm The Hangover Part II oft nur noch »The Hangover Bar« genannt. Für Fans gibt es den angeblich speziell für die Filmcrew speziell kreierten Cocktail Hangovertini. Der Blick auf Chao Phraya und Stadt ist sensationell. Im Sirocco-Restaurant genießt man den gleichen Ausblick, aber komfortabler.
1055 Th Silom | Bangkok
Tel. 02 624 9999
www.lebua.com/sky-bar

Vogue Lounge
Ultra-luxuriöse Lounge des Vogue Magazins im 6. Stock, in der Sie gar nicht schick genug angezogen sein können, um den Hauscocktail MahaNakhon Julep (Niki Thai Wodka, Absinth, Maracuja- und Mangosaft, Honig) zu probieren.
MahaNakhon CUBE, Silom
Bangkok | Tel. 02 001 0697
www.voguelounge.com

Shopping
Bei Sonnenuntergang belebt sich der **Flohmarkt** an der Memorial Bridge. Gleich nebenan liegt **Talaad Pak Khlong**, der Großmarkt für Blumen, Obst und Gemüse: am interessantesten morgens. Lohnend für einen Einkaufsbummel sind **Silom Village** und **Silom Plaza** mit vielen Restaurants, Cafés und Boutiquen, beide Silom Rd. Hypermoderne Einkaufszentren sind **Siam Square**, **Siam Center** und Siam **Paragon**, alle am Siam Square, sowie Sukhumvit Plaza gegenüber Sukhumvit Soi 17.

An der Charoen Krung Rd. um das Oriental Hotel konzentrieren sich Antiquitäten- und Schmuckläden; Antiquitäten und gute Schneider findet man im **River City Shopping Center**.

📍 Karte S. 166

Bangkok
Shopping

Fundgruben für Stoffe sind die Sois an der Sukhumvit Rd., in Chinatown der indische Pahurat-Markt und das gegenüberliegende **Old Siam Plaza**.

ANTIQUITÄTEN
Ashwood Gallery
Im 3. Stock des renovierten Oriental Plaza finden Sie die erlesensten Antiquitäten Südostasiens, alle mit Zertifikat und Ausfuhrgenehmigung des Fine Arts Department.
30/1 Soi Charoen Krung 38 | Bangkok
Tel. 02 266 0816-95
www.opthai.com

House of Chao
Antiquitäten aus Myanmar in einem alten Gebäude etwas abseits der Silom Road, darunter Porzellanvasen, Buddhastatuen und Teakholzmöbel.
9/1 Pecho Rd., Silom | Bangkok
Tel. 02 635 7188

River City
Ein Einkaufszentrum nur für Antiquitäten! Hier werden monatliche Auktionen abgehalten. Einen Besuch lohnt u. a. die **Dech Gallery** im 4. Stock, die Buddhastatuen, Bronzefiguren und Seladon-Keramik führt (Shops 427 und 448)
23 Trok, Rongnamkhaeng, Si Phaya Pier
Bangkok | Tel. 02 237 7000
www.rivercity.co.th/en

BÜCHER
Orchid Books
Größte Auswahl an Büchern über Thailand und Asien.
Silom Complex, 4. Stock | 191 Silom Rd.
Bangkok | Tel. 02 930 0149
www.orchidbooks.com

DESIGN
56th Studio
Das Team um die Designer Saran Yen Panya und Napawan Tuangkitkul, die schon zahlreiche Preise abgeräumt haben, bietet einheimisches Avantgarde-Design vom Feinsten: Frech, bunt und mutig, und garantiert ohne Teakholz und Buddhas.
235/109-11 Sukhumvit Soi 31
Tel 02 662 1593
www.56thstudio.com

An Go
Futuristisch designte Leuchtmittel aus lokalen und nachhaltigen Naturmaterialien, z. B. Rinde des Maulbeerbaums, Rattan und Seide
53/20 Soi Supharat 1, Phahonyothin Rd.
Bangkok | Tel. 02 874 7505
www.angoworld.com

Kamuilim Fine Arts & Decor
Die farbenfrohen Muster der Kissen, Seidenschals, Taschentücher und Keramik von Preecha Lim inspirieren sich an alten Vorbildern aus dem späten Sukhothai und dem frühen Ayutthaya. Das Geschäft liegt im Erdgeschoss des Einkaufszentrums The Gallery im Empire Tower.
195 Sathorn Rd., Sathorn | Bangkok
Tel. 08 9601 3148

Pariwat A-Nantaghina
Sehr attraktives Grafikdesign mit Bangkok-Motiven, die zu Collagen zusammengesetzt sind.
Section 7, Stall 118, Soi 2
Chatuchak Market | Bangkok
www.a-pariwat.blogspot.com
Nur Sa/So 10–18 Uhr

GALERIEN
H Gallery
Eine der bedeutendsten Galerien Bangkoks für aufstrebende Künstler aus Thailand und Südostasien in einem 125 Jahre alten Haus im Kolonialstil. Achten Sie auf Namen wie Sopheap Pich, Somboon Hormtientong und Jakkai Siributr.
201 Sathorn Soi 12 | Bangkok
Tel. 08 5021 5508 | www.hgallerybkk.com

Der Schwimmende Markt von Damnoen Saduak in Ratchaburi bietet ständig wechselnde farbenfrohe Fotomotive

Bangkok
Shopping

La Lanta Fine Art
Viele junge Talente, aber auch etablierte Künstler wie Preecha Thaothong, Thanawat Promsuk und Wittawat Tongkeaw
245/14 SukhumvitSoi 31
Bangkok | Tel. 02 260 5381
www.lalanta.com

Numthing Gallery at Aree
Eine der wichtigsten Anlaufadressen für zeitgenössische Kunst aus Thailand, auch Fotografie und Kurzfilme.
72/3 Ari Soi 5, Victory Monument
Bangkok | Tel. 02 617 2794
www.gallerynumthong.com

Sombat Permpoon Gallery
In dieser etablierten, 1979 von der Kunstsammlerin Sombat Wattananthai gegründeten Galerie findet man die renommiertesten thailändischen Künstler der Gegenwart wie Naruemon Padsamran, Prayom Yoddee, Worariddh Riddhagni und San Sarakornborirak.
12 Sukhumvit Soi 1
Bangkok | Tel. 02 254 6040
www.sombatpermpoongallery.com

KAUFHAUS
Emporium
Bangkoks feinstes Kaufhaus. Das Thailand Creative & Design Centre (www.tcdc.or.th) ist die erste Anlaufadresse für Liebhaber thailändischen Designs.
622 Sukhumvit Rd.
Bangkok
www.emporiumthailand.com

KÜCHE
Pantry Magic
Hochwertige Utensilien für die asiatische Küche im Erdgeschoss der Lifestyle-Mall Eight Thonglor.
88 Sukhumvit Soi 55
Bangkok | Tel. 02 713 8650
www.pantry-magic.com

Karte S. 166

Bangkok
Shopping

Ran Mae Pao
Das kleine Shophouse am Banrak-Markt verkauft die hausgemachte Curry-Paste von Khun Ming, die vielleicht beste der Stadt. Es gibt zahlreiche Varianten, und jede kann ein Dutzend Zutaten enthalten. Damit zaubern Sie daheim wirklich authentische Thai-Gerichte.
186/1 Charoen Krung Soi 46,
Silom, Bangkok | Tel. 02 233 5292

KUNSTHANDWERK
Exotique Thai
Kunsthandwerk und Spa-Produkte Harnn, Thann, Panpuri) aus allen Regionen Thailands im 4. Stock des Siam Paragon.
991 Rama I Rd. | Bangkok
Tel. 02 610 8000
www.siamparagon.com

Otop Heritage
Bester Qualität im 4. Stock des Central Embassy: Silberwaren, Schnitzkunst, Keramik, Schmuck, Seide- und Baumwollstoffe.
1031 Ploenchit Rd. | Bangkok
Tel. 02 160 5975 | www.otopheritage.com

Rasi Sayam
Handarbeit aus ganz Thailand in Topqualität, sehr kenntnisreiche Inhaber.
82 Sukhumvit Soi 33 | Bangkok
Tel. 02 262 0729

Naraia Phand
Bangkoks größtes Kunstgewerbezentrum, im Erdgeschoss des President Tower. Seladon- und Benjarong-Porzellan, Lackwaren, Bronzefiguren u.v.m.
973 Ploenchit Rd.
Pathumwan | Bangkok
Tel. 02 656 0398
www.naraiphand.com

Siam Bronze
Der kleine Laden von Charles und Bupha Smutkochorn verkauft Erlesenes aus Bronze: Besteck, Kelche, Servierplatten, Serviettenringe und Weinkühler.
1250 Charoen Krung Rd. | Riverside | Bangkok
Tel. 02 234 9436 | www.siambronze.com

MUSIK
Zudrangma Records
Tolle Auswahl an Weltmusik, aber auch seltener Schallplatten mit Thaimusik der 1960er- und 1970er-Jahre. Natürlich findet man hier auch jede Menge Morlam und Luk Thung aus dem Isaan (Di–So 14–21 Uhr).
7/1 Sukhumvit Soi 51 | Bangkok
Tel. 08 8891 1314
www.zudrangmarecords.com

MODE, STOFFE, ACCESSOIRES
Almeta
In Nordthailand hergestellte hochwertige Seidenstoffe. Die Auswahl ist enorm: Über tausend Farbvarianten, wunderschöne Schals, Hemden, Vorhänge und Bettbezüge. Die Marke »Lazy Silk« soll sogar waschmaschinenfest sein.
20/3 Sukhumvit Soi 23 | Bangkok
Tel. 02 204 1413 | www.almeta.com

Asava
Polpat Asavaprapa schneidert zeitlos-elegante Mode mit fließenden Silhouetten und ungewöhnlichen Schnitten für selbstbewusste Frauen. Das Schwesterlabel ASV gibt sich etwas verspielter. Beide Geschäfte finden Sie im 1. Stock des Siam Paragon.
991 Rama I Rd. | Bangkok
Tel. 08 00 49 1335 bzw. 02 610 7911
www.asavagroup.com

Disaya
Thai-Label, das auch von Celebrities geschätzt wird. Der Shop im Central Embassy führt eine erlesene Auswahl der unverwechselbaren Mode mit prägnanten farbenfrohen Mustern von Disaya Sorakraikitikul.
1031 Ploenchit Rd. | Bangkok
Tel. 02 160 5649 | www.disaya.com

Bangkok
Ausflüge von Bangkok

Ease Embroidery
Außerordentlich schöne und in modernem Design bestickte Wandbehänge und Kissenbezüge.
680/1 Praditmanutham Rd.
Bangkok | Tel. 02 538 3354
Central Embassy, 1031 Ploenchit Rd.
Bangkok | Tel. 02 2160 5644
www.facebook.com/ease.emb

Flynow
Weltbekanntes Thai-Label von Chamnam Pakdisuk für Frauen, die dramatische Auftritte lieben.
991 Rama I Rd. (im Siam Paragon)
Bangkok | Tel. 02 610 9410
www.flynowbangkok.com

Rajawongse Clothiers
Bangkoks beste Maßschneiderei.
130 Sukhumvit Rd. (Nähe Soi 4, neben dem Landmark Hotel)
Bangkok | Tel. 02 255 3714
www.dress-for-success.com

Pasaya
Wandteppiche, Vorhänge, Bettwäsche und Sitzbezüge aus nachhaltigen Stoffen mit erlesenem Design im 3. Stock des Siam Paragon.
991 Rama I Rd. | Bangkok
Tel. 02 610 9338-40
www.pasaya.com

Tango
Das Geschäft im 3. Stock des Siam Centre führt edle Accessoires der besten thailändischen Lederdesigner: von der Handtasche bis zur iPhone-Hülle farbenfroh kühne Thai-Muster.
979 Rama I Rd. | Bangkok
Tel. 02 252 1773
www.facebook.com/Tango.Leather

SCHMUCK
Venus Jewelry
Seriöse Adresse, kaum Verkaufsdruck. Auf Wunsch Abholung vom Hotel.
167/1/2 Witthayu Rd.
Bangkok | Tel. 02 253 9559
www.venus-thailand.com

Ausflüge von Bangkok

DAMNOEN SADUAK 2 [C6]
Eine Bustour zum **Schwimmenden Markt** von Damnoen Saduak, rund 100 km westlich von Bangkok, kann man in jedem Hotel buchen. Kombiniert wird die Tour in der Regel mit einem Mittagessen im **Rosegarden** (30 km westl. von Bangkok), dessen Thai Village tgl. ab 14 Uhr in einer Zeitraffershow alles vorführt, was man als landestypisch betrachtet, von der Prozession für eine Mönchsordination über Thaiboxen, Hahnenkampf, Bambustanz, Schwertkämpfen bis hin zu einer Hochzeitszeremonie. Im **Samphran Elephant Ground & Zoo** gibt's nachmittags eine gut inszenierte Elefantenshow.

NAKHON PATHOM 3 [B6]
Die lebhafte Geschäfts- und Universitätsstadt verdankt ihren Ruhm dem meistverehrten Heiligtum Thailands. Der **Phra Pathom Chedi** (Heiliger Chedi des Anfangs) ist der älteste und mit 127 m höchste buddhistische Sakralbau weltweit. Das thailändische Kulturministerium hat Phra Pathom Chedi als zukünftiges Weltkulturerbe der UNESCO vorgeschlagen.

Die ersten schriftlichen Aufzeichnungen über diesen Chedi reichen bis ins Jahr 675 zurück, doch hatte schon im 3. Jh. vor unserer Zeitrechnung der indische Herrscher Ashoka (272–232 v. Chr.) zwei Missionare (Sona und Uttara) nach Nakhon Pathom entsandt, um die Bewohner zum Theravada-Buddhismus zu bekehren. In dieser Zeit ist wohl bereits ein erster Bau errichtet worden, auch hat man hier Fragmente des Rades der Lehre gefunden (heute im Nationalmuseum von Bangkok).

Nach der kambodschanischen Eroberung des Landes (um 1002) wurde das erste Heiligtum, das eine Reliquie Buddhas enthielt, mit einem

Prang im Khmer-Stil überbaut. Ein Modell des ursprünglichen Chedi mit glockenförmiger Basis und Khmer-Prang steht heute neben dem südlichen Eingang zur Chedi. Im 19. Jh. pilgerte der spätere König Mongkut (Rama IV.) während seiner Zeit als Wandermönch zu diesem jahrhundertelang von Urwald überwucherten Heiligtum, spürte dessen Aura und beschloss nach seiner Krönung, es zu restaurieren und zu einem Leuchtturm des Buddhismus zu machen. 1853 begann man mit den Arbeiten, die 1870 unter Rama V. vollendet wurden. Der Stupa wurde mit eine monumentalen Pagode umhüllt, die auf zwei übereinanderliegenden, mit heiligen Banian-Bäumen bepflanzten Terrassen ruht. Sie sind durch mit Fayencen und Skulpturen geschmückte Freitreppen verbunden. Auf der oberen Terrasse befinden sich 24 kleine Glockentürme mit bronzenen Glocken. Sie werden von Gläubigen angeschlagen, um die Aufmerksamkeit der Götter auf sich zu ziehen. Feine rötliche chinesische Ziegel überziehen das Bauwerk, auf das man eine von vielen Ringen geformte Spitze setzte.

Den Chedi umgibt eine Säulengalerie mit vier symmetrisch eingefügten Viharns.

Eine große, von Nagas aus Marmor bewachte Freitreppe führt zum nördlichen Viharn hinauf. Oben ist, weit sichtbar, die meistverehrte Statue des Chedi aufgestellt: der vergoldete **Phra Ruang Rojanarit** im Sukhothai-Stil mit der Handhaltung *abhaya mudra* (Schutzverheißung). In seinem Sockel soll die Asche von König Vajiravadh (Rama VI.) aufbewahrt werden. Ein Mönch segnet hier die Gläubigen, und in kleinen Pavillons kann man Kränze mit Jasmin und Lotusblumen als Opfergaben erstehen. Von hier umrundet man den Chedi im Uhrzeigersinn. An der Treppe zum südlichen Eingang befindet sich **Phra Phuttha Narachet,** eine sitzende Buddhastatue aus weißem Marmor im Dvaravati-Stil mit der Handhaltung der Unterweisung *(vitarka mudra).* Im westlichen Viharn ist ein außerdem ein Museum mit historischen Fundstücken untergebracht.

In der Zeit des Novembervollmonds pilgern besonders viele Gläubige zum Chedi. Dann wird rund um das Bauwerk und auf den Tempelterrassen ein Jahrmarkt abgehalten, auch Schattenspiele unterhalten das Volk. Touren zum Schwimmenden Markt beinhalten oft einen Schnellbesuch der Stadt (ca. 70 km westl. von Bangkok). Steigen Sie lieber am Nachmittag in den preiswerteren öffentlichen Bus 83 (Southern Bus Terminal, 1 Std.). Im Abendlicht leuchtet der Chedi besonders schön. Ab 17 Uhr bauen davor Garküchen ihre Stände auf. Der letzte Bus zurück nach Bangkok fährt gegen 21.30 Uhr.

KANCHANABURI 4 UND DIE RIVER KWAI BRIDGE [B6]

Sämtliche Reiseveranstalter Bangkoks locken mit Tagesausflügen zur **Brücke am Kwai,** 4 km nordwestlich des Zentrums von **Kanchanaburi.** Die Stadt liegt 130 km westlich von Bangkok am Zusammenfluss von Kwae Yai und Kwae Noi. Umgeben von Sandsteinbergen, Wäldern und Obstplantagen, ist sie am Wochenende ein beliebtes Erholungsziel.

Das **JEATH** War Museum (tgl. 8–16.30 Uhr) am Fluss südlich vom Stadtzentrums informiert über die Leiden der 61 000 alliierten Kriegsgefangenen. Etwa 1 km nördlich liegt zwischen Fluss und Eisenbahnlinie der **Soldatenfriedhof.** Nebenan dokumentiert das **Thailand-Burma Railway Center** (tgl. 9–17 Uhr, www.tbrconline.com) den Bau der 415 km langen Eisenbahnlinie zwischen Birma und Thailand, bei dem 16 000 Kriegsgefangene, aber auch etwa 115 000 asiatische Kulis (darunter 80 000 Thais) ums Leben kamen. Die »Todesbahn« sollte den durchgehenden Zugverkehr zwischen der japanischen Basis Singapur und der hinterindischen Front herstellen. Die Brücke wurde 1944 bombardiert, später mit japanischen Reparationsgeldern wieder aufgebaut. Noch heute rollen Züge darüber – die Reisenden sind meist Touristen. Ende November/Anfang Dezember wird die Bombardierung der Brücke aufwendig nachgestellt.

Karte S. 208

Bangkok
Ausflüge von Bangkok

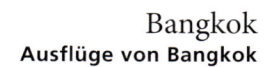

Von Kanchanaburi windet sich die **Todesbahn** (Death Railway) auf einer abenteuerlichen Strecke von 77 km weiter Richtung Nordwesten. Auf seiner zweistündigen Fahrt durchquert der Zug 30 m tiefe, steile Schluchten, die damals nur mit der Spitzhacke in den massiven Fels getrieben wurden, und klappert kurz vor der heutigen Endstation **Nam Tok** über den haarsträubenden hölzernen Wang-Po-Viadukt.

Info
Tourism Authority of Thailand (TAT)
Auch Infos zu Floßtouren.
Saengchuto Rd. | Kanchanaburi
Tel. 034 51 1200

Anreise
Zug: ab Bahnhof Thonburi/Bangkok um 7.44 und 13.55 Uhr (3½ Std.)
Bus: häufig ab Southern Bus Terminal in Bangkok (2½ Std.)

Hotels
Oriental Kwai €€€
Kleines schickes Resort mit 12 Bungalows. Vorzügliches Restaurant mit Terrasse zum Fluss, familiäre Atmosphäre.
194/5 Moo 1 | Ladya
Tel. 034 58 8168 | www.orientalkwai.com

Sabai@Kan Resort €€
Freundliches Boutiquehotel mit tropischem Garten und schönem Pool.
317/4 Mae Nam Kwae Rd. | Kanchanaburi
Tel. 034 62 5544
www.sabaiatkan.com

Apple's Retreat & Guesthouse €
Gemütlich, sehr sauber, populäres Restaurant, Massagen und Kochschule.
52 Soi Rong Hip Oi Rd. | Kanchanaburi
Tel. 034 51 2017
www.applenoi-kanchanaburi.com

Restaurants
Auf den **Floßrestaurants** in Kanchanaburi gibt es gutes Essen.

Aktivitäten
Sehr beliebt sind **Floßfahrten**. Ob als schwimmendes Restaurant, Disco oder für Exkursionen ins dschungelige Umland zu mieten – mindestens einen Tag und eine Nacht sollten Sie auf einem der Bambusflöße verbringen. Platz ist für bis zu 20 Pers., der Preis beträgt 3000 bis 5000 Baht pro Tag, Personal, Verpflegung und Koch inkl.; entsprechende Gruppen finden sich täglich. Je nach Länge der Tour werden verschiedene Sehenswürdigkeiten angesteuert.

THAILAND IN DER NUSSSCHALE

Als Ausflug von Bangkok oder als Stopp auf dem Weg nach Pattaya kann man das Freilichtmuseum **Muang Boran (Ancient City)** besuchen, das 1972 vom thailändischen Königspaar und Queen Elisabeth II. eingeweiht wurde. Finanziert wurde die Anlage, die 200 Mio. US-Dollar gekostet haben soll, von dem steinreichen einheimischen Kunstliebhaber Khun Lek (Praphai) Viriyapan (1914–2000), der die besten Archäologen und Kunsthistoriker des Landes engagierte, und mit seinem Geld auch so manche Originalbauten vor dem Verfall rettete. Zu sehen sind insgesamt 109 teilweise verkleinerte Kopien oder restaurierte und an diesen Ort versetzte Originale berühmter Bauwerke aus allen Teilen Thailands, darunter immerhin 65 Tempel. Auch künstliche Berge wurden aufgeschüttet und Seen angelegt, alles bewundernswert originalgetreu. Außerdem befinden sich ein Schwimmender Markt, ein Elefantenkral und ein Zoo mit Freigehege auf dem Gelände (in der Nähe der Stadt Samut Prakan, Tel. 02 709 1644, www.ancientcitygroup.net, tgl. 9–16 Uhr).

Bangkok
Ausflüge von Bangkok

Das **Kanchanaburi Travel Cente**r (Nähe Jolly Frog, Tel. 08 6396 7349, www.tourkanchanaburi.com) bietet neben Floßfahrten auch Urwaldtouren sowie Ausflüge zu zwei alten Tempelanlagen in der Umgebung und zu einem Museum bei Ban Kao an, das prähistorische Funde ausstellt. Kajakfahrten auf dem Fluss organisiert **Safarine** (in Nähe der Brücke über den Kwai, Tel. 08 6049 1662, www.safarine.com).

ERAWAN NATIONAL PARK 5 ★[B5]

Etwa 90 Minuten braucht der Bus zum 65 km nordwestlich von Kanchanaburi gelegenen Nationalpark. Dieser ist wegen seines Wasserfalls Thailands meistbesuchter Nationalpark und am Wochenende besonders frequentiert. Die siebenstufige Kaskade mit kristallklarem Wasser bildet gleich mehrere zum Baden einladende Pools. Für einen Aufstieg zu den oberen Terrassen sollte man allerdings einen ganzen Tag einplanen. Im Norden des Parks liegt die **Phra-That-Höhle**, im Westen die nur 3 km von Nam Tok entfernte **Badan-Tropfsteinhöhle**, zu deren Begehung Sie neben festem Schuhwerk und einer Taschenlampe auch etwas Sportsgeist benötigen, da im Innern der Höhle doch einige recht glitschige Bambusleitern zu bewältigen sind.

Anreise

Kanchanaburi Travel Center
Organisiert Touren von **Kanchanaburi** zum Erawan National Park.
Kanchanaburi (Nähe Jolly Frog)
Tel. 08 6396 7349
www.tourkanchanaburi.com

Der mächtige siebenstufige Wasserfall im Erawan National Park lädt zu einem kühlen Bad mitten im Urwald ein

DIE ÖSTLICHE GOLFKÜSTE

Pattaya 6 [C7]

Pattaya ist Südostasiens größter Badeort mit jährlich über 7 Mio. Besuchern. Die von Hochhäusern bestimmte Skyline reicht bis dicht an den schmalen **Stadtstrand**, vor dem eine ganze Flotille von Motorbooten dümpelt, während Wasserskifahrer und Waterscooter vorbeizischen. Bessere Badebedingungen herrschen am Stadtrand. Ruhig und sauber sind die optisch eher durchschnittlichen Strände bei **Naklua**. Der 14 km lange, teils sehr schmale Strand von **Jomtien** ist zum Baden auch gut geeignet, aber an manchen Abschnitten geht es rummelig zu.

Rund ums Jahr tummeln sich Touristen aller Herren Länder tagsüber an den Stränden und auf den vorgelagerten Inseln, besonders gern aber allnächtlich in Kneipen, Geschäften und vor unerschöpflichen Souvenirständen. Dauernd finden Feuerwerke, Heißluftballonwettbewerbe, Rallyes und ähnliche Veranstaltungen statt. Die auf Ausländer zugeschnittene Sexindustrie hat sich aus Bangkok immer mehr nach Pattaya verlagert. Zentrum des Nachtlebens ist die neonblinkende Walking Street am südlichen Ende der Pattaya Beach Road. Gays amüsieren sich in der Pattaya Beach Road Soi 3. Trotz Angeboten für einen abwechslungsreichen Familienurlaub, fühlen sich hier außer Sextouristen vor allem Rentner auf Langzeiturlaub wohl.

Info

Tourism Authority of Thailand (TAT)
Phrathamnak | Pattaya | Tel. 038 42 7667

Informatioenen in Deutsch findet man unter www.pattayablatt.com, www.hallomagazin.com und www.der-farang.com.

Anreise

Busse fahren von Bangkoks Eastern und Northern Bus Terminal sowie vom Suvarnabhumi Airport (www.belltravelservice.com; 250 Baht).

Ein **Taxi** von Bangkok nach Pattaya kostet nach Verhandeln etwa 1300 Baht.

Verkehrsmittel in Pattaya

Zwischen den etwas abgelegeneren Hotels, vom Jomtien Beach und North Pattaya fahren ständig **Sammeltaxis** (Pick-ups), die Sie per Handzeichen anhalten können; Preis vorher aushandeln!

Hotels

Pattaya Park Beach Resort €€€
Der Hotel- und Entertainmentkomplex liegt an der schönsten Stelle Jomtiens. Für Kinder wunderbar: der Wasserpark mit Superrutschen.
345 Jomtien Beach
Pattaya
Tel. 038 25 1201
www.pattayapark.com

Royal Cliff €€€
Protzig in die Klippen gebautes Hotel mit hübschem Privatstrand. Toller Spa!
353 Moo 12 Cliff Rd.
Pattaya
Tel. 038 25 0421
www.royalcliff.com

Sugar Hut €€€
Ca. 1 km vom Jomtien Beach entfernte weitläufige Gartenanlage mit großzügigen Bungalows und drei Pools.
South Pattaya Rd.
Pattaya | Tel. 038 25 1686
www.sugar-hut.com

Woodlands Resort €€€
Familienfreundliche Anlage nahe des ruhigen Wong-Amat-Strand.

Östliche Golfküste
Pattaya

SPEKTAKULÄR

Die Alangkarn Cultural Show zeigt in ultramodernem Setting inklusive fulminanter Lasershow alles, was im modernen Thailand mehr oder weniger untergeht (Sukhumvit Rd., Pattaya, Tel. 038 25 6007, www.alangkarnthailand.com). Das Seewasseraquarium Underwater World Pattaya bietet einen 100 m langen Acrylglastunnel – hier sieht man Haie von unten, ohne nass zu werden (Sukhumvit Rd., tgl. 9–18 Uhr, www.underwaterworldpattaya.com).

Pattaya-Naklua Rd. | Pattaya | Tel. 038 42 1707
www.woodland-resort.com

Diana Inn €€
Nettes Hotel mit Pool, oft ausgebucht.
Second Rd., zwischen Soi 11 und 12
Tel. 038 42 96
Pattaya
www.dianainnpattaya.com

Restaurants
Internationale Speisen von Eisbein bis Falafel – gute Thai-Küche ist eher rar.

Cafe des Amis €€€
Feine Küche mit französischem Touch.
391/6 Moo 10, Thap phraya 11
Pattaya
Tel. 08 4026 4989
www.cafedesamispattaya.com

Mantra €€€
Beste asiatische Fusionsküche. Gute Bar.
Nähe Naklua Rd. | North Pattaya
Pattaya
Tel. 038 42 9591
www.mantra-pattaya.com

Pattaya Park Tower €€€
Drehrestaurant mit europäischer und asiatischer Küche auf Pattayas höchstem Wolkenkratzer.
Jomtien Beach
Pattaya
Tel. 038 25 1201
www.pattayapark.com

Ruen Thai €€
Gutes Thai-Essen, klassische Thai-Tänze und Musik (Shows tgl. 19.30–23 Uhr).
Second Rd. | South Pattaya
Pattaya
Tel. 038 42 5911
www.ruenthairestaurant.com

Nightlife
Pattaya ist weltberühmt für seine glamourösen Transvestitenshows:

Tiffany
Second Rd. | North Pattaya
Pattaya
Tel. 038 42 1701
www.tiffany-show.co.th

Alcazar
Second Rd. | North Pattaya
Pattaya
Tel. 08 1781 1703
www.alcazarthailand.com

Mixx und Limalima
Zwei moderne Discos im gleichen Haus.
Bali-Hai-Pier
Pattaya

The Blues Factory
Livemusik vom Feinsten ganz ohne Gewerbesex.
131/3 Moo 10, Soi Lucky Star
Walking Street | Pattaya
Tel. 038 30 0180
www.thebluesfactorypattaya.com

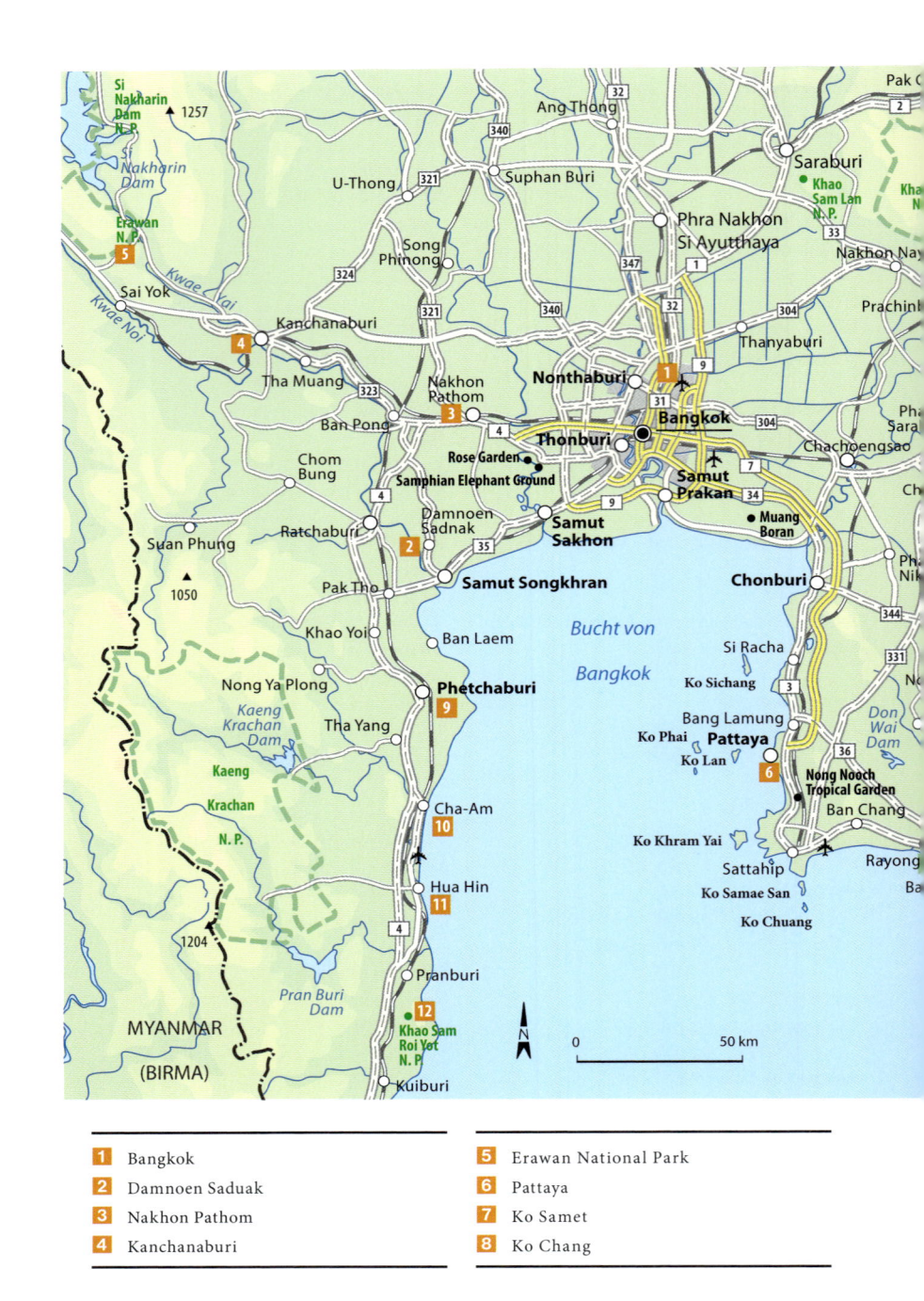

1 Bangkok	**5** Erawan National Park
2 Damnoen Saduak	**6** Pattaya
3 Nakhon Pathom	**7** Ko Samet
4 Kanchanaburi	**8** Ko Chang

Östliche Golfküste
Ausflüge von Pattaya

Ausflüge von Pattaya

NONG NOOCH TROPICAL GARDENS [C7]

Eindrucksvoll sind die botanischen Anlagen 17 km südlich von Pattaya – im Taxi 25 Min. – mit Orchideenzucht, Palmen und Kakteen. Es gibt Aufführungen (tgl. 10 und 15 Uhr) thailändischer Tänze und Elefantenshows.

KO-LAN-INSELN [C7]

Die Inseln vor der Küste Pattayas bieten sogar ein paar Korallenriffe. Auf der namengebenden Insel gibt es einfache Unterkünfte und regelmäßigen Fährverkehr mit Pattaya. Die kleineren Inseln sind unbewohnt und ideal für Robinsonaden per Charterboot (Wasser und Proviant mitnehmen).

KO SAMET 7 ★ [C7]

Die kleine küstennahe Insel hat einige der schönsten Strände Thailands. Obwohl Ko Samet Naturschutzgebiet ist und daher nicht bebaut werden dürfte, hält die touristische Erschließung weiter an, konzentriert sich aber auf den Nordosten. Weltklasse ist Hat Sai Kaeo – fast staubfeiner, weißer Sand unter rauschenden Palmen. Hier reiht sich ein Hotel an das nächste, und es gibt jede Menge Restaurants und Bars.

Je weiter man nach Süden fährt, desto ruhiger wird es, und man findet sogar noch kleine einsame Strandbuchten. Am einzigen Strand der Westküste, der sich zwischen Felsen versteckt, kann man fast noch Robinson spielen.

Die Insel ist häufig ausgebucht und manchmal überfüllt. Der Besuch lohnt sich nur während der Woche und nicht als Tagesausflug. Boote fahren von Ban Phe, 60 km südöstlich von Pattaya, das per Minibus erreichbar ist.

Hotel

Ao Prao Resort €€€

Resort mit schönen Bungalows in einem Tropengarten oberhalb eines wundervollen Strands an der ruhigeren Westküste. Gutes Restaurant.

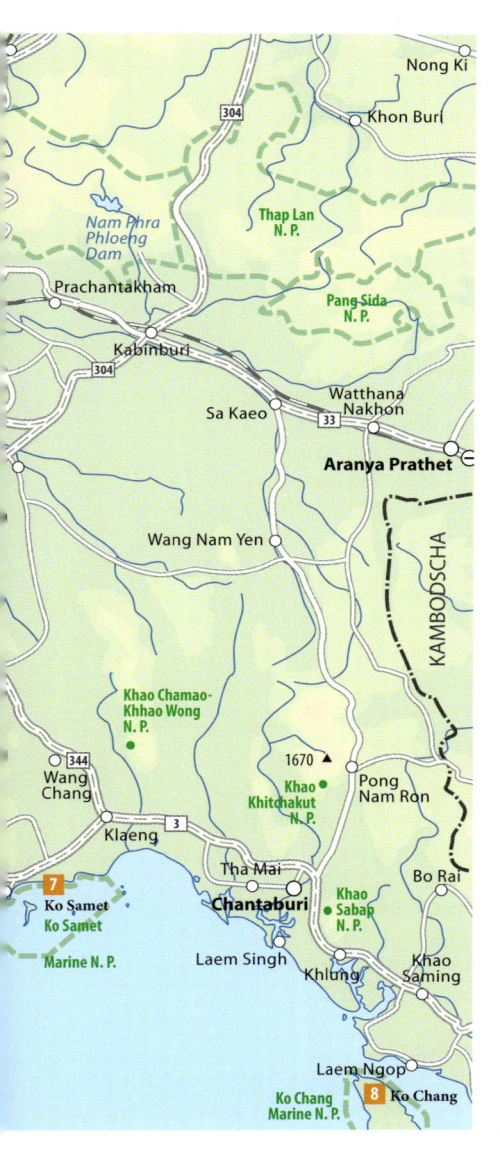

9 Phetchaburi
10 Cha-Am
11 Hua Hin
12 Khao Sam Roi Yot National Park

Ao Prao Beach | Ko Samet
Tel. 038 64 4100
www.samedresorts.com

Samet Ville Resort €€
Das einzige Resort an diesem wunderschönen Strand. Direkte Bootsverbindung mit Ban Phe.
Ao Wai Beach | Ko Samet
Tel. 038 64 4256
www.sametvilleresort.com

KO CHANG 8 [D7]

Die gebirgige großen Urwaldinsel Ko Chang, Filetstück des gleichnamigen Nationalparks an der Grenze zu Kambodscha, liegt 8 km vor der Küste von Trat. Die meisten schicken Hotels säumen den Strand **Hat Sai Khao** (White Sand Beach) nahe des Fähranlegers an der Westküste. Noch schöner ist der von einem Urwaldbach geformte **Hat Khlong Phrao**. Auch hier gibt es Luxushotels und preiswertere Bungalowanlagen auf Bambusstelzen. Vom Strand führt ein 2 km langer Weg durch den Urwald zu den Wasserfällen Nam Tok Khlong Phu, wo man in einem natürlichen Süßwasserbassin baden kann.

Junge Backpacker ziehen **Hat Tha Nam** im Süden vor, der zwar Lonely Beach genannt wird, aber durch die nächtlichen Partys alles andere als einsam ist. Er ist der einzige Strand, dessen Kokospalmen auch in der heißen Mittagszeit noch Schatten spenden. Schnorchler und Taucher schätzen die **Bang Bao Bay** an der Südwestspitze wegen der vorgelagerten Korallenriffe und Unterwasserberge zwischen Ko Chang und der Insel Ko Kut.

Anreise
Fähre von Laem Ngop, 20 km südlich der Stadt Trat (Flug- und Busverbindung mit Bangkok).

Hotels
KC Grande Resort €€–€€€
Freundliche, teils luxuriöse Bungalows am Strand, die besten mit Whirlpool (allerdings überteuert).
Hat Sai Khao | Ko Chang
Tel. 039 55 2111
www.kckohchang.com

Grand View Resort €€
Bungalows mit Terrasse zum Meer mit viel Ruhe, vorzügliches Restaurant.
Hat Sai Khao | Ko Chang
Tel. 039 55 1140
www.grandviewgroupresort.com

Paradise Cottage €–€€
Coole Unterkunft am Meer für anspruchsvollere Rucksackreisende.
Hat Tha Nam | Ko Chang
Tel. 08 1773 9337
www.paradisecottagekochang.com

Restaurants
India Hut Restaurant €€
Gute Punjab-Gerichte.
Hat Sai Khao
Ko Chang
Tel. 08 1441 3234

La Dolce Vita €€
Gute italienische Küche.
Grand View Plaza 1 | Ko Chang
Tel. 08 9683 5057

Thor's Palace €€
Beste Thai-Küche mit Meeresfrüchten.
Hat Sai Khao | Ko Chang
Tel. 08 1927 2502

Aktivitäten
Ein Tauchspezialist ist **Ploy Scuba Diving** (Bang Bao, Tel. 08 1451 1387, www.ploytalaygroup.com).
Das **Ban Kwan Elephant Camp** (Ban Khlong Son, Tel. 08 1919 3995) bietet Elefantentrekking durch den Urwald zu erfrischenden Wasserfällen an.
Jungle Way nebenan (Tel. 08 9223 4795) arrangiert ein- oder mehrtägige Wanderungen.

Östliche Golfküste
Ausflüge von Pattaya

Karte S. 208

Farbenfrohe Boote im Fischerdorf Bang Bao auf der Insel Ko Chang

DIE WESTLICHE GOLFKÜSTE

Phetchaburi 9 [B6]

Die Geschichte der Stadt geht auf das älteste buddhistische Reich in Siam zurück. Der Legende nach verdankt sie ihren frühen Reichtum den vielen Edelsteinen, die man im Flussbett fand. Im 13. Jh. stieg sie zu einer Regionalhauptstadt des Khmer-Reichs auf, blieb aber auch in der Zeit der Königreiche von Sukhothai und Ayutthaya ein wichtiges Handelszentrum. Phetchaburi war eine Lieblingsresidenz der Herrscher der Chakri-Dynastie. Auf dem Palasthügel 2 km westlich des Stadtzentrums (Taxi nehmen) thront die 1858 von König Rama IV. erbaute Sommerresidenz **Phra Nakhon Khiri** (Khao Wang), die ihre westlich-neoklassizistischen Einflüsse nicht verleugnen kann. Im Observatorium, einem kleinen Rundturm, ging der König seiner astronomischen Leidenschaft nach. Die drei weißen Pavillons beherbergen heute die Sammlungen des Nationalmuseums Phra Nakhon Khiri, das Keramik und Mobiliar aus königlichem Besitz zeigt (tgl. 9–16 Uhr).

Die Residenz ist von mehreren Tempeln umgeben, darunter der **Wat Maha Samanaram** aus der Ayutthaya-Zeit, der **Wat Phra Kaeo,** der an

Liegender Buddha in der Höhle Khao Luang bei Phetchaburi

Westliche Golfküste
Phetchaburi/Cha-Am

den gleichnamigen Tempel in Bangkok erinnert, und der Phrathat **Jomphet,** ein großer weißer Chedi. Von der Terrasse bietet sich ein traumhaftes Panorama. In Phetchaburi selbst sind mehrere Tempel sehenswert. An seinem eindrucksvollen weißen Prang, den vier kleinere Prangs umgeben, zu erkennen ist der vermutlich bereits im 14. Jh. im Khmer-Stil am Marktplatz der Stadt errichtete **Wat Mahatat Worawihan,** vor dessen Budhastatue im Innenhof viele Thaifamilien Blumenopfer darbringen und Räucherstäbchen anzünden. Der Viharn Luang besitzt schöne Wandmalereien, sitzende Buddha-Gruppen und ein vergoldetes Gesetzesrad.

Östlich des Stadtzentrums wurde am Flussufer im 17. Jh. **Wat Yai Suwannaram** errichtet und Ende des 19. Jh. unter Rama V. restauriert. Er besitzt erlesene Holzdächer. Ein Viharn (um 1650) wurde aus Ayutthaya hierher versetzt und zeigt superb geschnitzte Holztüren. Die Teakwände des Bots sind mit wertvollen, bestens erhaltenen Fresken ausgemalt. Sie schildern mit großem Realismus das Alltagsleben der Ayutthaya-Zeit. Flora und Fauna sind minutiös gezeichnet.

Auch **Wat Ko Kaew Sutharam,** ein ebenfalls am Flussufer gelegenes reizvolles Ensemble aus Holzpavillons, besitzt erlesene Wandmalereien aus dem 18. Jh. Sie zeigen in feiner Ausführung die Besuche westlicher Missionare in Ayutthaya. Die Fresken der Ostwand illustrieren das Leben Buddhas, u. a. seinen Sieg über Mara, den Dämon des Bösen.

Bereits im 12. Jh. gegründet wurde **Wat Kamphaeng Laeng,** dessen zentraler Prang im Lopburi-Stil aus Lateritblöcken errichtet wurde. Ursprünglich war das südlichste Khmer-Heiligtum Thailands hinduistischen Gottheiten geweiht, bevor es buddhistisch wurde. Das recht verfallene Ensemble befindet sich etwas südöstlich der Stadt.

Ein beliebtes Ausflugsziel (zu erreichen mit Taxi oder Dreirad-Samlor) ist der 5 km nördlich der Stadt gelegene Höhlenkomplex **Tham Khao Luang.** Durch einen Einsturztrichter einfallendes Tageslicht erleuchtet zahlreiche Buddhastatuen, winzige Chedis und Tropfsteine. Eine weitere populäre Höhle mit einer großen Buddhastatue ist die **Tham Khao Yoi,** 22 km nördlich.

20 km südwestlich von Phetchaburi liegt Thailands größter Nationalpark **Kaeng Krachan.** Seine Regenwälder, Wasserfälle, Grotten und Kalksteingipfel sind ein beliebter Tagesausflug für Wanderer, die den mit 1207 m höchsten Gipfel des Nationalparks, den **Phanoen Thung,** erklimmen können. Der künstlich angelegte, von Bergen gesäumte gleichnamige Stausee ist mit seinen Inselchen Rastplatz vieler Zugvögel. Sehr idyllisch sind Bootsausflüge auf dem See, in dessen klarem Wasser sich der üppig grüne Urwald spiegelt (Aug.–Okt. geschl.)

Hotel
Royal Diamond Hotel €
Saubere, relativ komfortable Zimmer mit modernen Bädern, leider nicht sehr zentral gelegen und auch ziemlich laut. Immerhin bietet sich ein schöner Blick auf Phra Nakhon Khiri.
Phet Kasem Rd.
Phetchaburi
Tel. 032 41 1061
www.royaldiamondhotel.com

Shopping
Ban Khanom Thai
Die Konditorei verkauft süße Leckereien, für die Phetchaburi berühmt ist.
130 Phet Kasem Rd.
Phetchaburi

Cha-Am 10 [B7]

Eine knapp dreistündige Busfahrt bringt Pauschalurlauber von Bangkok in den Strandort, der hauptsächlich aus Kataloghotels besteht. Am Wochenende gesellen sich einheimische Studenten dazu. Wer es ruhiger mag, weicht nach Hua Hin weiter südlich aus.

Westliche Golfküste
Hua Hin

Hotel
Hotel de la Paix €€€
Das Luxusresort bietet höchst komfortable Zimmern, Spa und Dachrestaurant.
115 Moo 7 | Cha-Am
Tel. 032 70 9555
www.hoteldelapaixhh.com

Hua Hin 11 [B7]

Anfang des 20. Jhs. entdeckte die königliche Familie im Hinterland des Fischerdorfs, 188 km südlich von Bangkok, neue Jagdgründe für Tiger und anderes Großwild. Bald darauf fanden die Hoheiten auch am Strand Gefallen – die Geburtsstunde von Thailands erstem Badeort. Nach dem Bau der Eisenbahnlinie von Bangkok nach Singapur erreichte man Hua Hin 1922 so bequem, dass Rama VII. hier 1926 seine Sommerresidenz errichten ließ. Der **Palast Klai Klangwon** (Sanssouci – Fern der Sorgen) dient der königlichen Familie noch immer zum Rückzug vor Bangkoks Hitze. Der **Bahnhof** aus den 1920er-Jahren wurde bis ins Detail restauriert. Im Wesentlichen hat Hua Hin seinen ursprünglichen Charakter bewahrt – trotz etlicher Hochhäuser für Hotels und Eigentumswohnungen. Die 5 km lange Bucht bietet einen sehr flachen, mäßig breiten, leicht grauen und gepflegten Sandstrand mit vielen Muschelsplittern. An einigen Stellen stehen altmodische Sonnenschirme und Liegestühle, meist ist es angenehm ruhig, es gibt fast keine Brandung. Das Wasser ist zwar nicht so klar wie im Süden, aber das gemütliche Hua Hin richtet sich auch eher an ein gesetztes Publikum, für das Schwimmen nicht im Vordergrund steht.

Info
Tourism Authority of Thailand (TAT)
Ecke Damnoenkasem und Petchkasem Rd.
Hua Hin | Tel. 032 51 1047
Informativ ist auch ein Blick in den Hua Hin Observer.

Hotels
Centara Grand Beach Resort & Villas Hua Hin €€€
Das liebevoll restaurierte ehemalige Railway Hotel von 1923 ist ein Prunkstück erhaltener Kolonialstilhotels in Südostasien. Ein wundervoll weißer Strandbau mit geschnitzten Balustraden, rotem Ziegeldach, polierten Teakholzböden, Deckenventilatoren, Korbmöbeln und einem herrlichen Garten sowie einer Schmetterlingszucht. Das Hotel war Kulisse für etliche Filme und ist allein schon die Reise nach Hua Hin wert. Das Restaurant Railway serviert asiatische und französisch inspirierte europäische Küche.
1 Damnoenkasem Rd. | Hua Hin
Tel. 032 51 2021
www.centarahotelsresorts.com

Chiva Som €€€
Überaus luxuriöses Wellnessresort mit holistischem Spa (Yoga, Tai Chi, Meditation und Massagen).
73/4 Petchkasem Rd. | Hua Hin
Tel. 032 53 6536 | www.chivasom.com

Fulay Guest House €€
Elegant eingerichtete Bungalows im traditionellen Thaistil.
110/1 Naresdamri Rd. | Hua Hin
Tel. 032 51 3145
www.fulayhuahin.com

Fresh Inn €€
Modernes Haus im Zentrum, nur 2 Min. Fußmarsch vom Strand entfernt. Die Zimmer sind mit viel dunklem Holz und Thai-Seide sehr behaglich eingerichtet.
132 Naresdamri Rd. | Hua Hin
Tel. 032 51 1389
www.freshinnhuahin.com

White Sand Beach €€
Modernes Hotel mit geschmackvoll eingerichteten geräumigen Zimmern. Vermietet Fahrräder und Kajaks.

📍 Karte
S. 208

1/1 Phetchkasem Rd., Soi 7 | Hua Hin
Tel. 032 52 0410
www.whitesandbeachhotel.com

Sirima Guesthouse €-€€
Die 30 Zimmer erinnern mit ihren Holzwänden an Bootskajüten, schöne Terrasse am Meer.
31 Naresdamri Rd. | Hua Hin
Tel. 032 51 1060
www.sirimaguesthouse.com

Restaurants

Bei Einbruch der Dunkelheit öffnet der **Nachtmarkt** in der Altstadt, der gutes und preiswertes Seafood bietet. Ecke Damnoenkasem/Petchkasem Rd. hat sich ein zweiter **Markt** etabliert, dessen Stände z. T. auch tagsüber offen sind.

Baan Itsara €€
Gutes Seafood (besonders Seebarsch und Muscheln) in reizendem Holzhaus.
7 Naeb Kehars Rd. | Hua Hin | Tel. 032 53 0574

Tanachote Restaurant €€
Sehr gute Meeresfrüchte und frischer Fisch direkt vom Boot.
11 Naresdamri Rd. | Hua Hin | Tel. 032 51 1393

Brasserie de Paris €€
Köstliche Bouillabaisse und Steaks. Gute Weinkarte.
3 Naresdamri Rd. | Hua Hin | Tel. 032 53 0637
www.brasseriedeparis.net

Cool Breeze €€
Mediterrane Tapas, ausgezeichnete Weine und Cocktails.
62 Naresdamri Rd. | Hua Hin | Tel. 032 53 1062
www.coolbreezecafebar.com

Nightlife

Einige Lokale der Altstadt bieten Livemusik zu wechselnden Zeiten. Einen Überblick über die Umgebung gewinnt man vom Dachgartenrestaurant des Hiltons.

Westliche Golfküste
Khao Sam Roi Yot National Park

Khao Sam Roi Yot National Park 12 [B7]

Kalkfelsen mit tiefen Höhlen an der Küste, steile Klippen und landeinwärts bewaldete Täler machen den besonderen Reiz des Nationalparks (65 km südlich von Hua Hin) aus. Dazu kommen Salzpfannen, Mangrovenwälder und vogelreiche Sümpfe, die man per Boot erkunden kann. Zwischen August und April legen hier Zugvögel aus Sibirien und China eine Rast auf ihrem Weg nach Australien ein.

Die schöne Halbmondbucht des **Laem Sala Beach** erreicht man per Boot oder auf einer Wanderung, bei der man von Affen begleitet wird, die Krabben fressen. Am Strand werden einfache Bungalows vermietet. Von hier wandert man in einer knappen Stunde zur Höhle **Tham Phraya Nakhon**. Durch die eingestürzte Decke fällt vormittags Sonnenlicht auf den Pavillon, der 1890 für einen Besuch von König Rama V. gebaut wurde. Schön ist auch eine Wanderung (40 Min.) vom Hauptquartier der Nationalparkverwaltung zum **Khao Daeng Viewpoint** (152 m) mit einem großartigen Panoramablick.

Anreise

Per **Bus** oder **Zug** von Hua Hin bis Pranburi, von dort fahren *songthaeos* (Pick-up-Sammeltaxi).

Longtailboote warten auf die Abfahrt

PHUKET & DER SÜDEN

Die einstige Dschungelinsel **Phuket** ist das wohl beliebteste Ziel sonnenhungriger Europäer an der Andamanenküste. Im Westen der Insel liegen die populärsten Hotelstrände Patong, Karon und Kata, allesamt Paradiese für Wassersportler und Nachtschwärmer. An den schönen Strandbuchten weiter nördlich siedeln sich immer mehr Traumresorts an. Ganz im Nordwesten sind die Strände noch so wild und einsam, dass Meeresschildkröten hier ungestört ihre Eier ablegen können. Landeinwärts findet man Kautschukplantagen und von »singenden« Gibbons bevölkerte Regenwälder, die man auf Elefantenritten erkunden kann. Mit seiner sino-portugiesischen Architektur und seinen leckeren Garküchen ist Phuket Town unbedingt einen Ausflug wert, und vom Sonnenuntergang am »Kap der Götter« träumt man noch jahrelang.

Nördlich von Phuket fasziniert die Andamanenküste mit Urwaldstränden um **Khao Lak**, Ausflügen zu den Tauchparadiesen der **Similan** und **Surin Islands**, Trekking- und Kanutouren durch die Urwälder des **Khao Sok National Park**.

Mit ihren dschungelbewachsenen Kalksteinriesen zog die **Phang Nga Bay** schon Hollywood in ihren Bann. Auf den Phi-Phi-Inseln können Sie wie Leonardo di Caprio nach dem »perfekten Strand« suchen. Der versteckt sich aber vielleicht auch in der einzigartigen Karstfelslandschaft bei Krabi. Weiter südlich verspricht **Ko Lanta** entspannte Urlaubstage an herrlichen Stränden. Noch bestens für Robinsonaden geeignet sind die marinen Märchenwelten der Provinz Trang. Zauberhafte Felsformationen, makellose Strände, Wasserfälle und Kalksteinhöhlen warten hier auf Besucher. Auch die größtenteils unbewohnten Urwaldinseln des Tarutao-Archipels sind eine Hochburg für Individualtouristen.

Nur zwei Stunden Autofahrt sind es von der Phang Nga Bay an die Ostküste con Phuket. Im südlichen Golf von Thailand sind drei Inseln touristisch bestens erschlossen: Die »Kokosinsel« **Ko Samui** erfüllt Urlauberwünsche vom Whirlpool bis zur Hängematte. Das wildromantische **Ko Phangan** lockt vor allem Abenteurer und Partyfreaks, hat aber auch herrliche Strände für Individualisten zu bieten. Das winzige **Ko Tao** verzückt Taucher mit prächtigen Korallenriffen in seinen Gewässern.

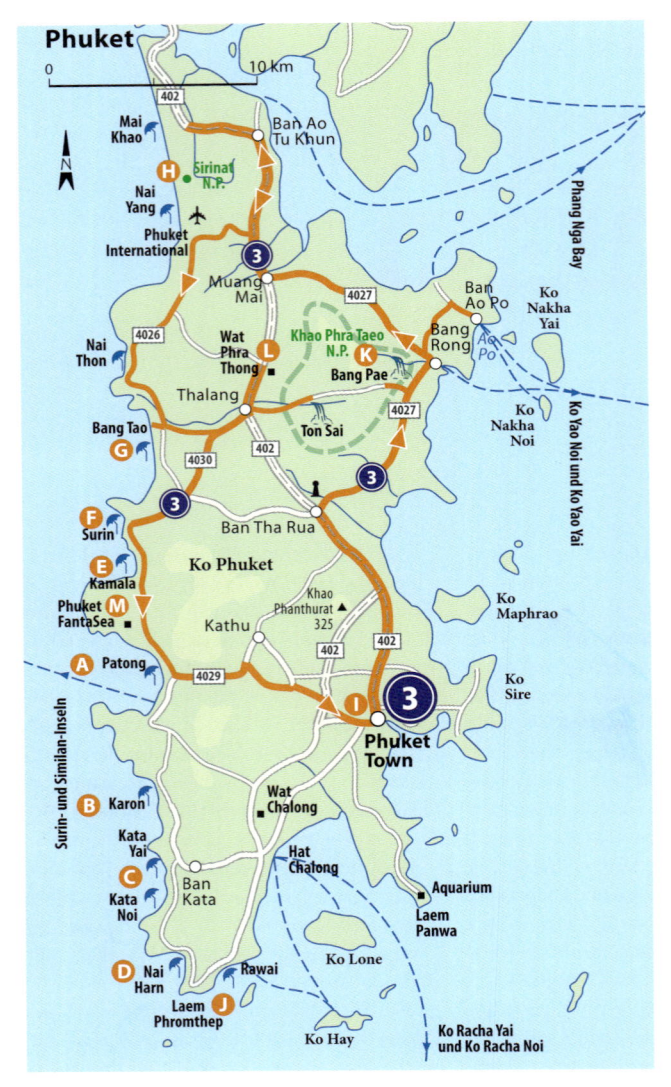

TOUR AUF PHUKET

③ Kreuz und quer über Phuket

PHUKET TOWN ›
BANG-PAE-
WASSERFALL › AO PO ›
SIRINAT NATIONAL
PARK › NAI YANG
BEACH › THALANG ›
KHAO PHRA TAEO
NATIONAL PARK ›
SURIN BEACH ›
KAMALA › PATONG ›
PHUKET TOWN

- **Ⓐ** Patong Beach
- **Ⓑ** Karon Beach
- **Ⓒ** Kata Beach
- **Ⓓ** Nai Harn Beach
- **Ⓔ** Kamala Beach
- **Ⓕ** Surin Beach
- **Ⓖ** Bang Tao Beach
- **Ⓗ** Sirinat National Park
- **Ⓘ** Phuket Town
- **Ⓙ** Laem Phromthep
- **Ⓚ** Khao Phra Taeo National Park
- **Ⓛ** Wat Phra Thong
- **Ⓜ** Phuket FantaSea

Phuket & der Süden
Touren

TOUREN IN DER REGION

Tour 3: Kreuz und quer über Phuket

ROUTE: Phuket Town › Bang-Pae-Wasserfall › Ao Po › Sirinat National Park › Nai Yang Beach › Thalang › Khao Phra Taeo National Park › Surin Beach › Kamala › Patong › Phuket Town

KARTE: links
DAUER UND LÄNGE: 1 Tag, ca. 120 km
PRAKTISCHE HINWEISE:
» Am besten nehmen Sie einen Mietwagen.
» Vorsicht: Unfälle alkoholisierter Motorradfahrer sind auf Phukets hügeligen Straßen häufig.

TOUR-START

Frühmorgens taucht die Sonne die sino-portugiesischen Häuser von **Phuket Town** ❶ › S. 232 in ein klares Fotolicht. Beim Thalang National Museum zweigt die Straße 4027 rechts ab. Folgen Sie dem Wegweiser zum **Bang-Pae-Wasserfall,** der im Regenwald plätschert. Zurück auf der Hauptstraße starten im Dörfchen Bang Rong Longtailboote für Ausflüge in die Bucht von Phang Nga. Fahren Sie auf einer der kleinen Nebenstraßen weiter nach **Ao Po.** Von dort setzen Longtails in 20 Minuten zur Pearl Farm auf Ko Nakha Noi über. Auf der Insel gibt es auch einen schönen Sandstrand. Wieder zurück in Ao Po fahren Sie über Bang Rong auf der 4027 ins Dorf Muang Mai. Ab hier folgen Sie dem Highway 402 zum einsamen **Mai Khao Beach** › S. 231, der Teil des **Sirinat National Park** ❽ ist. Danach wenden Sie sich wieder gen Süden und genießen einen Badestopp am **Nai Yang Beach** › S. 231. Durch Reisfelder und Gummibaumplantagen geht es weiter zum Nai Thon Beach und anschließend durch eine sanfte, grüne Hügellandschaft nach **Thalang.** Dort können Sie die schönen buddhistischen Tempel Wat Phra Nang Sang und nördlich davon den **Wat Phra Thong** ❶ › S. 235 besichtigen und anschließend die Zufahrtsstraße zum östlich gelegenen **Khao Phra Taeo National Park** ❿ › S. 235 mit dem Gibbon Research Center nehmen. Die kleine Wanderung zum Ton-Sai-Wasserfall wird mit einem erfrischenden Bad belohnt. Von Thalang geht es auf der Straße 4030 nach Süden, vorbei an zahlreichen Obstplantagen. Am Strand von **Surin** ❻ › S. 230 lockt das türkisfarbene Meer zum Sprung ins Wasser. Über Kamala fahren Sie zum **Patong Beach** ❹ › S. 224. Von dort führt die Straße 4029 quer über die Insel zurück nach Phuket Town.

Tour 4: Nördliche Andamanenküste für Seenomaden

ROUTE: Phuket › Khao Lak › Similan Islands › Khao Sok National Park › Phang Nga Bay › Krabi

KARTE: Seite 221
DAUER UND LÄNGE: 5 Tage, ca. 400 km Autofahrt
PRAKTISCHE HINWEISE:
» Alle Etappenziele sind mit (Mini-)Bussen zu erreichen. Bequemer ist ein Mietwagen.
» In Khao Lak und Phang Nga großes Angebot an Ausflugsbooten.

TOUR-START

Den Highway 4 von **Phuket** ❶ › S. 224 nach **Khao Lak** ❷ › S. 237 (ca. 90 km von Patong) säumen wilde Strände zur Linken, Regenwälder mit kühlen Wasserfällen zur Rechten. Genießen Sie den Sonnenuntergang an einem der Strände von Khao Lak. Es gibt zahlreiche Unterkünfte, in denen man übernachten kann. Am Morgen des 2. Tages finden auch Kurzentschlossene Platz auf einem der Speedboote, die vom Thap Lamu Pier bei Khao Lak zu den **Similan Islands** ❸ › S. 239 übersetzen. Erst gegen Abend geht es

kristallblau leuchtet und die Karstkegel in intensivem Grün erstrahlen. Im Laufe des Tages kommen immer mehr Touristen. Verbummeln Sie die Zeit bis zum Nachmittag, denn auch die Fahrt durch die Karstlandschaft nach **Krabi** 7 (ca. 80 km) › S. 242 ist im späten Sonnenlicht einfach nur traumhaft.

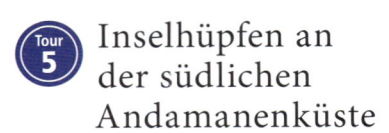

Tour 5: Inselhüpfen an der südlichen Andamanenküste

ROUTE: Krabi › Ko Phi Phi Don › Ko Phi Phi Le › Ko Lanta › Krabi

KARTE: Seite rechts
DAUER: mind. 5 Tage
PRAKTISCHER HINWEIS:
» Transport mit Schnellbooten und Longtails, Rückfahrt mit Bus.

Ausflugsboote in der Maya Bay von Ko Phi Phi Le

TOUR-START

Von **Krabi** 7 › S. 242 fährt um 9 Uhr das erste Schnellboot in zwei Stunden nach **Ko Phi Phi** 8 › S. 244. Verbringen Sie den Tag an einem der ruhigeren Strände an der Ostküste und genießen Sie den fantastischen Blick vom Aussichtspunkt über die Landenge im Licht der Abendsonne. Am nächsten Morgen mieten Sie sich bei Sonnenaufgang ein Longtail und genießen die noch herrschende Ruhe in der herrlichen Maya Bay der Schwesterinsel Ko Phi Phi Le. Um und um 13 Uhr setzt ein Expressboot von Phi Phi in 1½ Std. nach Saladan auf **Ko Lanta** 9 › S. 246 über. Genießen Sie die Strandfreuden am Klong Dao und Long Beach, buchen Sie im Ko Lanta Dive Center einen Tauchausflug oder schwimmen Sie durch eine smaragdgrün leuchtende Höhle. Drei Tage auf der Insel Lanta sollten es schon sein. Von hier sind es mit dem Bus 2 Std. zurück nach Krabi.

zurück nach Khao Lak und am 3. Tag weiter auf dem Highway 4 Richtung Norden. Gönnen Sie sich ein Bad am schönen Bang Sak Beach oder eine Wanderung zu den Wasserfällen im Lam Ru National Park. Nach weiteren 45 km Autofahrt erreicht man dann die Provinzstadt Takua Pa. Von hier sind es auf der Straße 401 noch etwa 50 km bis zur sattgrünen Dschungellandschaft des **Khao Sok National Park** 5 › S. 241, einem Paradies für Wanderer und Kanufahrer. Sie können dort sogar im Baumhaus übernachten. Am 4. Tag fahren Sie auf der Straße 415 nach Phang Nga (ca. 120 km). Am späteren Nachmittag können Sie mit einem Longtailboot in den unbeschreiblichen Sonnenuntergang der **Phang Nga Bay** 6 › S. 241 hineinfahren. Wenn Sie die Nacht in einer der kleinen Unterkünfte des Ortes verbringen, können Sie im frühen Morgenlicht noch einmal die Märchenwelt der Bucht erleben, wenn das spiegelglatte Wasser

Phuket & der Süden
Touren

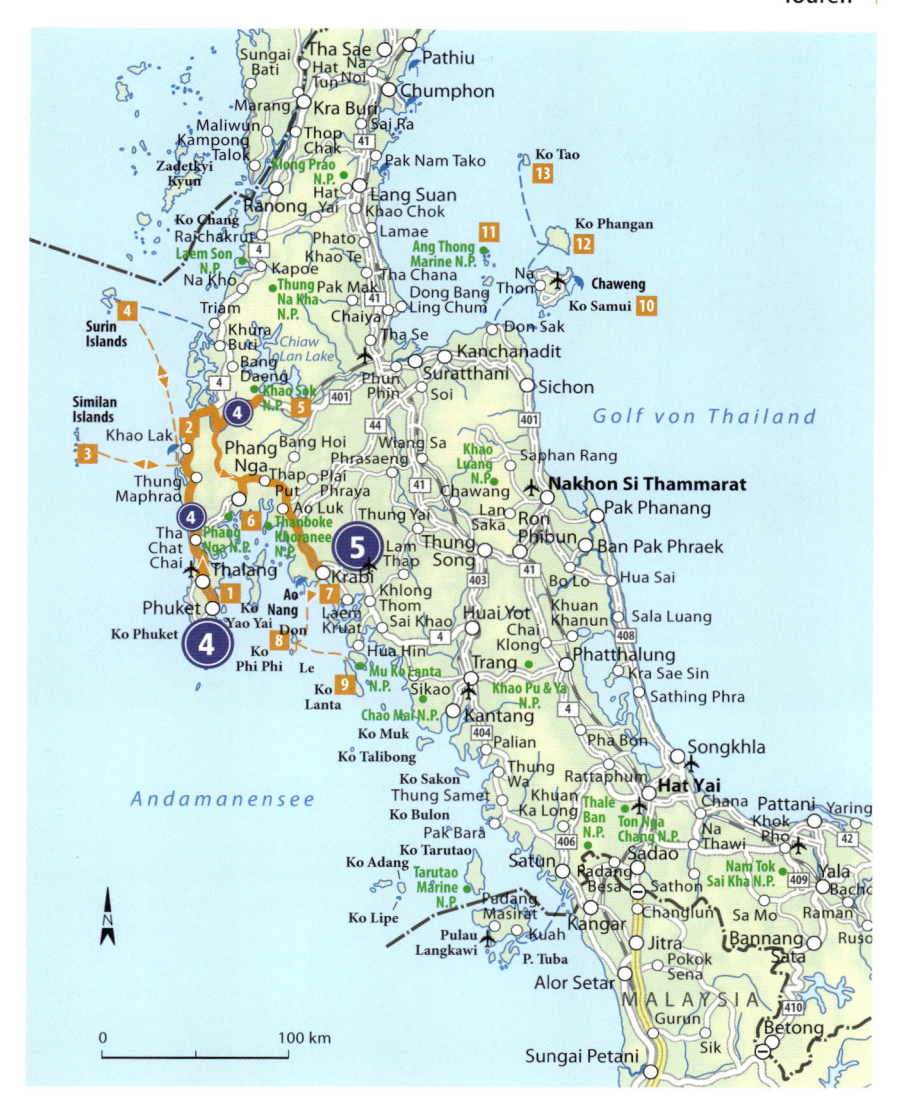

TOUREN IM SÜDEN

4 Nördliche Andamanenküste für Seenomaden

PHUKET › KHAO LAK › SIMILAN ISLANDS › KHAO SOK NATIONAL PARK › PHANG NGA BAY › KRABI

5 Inselhüpfen an der südlichen Andamanenküste

KRABI › KO PHI PHI DON › KO PHI PHI LE › KO LANTA › KRABI

Panoramablick über die Inselwelt des Ang Thong Marine National Park

Tour 6: Rund um Ko Samui

ROUTE: Big Buddha Beach › Chaweng Beach › Lamai Beach › Ban Hua Thanon › Wat Khunaram › Laem Sor Chedi › Nathon › Maenam Beach › Bophut Beach › Big Buddha Beach

KARTE: Seite rechts
DAUER: 1 Tag, reine Fahrtzeit ca. 2½ Std.
PRAKTISCHE HINWEISE:
» Vorsicht, auf den Bergstrecken kommt es zu vielen Unfällen mit Motorrädern.
» Ein Mietwagen ist sicherer.
» Am billigsten kommen Sie mit den Songthaeos voran, die tagsüber auf der ca. 52 km langen Ringstraße verkehren, überall angehalten werden können und auf Wunsch Abstecher machen

TOUR-START

Starten Sie gleich frühmorgens am **Big Buddha Beach** P › S. 255, um die noch kühlen Stufen zum Big Buddha emporzusteigen und die herrliche Aussicht zu genießen. Danach geht es durchs Inselinnere zum **Chaweng Beach** N › S. 252: Zeit für ein Bad am weißen Sandstrand in der warmen Morgensonne! Dann fahren Sie weiter in Richtung Lamai Beach mit herrlichem Fernblick. Am Südende des **Lamai Beach** O › S. 254 geben die Felsen Hin Ta und Hin Yai ein schönes Fotomotiv im besten Licht ab. Beim verschlafenen Fischerort **Ban Hua Thanon** lohnt ein Abstecher inseleinwärts zu mehreren Wasserfällen (nur Allradantrieb!). Auf dem Rückweg zur Küste machen Sie Halt am buddhistischen **Wat Khunaram** S › S. 257 mit einem sonnenbebrillten mumifizierten Mönch.

Phuket & der Süden
Touren

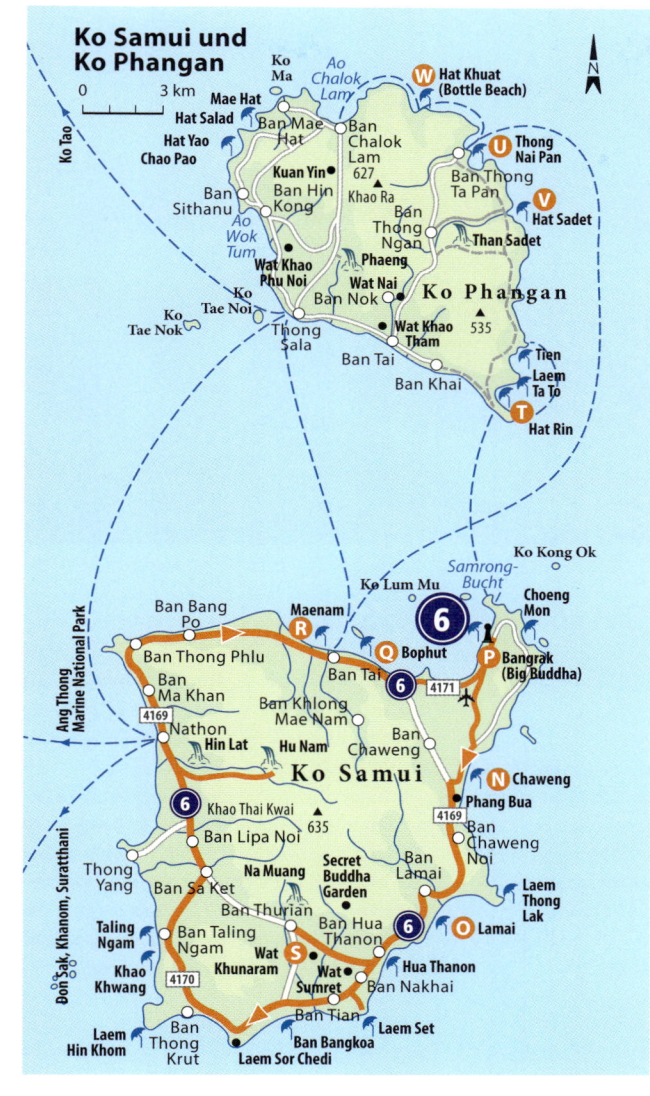

TOUR AUF KO SAMUI

6 Rund um Ko Samui

BIG BUDDHA BEACH ›
CHAWENG BEACH ›
LAMAI BEACH ›
BAN HUA THANON ›
WAT KHUNARAM ›
LAEM SOR CHEDI ›
NATHON ›
MAENAM BEACH ›
BOPHUT BEACH ›
BIG BUDDHA BEACH

- **N** Chaweng Beach
- **O** Lamai Beach
- **P** Big Buddha Beach
- **Q** Bophut Beach
- **R** Maenam Beach
- **S** Wat Khunaram
- **T** Hat Rin
- **U** Thong Nai Pan
- **V** Hat Sadet
- **W** Hat Khuat

An der Küste locken die Marktstände des Fischerdorfs Ban Nakhai mit Thaikost. Die einsame kleine Pagode Laem Sor Chedi am gleichnamigen Kap, der Südspitze der Insel, gehört zum gegenüberliegenden Wat. Von hier führen einige Stufen hinunter zu einem winzigen, fast immer einsamen Strand. Nun geht es auf der Ring Road wieder Richtung Norden. Im Dorf Ban Thong Krut verkauft der Naga Pearl Shop schöne Zuchtperlen. Kurz vor **Nathon**, dem Inselhafen, plätschert abseits der Ringstraße der Wasserfall Hin Lat. Über die Strände der Nordküste **Maenam Beach** **R** › S. 255 und **Bophut Beach** **Q** › S. 255 geht es zurück zum großen Buddha.

Blick auf die Strände Patong Beach, Karon Beach und Kata Beach

AN DER ANDAMANENKÜSTE

Phuket 1 [A11]

Kautschukplantagen, steile Klippen, dichter Urwald, weite Buchten mit herrlichen Stränden an der kristallklaren Andamanensee – die größte Insel Thailands ist ein Touristenmagnet mit Nobelunterkünften und phänomenalem Sportangebot.

DIE STRÄNDE

PATONG A

An Phukets populärsten und trubeligsten Strand in einer weiten, sichelförmigen Bucht mit sanftem Gefälle wartet ein breites Angebot an Wassersport, Hotels, Restaurants und Geschäften. Leider ist das Meer hier ziemlich verschmutzt, und verantwortungslose Jet-Ski-Fahrer sorgen immer wieder für Unfälle. Wer gern schwimmt, sollte also besser einen anderen Strand wählen. Die Straße verläuft zwischen dem Strand und den meisten Hotels. In Patong, besonders entlang der Soi Bangla, konzentriert sich auch das Nachtleben, mit einem ausferndem Angebot an Hostessenbars und Striplokalen.

Schnorcheln und Schwimmen (nur bei Flut) kann man am kleinen sauberen **Tri Trang Beach** (an der Straße nach Karon). Nicht mehr einsam, aber es finden doch vergleichsweise wenige Urlauber aus Patong ihren Weg hierher. Vom Tri Trang Beach kann man mit einem Longtailboot zum malerischen **Freedom Beach** fahren.

Hotels
Baan Yin Dee €€€
Charmantes und intimes Resort, trotz der Lage erstaunlich ruhig. 21 geräumige Zimmern mit Balkon, eingerichtet in hippem, modernem Thai-Stil. Großer Pool und exzellentes Restaurant.
7/5 Muean Ngen Rd. | Patong
Tel. 076 29 4105
www.baanyindee.com

Phuket & der Süden
Phuket

Holiday Inn Phuket €€€
Gut geführtes strandnahes Hotel mit schicken, modern eingerichteten Zimmern. Sehr familienfreundlich, mit eigenen Suiten speziell für Kinder, 2 Kinderpools, Kids und Teen Club.
86/11 Thavee Wong Rd. | Patong
Tel. 076 34 0608
www.phuket.holiday-inn.com

Impiana Phuket Cabana €€€
Tolle Lage mitten in Patong und direkt am Strand. Thai-Kunst im Foyer, erstklassige Fusionsküche im Restaurant Sala Bua. Schöner Pool, renommiertes Tauchzentrum und Spa.
41 Taweewongse Rd. | Patong
Tel. 076 34 0138 | www.impiana.com

Millennium Resort Patong €€€
Mit der schicken Jungceylon Shopping Mall verbundenes Luxusresort mit zwei getrennten Hotelflügeln und schönem Atrium. Modern-elegant eingerichtete, durch warme Töne wohnlich gestaltete Zimmer. Die Cabana Rooms haben eine Privatterrasse mit großem Jacuzzi und Zugang zum Pool auf dem Dach. Mehrere schicke Restaurants und Bars.
199, Rat-U-Thit 200 Pee Rd. | Patong
Tel. 076 60 1999
www.millenniumhotels.com

Novotel Phuket Resort €€€
Große tropische Gartenanlage am Hang oberhalb des Kalim Beach. Komfortable, geräumige Zimmer, 3 schöne Pools, viel gerühmter Service und ein breites, sehr familienfreundliches Freizeitangebot. Preiswerter als vergleichbare Unterkünfte.
282 Prabaramee Rd. | Patong
Tel. 076 34 2777
www.novotelphuket.com

Thavorn Palm Beach Resort €€€
Thai-Architektur und -Einrichtung sowie riesige Pool-Landschaft und Spa.
Nakalay Beach | zwischen Patong und Kamala
Tel. 076 39 6090-3
www.thavornpalmbeach.com

The Album €€€
Boutiquehotel in Strandnähe mit 22 minimalistisch designten Zimmern und Pool auf der Dachterrasse. Online oft sehr günstig.
29 Sawatdirak Rd. | Patong
Tel. 076 29 7023
www.thealbumhotel.com

Baipho & Baithong €€
Schicke Zwillingshotels mit mystisch ausgeleuchtetem Zen-Buddha-Design und viel Komfort. Das Restaurant serviert gute italienische und Thai-Küche, dazu Spitzencocktails. Gäste benutzen den Pool des benachbarten Montana Grand Phuket.
205 Rat Uthit Rd
Patong
Tel. 076 29 2074
www.baipho.com

Impiana Resort €€
Tolle Lage mitten in Patong und direkt am Strand. Thai-Kunst schmückt das Foyer, das Restaurant ist erstklassig, ebenso der Service. In der Tapasbar kann man sogar kubanische Zigarren paffen. Schöner Pool (plus Kinderpool), renommiertes Tauchzentrum und Spa mit tollem Ausblick.
41 Taweewong Rd. | Patong
Tel. 076 34 0138
www.phukethotels.impiana.com.my

Palmview Resort €–€€
Sehr freundliches Hotel unter deutscher Leitung mit komfortablen Zimmern, nettem Restaurant und kleinem sauberen Pool. Kleiner Supermarkt gegenüber. Top-Preis-Leistungsverhältnis.
Palmview Resort
Patong
Tel. 076 34 4837
www.palmview-resort.com

Little Buddha Guest House €
Charmante Unterkunft mit blitzsauberen, geschmackvoll möblierten Zimmern, netten Bädern und nur einen kurzen Spaziergang vom Strand und der Jungceylon Mall gelegen.
74/31 Nanai Rd. | Patong
Tel. 076 29 6148
www.littlebuddhaphuket.net

Patong Terrace Boutique Hotel €
Sehr beliebtes, absolut preisgünstiges kleines Hotel, wenige Gehminuten vom Strand und vom Einkaufszentrum Jungceylon entfernt. Die sehr sauberen Zimmer (Standardzimmer ohne Fenster meiden) bieten bequeme Betten und Regenduschen. Sehr guter Service.
209/12–13 Rat-U-Thit Rd.
Patong
Tel. 076 29 2159
www.patongterrace.com

Restaurants
Acqua Restaurant €€€
Verblüffend kreative Küche eines italienischen Küchenchefs in sehr romantischem Ambiente. Vorzügliche Weinkarte.
324/15 Prabaramee Rd.
Patong | Tel. 076 61 8127
www.acquarestaurantphuket.com

Baan Rim Pa €€€
Elegantes Thai-Restaurant im Teakholz-Look in romantischer Lage über den Klippen. Besonders lecker sind die scharfe Gemüsesuppe mit Shrimps, *gaeng liang goong,* das Enten-Curry und Tiger Prawns in Tamarindensoße. Noble Weinkarte, dazu tgl. Livejazz in der Pianobar.
Kalim Beach
Tel. 076 34 0789
www.baanrimpa.com

Da Maurizio €€€
Gleich neben dem Baan Rim Pa. Italienische Romantik mit leckerer Pasta, Pizza aus dem Holzofen, köstlichem Seafood wie Phuket-Lobster und schwarzen Krabben aus Phang Nga, dazu eine eindrucksvolle Weinkarte. Die Dolci sind besonders gut. Spektakuläre Sonnenuntergänge.
Kalim Beach
Tel. 076 34 4079
www.damaurizio.com

Feiner weißer Sand und türkisblaues Meer erwarten Urlauber am Karon Beach

Karte S. 218

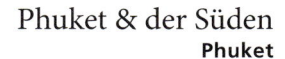

Phuket & der Süden
Phuket

Le Versace €€€
Traumblick über die Bucht und die beste französische Küche von Patong. Wunderbares Lammkarree, butterweiche Wagyu-Steaks. Tgl. außer Di.
206/5–6 Prabaramee Rd. | Patong
Tel. 076 34 6005
www.leversace.com

Sala Bua €€€
Erstklassige asiatisch-westliche Fusionsküche in grandioser Strandlage. Butterweiche saftige neuseeländische Steaks oder Krabbenravioli.
41 Taweewong Rd. (im Impiana Phuket Cabana)
Patong
Tel. 076 34 0138
www.phukethotels.impiana.com.my

White Box €€€
In diesem schicken Promi-Restaurant am Meer mit Panoramafenster wird heimische und mediterrane Küche serviert: teuer, aber gut. Die Dachterrasse mit Bar und Sofas ist ideal für einen Sundowner oder After-Dinner-Drink.
Hat Kalim Rd. | Patong
Tel. 076 34 6271
www.whitebox.co.th

Coyote Bar & Grill €€
Beim besten Mexikaner Phukets gibt's schmackhafte Quesadillas, Tacos, Burritos, Enchiladas usw., dazu über 75 Varianten Margaritas.
94 Beach Rd.
Patong
Tel. 076 34 4366
www.coyotephuket.com

Kaab Gluay €€
Wirklich gute und dabei recht preiswerte authentische Thaigerichte, auch frisches Seafood. Viele einheimische Familien. Klimatisierter Bereich und offene Terrasse.
58/3 Phrabaramee Rd.
Patong
Tel. 076 34 0562

The 9th Floor Restaurant & Bar €€
Open-Air-Dachterrasse mit Retro-Chic und tollem Ausblick. Nicht von der etwas schäbigen Umgebung und dem rumpeligen Aufzug abschrecken lassen! Internationale Küche.
47 Rat-U-Thid Rd. (im Sky Inn Condotel)
Patong | Tel. 076 34 4311
www.the9thfloor.com

Shopping
Nur 10 Min. zu Fuß vom Patong Beach liegt die Luxusmall Jungceylon (www.jungceylon.com), preiswerter ist es aber in Phuket Town.

Nightlife
Bierbar an Bierbar reiht sich in der Soi Bangla, und wer sich hier mit den Bargirls auf das simple Kinderspiel »Connect Four« einlässt, wird mit ziemlicher Sicherheit viele Hundert-Baht-Scheine zum Verlieren brauchen. Der Irish Pub **Molly Malone's** (www.mollymalonesphuket.com) im Patong Shopping Center, der ohne aufdringliche Anmache auskommt, ist besonders populär. Wenn er schließt, zieht es die Nachtschwärmer weiter in die Soi Sunset.

Nicht versäumen sollte man eine der Travestieshows des **Simon Cabaret** (Tel. 076 34 2011).

Zu den Klassikern gehört die **Banana Disco** in der Thawiwong Rd., die viele »freischaffende« Damen anzieht, aber weniger anrüchig wirkt als die Go-Go-Bars in der Soi Bangla. Musikalische Hotspots sind der **Red Hot Club** (86 Bangla Rd.), in dem oft Live-Rockmusik gespielt wird, und die **Hollywood Discotheque** (7 Soi Easy, Bangla Rd., www.hollywoodpatong.com).

Besonders beliebt ist der **Club Tiger Patong** (Bangla Rd., www.tigergrouppatong.com), um einiges seriöser trotz ihres Namens jedoch die **Seduction Discotheque** (www.seductiondiscotheque.com).

KARON BEACH ❷
Sanfter geschwungen als Patong, aber schmaler und optisch ein wenig karger ist der touristisch zweitwichtigste Strand. Hier kann man ebenfalls

Wassersport treiben (Baden ist aufgrund der starken Strömungen das ganze Jahr über riskant) und sich nächtens amüsieren, der Rummel ist aber nicht ganz so groß wie in Patong. Auch hier trennt die Straße Hotels und Strand. Besonders viel skandinavisches Publikum.

Hotels

Marina Phuket Resort €€€
Bildschöne Gartenanlage in einem Palmenhain auf einem Hügel mit Bungalows im Thai-Stil (einige auf Pfählen über dem Meer). Großer Pool, Privatstrand. Im guten Restaurant On The Rock wird überwiegend Thai-Küche serviert.
Karon Beach | Tel. 076 33 0625
www.marinaphuket.com

Mövenpick Resort and Spa €€€
Topmodernes weißes Hotel mit tollem Design, riesigem Pool und Spa. Die Zimmer haben Panoramafenster, einige der Villen sogar Privatpool.
Karon Beach | Tel. 076 39 6139
www.moevenpick-hotels.com

Phuket Orchid Resort €€€
Ausgedehnter dreigeschossiger Hotelkomplex mit 512 komfortablen Zimmern in Bungalows und Reihenhäusern, Pools und Wasserrutsche.
Karon Beach | Tel. 076 74 5555
www.phuketorchidresort.com

Restaurants

Thai Thai €€€
Sehr gutes Thai-Restaurant mit köstlicher scharfer Garnelensuppe und Flusskrebsen in Tamarindensoße.
Hilton Arcadia Resort | Karon Beach
Tel. 076 39 6433

Mama Noi's €–€€
Leckere Thai-Currys und italienische Pasta: hier eine perfekte Kombination. Unbedingt den Bananenshake probieren!
Karon Plaza | Karon Beach | Tel. 076 28 6272

Nightlife

Karon: Vor und nach Sonnenuntergang trifft man sich im Irish Pub **Angus O'Tool's** (www.otools-phuket.com) oder in der Bar **Las Margaritas** (www.las-margaritas.net).

Kata Beach ⓒ

Der malerische, besonders zum Baden geeignete Strand säumt eine von Hügeln umrahmte Bucht und wird durch ein Kliff in den größeren Kata Yai, den der Club Mediterranée zu seinem Domizil erwählt hat, und den kleineren (und freundlicheren) Kata Noi geteilt. Zwischen Kata und Chalong bietet eine der größten Buddhastatuen der Welt, der aus weißem birmanischen Marmor skulptierte **Big Buddha,** eine fabelhafte Aussicht (tgl. 8–19.30 Uhr; dezente Kleidung!).

Hotels

Mom Tri's Boathouse €€€
Schönes kleines Luxushotel in Traumlage am Strandende mit komfortablen Zimmern im modernen Thai-Stil, viele mit tollem Meerblick. Die zwei neuen Dolphin Pool Villas bieten Butlerservice. Spa und kleiner Pool. Das Restaurant Boathouse Wine & Grill serviert beste französische und Thai-Küche. Spektakuläre Weinkarte.
Kata Beach | Tel. 076 33 0015-7
www.boathousephuket.com

Katathani Hotel €€€
Beliebte, große Hotelanlage mit verschiedenen Gebäuden, Pools und mehreren internationalen Restaurants, direkt am Strand.
Kata Beach | Tel. 076 33 0124
www.katathani.com

Boomerang Village Cottage €€
Elegant und komfortabel im Thai-Stil eingerichtete Bungalows in ruhiger Hügellage inmitten eines üppigen tropischen Gartens, mit Restaurant und kleinem Pool. Unter italienischer Leitung. Kostenloser Transfer zum Strand.
Kata Beach | Tel. 076 28 4480
www.phuketboomerang.com

Phuket & der Süden
Phuket

Karte S. 218

Der ruhige geschützte Kata Beach ist besonders gut zum Baden geeignet

RNR Eco Adventures Pool Villa Resort & Hostel €–€€
Ökohostel in Hotelqualität, vorzügliche Küche und Pool, ideal für Taucher.
Kata Beach | Tel. 08 1088 4965
www.rnrecoadventures.com

Villareal Heights €–€€
Sehr freundliches kleines Hotel, Außenpool mit tollem Ausblick.
214/14 Patak Rd., Suksan Place
Kata Beach | Tel. 076 28 4781
www.villareal-heights.com

Restaurants
The Horn Grill €€
Gutes Steakhaus mit australischem Rind- und Lammfleisch. Feine Desserts, gute Weinkarte.
2/37 Kata Plaza | Kata Beach
Tel. 076 28 5173
www.horngrillsteakhouse.com

Kata Mama €
Leckere Thai-Küche mit viel frischem Seafood am Südende von Kata Yai.
Kata Beach | Tel. 076 28 4301

Nightlife
Man trifft sich abends in der **Ska Bar**, im **Easy Rider** und in der **Bang Bar II**. Bezahlte Begleitung gibt es auch hier, doch ist die Szene weniger aufdringlich als in Patong. Geradezu unverschämt kitschig präsentiert sich der Sonnenuntergang von der Terrasse der **After Beach Bar** oberhalb von Kata. Und dazu spielt Bob Marley.

Nai Harn Beach
Lang, geschwungen und dank eines Klosters wenig erschlossen präsentiert sich der idyllische Strand am Südwestzipfel der Insel, der lange fast ausschließlich den Gästen des exklusiven **Royal Meridien Phuket Yacht Club Hotels** (www.phuket.com/yacht-club) vorbehalten war. Inzwischen

haben sich hier viele Expats niedergelassen und vermieten Häuser und Appartements. Alljährlich Anfang Dezember feiert der lokale Jachtklub den Geburtstag des Königs mit einer großen Regatta.

Kamala Beach E
Der kleine, hübsche und ebenfalls sehr ruhige Strand nördlich von Patong hat einen breiten flachen Sandstrand, der zum Schwimmen weniger geeignet ist. Im freundlichen Dorf Kamala leben vorwiegend Muslime. Außer direkt am Strand empfiehlt es sich daher, dezente Kleidung zu tragen.

Hotel
Layalina Hotel €€€
Elegantes Boutiquehotel mit modernem Thai-Schick, ideal für flitternde Pärchen. Am schönsten sind die zweistöckigen Suiten samt Dachterrasse, von der man die romantischen Sonnenuntergänge genießen kann. Der Pool ist zwar winzig, aber dafür gibt es pärchentaugliche Jacuzzis in den Zimmern, und zum Ozean sind es nur wenige Meter.
Kamala Beach
Tel. 076 38 5944
www.layalinahotel.com

Restaurant
Plum Restaurant €€–€€€
Elegantes Restaurant mit Fusionküche und romantischer Sonnenuntergangsaussicht im Cape Sienna Resort.
Nakalay Rd. Kamala Beach
Tel. 076 33 7300
www.capesienna.com

Surin Beach F
Der ruhige und breite Strand wird im Wesentlichen von zwei Hotels der sehr gehobenen Kategorie belegt. Es hat allerdings auch einen guten Grund, dass hier nicht mehr los ist: Starkes Gefälle und gefährliche Unterwasserströmungen können den Schwimmern überaus bedrohlich werden.

An der malerischen Bucht des Kamala Beach

Karte S. 218

Phuket & der Süden
Phuket

Hotels

Amanpuri Resort €€€
Pavillons und Villen im thailändisch-traditionellen Baustil. Luxus pur mit hohem Promifaktor, den Sie ab 800 € pro Nacht miterleben können. Italienische Spitzenküche, wunder schönes Spa.
Pansea Beach | nördlich von Surin
Tel. 076 32 4333
www.amanresorts.com

Twin Palms €€€
Perfekte Mischung aus urban-lässigem Schick und tropischem Wassergarten mit zwei großen Pools in gepflegter Gartenanlage und renommiertem Spa. Nur 2 Min. zum Strand mit privatem Abschnitt, perfekter Service. Toller Sonntagsbrunch.
Surin Beach
Tel. 076 31 6500
www.twinpalms-phuket.com

Bang Tao Beach G
Die Bucht ist ein Paradeprojekt der thailändischen Tourismusindustrie. Ein riesiges Zinnminenareal wurde quasi renaturiert und für fünf ausgedehnte Luxusresorts sowie einen Golfplatz rund um eine stille Lagune völlig neu erschlossen.

Hotels

Unter dem Namen Laguna Phuket (www.lagunaphuket.com) haben sich fünf Luxushotels zusammengeschlossen: mit 1000 Zimmern, 25 Restaurants, elf Tennisplätzen, drei Fitnesscentern, unzähligen Boutiquen – etwa im Shoppingcenter Canal Village – und vielen weiteren Attraktionen, die von allen Gästen genutzt werden können:

Allamanda Laguna €€€
Nicht am Strand, sondern an einem See liegen die zweistöckigen Häuser, in denen sich besonders Familien mit Kindern wohlfühlen.
Bang Tao Beach
Tel. 076 324 050
www.allamandaphuket.com

Banyan Tree €€€
Klassisch thailändisch: Villen (teils mit Privatpool) und ein fernöstlich inspiriertes Angebot für das Wohlbefinden von Körper und Seele, z. B. im luxuriösen Spa.
Bang Tao Beach | Tel. 076 37 2400
www.banyantree.com

Moevenpick Resort Bangtao Beach €€€
Das Boutiqueresort (ehem. The Palm Beach Club) bietet sehr elegante helle Suiten mit Kingsize-Betten direkt am weißen Sandstrand, mit großzügigem Poolbereich und Wellness-Spa.
Bang Tao Beach | Tel. 076 31 0400
www.moevenpick-hotels.com

Andaman Bangtao Bay Resort €€–€€€
Relaxte Anlage am ruhigen Ende des Strands. Die schönen Thai-Bungalows haben fast alle Meerblick. Seafoodrestaurant und Cocktailbar.
Bang Tao Beach | Tel. 076 27 0246
www.andamanbangtaobayresort.com

Blue Garden Resort and Spa €€
Fast unmittelbar am Strand, mit 9 sehr komfortablen Zimmern und Pool. Organisiert Schnorchelausflüge auf die vorgelagerte Insel Koh Weo.
Bang Tao Beach | Tel. 08 0780 4696
www.bluegarden-phuket.com

Paitan Villas Resort €€
Sehr hübsches, gepflegtes Resort mit nur 11 Zimmern, zwei (recht kleinen) Pools, Bar und Restaurant. 500 m zum Strand.
Bang Tao Beach | Tel. 076 38 6573
www.paitanvillas.com

Sirinat National Park H
Phukets mit 12 km längster Strand, der **Mai Khao Beach**, sowie Teile des kleinen **Nai Yang Beach** im Nordwesten der Insel mit wunderschönen Kautschukwäldern im Hinterland stehen unter Naturschutz. Hier legen zwischen November und Februar Seeschildkröten ihre

Wat Chalong ist der größte und bedeutendste Tempel auf Phuket

Eier ab. Baden ist am Mai Khao Beach wegen der ganzjährig heftigen Strömungen riskant, dafür findet man auf ausgedehnten Strandwanderungen viele schöne Muscheln. Bitte nur fotografieren, damit die Einsiedlerkrebse nicht vergeblich auf Wohnungssuche gehen müssen! Am Südende des Nai Yang Beach kann man dagegen unbesorgt ins Wasser springen. Hier gibt es auch kleine Restaurants und Boutiquen. Viel lokales Publikum.

Hotels
Indigo Pearl €€€
Am ruhigen Nai Yang Beach gelegenes, komfortables Hotel mit interessantem Designkonzept, edlem Spa und einem ausgezeichneten europäischen Restaurant. Sehr populär ist die hippe Bar.
Nai Yang Beach
Tel. 076 32 7006
www.indigo-pearl.com

Sala Phuket €€€
Topmodernes luxuriöses Boutique-Resort, das klassische sino-portugiesische Architektur mit topmodernem, reinweißem Zen-Dekor vereint. Die meisten Suiten und Villen haben private Pools. Dazu kommen 3 große Pools am weiten Palmenstrand, exzellente Restaurants am Strand und auf dem Dach sowie ein elegantes Spa.
Mai Khao Beach | Tel. 076 33 8888
www.salaphuket.com

Trisara €€€
Ein perfektes Flitterwochen-Hotel: Abgeschiedene Teak-Villen mit Blick auf den Ozean, privaten Infinity-Pools und himmlischen Betten. Erstklassige Küche, tolle Bar, edles Spa und jede Menge Privatsphäre, die allerdings mit mindestens 600 € die Nacht teuer bezahlt wird.
Nai Yang Beach | Tel. 076 31 0100
www.trisara.com

PHUKET TOWN
Die lebendige Inselhauptstadt (100 000 Einw.) lohnt einen Besuch. Im Zentrum lockt ein farbenfroher Markt, und die bezaubernde sino-portugiesische Zuckerbäckerarchitektur aus

dem 19. Jh. in der Thalang Road ist mehr als ein Foto wert. Inzwischen haben sich viele kleine Cafés mit künstlerischem Flair in den alten Häusern eingerichtet, so das Kopitiam by Wilai (Nr. 18) und das Bookhemian (Nr. 61). In der Parallelstraße Phang Nga Road findet man mehrere Galerien und ein historisches Hotel. Nicht weit von hier liegt der kleine taoistische Tempel **Shrine of Serene Light**, dessen Eingang chinesischer Glücksbringer zieren.

An der Kreuzung von Phang Nga Road und Montrri Road amüsiert das **Trickeye Museum** mit 3-D-Darstellungen berühmter Gemälde die Besucher (tgl. 9–21 Uhr).

PHUKET AQUARIUM

Südöstlich von Phuket Town präsentiert am Cape Panwa das **Phuket Aquarium** die Meeresfauna der Andamanensee und des Golfs von Thailand (tgl. 8.30–16.30 Uhr, www.phuketaquarium.org).

WAT CHALONG

6 km südwestlich von Phuket Town lohnt der **Wat Chalong** einen Besuch. Er ist der größte und populärste der 29 buddhistischen Tempel auf Phuket. Der Haupttempel ist ein klimatisierter Viharn aus Teak in den Farben Rot, Weiß und Gold. Hier sind die Statuen der beiden Mönche Luang Pho Chaem und Luang Pho Chuaing zu sehen, die in der Zeit von Rama V. für ihre medizinischen Kenntnisse berühmt waren und während des Aufstandes der chinesischen Zinnminenarbeiter mit ihren magischen Kräften viele Menschen schützten. Pilger legen vor dem Altar duftende Jasmingebinde nieder und bekleben die Statuen mit hauchdünnen Goldblättchen. Der große Chedi rechts vom Haupttempel kann bis unter die Spitze bestiegen werden kann. Im Inneren sind vergoldete Buddhastatuen in unterschiedlichen Haltungen zu sehen, außerdem illustrieren Wandfresken das Leben des Erleuchteten.

Im idyllischen Tempelgarten entzünden Pilger immer wieder Böller: Das bedeutet, dass die Mönche wieder einmal einen Wunsch erfüllt haben (tgl. 9–17 Uhr).

Hotels
Sino Imperial €€
Schickes Designhotel mit Faible für die Farbe Weiß, fluoreszierend beleuchtet. Geräumige Zimmer mit allem Komfort, zur Straße hin aber laut.
51 Phuket Rd, Talad Yai, Muang
Phuket Town
Tel. 076 23 0098
www.sino-imperial-phuket.com

The Memory At On On €€
Wunderschön restauriertes Traditionshotel mit sino-portugiesischer Architektur (die Fassade datiert von 1900). Hier verbrachte Leonardo di Caprio im Film »The Beach« die ersten Nächte Die Zimmer vereinen Zen-Minimalismus mit modernem Komfort. Auch preiswerte Schlafsäle, einer nur für Frauen (€).
19 Phang Nga Rd.
Phuket Town
Tel. 076 36 3700
www.thememoryhotel.com

Chinotel €
Neues Hotel im Zentrum von Phuket Town mit sehr komfortablen, ausgesprochen geschmackvoll mit Ziegel- und Bambusdekor gestalteten blitzsauberen Zimmern inklusive TV und Bad mit heißem Wasser. Top-Preis-Leistungsverhältnis, ab 890 Baht.
133–135 Ranong Rd.
Phuket Town
Tel. 076 21 4455
www.chinotelphuket.com

Restaurants
Great Currys of India €
Fein gewürzte Currys, Kebabs und Tandoori-Chicken – auch zum Mitnehmen.
Centara Mall
Phuket Town

Natural Restaurant €
Sehr originelles Dekor, mit orchideengeschmückter Veranda, feine traditionelle Küche, darunter scharf gewürztes Seafood, fantasievoll zubereitete Nudeln, leckere Satays und pikante Salate mit Rind- oder Entenfleisch. Fabelhafter Lemon Shake. Immer voll.
62/5 Soi Phutorn, Nähe Thanon Bangkok Phuket Town | Tel. 076 22 4287

Tun Ka Cafe €
Gartenlokal, Thaiküche – Vorsicht vor dem feurigen »Jungle-Curry«!
Panoramastraße auf den Khao Rang
Tel. 076 21 1500

Phuket Towns **Marktstände** an der Kreuzung von Tilok Uthit 2 und Ong Sim Rd. servieren spottbillige, leckere Thaigerichte, darunter k*anom jin phuket* (Nudeln in scharfem Curry), für ca. 40 Baht. Auch im Food Court des Einkaufszentrums **Tesco Lotus** (etwas außerhalb, an der Kreuzung Bypass Expressway und Sam Kong) kosten die leckeren Gerichte lediglich 40 bis 80 Baht. Bezahlt wird mit vorher an der Kasse erworbenen Coupons oder einer wiederaufladbaren Karte.

Shopping

Vor den Toren von Phuket Town gibt es gigantische Einkaufszentren, von denen das Central Festival Phuket (www.central.co.th) mit zahlreichen Läden und Supermärkten selbst Einkaufsmuffel beeindruckt.

An der Nordwestküste findet man zahlreiche Antiquitätenläden und Galerien. Hierher kommen vor allem betuchte Langzeiturlauber, die ihre Villen einrichten wollen.

Chan's Antique House
Nördlich von Phuket Town an der Bypass Rd. Große Auswahl an echten Antiquitäten (sowie hochwertigen Reproduktionen) aus Thailand, Birma, Laos, Kambodscha und China. Chalermprakiat Route 9 Rd.

Tambon Rassada | Amphur Muang
Tel. 076 26 1416
www.chans-antique.com

Lemongrass House
Feine natürliche Beauty-Produkte, darunter verführerisch duftende Seifen. Heiß begehrt ist der ohne Chemie hergestellte Mückenschutz, und er wirkt sogar!
Hat Surin Rd. | Phuket Town
Tel. 076 27 1233 | www.lemongrasshouse.com
tgl. 9–20 Uhr

Ban Boran Textiles
Exzellente Auswahl an Seidenstoffen und handgewebten Textilien, außerdem Schmuck, Taschen und Kunsthandwerk aus Nordthailand.
51 Yaowarat Rd. | Phuket Town
Tel. 076 02 11563

Nightlife

Das Timber Hut ist die turbulenteste Party-Location. Vor 23 Uhr ein ruhiger Pub, danach steppt der Bär, mit den besten Bands der Insel. Wenn Phukets Rockstar Boonkurt auftritt, tobt die Menge (118/1 Yaowarat Rd., Phuket Town Tel. 076 21 1839).

Laem Phromthep 🟠
Das Kap der Götter an der Südwestspitze bietet einen herrlichen Postkartenblick über die Buchten und Strände, bietet aber bei Sonnenuntergang kaum noch Platz für die Massen der Fotografierwütigen. Der benachbarte felsige und nicht besonders saubere **Rawai Beach** eignet sich zwar wenig zum Baden, doch treffen sich hier am Wochenende viele Einheimische und Expats, um in den Seafood-Lokalen zu essen.

Restaurant

Sala Loy €
Thai-Treffpunkt am Strand mit köstlichen Gerichten, tolles Seafood.
Rawai Beach
Tel. 076 38 1370

Phuket & der Süden
Phuket

Khao Phra Taeo National Park 🟠
Phukets letzter Regenwald lädt im Norden der Insel zu Wanderungen ein. In der Nähe des Bang-Pae-Wasserfalls bemüht sich das **Gibbon Rehabilitation Project** (www.gibbonproject.org) mit großer Geduld, halbzahme Weißhandgibbons auf ein freies Leben im Dschungel vorzubereiten.

Wat Phra Thong 🟠
In diesem Tempel, westlich des Naturschutzgebietes gelegen, gibt eine Buddhastatue große Rätsel auf. Bis auf den mit Blattgold übersäten Kopf und die Schultern ist der Erleuchtete hier im Boden vergraben. Alle Versuche, die Statue freizulegen, scheiterten bisher offenbar an ihren magischen Kräften.

Phuket FantaSea 🟠
Das Kulturspektakel nahe Kamala für bis zu 3000 Zuschauer kann es mit den großen Shows in Las Vegas durchaus aufnehmen! Bei den faszinierenden Aufführungen wird der große Kampf der Einwohner von Phuket gegen die birmanischen Invasoren dramatisch in Szene gesetzt, außerdem treten Elefanten auf, es gibt jede Menge Tänze, fantastische Pyrotechnik und reichlich Kitsch, der besonders einem asiatischen und russischen Publikum gefällt. Gebucht werden kann ein Besuch der Show überall auf Phuket und online unter www.phuket-fantasea.com (Eintritt 1800 Baht, mit – allerdings nicht empfehlenswertem – Dinner 2000 Baht. Geöffnet tgl. außer Do 17.30–23.30 Uhr).

Das Konkurrenzspektakel heißt **Siam Niramit**. Der dazugehörende Park zeigt einen Querschnitt des thailändische Landlebens, und in der Show stellen Artisten, Elefanten und Wasserbüffel die Geschichte Siams nach (nördlich von Phuket Town, www.siamniramit.com, ähnliche Preise wie Phuket FantaSea; das Dinner sollte man sich aber auch bei diesem Spektakel lieber ersparen).

Laem Phromthep, das Kap der Götter, ist Phukets beliebtester Aussichtspunkt

Die Strände von Khao Lak eignen sich bestens für längere Wanderungen

Info
Tourism Authority of Thailand (TAT)
Gute Gratisbroschüre What's on Phuket. Infos auch online unter www.phukettourism.org.
73–75 Phuket Rd.
Phuket Town
Tel. 076 21 2213
www.tourismthailand.org

Anreise
Flugzeug: Phuket International Airport, 28 km nördlich von Phuket Town. Transfer zu den Stränden mit Coupon-Taxis; die Preise (pro Wagen!) liegen in der Ankunftshalle aus. Blaugelbes Taxi mit Taxameter vom Flughafen nach Phuket Town ca. 700 Baht, Patong ca. 800 Baht, Khao Lak (1 Std.) ca. 1800 Baht.
Bus: zwischen Phuket Bus Terminal (Tel. 076 21 1480) im Osten von Phuket Town und Bangkok (10–14 Std.), Krabi (3 Std.), Phang Nga (1½ Std.) und Suratthani (4 Std., dort Fähre nach Ko Samui).

Aktivitäten
Scuba Cat Diving
Klasse Tauchexkursionen in die Gewässer südlich von Ko Yao Yai sowie rund um die Inseln Ko Racha Yai und Ko Racha Noi (Dez.–April herrschen die besten Bedingungen).
78/19 Thaweewong Rd. | Patong
Tel. 076 29 3120
www.scubacat.com

Santana
Erfahrener deutscher Veranstalter von Tauchexkursionen. Guter Shop
49 Taweewong Rd. | Patong
Tel. 076 29 4220 | www.santanaphuket.com

Raya Yai Divers
Hoch gelobte Tauchbasis auf der Insel Racha Yai, 23 km südlich von Phuket.
Racha Yai
Tel. 08 1370 3376
www.rayadivers.com

Karte S. 221

Phuket & der Süden
Phuket/Khao Lak

The Junk
Diverse Segel- und Tauchausflüge an Bord einer alten chinesischen Luxusdschunke, z. B. um Ko Racha Yai und Ko Racha Noi (Okt.–Mai).
Muang | Tel. 076 36 7444 | www.thejunk.com

SY Stressbreaker
Segeltouren durch den Mergui-Archipel zwischen Thailand und Myanmar.
Tel. 018 94 3966 | www.thailand-sail.com

Meroja
Luxustörns durch die Andamanensee.
86 Patak Rd. | Kata Beach
Tel. 076 33 0087 | www.meroja.com

Sea Canoe
Renommierter Anbieter von Paddeltouren durch die Phang Nga Bay.
Baan Rock Garden By Pass 5
Ambon Rassada | Muang
Tel. 076 52 8839-40

Blue Canyon Country Club
Golfplatz mit zwei preisgekrönten 18-Loch-Greens.
Thepkasattri Rd. | Thalang
Tel. 076 32 8088 | www.phuketgolfcourse.com

Mission Hills
Weltklasse-Golf mit Luxushotel und Spa.
195 Moo 4 Pla Khlok | Thalang
Tel. 076 31 0888
www.missionhillsphuket.com

Phuket International Horse Club
Ausritte am langen Strand, auch Elefantentouren durch kühle Wälder.
Bang Tao Beach | Tel. 076 32 4199
www.phukethorseclub.com

Siam Safari Nature Tours
Lehrreiche Dschungelausflüge mit Landrovern, Elefantensafaris, Kochkurse und andere Angebote.

45 Chao Far Rd. | Chalong
Tel. 076 38 4456
www.siamsafari.com

Phuket Airport Boxing Stadium
Muay-Thai-Kämpfe Sa um 20.30 Uhr, auch Unterricht mit Unterkunft.
96/42 Moo 1, Tsaku | Phuket Town
Tel. 076 32 8582
www.thaiboxingphuket.com

Khao Lak 2 [A10]

Auf dem Festland mündet rund 80 km nördlich von Phuket der kleine urwaldbedeckte **Khao Lak National Park** in kilometerlange Strände, allen voran Nang Thong, Bang Niang und Khuk Khak, die bei deutschsprachigen Familien und Tauchern hoch im Kurs stehen.

Naturliebhaber können den 325 m² großen **Khao Lak Lamru National Marine Park** erforschen, durch dessen fast unberührte Regenwälder Wanderwege zu rauschenden Wasserfällen mit Badepools und sogar einem einsamen Strand führten. Das Hauptquartier des Parks liegt an der Straße von Khao Lak Beach nach Khao Lak Town. Es hält Informationen über Unterkünfte in einfachen Hütten oder Zelten im Park bereit (Tel. 025 79 4842 oder 025 79 6666, www.dnp.go.th).

In Khao Lak werden Tagesausflüge mit Elefantenreiten im **Asia Safari Park** oberhalb des Khao Lak Beach, Bambusfloßfahrt, Bad im Wasserfall und Strandaufenthalt organisiert (www.holiday-service-khaolak.com).

Info
Gute Infos und Buchungsservice:
www.khaolak.de

Anreise
Der internationale **Flughafen von Phuket** ist etwa 1 Std. entfernt. Neben Direktflügen aus Europa gibt es mehrmals tgl. Flüge von/nach Bangkok.

Nach Khao Lak verkehren Airport Taxis (Fahrtzeit ca. 1 Std., rund 1300 Baht; Minibusse kosten 600 Baht).

Hotels

Aleenta Phang-Nga €€€
Südlich von Khao Lak (20 Min. zum Flughafen Phuket) liegt dieses schöne Boutiqueresort an einem unberührten langen weißen Sandstrand. Die modernen Villen präsentieren sich im »mediterranen Thai-Stil«, einige haben kleine Privatpools. Das Restaurant serviert raffinierte Thai-Küche. Spa mit Detox-Programm.
Natai (Pilai) Beach
Tel. 0 2508 5333
www.aleenta.com/phuket

Khao Lak Paradise Resort €€€
Ein langer Steg durch den Urwald führt von der Lobby zu den geschmackvoll eingerichteten Bungalows (mit Meerblick oder am Pool) und zum wunderschönen Strand. Tolle Einrichtung und hübscher Tropengarten. Restaurant und Bar am Meer.
Nang Thong Beach
Tel. 076 42 9100
www.khaolakparadise.com

La Flora €€€
Luxus an einem ruhigem Strandabschnitt. Tropischer Garten, Pool, Spa und Fitnesscenter. Besonders die 170 m² großen Jacuzzi-Villen mit eigenem Pool, Regenduschen und Blick aufs Meer begeistern.
Bang Niang Beach
Tel. 076 42 8000
www.lafloraresort.com

Le Méridien Khao Lak €€€
Luxusanlage an langem Strandabschnitt mit traumhaft weißem Sand. Kinderfreundlicher großer Pool, schönes Spa.
Pak Weep Beach
Tel. 076 42 7500
www.lemeridienkhaolak.com

Pullman Khao Lak Katiliya Resort & Spa €€€
Luxusanlage mit allem Komfort an einem einsamen Strandabschnitt mit traumhaft weißem Sand. Schöne Zimmer mit Plasma-TV und luxuriöse Villen. Kinderfreundlicher großer Pool, schönes Spa, Fitnesscenter und Restaurants.
Pak Weep Beach | Tel. 076 42 7500
www.pullmanhotels.com

The Sarojin €€€
Luxuriöses Resort mit 56 Zimmern in herrlicher, japanisch inspirierter Gartenanlage an einem einsamen, über 10 km langen weißen Strand nördlich von Khao Lak. Zweistöckige Villen mit Gartenterrasse, Spa und Infinity-Pool. Alle Zimmer mit großen Betten und moderner Unterhaltungselektronik, WLAN kostenlos. Ausflüge mit privatem Speedboot zu den Similan Islands und Elefantentrekking durch die Regenwälder der Nationalparks.
Khuk Khak | Tel. 076 42 7900-4
www.sarojin.com

Ban Sainai Resort €€
Romatische und komfortable Gartenbungalows. Großer Pool mit fantastischem Blick auf die Karstformationen.
Ao Nang Beach | Tel. 0 7581 9333
www.bansainairesort.com

Nangthong Beach Resort €€
Günstig, aber in bester Strandlage, mit Pool und Restaurant. Die Bungalows sind besonders schön ausgestattet. Spa im benachbarten Centara Seaview Resort.
Nang Thong Beach | Tel. 076 48 5088
www.nangthong.com

Seaweed Hostel €
Schönes Hostel mit gepflegten Gartenbungalows im Ortskern, fünf Minuten zum Strand. Kostenloses WLAN. Mit Reisebüro und kleinem Café.
26/34 Petchkasem Rd. | Khao Lak
Tel. 08 1956 5654

Karte
S. 221

Phuket & der Süden
Khao Lak/Similan & Surin Islands

Restaurants
Hill Tribes Restaurant €€
Vorzügliche Küche aus dem Norden Thailands, darunter Seafood und Fischgerichte, die nach traditionellen Rezepten der Bergvölker zubereitet werden.
Khao Lak
Tel. 08 6283 0933
www.hilltribe-restaurant.com

Joe's Steakhouse €€
In dem von Joe in eigener Handarbeit wieder aufgebauten Restaurant wird deutsch gesprochen. Leckere Steaks in angenehmer Atmosphäre.
Bang Niang Beach

Smile Khaolak €€
Vorzügliche Thai- und Fusionsküche mit französischem Pfiff, gute Auswahl für Vegetarier und Veganer.
Khuk Khak | Tel. 08 3391 2600
www.smilekhaolak.com

Mama's Restaurant €
Authentische preiswerte Thaiküche in Rufweite des Marriott Hotels.
Petchkasem Rd.
Khuk Khak

Shopping
Im **Khao Lak Centre** am Nang Thong Beach gibt es zahlreiche kleine Läden mit Kleidung und Souvenirs. Das **Tsunami Craft Centre** am Bang Niang Beach offeriert handgewebte Kleidung, zahlreiche Souvenirs und etliches mehr. Inzwischen werden auch kleine Nachtmärkte abgehalten.

Tauchen
Sea Dragon
Schnupperkurse, Tagestouren und Tauchsafaris nach Similan und Surin. Deutschsprachig.
Nang Thong Beach
Tel. 076 48 5420
www.seadragondivecenter.com

Vor den Surin Islands locken kristallklare Reviere für Schnorchler

Sub Aqua
Bietet gute Tagestouren. Shuttle von allen Stränden zwischen Takua Pa und Khao Lak zum Pier. Deutschsprachig.
Nang Thong Beach
Tel. 076 48 5165
www.subaqua-divecenter.com

Similan Islands 3 ⭐ [A10] und Surin Islands 4 [A9]

Die Similan-Inseln begeistern mit ihrem tropischen Regenwald, den schneeweißen Stränden mit den markanten runden Granitfelsen (Ko Similan) und dem in allen Blautönen schimmernden Meer.

Die berühmtesten Tauchgründe rund um Ko Similan (Insel 8) sind **Christmas Point** vor der Nordspitze und **Elephant Head** vor der Südspitze. Die besten Bedingungen für Schnorchler herrschen am **Beacon Beach** vor der Südostküste. Wegen seiner seltenen Gitarrenfische und Leopardenhaie faszinierend ist die (2013 nach Sperrung wegen Korallenbleiche wieder freigegebene) Korallenformation **East of Eden** im Südosten von Ko Payu (Insel 7). Fische in allen Re-

Richelieu Rock zählt zu den besten Tauchrevieren der Surin Islands

genbogenfarben begleiten die Taucher: Thunfische, Trompetenfische, Adlerrochen, Barrakudas und auch Haie. Man gleitet mit der Strömung durch Tunnel und Höhlen, Grotten und Schluchten, vorbei an hohen Felsblöcken und Monolithen, die vor Jahrmillionen durch heiße Lava und die Eiszeit geformt wurden. Heute sind die Felsen in bis zu 40 m Tiefe mit Korallen überwuchert: Ganze 200 Arten wachsen hier, richtige Korallenwände, von Feuerkorallen bis zu den riesigen Blumenkohlkorallen.

Saison ist zwischen November und April, richtig voll wird es an einigen Stellen von Dezember bis Februar: Jachten, Ausflugskutter, Tourboote und Kreuzfahrtschiffe liegen dann zuhauf vor Anker. Für Individualisten empfehlen sich die organisierten Tauchausflüge ab Khao Lak und Phuket. Auf Ko Miang (Insel 4) ist Tauchausrüstung verfügbar. Unter der Woche ist es auf den Inseln wesentlich ruhiger.

Der **Mu Ko Surin National Park** vor der Küste von Khuraburi zieht Taucherscharen magisch an. Hier begegnet man bis zu 12 m langen Walhaien, gesprenkelten Leopardenhaien, riesigen schwebenden Mantas und Geigenrochen. Walhaie sind übrigens völlig harmlos; man trifft sie vor allem am **Richelieu Rock,** einem der legendären Tauchspots der Welt. Die beste Zeit für diese Ozeanriesen ist von März bis Mai. Die weltweit bedrohten Meeresschildkröten legen ihre Eier auch in den warmen, weißen Sand der Surin-Inseln.

Flache Korallenriffe von einer unglaublichen Vielfalt gedeihen besonders prächtig an den östlichen, seeabgewandten Seiten der Inseln, beliebt ist beispielsweise die Mae Yai Bay im Südosten der nördlichen Insel **Surin Nua:** In der Hochsaison tummeln sich hier allerdings ganze Horden von Ausflüglern mit Schnorchel und Flossen zwischen den Seeanemonen und Gorgonien, Barrakudas, Papageien- und gestreiften

Phuket & der Süden
Similan & Surin Islands/Phang Nga Bay

Clownfischen. Auf der südlichen der beiden großen, felsigen Surin-Inseln, **Surin Tai,** siedeln heute die Nachfahren der Chao Le, die vom Fischfang und neuerdings auch vom Muschelverkauf an Touristen leben.

Anreise

Die Fähre verkehrt nach Bedarf (in der Saison meist tgl.) von Ban Hin Lat nördlich von Khuraburi (Fahrzeit 4–5 Std.), das Speedboat benötigt nur etwa 1 Std. Taucher sind allerdings auf Live-Aboard-Tauchschiffe angewiesen, da die Inseln keine Kompressoren haben. Nationalpark Mai–Nov. geschlossen.

Unterkünfte

Übernachtung auf Ko Similan bzw. Ko Surin Nua in einfachen Nationalparkbungalows (2000 Baht mit Klimaanlage) oder Zelten; Anmeldung unter Tel. 02 196 2055-57, www.thaiforestbooking.com, oder bei der Parkverwaltung am Thap Lamu Pier bei Khao Lak.

Tauchen

Medsye Travel & Tours
Tauchausflüge zu beiden Archipelen. Zu den Similan Islands starten die Speedboote am Thap Lamu Pier bei Khao Lak, Überfahrten zu den Surin Islands ab dem weiter nördlich liegenden Ha Thun Wa-Nam-Khem-Pier (15 Min. von Khao Lak).
78/64 Moo 5 | Thai Muang | Khao Lak
Tel. 08 6663 4666 | www.similanthailand.com

Poseidon
Betreibt das einzige Live-Aboard-Boot speziell für Schnorchler, was die Kosten für Nichttaucher erheblich senkt. Für Leute, die tauchen möchten, wird vor Ort per Funk der Transfer auf »echte« Tauchschiffe arrangiert.
1/6 Thai Muang | Khao Lak | Tel. 08 7895 9204

Khao Sok National Park 5 [A10]
In den hügeligen Regenwäldern leben Makaken, Warane, Adler, Tapire und Nashornvögel. Wer diese Tiere tatsächlich sehen will, braucht einen kundigen Guide. Der Nationalpark bietet auch Höhlen, Kalksteinfelsen, Wasserfälle und schöne Bootsfahrten. Hier wächst die Rafflesia, der Welt größte Blume. Infos zum Park unter www.khaosok.com.

Hotels

Khao Sok Riverside Cottage €€
Geräumige Bungalows mit Panoramafenstern und Blick auf den gepflegten Dschungelgarten. Restaurant direkt am Fluss.
Khao Sok
Tel. 0 7739 5159
www.khaosok.net

Nature Resort €–€€
Die Anlage – einzelne Baumhäuser, die man über Stege erreicht – liegt mitten in der Natur nahe dem Affenfelsen. Für weniger Abenteuerlustige gibt es auch Bungalows.
Khao Sok | Tel. 0 8612 00588
www.khaosoknatureresort.com

Phang Nga Bay 6 ★ [A10]

Die Küstenprovinz ist weltberühmt für ihre fantastischen Höhlen und Kalksteinfelsen, die teils Hunderte von Metern aus dem Meer ragen. Tagestouren werden von allen Veranstaltern Phukets angeboten. Das Dröhnen der Motorboote rund um die »James-Bond-Insel« **Ko Phing Kan** sowie die Felseninsel **Ko Panyi** mit ihrem muslimischen Fischerdorf auf Stelzen ist mitunter ohrenbetäubend.

Teurer, aber um einiges interessanter und ökologisch auch wesentlich akzeptabler sind Ausflüge mit gecharterten Segeljachten.

Auf Kanutouren lernt man die stille, berauschende Lagunenwelt der sogenannten *hongs* kennen: Hohlräume innerhalb der Karstberge. Ein erfahrener Veranstalter solcher Kanuausflüge ist John Gray's Sea Canoe in Phuket (Tel. 07 625 4505-7, www.johngray-seacanoe.com).

Krabi 7 [B10]

Das beliebte Reiseziel umfasst eine Reihe kleinerer, unterschiedlicher Strände in der wildromantischen Bucht von Phang Nga. In **Krabi Town** findet man gute Gastronomie, preiswerte Hotels und Gästehäuser sowie ein munteres Nachtleben. Per Sammeltaxi oder Boot geht es zu den Stränden.

Der ruhige, 2 km lange Strand von **Nopparat Thara**, 20 km im Norden, gehört zu einem Nationalpark und ist bei einheimischen Wochenendausflüglern beliebt. Gleich südlich ist der voll erschlossene **Ao Nang Beach** fest in der Hand europäischer Pauschaltouristen. Noch weiter südlich, und wegen der umliegenden Klippen nur mit dem Boot ab Krabi oder Ao Nang zu erreichen, liegen die Strände **Rai Leh** und **Phra Nang** – mit weißem Pudersand, umgeben von hohen Sandsteinfelsen, die ein Eldorado der Kletterer sind (Infos: www.railayadventure.com, www.railay.com).

Info
Tourism Authority of Thailand (TAT)
Uttarakit Rd.
Krabi Town
Tel. 075 62 2164

Anreise
Flugzeug: tgl. von/nach Bangkok (Krabi Airport, Tel. 075 63 65412, www.krabiairport.org)
Bus: Verbindungen vom/zum International Airport Phuket (2–3 Std.), Phang Nga (2 Std.), Suratthani (2–3 Std.).
Schiff: von/nach Phuket (direkt nur die Fähre *Ao Nang Princess*, 2 Std. sonst über Ko Phi Phi (1½ Std.) und Ko Lanta (1½ Std.).

Hotels
Pavilion Queen's Bay-Hotel €€€
Luxuriöse Anlage mit pompösen Zimmern, von den Bädern genießt man einen einzigartigen Blick auf die Felslandschaft des Nopparat Thara Beach National Park. Im Hotelgarten laden Tempel und Pavillons zum Verweilen ein. Pool über drei Ebenen, edler Spa-Bereich und erstklassiges Sushi-Restaurant.
Ao Nang Beach
Tel. 075 63 7611
www.pavilionhotels.com/Krabi

Phra Nang Inn €€€
Das Hotel kleidet sich in Bambus und Holz, Stroh und Palmwedel – originell und gemütlich; zahlreiche Gruppen.
Ao Nang Beach
Tel. 075 63 7130
www.vacationvillage.co.th/phrananginn

Railei Beach Club €€€
Individuelle, elegante bis rustikale Ferienbungalows aus Holz, die von ihren Besitzern vermietet werden, alle mit komfortablen Schlafzimmern und sauberen Bädern. Kein Pool, aber direkt am Traumstrand. Tgl. Zimmer- und auf Wunsch Kochservice.
Rai Lei Beach
Tel. 08 6685 9359
www.raileibeachclub.com

Rayavadee Villas €€€
Große Anlage mit luxuriösen Pavillons, einige mit Privatpool und Butler. Mehrere Restaurants (das Krua Phranang am Phra Nang Beach ist besonders gut), tolle Massagen und heiße Kräuterkompressen im Spa, großer Pool. Viele Angebote für Wassersport.
Rai Leh Beach und Phra Nang Beach
Tel. 075 62 0740
www.rayavadee.com

Ban Sainai Resort €€
Sehr schöne Gartenbungalows, romantisch und komfortabel eingerichtet. Großer Pool mit fantastischem Blick auf die Karstformationen. Sehr freundliches Personal.
Ao Nang Beach
Tel. 075 81 9333
www.bansainairesort.com

Karte
S. 221

Phuket & der Süden
Krabi

Krabi River Hotel €€
Freundliches modernes Hotel am Krabi River, mit klimatisierten komfortablen Zimmern (zum Teil mit Balkon) und heißer Dusche. Exzellentes Preis-Leistungs-Verhältnis.
7311 Khongkha Rd. | Krabi Town
Tel. 075 61 2321
www.krabiriverhotel.com

Lai Thai Resort €€
Anlage mit hübschen Thai-Häusern und Pool zu Füßen der Kalksteinfelsen, etwas abseits vom Strand.
Ao Nang Beach | Tel. 075 63 7281
www.laithai-resort.com

Restaurants
An der belebten Soi Sunset am Ao Nang Beach reiht sich eine Bierbar an die nächste.

Anchalee €–€€
Das ehemalige Ruen Mai wurde von seiner besten Köchin übernommen und serviert nach wie vor das wohl beste Thai-Seafood in Krabi. Himmlisches *kaeng som* (scharf-saures Fischcurry) und *khao mok gai* (Hühnchen mit gelbem Reis auf Thai-Muslim-Art). Hübscher Garten.
315/5 Maharat Rd. | Krabi Town
Tel. 075 63 1797

Ko Tung €
Authentische südliche Thai-Küche mit erstklassigem Seafood am Nachtmarkt (in dessen Garküchen man noch billiger isst), besonders leckeres Seafood. Sehr freundliche Familie.
36 Khongkha Rd. | Krabi Town
Tel. 075 61 1522

The Last Café €
Ein Klassiker am südlichen Ende der Strandstraße direkt am Strand: Hier gibt es selbst gebackenes Brot und Kuchen sowie gute westliche und Thai-Snacks.
Ao Nang Beach

Tauchen
Aqua Vision Dive Centre
Einziges Tauchzentrum (mit Schule) in Ao Nang, das auch Tauchgänge zu Walhaien und Mantas anbietet.
Ao Nang Beach | Tel. 08 6944 4068
www.diving-krabi.com

Felsklettern
Krabis Felsen am Rai Leh Beach sind mit ihren Steilwänden, Überhängen und winzigen Vorsprüngen Kletterern aus aller Welt ein Begriff. An die 700 Routen für Felskletterer wurden markiert. Sie zählen zu den besten der Welt, und die Aussicht von den Klippen ist einfach atemberaubend. Einige Routen führen auf das Dach riesiger Höhlen, folgen Stalaktiten 300 Meter hoch hinauf. Besonders beliebt sind Muay Thai Wall und One, Two, Three Wall am Südende von Rai Leh Beach East. Die mächtige Thaiwand Wall am Südende von Rai Leh Beach West hält mit ihren senkrechten Kalksteinklippen einige der größten Herausforderungen für Kletterer bereit. Wer sich an den Ao Nang Tower wagt, startet von einem Longtailboot! Am besten besorgt man sich das vor Ort verkaufte »Thailand Climbing Guidebook«. Erfahrene Veranstalter sind:

Hot Rock
Tel. 0 7566 2245
www.railayadventure.com

King Climbers
Tel. 0 7566 2096
www.railay.com

Ausflüge von Krabi

MIT DEM BOOT NACH KO PODA
Das beliebteste Tagesziel vieler Inselhüpfer ist Ko Poda: ein Mini-Eiland mit katalogreifem weißem Sandstrand und vielen Korallen – sehr

Phuket & der Süden
Krabi

schön zum Schnorcheln. Longtailboote steuern auch die Inselchen »Chicken Island« (ein großartiges Tauchrevier) und Ko Tub an.

AUSFLUG ZUM WAT THAM SUA

Wer Wat Tham Sua besuchen will, sollte das Wochenende meiden – das Kloster, ein bedeutendes buddhistisches Meditationszentrum, wird dann von Gläubigen geradezu gestürmt. Vom »Tigerhöhlen-Tempel« am Fuß der Ao-Luk-Thamu-Berge (7 km nördl. von Krabi) führen rund schweißtreibende 1200 Stufen in 45 Minuten zu einer großen vergoldeten Buddhastatue und einem hinreißenden Blick über Krabis Felsenlandschaft.

Ko Phi Phi 8 [A11]

Am 26. Dezember 2004 verwüstete der tödliche Tsunami das Zentrum der Insel, das eigentlich durch die touristische Überentwicklung bereits zerstört war. Leider hat Ko Phi Phi seine zweite Chance nur halbherzig genutzt. Viele Resorts stehen inzwischen wieder, auf etwas höherem Grund, stabiler und um einiges teurer, aber leider nur manchmal schöner.

Die halbmondförmige **Ton Sai Bay,** an der nach dem Tsunami fast nichts mehr stand, ist schon wieder fast nahtlos mit Resorts und Shopping Malls bebaut, ebenso der gegenüberliegende **Loh Dalum Beach.** Tagsüber fällt eine lärmende Armada von Longtail- und Ausflugsbooten über die Insel her. In den Nächten wird Party gemacht, und auch die Tauchershops und Massagesalons sind wieder da. Aber wer zum ersten Mal den Blick im klaren Morgen- oder milden Abendlicht vom Aussichtspunkt hoch über der Ton Sai Bay und Loh Dalam Bay genießt, wird trotzdem von dieser grün überwucherten Kalksteinlandschaft mit ihren blendend weißen Strandbuchten und der türkisfarbenen See überwältigt sein. An den Stränden der lang gestreckten Ostseite der Insel stehen noch immer recht wenige Bungalowanlagen, und wer sich mit einem Boot die Küste entlang schippern lässt oder schlechte Trampelpfade nicht scheut, findet vielleicht sogar eine recht einsame Bucht. Gut besucht ist dagegen der **Long Beach** mit seinem besonders weichen Sand und dem Traumblick auf das Nachbarinselchen Ko Phi Phi Le. Immer beliebter werden auf Ko Phi Phi auch der von Urwald gesäumte, nur per Boot zugängliche **Laem Tong Beach** an der Nordspitze, **Loh Ba Gao Beach** an der Ostküste und die gegenüberliegende Bucht **La Nah.**

KO PHI PHI LE [A11]

Die unbewohnte und schroffe Schwester Phi Phi Le steht unter Naturschutz und ist gänzlich unbebaut. Tagsüber fahren die Ausflugsboote in die smaragdgrüne Maya Bay. Etwas ungestörter schnorchelt man allerdings in der fast noch schöneren fjordartigen Bucht Lo Samah. Die viel zitierte »Wikinger«-Höhle mit ihren Felsmalereien und gelatinösen Schwalbennestern (für Chinesen eine Delikatesse) wurde für Touristen geschlossen. Taucher und Schnorchler zieht es weiterhin zu den Korallengärten bei **Ko Bida Nok** und **Hin Bida** ganz im Süden, in Unterwasserlabyrinthe oder zu einigen Wracks. Wer es idyllisch mag, chartert frühmorgens ein Longtailboot: Die Massen rücken erst gegen 10 Uhr vormittags an, und idealerweise nimmt man ein Kajak mit, um diesen zu entfliehen.

Info

Viele Infos im Web: www.phi-phi.com

Anreise

Schiffe zwischen Ko Phi Phi und Phuket (ab 2 Std.), Krabi (ca. 2 Std.) und Ko Lanta (nur Hochsaison, ca. 2 Std.).

Hotels

Holiday Inn Resort Phi Phi Island €€€
Ein eigenes Boot bringt die Gäste zu diesem Luxusresort mit Süßwasserpool, Spa, Jacuzzi, Restaurant und Bar. Die Bungalows unter Palmen,

Karte S. 221

Phuket & der Süden
Ko Phi Phi

In der smaragdgrünen Maya Bay von Ko Phi Phi Le versammeln sich täglich die Ausflugsboote

manche direkt am Strand, lassen kaum Wünsche offen.
Laem Thong Beach
Tel. 075 62 7300
www.phiphi.holidayinn.com

Phi Phi Island Village Beach Resort €€€
Schöne Bungalows im traditionellen Thai-Stil mit Strohdächern direkt am Strand in einem Kokospalmenhain, teils mit fantastischem Meerblick vom Bett aus. Bei Ebbe kann man nicht im Meer baden, dafür entschädigt ein großer Pool.
Loh Ba Gao Beach
Tel. 075 62 8900 | www.phiphiislandvillage.com

Zeavola €€€
Sehr charmantes Resort am puderzuckerfeinen Sandstrand mit 52 recht versteckten Teak-Villen. Die Zimmer sind mit allen modernen Annehmlichkeiten mit romantischem Touch ausgestattet.
Laem Tong Beach | Tel. 075 62 7000
www.zeavola.com

Paradise Resort €€–€€€
Direkt am Strand stehen die einfachen Steinbungalows mit Ventilator, in denen sich Taucher, Schnorchler und Kajakfans ebenso wie Familien wohlfühlen.
Laem Thong Beach (Long Beach)
Tel. 08 1968 3982
www.paradiseresort.co.th

Phi Phi Natural Resort €€–€€€
Am ruhigen Nordende des Strands gelegene, komfortable, klimatisierte Bungalows. In einem Reihenhaus werden außerdem einfachere Zimmer vermietet.
Laem Thong Beach (Long Beach)
Tel. 075 81 8706
www.phiphinatural.com

Restaurants
Chao Koh Restaurant €€
Preiswerter frischer Fisch, Phuket Lobster und Seafood ist etwas teurer. Außerdem gute Thai-Salate und Currys. Viele Tagesausflügler.
Tongsai Bay | Tel. 075 62 0800

Phuket & der Süden
Ko Phi Phi/Ko Lanta

Ciao Bella €
Anständige Holzofenpizza, Pasta und Foccaccia am Meer.
Loh Dalam Beach | Tel. 08 1894 1246

Hippies Restaurant and Bar €
Internationale Küche, Burger, Steaks, Pasta und Pizza. Die Bar zählt abends zu den beliebtesten Treffs der Insel. Party People tanzen am Strand, spektakuläre Feuershows.
Tonsai Beach

Phi Phi Bakery €
Frische Donuts, Croissants, Gebäck und richtig guter Kaffee
Tonsai Village
Tel. 075 60 1017

Ko Lanta 9 [B11]

Auf Lanta reizen nicht nur tolle und stille Strände, romantische Berge und Klippen sowie echter, dichter Urwald, sondern auch eine freundliche Bevölkerung muslimischer Fischer und Seenomaden. Von Norden nach Süden wird Lanta immer stiller und wilder. Der Fährhafen **Saladan** an der Nordspitze bietet Infrastruktur (Krankenhaus, Supermarkt, Tauchshops). In der Nähe findet man am **Klong Dao** und **Long Beach** die meisten Bungalowanlagen, schöne Strandrestaurants und einige Bars. **Tham Morakot** (Emerald Cave) bei Ko Muk ist ein kleines Naturwunder: Durchschwimmt man die Höhle mit dem türkis leuchtenden Wasser, öffnet sich eine lichtdurchflutete Lagune.

Info
Ausführliche Informationen im Web unter:
www.lantainfo.com

Anreise
Expressboote Nov.–April tgl. zwischen Krabi, Ko Phi Phi und Ko Lanta (ca. 2 Std. Fahrzeit), Mai–Okt. (je nach Wetterlage) kleinere Fähren.

Ganzjährig gibt es öffentliche **Minibusse** von Trang (Abfahrt gegenüber Bahnhof, 2½ Std. inkl. Fährüberfahrt).

Hotels
Pimalai Resort & Spa €€€
Exquisites Verwöhnhotel mit Wellnesszentrum im Regenwald oberhalb eines privaten weißen Strandabschnitts im Südwesten von Ko Lanta mit wunderschönem Infinity-Pool.
Ba Kan Tiang Beach
Tel. 075 60 7999
www.pimalai.com

Sri Lanta Resort €€€
Boutiquehotel in schönem Landschaftsgarten an der Westküste mit strohgedeckten Bambusvillen im thailändischen Stil. Sehr hübsches Strandrestaurant, toller, schwarz gefliester Pool.
Klong Nin Beach
Tel. 075 66 2688
www.srilanta.com

Relax Bay €€–€€€
Pfahlhütten und Bungalows aus Holz, Palmwedeln und Bambus am Strand und am Hang unter Bäumen, tolle Aussicht. Kurse in Yoga, Massage und Kochen.
Pha Ae Beach (südlich von Long Beach)
Tel. 075 68 4194
www.relaxbay.com

Lanta Villa €€
Hübsche, aber enge Reihenhäuschen mit Terrasse um den Pool. In der Hochsaison überteuert, also handeln!
Klong Dao Beach | Tel. 075 68 4129
www.lantavillaresort.com

The Narima Bungalow Resort €€
Hübsche Bungalows, alle mit super Blick auf Ko Ha, aber etwas felsige Küste. Gute Tauchschule, Pool, großer Jacuzzi. Sehr herzliche Besitzer.
Klong Nin Beach
Tel. 075 66 2668 | www.narima-lanta.com

Karte S. 221

Phuket & der Süden
Pakmeng/Ko Muk

Restaurants
An der Promenade am **Klong Dao Beach,** südlich von Ban Saladan, empfehlen sich mehrere Restaurants, z. B. **Bei Hans** (km 1,5) mit europäischer Kost oder, ein Stück weiter, das **Lanta Seahouse,** das frische Meeresfrüchte serviert. Als beliebtes Frühstückslokal hat sich **Otto's** etabliert.

Tauchen
Ko Lanta Dive Center
Ein erfahrenes Team führt in der Hochsaison (Nov.–April) das Center.
Saladan | Tel. 075 68 4065
www.kolantadivingcenter.com

Pakmeng [B11]

Viele Ausflüge und Exkursionen in die Inselwelt können Sie auch vom Festland unternehmen. Der Fischerort Pakmeng ist eine Alternative für alle, denen Krabi schon zu voll ist und die kleine touristische Mängel nicht stören. Dafür ist die Landschaft ein klassisches Ebenbild der berühmten Kalksteinriesen von Krabi – im Wasser und zu Lande. Besonders schön ist der Yao Beach.

Anreise
Flughafen und Bahnhof in Trang, 30 km östlich.

Hotel
Sabai Resort Pak Meng €€
Kleines Bungalowresort mit sehr sauberen klimatisierten Zimmern. Restaurant. Alberto und Noi sind tolle Gastgeber.
256 Moo 4, Maifad
Sikao
Tel. 08 0519 1663
www.sabairesortpakmeng.com

Ko Muk [B11]

Von Pakmeng Beach und Ko Lanta steuern Fähren die Insel Ko Muk (auch Ko Mook geschrieben) an. Ihre große Attraktion ist die Höhle **Tham Morakhot** (Emerald Cave), in die man bei Ebbe mit kleinen Booten hineinfahren kann.

Die Häuser des Fischerdorfs auf Ko Muk sind auf Stelzen errichtet

Phuket & der Süden
Ko Muk/Ko Hai

Longtailboot am Strand von Ko Kradan

Am besten mietet man sich am Farang Beach sein eigenes Longtailboot. Organisierte Ausflügler bekommen Schwimmwesten verpasst und werden durch das Wasser eines etwa 80 m langen Tunnels gezogen, in dem man vor Dunkelheit zeitweise nicht die eigene Hand vor Augen sehen kann. Individualisten hingegen können (mit Stirnlampe) in der Höhle auch schwimmen. Dann wird es allmählich heller, und der Weg führt hinaus an einen Strand, der rundum von 50 m hohen, dicht bewachsenen Felswänden umgeben ist. Das Wasser der kleinen Lagune schillert in unwirklichen Smaragd- bis Türkisfarben: traumhaft schön! Die beste Besuchszeit ist aufgrund des dann idealen Sonnenstands zwischen 12 und 13 Uhr. Verblüffenderweise ist es genau dann relativ einsam, da die Ausflugstouristen beim Mittagessen sind.

Hotel
Sivalai
Bungalows mit Terrasse, Restaurant und Spa direkt am Strand mit herrlichem Panorama.

Ko Muk
Tel. 08 9723 3355
www.komooksivalai.com

Ko Hai [B11]

Lust auf eine perfekte Robinsonade? Dann lassen Sie sich von einer der zahlreichen Fähren ab Pakmeng Beach oder Ko Lanta nach Ko Hai (auch Ko Ngai) schippern. Ko Hai ist eine besonders schöne, von einem Korallenriff gesäumte Urwaldinsel, oder unternehmen Sie einen Trip von Insel zu Insel.

Hotel
Coco Cottages €€–€€€
Mit viel Sinn für Nachhaltigkeit aus Naturmaterialien konzipierte, attraktive Bungalows mit Strohdach und Kokosnussmotiven. Die Sea Side Cottages mit schönem Meerblick sind besonders zu empfehlen. Gutes Restaurant, freundlicher Service. Das Hotel organisiert Bootsausflü-

Karte S. 221

Phuket & der Süden
Ko Kradan/Ko Libong/Ko Sukhorn

ge, u. a. nach Ko Kradan. Leider scharfkantige Korallen am Strand bei Ebbe.
Ko Hai | Tel. 075 22 4387
www.coco-cottage.com

Tauchen
Rainbow Divers
Die Divemaster der Tauchschule im Fantasy Resort (mit empfehlenswerter Unterkunft) entführen Sie zu über 20 Tauchplätzen.
Ko Hai
Tel. 075 20 6923
www.rainbow-diver.com

Ko Kradan [B11]

Noch mehr schneeweiße puderzuckerfeine Traumstrände sowie Kokospalmen, türkisfarbenes Meer und einen fantastischen Blick auf die Nachbarinseln Ko Muk und Ko Libong finden Sie auf Ko Kradan (auch Ko Ha genannt), das Sie mit Longtails von Ko Lanta, Ko Hai, Ko Muk oder Pakmeng Beach erreichen. Übernachten können Sie in zwei Hotels an der Ostseite, man kann aber auch sein eigenes Zelt am Strand aufschlagen. Bei Ebbe kann man an der Ostseite lange Strandspaziergänge unternehmen. Den Sonnenuntergang genießt man am Sunset Beach an der Westseite der Insel.

Da die Insel zu 90 % zum **Hat Chao Mai National Park** gehört, darf hier kaum gebaut werden. Es gibt keine Geschäfte, keine Straßen, keine Autos, keine Geldautomaten, nur paradiesische Natur. Schnorcheln kann man am intakten küstennahen Korallenriff. Unzählige farbenfrohe Fische tummeln sich im warmen seichten Wasser. Weiter draußen im Meer kann man zu zwei japanischen Schiffen hinuntertauchen, die hier im Zweiten Weltkrieg gesunken sind.

Hotels
Seven Seas €€–€€€
39 elegant und naturnah gehaltene Villen mit großen Fenstern (tolle Aussicht!), Pool, gutes Restaurant mit heimischer und internationaler Küche (auch für Nichtgäste zugänglich).
Ko Kradan
Tel. 08 2490 2442
www.sevenseasresorts.com

Kradan Island Resort €
Einfache Bungalows, mit Thai-Restaurant.
Ko Kradan
Tel. 08 8821 3732
www.kohkradanislandresort.com

Ko Libong [B11]

Die für ihre besonders gastfreundlichen Einwohner bekannte Insel ist mit der Fähre von Ko Muk, Ko Sukhorn und dem Festlandhafen Hat Yao zu erreichen.

Die größte Attraktion der Insel sind die sich vor der Küste tummelnden Dugong-Seekühe, die man in den Mangrovengewässern der Ostküste auf von den Hotels organisierten Kajakausflügen kennenlernen kann. Auf der Insel gibt es vier Resorts.

Ansonsten frönt man dem süßen Nichtstun am goldgelben Strand Haad Lang Kao im Südwesten der Insel, an dem einige blankgeschliffene Felsen für Fotomotive sorgen. Im November und Dezember legen viele Zugvögel aus Sibirien eine Rast auf der Insel ein.

Ko Sukhorn [B11]

Die Insel ist nicht ganz so spektakulär wie ihre Nachbarn Ko BuIon Le und Ko Libong, von denen aus sie ebenso zu erreichen ist wie vom Festlandpier aus Ban Ta Seh südlich von Trang (Longtailboote).

Dafür ist sie touristisch kaum erschlossen. Man hat die Strände an der Westseite also fast für sich. Das Inselinnere ist bäuerlich geprägt, die Bewohner empfangen Besucher außerordentlich herzlich.

Phuket & der Süden
Ko Bulon Le/Ko Tarutao Marine National Park

Hotel
Yataa Island Resort €
Kleine Bungalows in gepflegter Gartenanlage mit Kokospalmen und tropischen Blumen an einem Privatstrand. Das Restaurant serviert Thai-Küche und fangfrischen Fisch.
Haad Lo Yai–Ko Sukhorn
Tel. 08 9647 5550
www.sukorn-island-trang.com

Ko Bulon Le [B11]

Die Boote vom Festland bei Pakbara fahren täglich um 14 Uhr. In der Monsunzeit hängt der Bootsverkehr sowohl von der Wetterlage als auch von der Anzahl der Passagiere ab, die auf die Insel wollen.

Wer nach Bulon Le will, sollte also unbedingt ein paar Reservetage einplanen! Nach ein bis zwei Stunden Überfahrt kommt die Trauminsel in Sicht: der Sand gleißend weiß, das Meer türkis-blaugrün schimmernd und glasklar. Der Anblick lässt schlagartig alle Mühe vergessen. Einige Hundert Meter vor der Inselküste steigt man vom Speedboot in ein Longtail um, denn das Wasser ist zu seicht.

Das mit dichtem Wald bedeckte Inselchen Bulon Le kann man locker in nur 15 Min. zu Fuß überqueren. Hier stören weder Autos noch Mopeds, sodass das Eiland sich als eine wahre Oase für Ruhesuchende und Andamanen-Kanuten erweist. An der Ostküste leben ein paar Familien der Chao Le vom Fischfang.

Hotel
Pansand Resort €€
Nette Holzhäuschen auf der Wiese und einfache Hütten am Hang mit mit Ventilator und Meerblick zwischen Küste und Dschungel an der Ostseite der Insel. An Feiertagen unbedingt vorher buchen; schönes Gartenrestaurant.
Ko Bulon Le
Tel. 08 1693 3667
www.pansand-resort.com

Ko Tarutao Marine National Park [B11]

Ko Tarutao ist die Hauptinsel des gleichnamigen Nationalparks. Lange waren die felsigen Inseln ideale Schlupfwinkel für Seeräuber und Schmuggler, doch der rasante Aufschwung des Tourismus auf der schon zu Malaysia gehörenden Insel Langkawi hat auch die über 50 thailändischen Inseln aus ihrem Dornröschenschlaf gerissen.

In den Gewässern tauchen gelegentlich Delfine auf. Die noch völlig intakten Korallenriffe bilden einige der besten und schönsten Tauchgründe Thailands.

Durch das bergige und wilde Terrain von **Ko Tarutao** mit Wasserfällen und von Schwalben und Fledermäusen bewohnten Höhlen führen überwucherte Pfade. An den prachtvollen Stränden der Westküste wie Ao Son und Ao Phante vergraben Meeresschildkröten im September ihre Eier im Sand; im April schlüpfen die Jungen und suchen den Weg zurück ins Meer.

Warane, Schlangen, Nashornvögel und Makaken leben hier fast ungestört – nur an Wochenenden und Feiertagen schlagen die Thais am Strand ihre Zelte auf. Beim Parkhauptquartier gibt es Unterkünfte in Form einfacher Bungalows, einen Campingplatz und auch ein Restaurant. Zum Archipel gehören auch die besiedelten Inseln **Ko Adang**, **Ko Rawi** und **Ko Lipe**.

Hier kann man herrlich schnorcheln. Weiße Strände aus Quarzsand, üppig grüner Primärwald, eine See in allen Schattierungen von Azur bis Türkis, großartige Aussichtspunkte von hohen Granitbergen und auf Ko Lipe vergleichsweise günstige Komfortbungalows.

Anreise
Schiffe außerhalb der Regenzeit tgl. auf den Routen Pakbara–Ko Tarutao und Satun–Ko Lipe, Ausflugsboote je nach Bedarf, vorwiegend Sa und So, Fähren außerhalb der Regenzeit von Ko Lanta nach Ko Lipe.

Restaurants am Chaweng Beach bei Sonnenuntergang

Hotels

Mountain Resort €€
Bungalows mit großartigem Blick hinüber nach Ko Adang. Der Besitzer kümmert sich um Sozialprojekte auf der Insel, und das Personal kommt weitgehend aus den benachbarten Dörfern der Chao Le.
Ko Lipe | Tel. 0 7472 8131
www.mountainresortkohlipe.com

Mali Resort €€
Sehr hübsche geräumige Bungalows im balinesischen Stil am Strand. Die großen Badezimmer haben kein Dach – und keiner wird eines vermissen.
Pattaya Beach
Ko Lipe
Tel. 077 03 3020
www.maliresorts.com

KO SAMUI & KO PHANGAN

Ko Samui 10 [B9]

Die über 60 000 Einwohner der drittgrößten Insel Thailands leben von Fischfang und Kokosnussanbau, hauptsächlich aber vom Fremdenverkehr. Das bergige Eiland, ca. 30 km vom Festland, liegt idyllisch in einer Gruppe von rund 80 meist unbewohnten Inseln. Eine gut ausgebaute Ringstraße führt um ganz Ko Samui herum, Sammeltaxis verbinden die Strände sowie ein Dutzend kleiner Ortschaften miteinander.

Auf Samui hat man unterhalb der Palmen und stets ein Stück vom Strand entfernt gebaut. Auch die Ringstraße verläuft etwas zurückversetzt hinter den Unterkünften, sodass fast alle Hotels direkten Zugang zum Strand bieten.

Ko Samui lohnt das ganze Jahr über einen Aufenthalt, von Oktober bis Dezember beschert der Nordostmonsun allerdings gelegentlich starke Regenfälle und heftigen Seegang, die Hochsaison fällt auf Januar, Februar, die zweite Julihälfte und August. Die schönsten Strände liegen an der Ostküste, hier kann die See zwischen Oktober und Januar mitunter gefährlich rau sein.

CHAWENG BEACH ⓝ ⭐

Mehrere sanft geschwungene, fast nahtlos ineinander übergehende Buchten mit feinem, hellem Sand, glasklarem Wasser und leichtem Gefälle zum Meer liefern auf 6 km ein Panorama vom Feinsten – entsprechend der Besucherstrom. Der Strand ist komplett von Hotels gesäumt. Am Nordende liegt ein Schnorchelrevier in absolut flachem Wasser.

Hotels
Buri Rasa Village €€€
Inmitten eines Tropengartens liegt diese Luxusanlage, bei deren Bau großer Wert auf die Verwendung natürlicher Materialien gelegt wurde. Zimmer mit romantischen Himmelbetten, DVD-Player und WLAN. Außerdem Restaurant, Beach Bar, großes Wassersportangebot, schicker Pool und Spa.
Chaweng Beach
Tel. 077 23 0222
www.burirasa.com

The Briza Beach Resort & Spa €€€
Topmodernes ruhiges Luxusresort, dessen Dekor Motive der buddhistischen Srivijaya-Epoche aufnimmt. Die Gäste der erlesen möblierten Strandvillen werden mit großen Privatpools und eigenem Butlerservice verwöhnt. Spa, Pool, großes Wassersportangebot und Vorträge über Thai-Kultur.
Chaweng Beach | Tel. 077 23 1997
www.thebriza.com

The Library €€€
Resort in minimalistischem Zen-Design. Die luxuriösen, innovativ beleuchteten Suiten und Studios sind mit riesigem Plasmafernseher, DVD-Player und iMac ausgestattet. Bäder mit Whirlpool. Rot gefliester Pool, Restaurant, Bar, Fitnessraum und Bibliothek.

Verkäufer sorgen am Chaweng Beach für Nachschub an frischen Vitaminen

Karte S. 223

Phuket & der Süden
Ko Samui

Chaweng Beach
Tel. 077 42 2767
www.thelibrary.co.th

The Island Resort €€–€€€
Klimatisierte Bungalows in einem Park mit Kokospalmen. Sehr freundlicher Empfang. Restaurant abends mit leckerem Seafood-Barbecue. Das Bali Thai Spa bietet zur Entspannung Thai-Massagen und balinesische Aromatherapie.
Chaweng Beach
Tel. 077 23 0751
www.theislandsamui.com

Montien House €€
Charmantes kleines Resort in schöner Gartenanlage direkt am Strand, aber nicht mitten im Trubel. Hübsche klimatisierte Standardzimmer, kleine, etwas luxuriösere Cottages mit Familienzimmern. Kleiner Pool und Strandrestaurant. Erstklassiges Preis-Leistungs-Verhältnis.
Chaweng Beach | Tel. 077 30 0505
www.montienhouse.com

Akwa Guesthouse €
Wohl das beste Guesthouse auf Ko Samui, nur 2 Min. zu Fuß vom Strand entfernt. Poppig dekorierte, blitzsaubere Zimmer mit DVD- und MP3-Player, kostenlosem WLAN und sehr nettem Personal, das Ausflüge arrangiert. Tolle Penthouse-Suite. Das phänomenale Frühstück gibt's den ganzen Tag.
Chaweng Beach
Tel. 08 4660 0551
www.akwaguesthouse.com

Restaurants
Prego €€€
Vorzügliche italienische Küche im minimalistischen Ambiente des Amari Palm Reef Resort, auch Pasta und Pizza. Leckere Dolci und große Weinkarte.
Chaweng Beach
Tel. 077 30 0317
www.prego-samui.com

Spirit House €€€
Oase der Ruhe mitten in Chaweng in einer Spa-Anlage mit wirklich vorzüglicher Thai-Küche, darunter Riesengarnelen mit Tamarindensoße, Massamam-Curry mit Rinderfilet oder rotes Enten-Curry.
Chaweng Beach
Tel. 077 30 0283
www.spirithousesamui.com

Poppies €€–€€€
Internationale und Thai-Küche in tropischem Garten am Strand am südlichen Ende der Chaweng-Bucht.
Chaweng Beach
Tel. 077 42 2419
www.poppiessamui.com

Zico's €€
Echte brasilianische Churrascaria und heiße Shows gegenüber dem Centara Grand Beach Resort.
Chaweng Beach | Tel. 077 23 1560
www.zicossamui.com

Cliff Bar & Grill €€
Fabelhafter Ausblick, mediterrane Küche sowie australische Steaks und neuseeländische Lammkeulen.
zwischen Chaweng und Lamai
Tel. 077 41 8508
www.thecliffsamui.com

Noori India €–€€
Einfacher, aber freundlicher Inder. Die Currys (mit an europäische Gaumen angepasster Schärfe) sind wirklich gut. Sogar Kochkurse werden angeboten.
Chaweng Beach Rd.
Tel. 077 41 3108
www.nooriindiasamui.com

Nightlife
Chawengs Nachtleben ist turbulent. Im **Reggae Pub,** einer Institution auf Ko Samui mit Biergar-

ten und künstlichem Wasserfall, versacken die meisten Nachtschwärmer und willigen Damen. Nach Mitternacht wird hier Techno und House für jüngeres Publikum gespielt. Auch **Full Circle** und **Green Mango** (www.thegreenmangoclub.com) sind mittlerweile legendär unter den Chaweng-Discos und -Bars, und wenn die schließen, zieht die vergnügungssüchtige Menge weiter in die **Bar Solo** (www.barsolosamui.com). Definitiv die schickste Lounge ist die zweistöckige Q Bar (www.qbarsamui.com) gegenüber dem Chaweng Lake View Hotel. Der **Cha Cha Moon Beach Club** (www.facebook.com/ChachamoonBeachClub) ist eine der angenehmsten Neuentdeckungen am Strand: leckere Cocktails, chillige Musik und sehr beliebte Full-Moon-Parties.

Shopping

Das größte Angebot finden Sie in den Boutiquen und Läden am Chaweng Beach; zwischen Al's Resort und der Hauptstraße liegt der größte Supermarkt von Chaweng, wo es auch eine deutsche Bäckerei gibt. Stöbern Sie im Samui Handicraft Center zwischen Kitsch und Kunst (Inselringstraße, an der südlichen Kreuzung nach Chaweng; tgl. 9–22 Uhr). Schicke Urlaubsmode gibt's bei Phuket Mermaids (www.phuketmermaids.com), Chandra (www.chandra-exotic.com) und Vanities, alle in der Chaweng Beach Rd.

Lamai Beach O

Südlich von Chaweng liegt der etwas kleinere Hat Lamai. Der Sand ist hier nicht ganz so fein und weiß, das Ufer ist stellenweise felsig, aber schön ist der Strand trotzdem. Im Zentrum der Bucht erstreckt sich eine Art Vergnügungsmeile mit etlichen Discos, Lokalen und Bars.

Hotels

Beluga Boutique Hotel €€€
Ideal für Paare geeignetes kleines Hotel mit Massage-Verwöhnprogramm, Pool und herrlicher Lage an einem abgeschiedenen, mit großen Felsen gesprenkelten weißen Sandstrand.
Lamai Beach | Tel. 077 31 0710
www.belugaboutiquehotel.com

Bill Resort €€–€€€
Schicke Unterkunft an einem ruhigen Strandabschnitt, mit schön möblierten Zimmern, Pool, Jacuzzi und Restaurant. Sehr guter Service.
Lamai Beach | Tel. 077 41 9077
www.billresort.com

Weekender Resort & Spa €€–€€€
Großes, zweistöckiges Mittelklassehotel. Garten, Pool, einige geräumige Bungalows mit Meerblick und klassischem Thai-Mobiliar. Pavillon mit traditioneller Thai-Massage und Aromatherapie.
Lamai Beach | Tel. 077 42 4429
www.weekender-samui.com

Restaurants

The Spa Restaurant €€
Strandrestaurant des Spa-Resorts mit feinen vegetarischen Gerichten und frischem Seafood.
Lamai Beach
Tel. 077 42 4666
www.thesparesorts.net

Sa Bieng Lae Restaurant €
Das kleine Lokal serviert knackfrische Samui-Spezialitäten wie köstliche Scampi und höllisch scharfes Seafood-Curry. Karte nur auf Thai.
Lamai Beach | Tel. 077 23 3082
www.sabienglae.com

Nightlife

Am Lamai Beach als Open-Air-Nightclub sehr beliebt ist das **Bauhaus** in der Lamai Beach Rd. Getanzt wird im **Fusion** (Hip-Hop und House), **SUB** und **Club Mix**.

STRÄNDE DER NORDKÜSTE

Fast die gesamte Nordküste Samuis wird von drei schönen Buchten eingenommen. Auf einer Klippe im äußersten Nordosten thront Samuis

Karte S. 223

Phuket & der Süden
Ko Samui

Wahrzeichen, eine 12 m hohe, 1972 errichtete, etwas kitschig wirkende vergoldete **Buddha-statue**, die oft das erste ist, was man beim Anflug aus Bangkok von Ko Samui sieht. Der dortige Strand heißt deswegen **Big Buddha Beach** ❿ (ist aber auch als Hat Bangrak bekannt). Zum Schwimmen ist es hier zu seicht. Von hier aus starten aber die Fähren nach Ko Phangan und Ko Tao.

2004 wurde einige Hundert Meter östlich des Big Buddha (an der zum Choeng Mon Beach führenden Straße 4171) der **Wat Plai Laem** errichtet. Der Tempel zeigt einen bunten fröhlichen thai-chinesischen Stilmix. Blickfang sind die 18 armige Schutzgöttin Guanyin, die in ganz Südostasien verehrt wird, und ein wohlbeleibter lachender Buddha mit weißem Bauch, roter Kleidung und vergoldeter Krone: Symbol des Wohlstands.

Nach Westen schließt sich der **Bophut Beach** ⓞ an, Samuis einziger Strand, an dem Touristen und Einheimische nicht strikt getrennt sind, allerdings verläuft die Straße hier zwischen Strand und Unterkünften.

Noch weiter nach Westen erstreckt sich der steil abfallende **Maenam Beach** ⓠ. Alle drei Strände haben gröberen, gelblicheren Sand als die der Ostküste, bieten aber Ruhe. Maenam ist besonders familienfreundlich. In gleicher Richtung liegt auch die wenig besuchte, von Palmen gesäumte Strandbucht **Ao Bang Pho,** deren klares Wasser zum Schnorcheln einlädt. Wenn der Nordostmonsun bläst, treffen sich hier die Windsurfer und Kiteboarder (Nov.–März).

Hotels

Anantara Resort and Spa €€€
Populäres, aber unprätentiöses Wellnessresort. Moderne, mit lokalen Stoffen hübsch ausstaffierte Zimmer. Neben seinen erstklassigen Spa-Behandlungen bietet das Resort Yoga- und Kochkurse an. Zwei Restaurants, Bar, Pool, großes Wassersportangebot.
Bophut Beach | Tel. 077 42 8300
www.samui.anantara.com

Bandara Resort und Spa €€€
Große Anlage mit geschmackvoll eingerichteten Zimmern. Pool und Kinderbecken. Am Strand gibt es auch Luxusbungalows mit privatem Pool.
Bophut Beach | Tel. 077 24 5795
www.bandarasamui.com

Ban Sabai Retreat & Spa €€€
Sehr schöne Unterkunft mit umfangreichem Wellnessangebot, auch Detox.
Big Buddha Beach
Tel. 077 24 5175
www.ban-sabai.com

Napasai €€€
Isoliert auf einem Felsvorsprung am westlichen Strandende angelegtes Resort. Die luxuriösen Teakhütten bieten Privatpools und Bäder mit riesigen Wannen. Gutes Restaurant, erstklassiges Spa.
Maenam Beach
Tel. 077 42 9200
www.napasai.com

Paradise Beach Resort €€€
13 Thai-Villen, sechs Wasser-Villen und 86 luxuriöse Zimmer in einem schönen Garten direkt am Strand. Zwei Pools, Wassersportangebot. Das Hotel steht unter Schweizer Leitung.
Maenam Beach | Tel. 077 24 7228
www.samuiparadisebeach.com

Santiburi Resort €€€
Wer es sich leisten kann: Top-Anlage mit dem größten Pool der Insel und Ziegelhäusern im Garten und am Strand. Dazu drei exquisite Restaurants. Windsurfen und Segeln sind im Preis inbegriffen.
Maenam Beach | Tel. 077 42 5031
www.santiburi-hotel.de

The Saboey €€€
Boutiquehotel mit marokkanisch-asiatischem Design. Zimmer mit kostenlosem WLAN, toller Infinity-Pool mit Meerblick und Jacuzzi. Das

Im Bophut Village kann man direkt auf dem Strand zu Abend essen

romantische Restaurant Quo Vadis serviert Tapas und marokkanisches Couscous.
Big Buddha Beach
Tel. 077 43 0450
www.saboey.com

Eden Bungalows €€
Die kleine Oase der Ruhe befindet sich im Fisherman's Village. Schöne Bungalows in einem tropischen Garten. Kleiner Pool. Beliebt bei Familien.
Fisherman's Village | Tel. 077 42 7645
www.edenbungalows.com

The Lodge €€
Minihotel am schmalen Strand, alle Zimmer mit viel Liebe eingerichtet, Meerblick.
Bophut Beach | Tel. 077 42 5337
www.lodgesamui.com

World Resort €€
Reihenbungalows mit Blick auf den Pool, schöner Strand.

Big Buddha Beach | Tel. 077 42 7202
www.samuiworldresort.com

Restaurants
Zazen €€€
Das gleichnamige Spa-Resort serviert ökologische Fusionküche in romantischem Ambiente mit Meerblick.
Bophut Beach
Tel. 077 42 5085
www.samuizazen.com

Siam Classic €€
Besonders empfehlenswert für ein romantisches Dinner ist ein Ausflug zum Fisherman's Village am östlichen Ende des Bophut Beach. Das Thai-Tanz-Restaurant bietet Mo, Di, Fr eine Dinnershow (ab 19.45 Uhr) und Mi, Do, Sa eine Suppershow (ab 21.30 Uhr). Gezeigt werden dabei klassische Tänze, z. B. mit Szenen aus dem Ramakien. Reservierung empfehlenswert.
Fisherman's Village
Tel. 077 43 0065

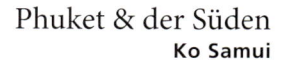

Sea Breeze €–€€
Gemütliches Strandrestaurant mit schmackhaften Thai-Gerichten. Sonntags gibt es Livemusik mit internationalen Gruppen.
Secret Garden Beach Resort | Big Buddha Beach
Tel. 077 44 7703
www.secretgardensamui.com

Happy Elephant €
Beliebtes Lokal mit leckerem Seafood und scharfer Fischsuppe, abends mit BBQ-Gerichten. Schönes Ambiente und netter Terrassenblick auf den Strand.
Fisherman's Village | Tel. 077 24 5347

Starfish & Coffee €
Romantische, in warmes Rot getauchte kleine private Nischen und eine große Auswahl an frischen Meerestieren vom Grill laden ein zum entspannten Dinner. Schöner Meerblick.
Fisherman's Village | Tel. 077 74 2720

Nightlife
In der Beach Bar **Gecko Village** trifft sich der halbe Bophut Beach, denn hier legen bekannte DJs auf. Legendäre Sonntagspartys. Wer die Full Moon Party auf Ko Phangan verpasst hat, kann zur Blackmoon-Party an den **Secret Beach** der Samrong Bay im Nordosten der Insel fahren. An diesem Strand (erreichbar nur per Sammeltaxi) etabliert sich zurzeit die neue Partyszene.

DIE SÜDKÜSTE
Auch im Süden sind noch idyllische Ecken und winzige, fast menschenleere Prachtstrände zu entdecken, allerdings bei Ebbe meist nur zum Plantschen geeignet. In den verschlafenen Küstenorten Ban Hua Thanon und Ban Taling Ngam leben bis heute vorwiegend Fischer und Besitzer von Kokosplantagen.

Hotels
Easy Time €€
Kleines, etwas landeinwärts gelegenes Resort fernab vom Massentourismus, mit idyllischem Pool, elegant eingerichteten Doppelbungalows. Restaurant (thailändische und italienische Küche).
Phang Ka | Tel. 077 92 0111
www.easytimesamui.com

Samui Marina Cottage €–€€
Kleine hübsche Reihenhäuschen, manche mit Klimaanlage. Großer Pool im Garten, Fitnessraum, sehr gutes Thai-Restaurant und Beach Bar, flacher Strand.
442 Moo 1 Tombon Maret
Ban Nakhai | Tel. 077 42 7238
www.samui-hotels.com/samuimarina

DAS INSELINNERE
Abseits der Küste können Sie einen Ausflug zum Tempel **Wat Khunaram** unternehmen, in dem man einen 1973 verstorbenen mumifizierten Mönch mit Sonnenbrille auf der Nase in einem Glassarg bestaunen kann.

Vom Tempel aus bieten sich Waldwanderungen an, z. B. zu den nordwestlich gelegenen **Na-Muang-Wasserfällen**. Im Januar und Februar führen sie besonders viel Wasser. Sie stürzen 30 m tief in ein kühles Bassin, in dem man baden und schwimmen kann. Vorsicht beim Klettern: Das glitschige Terrain erfordert Schuhe mit griffigen Sohlen.

Sowohl von den Wasserfällen als auch von Lamai über eine raue Piste (Allradantrieb erforderlich) zu erreichen ist der hochgelegene, von üppigem Regenwald umgebene **Secret Buddha Garden**. Ihn zieren Statuen, die Gottheiten, Tiere der Mythologie und Menschen in unterschiedlichen Posen zeigen. Geschaffen hat das Idyll der Bauer Nim Thongsuk. Von hier bietet sich ein herrlicher Blick auf die niedriger gelegenen Palmenlandschaften der Küstenregion und auf den Golf von Thailand.

Info
Tourism Authority of Thailand (TAT)
Kostenlose gute Broschüren wie »Samui Explorer«, »Samui Guide« und »What's On Samui«.

Phuket & der Süden
Ko Samui/Ang Thong Marine National Park

Nathon, im Norden zwischen Post und Polizei, nahe dem Pier
Tel. 077 42 0504

Infos zu Hotels und Sehenswürdigkeiten unter www.sawadee.com, zu Restaurants unter www.samuidiningguide.com.

Anreise
Flüge: Bangkok Airways von/nach Bangkok (Flüge nach Suratthani auf dem Festland mit Fährüberfahrt nach Samui sind preiswerter), Pattaya, Phuket, Singapur und Hongkong. Vom Samui Airport (Tel. 077 48 4897) gibt es Shuttles und Minivans zu den größeren Hotels (ca. 200 Baht). Die längste Fahrt (Laem Set) dauert ca. 45 Min (www.samuiairportonline.com).
Bus und Eisenbahn: Mit dem Bus rund 11 Std. bis Suratthani. Der Zug von Bangkok benötigt etwa 10–12 Std. bis zum Bahnhof Phunpin (13 km von Suratthani). Von Suratthani weiter mit dem Schiff.
Schiffe: Tagsüber stdl. von Don Sak (Zubringerbus von Suratthani) mit Autofähren **Raja** (www.rajaferryport.com) nach Ko Samui (1½ Std.) und Ko Phangan (2½ Std.).
Katamarane von **Lompraya** (www.lomprayah.com) fahren von Chumphon über Ko Tao, Ko Pha Ngan nach Ko Samui. **Seatran Discovery** (www.seatrandiscovery.com) verkehrt zwischen den Inseln. Die uralten Expressboote von **Songserm** sind ein Sicherheitsrisiko!

Aktivitäten
Planet Scuba
Die renommierte Tauchschule gilt als die beste der Insel.
Malibu Beach Resort | Chaweng Beach
Tel. 077 41 3050
www.planet-scuba.net

Discovery Divers
Ebenfalls ein guter Tauchanbieter.
Chaweng Beach
Tel. 077 31 0764
www.discoverydivers.com

Canopy Adventures
Hier kann man sich am Drahtseil durch den Inseldschungel schwingen.
Best Beach Bungalow
Chaweng Beach
Tel. 077 30 0340
www.canopyadventuresthailand.com

Blue Stars
Kajakausflüge in den Ang Thong Marine National Park.
Chaweng | Tel. 077 30 0615
www.bluestars.info

Samui Ocean Sports
Jachtcharter und Segelkurse, unter deutscher Leitung.
Chaweng Regent Beach Resort
Tel. 08 1940 1999
www.sailing-in-samui.com

Santiburi Samui Country Club
18-Loch-Green, der einzige Golfplatz der Insel.
Maenam Beach
Tel. 077 42 1700
www.santiburi.com

Samahita Retreat
Kurse und Training in Yoga in berauschend schöner Lage an der Südküste.
Laem Sor Beach | Tel. 077 92 0090
www.samahitaretreat.com

Ausflug in den Ang Thong Marine National Park 11 [B9]

Der Nationalpark umfasst 42 unbewohnte Inseln der Samui-Gruppe, die zum Teil dicht beieinanderliegen und sowohl über als auch unter Wasser wunderbare Landschaften, üppige Flora und Fauna bieten. Überwältigend ist der Blick vom 450 m hoch gelegenen Aussichtspunkt auf

Phuket & der Süden
Ko Phangan

Ang Thong Marine National Park aus der Vogelperspektive

der Hauptinsel **Ko Wua Talap**. Für den steilen, mit Seilen gesicherten Weg (ca. 1 Std.) sind feste Schuhe erforderlich. Es lohnt sich, in den rustikalen, aber herrlich gelegenen Bungalows der Insel zu übernachten (www.dnp.go.th), denn dann kann man den Aufstieg am frühen Morgen unternehmen und einen wahrlich spektakulären Sonnenaufgang erleben. Die Touristenmassen treffen erst gegen 10 Uhr ein.

Traumhaft ist auch die malerische, smaragdfarbene Lagune auf **Ko Mae Ko**. Nach einem 20-minütigen Aufstieg bietet sich ein magischer Anblick. Dabei bleibt es aber auch, denn das kristallklare Wasser darf kein Badender trüben. Dafür bieten mehrere schneeweiße Strände jede Menge Gelegenheit zum Baden und Schwimmen. Im November und Dezember erzwingt der Monsun oft die Schließung des Nationalparks.

Anreise
Ab Ko Samui, Ko Phangan und Ko Tao werden tgl. abwechslungsreiche Tagestouren angeboten, z. B. per Schnellboot mit **Grand Sea Discovery** (Tel. 077 42 7001, www.grandseatours.com), außerdem mehrtägige Touren im Kajak vom Nathon Pier (Ko Samui) mit **Blue Stars** (Tel. 077 30 0615, www.bluestars.info).

Ko Phangan 12 [B9]

Die Backpacker-Bastion mit dem Hauptort Thong Sala im Südwesten bietet immer noch schöne, ruhige Strände, die allerdings schwer erreichbar sind – ideal für Anspruchslose, die viel Ruhe suchen. Der Hauptstrand **Hat Rin** T ist allerdings für seine Full Moon Partys berühmt-berüchtigt. Lohnend ist ein Ausflug quer durch den Urwald zur Zwillingsbucht **Thong Nai Pan** U im Nordosten nebst Abstecher zum Strand von **Hat Sadet** V mit romantischen Wasserfällen sowie einer Bootsfahrt von Thong Nai Pan zum fast unberührten Strand **Hat Khuat** W.

Info
Kleiner Infokiosk.
Thong Sala Pier
Tel. 077 42 1281

Phuket & der Süden
Ko Phangan

Infos zu den Full Moon Partys im Internet unter: www.fullmoonparty-thailand.com

Anreise
Schiffe tgl. von/nach Don Sak (55 km östlich von Surratthani, 2 Std.), von/nach Ko Samui/Nathon (1–2 Std.); Schnellboote ab Big Buddha Beach bzw. Maenam Beach nach Thong Sala (30 Min.); tgl. von/nach Ko Tao (1 Std., 250 Baht).

Hotels
Panviman Resort €€€
Tolle Lage: Häuschen am Hang oberhalb zweier Buchten und Zimmer in einem Hotelbau, schöne Poollandschaft. Restaurant mit Aussicht oder direkt am Strand, Spa.
Thong Nai Pan Noi Beach 12
Tel. 077 44 5101-9
www.panviman.com

Santhiya €€€
Luxuriöse Anlage im traditionellen Thai-Stil am Hang. Großer Pool und Privatstrand (leider mit ziemlich grobem Sand) in einer kleinen Bucht. Bei Buchung wird der Transfer von Ko Samui organisiert.
Thong Nai Pan Noi Beach 12
Tel. 077 23 8333
www.santhiya.com

Green Papaya Resort €€–€€€
Großer Pool, saubere, geräumige und schön gestaltete Bungalows mit großem Balkon. Hübscher Garten und leckeres Frühstücksbuffet.
Hat Salad Beach 15
Tel. 077 34 4230
www.greenpapayaresort.com

Milky Bay Resort €€–€€€
Schöne Bungalows in schattiger Anlage mit Pool.
Ban Tai Beach 14
Tel. 0 7723 8566
www.milkybaythailand.com

Blue Ocean Garden €€
Resort in idyllischem Tropengarten mit komfortablen, im modernen Thai-Stil eingerichteten Bungalows direkt am Strand, italienischem Restaurant und Spa. Kostenloser WLAN-Zugang.
Chao Pao Beach 14
Tel. 08 7086 2697
www.blueoceangarden.com

SeaView Thansadet Resort €
Sehr einfache Bungalows, aber herrliche Lage und sehr herzliche Gastgeber.
Thansadet Beach
Tel. 077 37 7114
www.seaview.thansadet.com

Restaurants
Es gibt zahlreiche internationale Restaurants, vor allem in Thong Sala und am Hat Rin Beach. In den Resorts werden auch immer wieder Grillabende veranstaltet.

Fisherman's Restaurant & Bar €€
Sehr populäres Lokal mit Thaiklassikern, vorzüglichem Seafood (Krebscurry und Barracuda-Filet) und sehr leckeren Cocktails.
Ban Tai Pier
Tel. 08 4454 7240

A's Coffee Shop €–€€
Gutes Thai- und italienisches Essen, dazu frisch gebrühter Kaffee. Besonders empfehlenswert ist der Coconut-Icecream-Shake mit hausgemachtem Kokosnusseis.
Thong Sala | Tel. 077 37 7226

Tauchen
Haad Yao Divers
Sandy Bay Bungalows | Hat Yao
Tel. 08 6279 3085 | www.haadyaodivers.com

Phangan Divers
Hat Rin | Tel. 077 37 5117
www.phangandivers.com

Karten
S. 221/223

Phuket & der Süden
Ko Tao

Tauchen gehört auf Ko Tao fast zum Pflichtprogramm

Chaloklum Diving
Ao Chalok Lam
Tel. 077 37 4025
www.chaloklum-diving.com

Ko Tao 13 [B9]

Die liebenswerte Felseninsel mit hübschen kleinen Stränden und lebendigem Nightlife an den Hauptstränden **Sairee** und **Mae Hat** ist toll, um Tauchen zu lernen. In manchen Dive Resorts bekommt man sogar nur Zimmer, wenn man außerdem Tauchkurse bucht.

An den **Shark Islands** und an den vier von Seeanemonen überzogenen Unterwasserfelsen **Chumphon Pinnacles** bietet Ko Tao den Tauchern mit einer fantastische Unterwasserwelt ein traumhaftes Revier.

Anreise
Tgl. Boote von **Lompraya High Speed Ferries** (www.lomprayah.com) und **Ko Tao Tickets** (www.kohtaotickets.com) von/nach Ko Phangan (1 Std.), Chumphon (max. 4 Std.), Ko Samui (ab Nathon, Maenam und Bophut) per Speedboot (1½ Std.; keinesfalls bei rauem Meer nehmen!) und Suratthani (7 Std.).

Hotels
Charm Churee €€€
Oberhalb einer verschwiegenen Bucht südlich vom Hauptstarand Mae Hat gelegen. Die individuell eingerichteten Zimmer punkten mit fabelhaftem Meerblick. Spa und erstklassiges Seafood-Restaurant.
Jansom Bay
Tel. 077 45 6394
www.charmchureevilla.com

Jamahkiri Spa & Resort €€€
Wohl das schickste Resort auf Ko Tao, das besonders Taucher mit Wellnessansprüchen erfreut. Durch die Panoramafenster der im modernen Thai-Stil eingerichteten Wohnpavillons blickt man hinunter auf die Bucht. Sehr gutes Restaurant und Spa, aber viele steile Stufen.
Chalok Ban Kao | Tel. 077 45 6400
www.jamahkiri.com

View Point Resort €€€
Die exklusive Anlage im balinesischen Stil liegt auf einem Hügel über dem Meer. Herrlicher Ausblick über die Bucht und schöne Gartenanlage. Die Besitzerin kümmert sich um Umweltschutz- und Sozialprojekte.
Chalok Ban Kao | Tel. 077 45 6444
www.kohtaoviewpoint.com

Nang Yuan Island Resort €€–€€€
Kleine Stege führen um drei Inselchen herum und verbinden die Bungalows unterschiedlichster Ausstattung. Die teuersten haben die beste Aussicht und liegen abseits des täglichen Tauch- und Besuchertrubels. Kleines Restaurant und Tauchbasis.
Ko Nang Yang | Tel. 08 6312 7128
www.nangyuan.com

Sensi Paradise Resort €€–€€€
Sehr umweltbewusste Luxusunterkunft mit schön eingerichteten Thai-Bungalows im Teak-Stil inmitten von Bougainvilleen. Terrasse und Bad unter freiem Himmel.
Mae Hat Bay | Tel. 077 45 6244
www.sensiparadiseresort.com

Sunset Buri Resort €€
Klimatisierte Bungalows in einer Gartenanlage mit Pool.
Hat Sairee | Tel. 077 45 6266

Ban's Diving Resort €–€€
Komfortables Resort, ein paar Schritte vom Strand entfernt. Eigenes Hausriff, zwei Pools und Beach-Restaurant. Zimmer im traditionellen Thai-Stil, die neuesten mit Traumblick. Tauchschüler zahlen weniger.
Hat Sairee | Tel. 08 330 40667
www.bansdiving.de

New Heaven Huts €–€€
14 kleine Hütten hoch über dem Meer, nur vom Seewind gekühlt. Herrlicher Garten, durch den bunte Schmetterlinge flattern. Gleich vor der Küste liegt das Tauchparadies Shark Island. Die gleiche Familie führt auch das New Heaven Resort am westlichen Ende der Bucht mit zehn sehr reizvollen Bungalows und einem vorzüglichen Restaurant (Tel. 077 45 6462). Die Besitzerin finanziert die einzige Schule der Insel.
Sai Daeng Beach | Tel. 077 45 7042
www.newheavenkohtao.com

Restaurants

An den Hauptstränden Hat Sairee und Mae Hat gibt es zahllose Restaurants, auch mit internationaler Küche.

Café del Sol €€
Neben hausgemachter Pasta und Pizza gibt es hier auch englisches Frühstück, Steaks und herzhafte Fischgerichte.
Mae Hat | Tel. 077 45 6578
www.cafedelsol.ws

The Gallery Restaurant €€
Elegantes Restaurant mit vorzüglicher Thai-Fusionküche. Auch die Cocktails sind top.
Hat Sairee | Tel. 077 45 6547
www.thegallerykohtao.com

Elvis Restaurant & Beach Bar €–€€
Das Restaurant bietet einen tollen Blick aufs Meer. Inmitten eines tropischen Gartens werden leckere Thai-Gerichte serviert. Im angrenzenden Spa kann man vor dem Essen schön entspannen.
Charm Churee Villa | Jansom Bay
Tel. 08 1346 5657

Karte
S. 221

Phuket & der Süden
Ko Tao

Hafenidyll auf Ko Tao bei Sonnenuntergang

Yin Yang €
Traditionelle preiswerte Thaiküche, darunter ein feines Massaman-Curry mit Huhn. Auch der scharfe Papayasalat schmeckt sehr gut.
Chalok Ban Kao

Nightlife
Tauchen und trinken ist die Lieblingsbeschäftigung der Urlauber auf Ko Tao. Letzeres findet am **Hat Sairee** in Bars wie Fizz, Lotus, Whitening, Dirty Nelly's Irish Pub und Tattoo Bar statt.

Tauchen
Von den 40 Tauchanbietern auf Ko Tao, die größtenteils dem auf Ökologie und Preisstabilität bedachten Kollektiv Koh Tao Dive Operators angehören, kümmern sich einige ganz besonders um umweltschonendes Tauchen und Riffpflege.

Crystal Dive
Tauchexkursionen zum Sail Rock mit vertikalem Kamin, den Chumphon Pinnacles und den besonders anspruchsvollen, da strömungsreichen South West Pinnacles. Sehr beliebt sind auch die Vollmondtauchgänge bei Shark Island und zu den farbenprächtigen Korallenbänken von White Rock.
Mae Hat
Tel. 077 45 6106
www.crystaldive.com

New Heaven Dive School
Tauchgruppen mit maximal vier Teilnehmern, Studententauchgänge, Riffsäuberungen, Tiefsee- und Wracktauchen.
48 Moo 3
Chalok Ban Kao
Tel. 077 45 7045
www.newheavendiveschool.com

Mann des Karen-Bergvolks im traditionellen Gewand spielt auf einer Flöte

Karte S. 269

CHIANG MAI & DER NORDEN

Chiang Mai & der Norden

Thailands Norden ist das Shangri-La der Kulturtouristen, Trekkingfans und Rucksackreisenden mit einem kleinen Budget. Denn hier bekommt man noch immer erstaunlich viel für wenig Geld. Auf der Fahrt mit dem Nachtzug von Bangkok nach **Chiang Mai** trägt eine milde Brise die Düfte Zentralthailands durch das weit geöffnete Schlafwagenfenster.

In und rund um Thailands Metropole des Nordens entfesseln Tempel im Lanna-Stil mit goldüberzogenen Pagoden und überaus kunstvoll geschnitzten Giebelfronten, aber auch die Märkte ein Feuerwerk der Farben. Die Dörfer außerhalb der Stadt sind heiße Einkaufstipps für das schöne Kunsthandwerk der Bergvölker. Kochkurse, Massageunterricht und Meditationsangebote sorgen dafür, das so mancher länger in Chiang Mai bleibt als geplant.

In der Umgebung der Stadt unbedingt besuchenswert sind die alten Tempel von Lamphun und Lampang. Weiter südlich kündet in der legendären Tempelstadt **Sukhothai** das sanfte Lächeln der Buddhastatuen von der Süße des Nirwanas. Wie Lotusknospen und fein ziselierte Maiskolben ragen die Chedis im benachbarten **Si Satchanalai** in den Himmel, aber auch das wesentlich weniger besuchte **Kamphaeng Phet** gehört zum UNESCO-Weltkulturerbe. Der berühmteste Buddha der Sukhothai-Zeit zieht Besucher in den großen Tempel der ansonsten modernen Stadt **Phitsanulok**.

Westlich von Chiang Mai entfalten chinesisch anmutende Hügellandschaften im Morgennebel ihren stillen, malerischen Zauber. Die in den Bergen gelegenen Trekkinghochburgen **Pai** und **Mae Hong Son** locken mit Ausflügen in die Dörfer der Bergvölker. Viele junge *farangs* (Ausländer) bleiben angesichts der günstigen Übernachtungspreise mitunter gleich Wochen. **Chiang Rai** im Norden ist wiederum das Sprungbrett für einen Besuch des **Goldenen Dreiecks** am Mekong mit seinen Bergwäldern, Mohnfeldern und Ausblicken über die Grenze nach Laos und Myanmar.

Rund um die Stadt **Mae Salong** fühlt man sich gar in ein Fleckchen des vorkommunistischen Chinas versetzt, das man so im gesamten Reich der Mitte nicht mehr findet.

Tour 7 — Im kühlen Reich der Bergvölker

ROUTE: Chiang Mai › Pai › Mae Hong Son › Mae Sariang › Doi Inthanon National Park › Chiang Mai

KARTE: Seite 269
DAUER UND LÄNGE: 4 Tage, mit Trekkingausflügen 1 Woche, ca. 600 km
PRAKTISCHE HINWEISE:
» Die Strecke können Sie im Mietwagen oder Bus bewältigen.
» Motorradfahrer können in Chiang Mai gut gewartete Maschinen mieten, aber auf der schönen Strecke muss man mit haarsträubenden Überholmanövern einheimischer Fahrer und sturen Zeburindern auf der Straße rechnen.

TOUR-START

Auf dieser Tour fahren Sie auf den wohl reizvollsten und kurvenreichsten Strecken Thailands durch eine fast ausschließlich von Minoritäten bewohnte wildromantische Berglandschaft. Gut drei Stunden benötigen Sie für die Fahrt auf der Straße 107 von **Chiang Mai 1** › S. 270 nach **Pai 9** › S. 287 (ca. 135 km), wobei sich kurz vor Pai ein Abstecher auf der Straße 1098 zu den heißen Quellen von Pong Rong anbietet. Genießen Sie in Pai den Ausblick vom Wat Phra That Mae Yen. Man kann eine Trekkingtour zu den umliegenden Dörfern der Bergvölker oder eine Raftingtour auf dem Pai River buchen. Für die Weiterfahrt in die alte Shan-Stadt **Mae Hong Son 8** › S. 286 (158 km) brauchen Sie vier Stunden, doch mit Abstecher zur Tropfsteinhöhle Tham Lot bei Soppong und zu den sieben Kaskaden der Pha Sua Falls wird meist ein ganzer Tag daraus. Hinter Soppong begleiten Sie Kalksteinberge, Bambuswald und leider oft der Rauch illegaler Brandrodungen. Die Weiterfahrt durch die abgelegene Waldlandschaft an der Grenze zu Myanmar bis ins kleine **Mae Sariang** (170 km) ist am schönsten im Winter, wenn rundum Schlafmohn und Weihnachtsstern blühen. Nach einer Übernachtung in einem der kleinen Hotels geht es zurück nach Chiang Mai (285 km). Sie können unterwegs in mehreren Kunsthandwerksdörfern ein Stopp einlegen und kurz hinter Chom Thong auf der 48 km langen Serpentinenstraße zum Gipfel des **Doi Inthanon 4** › S. 282 hinauffahren. Nach dem Abstecher erreichen Sie auf der Straße 108 am Abend dann wieder Chiang Mai.

Tour 8 — Im Goldenen Dreieck

ROUTE: Chiang Rai › Chiang Saen › Sob Ruak › Mae Sai › Doi Tung › Mae Salong › Thaton › Chiang Rai

KARTE: Seite 269
DAUER: 5 Tage, mit Floßfahrt 1 Woche
PRAKTISCHER HINWEIS:
» Für diese Tour nehmen Sie einen Mietwagen oder Busse. Von Thaton zurück nach Chiang Rai alternativ auch ein Boot oder Floß.

TOUR-START

Durch Reis- und Gemüsefelder, vorbei an Obstgärten und Straßenmärkten, geht es zunächst auf dem Hwy 1 von **Chiang Rai 10** › S. 289 nach Mae Chan und anschließend von dort auf der Straße 1016 nach **Chiang Saen** › S. 291 am Mekong (ca. 60 km). Hier sind Sie dann auch schon mitten drin in dem berühmt-berüchtigten **Goldenen Dreieck 11** › S. 291 Schauen Sie sich die Tempel des Ortes an und folgen Sie dann auf der Straße 1290 dem linken Ufer des Mekong in Richtung Norden bis **Sob Ruak** › S. 291. Von einem Aussichtspunkt können Sie einen Blick über drei Länder werfen – Thailand, Myanmar und Laos liegen Ihnen hier zu Füßen. Und zwei kleine Ausstellungen zum Opiumanbau erinnern daran, dass es in der Gegend nicht immer

Karte
S. 269

Chiang Mai & der Norden
Touren

Teepflückerinnen auf einer Plantage in der Bergenklave Doi Mae Salong

so friedlich zuging. Sie werden sicher noch einige blühende Mohnfelder erspähen, doch die Opiumküchen verbergen sich tief im birmanischen Urwald, durch den gelegentlich Schüsse hallen. Der Handel ist trotz rigider Bekämpfungsmaßnahmen bis heute nicht völlig verschwunden. Nach **Mae Sai** 12 › **S. 291** sind es auf der 1290 noch etwa 30 km. Dort können Sie übernachten und am nächsten Morgen in Myanmars Grenzort **Tachilek** › **S. 291** shoppen gehen, einige Kilometer südlich von Mae Sai die Höhle **Tham Luang** › **S. 291** besichtigen und die fantastische Aussicht vom »Flaggenberg« **Doi Tung** 13 › **S. 292** genießen. Über den Hwy 1 und die durch eine wunderbare Berglandschaft führende Straße 1089 erreichen Sie in herrlicher Abendstimmung das chinesisch geprägte **Mae Salong** 14 › **S. 292**. Hier können Sie übernachten. Am 3. Tag sollten Sie sich von der zauberhaften Morgenstimmung anstecken lassen und auf dem Markt die farbenfroh gekleideten Angehörigen der Bergvölker Lisu, Akha und Lahu kennenlernen. Nach wie vor landschaftlich sehr schön ist die Weiterfahrt auf der Straße 1089. Gegen Abend erreichen Sie schließlich den Grenzort **Thaton** 15 › **S. 292**. Wenn Sie mit dem Mietwagen unterwegs sind, fahren Sie am 5. Tag gemütlich auf der Straße 1089 zurück nach Mae Chan und dann zum Schluss auf dem Hwy 1 nach Chiang Rai.

Wer diese Tour allerdings mit dem Bus macht, kann für die Rückfahrt eine spannende Alternativroute wählen und von Thaton mit einem Boot (Fahrtzeit: 1 Tag) oder sogar mit dem Floß (3 Tage inkl. Camping) auf dem Mae Nam Kok nach Chiang Rai zurückkehren.

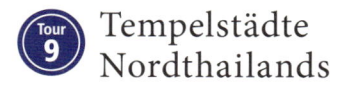

Tour 9 Tempelstädte Nordthailands

ROUTE: Sukhothai › Phitsanulok › Kamphaeng Phet › Si Satchanalai › Lampang Luang › Elephant Conservation Centre › Lamphun › Chiang Mai

KARTE: Seite 269
DAUER UND LÄNGE: 4 Tage, ca. 520 km
PRAKTISCHER HINWEIS:
» Für die Tour empfiehlt sich ein Mietwagen. Wer mit dem Bus unterwegs ist, ist besser beraten, Si Satchanalai und Phitsanulok als Ausflug von Sukhothai sowie Lampang Luang und Lamphun als Ausflug von Chiang Mai zu organisieren.

TOUR-START

Sukhothai 16 › S. 293 ist das beste Standquartier für die ersten beiden Tage. Mit dem Fahrrad können Sie auch weiter außerhalb liegende und seltener besuchte Wats erkunden. Knapp 60 km sind es von Sukhothai auf der Straße 11 in die Provinzstadt **Phitsanulok** 19 › S. 299, wo im Wat Phra Si Ratana Mahatat die wohl schönste Statue der Sukhothai-Zeit steht. Fast allein streifen Sie am Nachmittag durch die verfallenen Tempelanlagen von **Kamphaeng Phet** 18 › S. 298 (110 km über die Straßen 111 und 115). Am Abend kehren Sie auf der Straße 110 nach Sukhothai zurück (rund 100 km).

Am nächsten Morgen geht es weiter in die romantische Tempelstadt **Si Satchanalai** 17 › S. 297 (60 km). Nehmen Sie sich den Rest des Tages Zeit, erkunden Sie die Stätte mit dem Fahrrad, genießen Sie die Abendstimmung und fahren Sie nach einer Übernachtung weiter auf der Straße 110 in Richtung Norden, bis Sie nach etwa 80 km den nach Chiang Mai führenden Hwy 11 erreichen. Er bringt Sie in nordwestlicher Richtung in die Stadt Lampang, dessen berühmter **Wat Phra That Lampang Luang** 6

TOUREN IM NORDEN

Tour 7 Im kühlen Reich der Bergvölker

CHIANG MAI › PAI › MAE HONG SON › MAE SARIANG › DOI INTHANON NATIONAL PARK › CHIANG MAI

Tour 8 Im Goldenen Dreieck

CHIANG RAI › CHIANG SAEN › SOB RUAK › MAE SAI › DOI TUNG › MAE SALONG › THATON › CHIANG RAI

Tour 9 Tempelstädte Nordthailands

SUKHOTHAI › PHITSANULOK (WAT PHRA SI RATANA MAHATAT) › KAMPHAENG PHET › SI SATCHANALAI › LAMPANG LUANG › ELEPHANT CONSERVATION CENTRE › LAMPHUN › CHIANG MAI

› S. 285 allerdings weit außerhalb liegt. Am Nachmittag besuchen Sie auf der Weiterfahrt nach Chiang Mai (106 km), die durch ein reizvolles schluchtartiges Waldgebiet führt, das interessante **Elephant Conservation Centre** 7 › S. 286 und danach in **Lamphun** 5 › S. 283 den Wat Haripunchai, dessen vergoldeter Chedi in der Abendsonne leuchtet. Später wartet dann noch der interessante Nachtmarkt von **Chiang Mai** 1 › S. 270.

Liegender Buddha vor der Tempelruine Wat Phra Kaeo im Kamphaeng Phet Historical Park

Chiang Mai & der Norden
Touren

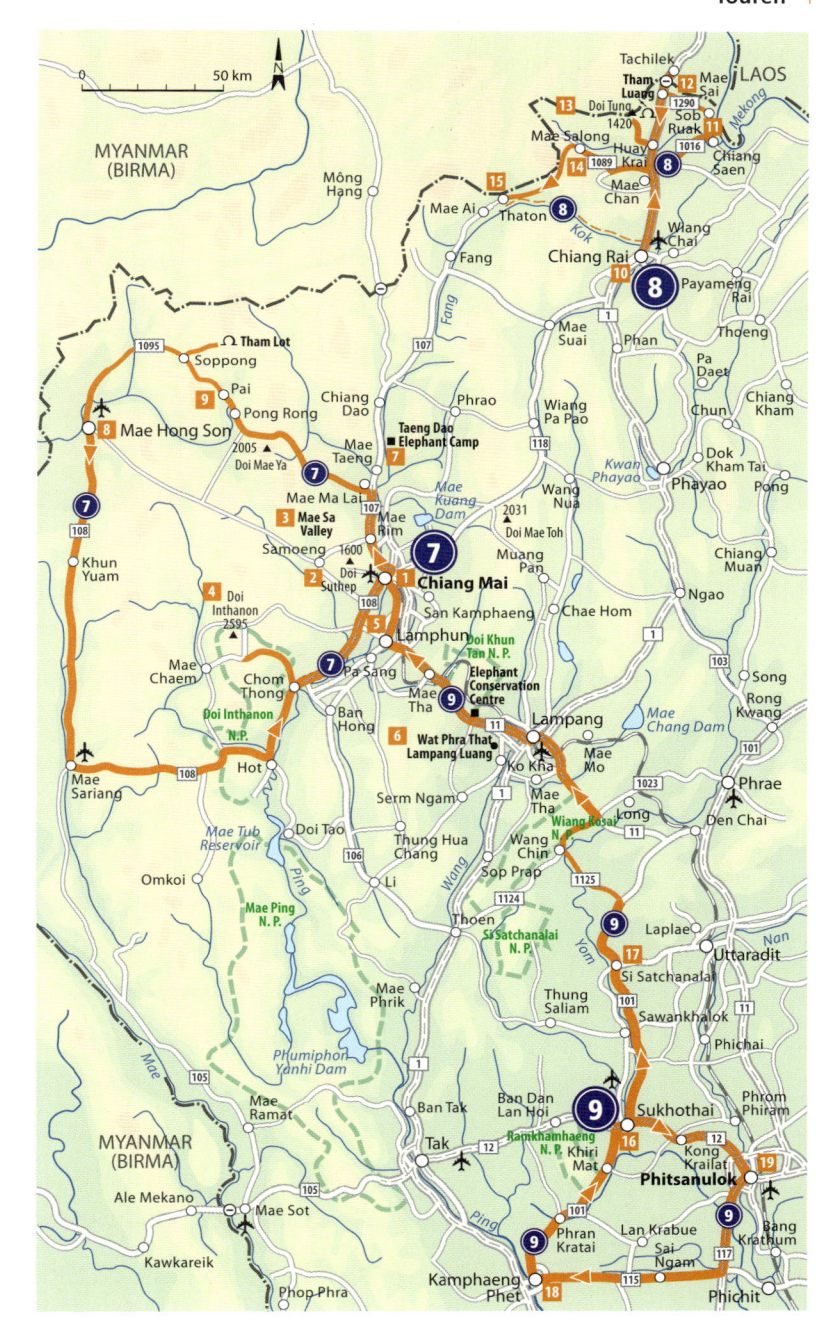

Zum Lichterfest Loy Krathong lassen Mönche im Wat Phan Tao Papierballons gen Himmel steigen

UNTERWEGS IN NORDTHAILAND

Chiang Mai 1 [B2]

In einem weiten fruchtbaren Tal am Ping-Fluss gelegen, von hohen Bergen umgeben und von geradezu sprichwörtlich freundlichen Menschen bewohnt, schlagen Stadt und Umgebung einheimische und ausländische Touristen in ihren Bann.

Am schönsten ist es hier in der Vollmondnacht im November. Dann steigen Hunderte beleuchtete Heißluftballons, beladen mit den Wünschen der Gläubigen, gen Himmel, während auf dem Wasser kleine Schiffchen mit Räucherstäbchen, Kerzen und Opfergaben die Sünden der Gläubigen davontragen.

1296 von Tai-König Mengrai gegründet, entwickelte sich Chiang Mai schnell zum Zentrum des Reiches Lanna (»eine Million Reisfelder«), das sich im 14. Jh. über den gesamten heutigen Norden Thailands sowie über Teile von Myanmar und Laos erstreckte. 1556 fiel die Stadt für über 200 Jahre an die Birmanen. Das historische Reich ging damit unter, der Name Lanna wird jedoch mitunter für die Region verwendet und von den Thais gern mit einer besonders entspannten und naturverbundenen Lebensphilosophie assoziiert, die sie in den Menschen in und um Chiang Mai, der »Rose des Nordens«, verkörpert sehen.

Die quadratische Altstadt mit einer Seitenlänge von knapp 2 km wird von den historischen Wassergräben umfasst: Teile der Befestigungsanlagen sind erhalten oder rekonstruiert. Lauschige Holzvillen verstecken sich in schönen Gärten, alte Tempel in gewundenen Gassen, Restaurants und Souvenirgeschäfte reihen sich aneinander. Chiang Mai zählt interessanterweise zu den wenigen Orten, in denen sich Thais und Ausländer Seite an Seite in denselben Etablissements amüsieren und auf denselben Märkten shoppen.

An die 200 Tempel gibt es, 36 allein in der Altstadt, und eigentlich lohnt jede Anlage zumindest einen kurzen Blick hinter die Mauern. Auf einem Rundgang durch die Altstadt sollten Sie gezielt die Folgenden besuchen.

Karte S. 269

Chiang Mai & der Norden
Chiang Mai

WAT PHRA SINGH

Chiang Mais größter und wohl berühmtester Tempel, der des Löwen-Buddhas, Wat Phra Singh liegt im Westen der Altstadt und bietet mit der bläulichen Bergsilhouette im Hintergrund einen majestätischen Anblick. Der Tempel wurde 1345 von König Pa Yo erbaut. Infolge der birmanischen Besatzung verfiel er aber im 18. Jh., wurde im frühen 19. Jh. neu errichtet und in den 1920er-Jahren sowie 2002 renoviert. Im thailändischen Volksglauben wird der Wat Phra Singh mit dem chinesischen Tierkreiszeichen des Drachen in Verbindung gebracht, daher pilgern viele im Jahr des Drachen Geborene gern hierher. Die Bauwerke sind prachtvolle Meisterwerke des Lanna-Baustils und bieten erlesene Beispiele für die lokale Schnitzkunst. Neben dem Eingang fällt der 1477 im grazilen Lanna-Stil erbaute Bibliothekspavillon **Hor Trai** ins Auge. Den weiß getünchten Backsteinsockel schmücken Devadas (Engelsfiguren) im Hochrelief. Einen reizvollen Gegensatz dazu bietet der Oberbau mit seinem dreistufigen Dach und seinem rot-goldenen, durch kunstvolle Einlegearbeiten verzierten Schnitzwerk. Die an der Ostseite nach oben führende steile Treppe flankiert ein aus Nagas und Makaras gebildetes Geländer.

Der 1925 im Ratanakosin-Stil neu aufgeführte **Viharn Luang** besitzt ebenfalls schöne Holzschnitzereien sowie blaue Glasmosaike an den Giebelseiten.

Birmanische Stilelemente, z. B. bei seinen Portallöwen, weist der 1806 neu errichtete **Bot** auf. Auch er zeigt vorne und hinten Portiken und ein dreistufiges Dach. Wieder sind die Giebelbretter reich verziert. Blickfang des Innenraums ist ein vergoldeter turmförmiger Altar.

Hinter dem Bot ragt der auf rundem Grundriss errichtete große **Chedi** mit vergoldeter Spitze auf. Er bewahrt die Asche von Khum Fu, Vater des Königs Pa Yo. Den quadratischen Sockel stützen Stuckelefanten im singhalesischen Stil.

Der heiligste Teil des Wat befindet sich zur Linken des Chedis. Die ursprünglich 1345 erbaute kleine alte Kapelle **Phra Viharn Lai Kam** (1806–1809) im kunstvollen späten Lanna-Stil mit tief heruntergezogenem dreistufigen Dach präsentiert feine Zeichnungen in Gold an den Giebelbrettern. Sie beherbergt den heiligen **Phra Buddha Singh** (oder Sihing). Der Löwen-Buddha wurde unter König San Muang Ma (1385 bis 1401) geschaffen. Die Bronzefigur (der Kopf ist möglicherweise eine nach einem Diebstahl angefertigte Nachbildung) zeigt die Geste der Erdanrufung. Sie wurde im Sukhothai-Stil gefertigt, ihre Herkunft ist allerdings nicht geklärt. Es gibt nämlich noch zwei weitere, gleiche Statuen, eine im Wat Phra Mahathat in Nakhon Si Thammarat, die andere im Wat Buddhaisawan im Nationalmuseum Bangkok › **S. 172**. Wer nun das Original besitzt, ist nicht zu klären.

Ebenfalls verehrt werden die Statuen Phra Chao Tong Tip, eine Bronzefigur mit Edelsteinen von 1477, und ein 1492 geschaffener Buddha. Beide zeigen die Geste der Erdanrufung. Sehr sehenswert sind die gut erhaltenen Wandfresken des Viharn. Sie erzählen Alltagsgeschichten aus dem Palastleben, darunter auch die Legende des Prinzen Phra Sang Tong, der in einer Muschel geboren worden sein soll.

WAT PHAN TAO

Folgen Sie nun der Ratchadamnoen Road, die quer durch die Altstadt vom Wat Phra Singh im Westen zum Thapae Gate im Osten führt. Nach etwa 500 m zweigt rechts die Phra Pho Klao Road nach Süden ab. Nach wenigen Metern können Sie den bestens erhaltenen, unlängst renovierten Viharn des Wat Phan Tao (14. Jh.) dieser kleinen Tempelanlage im Lanna-Stil bewundern. Er ist ganz aus unpolierten Teakholzpaneelen erbaut, die wohl aus einem königlichen Palast stammen. Der Viharn zeigt ein dreifach gestaffeltes Dach mit den *cho fah* (Himmelsbüschel) genannten, oben am Dachfirst angebrachten architektonischen Verzierungen. Sie ähneln schlanken, graziös geschwungenen Fingern in Fabeltiergestalt, die in den Himmel zeigen. Kunstvoll geschnitzt ist die Giebelfassade. Über dem Haupteingang fällt der in Blau und Gold gehaltene Pfau ins Auge, das birmanische Sonnensymbol und Emblem der Könige von Chiang Mai. Die vergoldeten Schnitzarbeiten der Fensterstürze wirken wie Spitzenklöppelarbeiten aus Holz, so filigran sind sie ausgeführt. Zwischen den mächtigen Teak-Pfeilern des Innenraums, die den Dachstuhl stützen, fallen Lichtstrahlen durch Fenster mit gedrechselten Gittern auf den majestätischen Buddha im Lanna-Stil, der in Gemeinschaft seiner Schüler auf dem Altar thront.

Die Mönche des Tempels sind besonders rührig. Anlässlich des Lichterfests Loi Krathon sorgen unzählige bunte Laternen und leuchtende kleine Schiffchen für einen magischen Anblick. In den Tagen des Songkran-Fests baut man hier große Sandburgen in Chedi-Form mit bunten Fahnen auf.

WAT CHEDI LUANG

Unmittelbar südlich schließt sich der vielverehrte Tempel Wat Chedi Luang an, den die 60 m hohen Überreste des namensgebenden Chedi überragen. Dieser wurde 1391 unter König Saen Mueang Ma begonnen und von dessen Witwe fortgeführt. Vollendet wurde er aber erst in der Mitte des 15. Jh. Der Chedi zählt zu Thailands gewaltigsten Bauwerken und erinnert an die majestätischen Stupas im birmanischen Pagan. Der Mondop steht auf einem Sockel aus Ziegel- und Lateritsteinen, den Elefantenfiguren zieren (fünf davon sind Originale). Jeweils zwei riesige Naga-Skulpturen bewachen die Treppenaufgänge. Oben blicken vier meditierende Buddhas aus Nischen in alle Himmelsrichtungen über die Stadt. Die Nordnische beherbergte ab 1468 für einige Zeit den berühmten Smaragd-Buddha, der heute im Wat Phra Kaeo in Bangkok zu sehen ist. 1995 stellte man eine Kopie aus schwarzer Jade in die östliche Nische. Bis zu einem Erdbeben im Jahr 1545 war Chedi Luang 90 m hoch und mit vergoldeten Kupferplatten bedeckt. Die bis 1992 erfolgte Restaurierung ist umstritten, da die neuen Elemente nicht im Lanna-Stil gehalten sind. Der geräumige **Viharn Luang,** erstmals 1412 erbaut und zuletzt 1929 neu aufgeführt, besitzt ein dreifach gestaffeltes Dach. Die schönen Giebelfelder zeigen kunstvolle Schnitzereien. Im Inneren steht der 8 m große Bronze-Buddha **Phra Attharot** (1437) im Sukhothai-Stil, flankiert von zwei halb so großen Standbildern seiner beiden Hauptschüler Mogallana und Saripulta. Um die drei stehenden gruppieren sich mehrere sitzende Statuen. Nördlich und südlich des Viharn erheben sich zudem zwei etwa 13 m hohe Chedi, die 1993 restauriert wurden.

Westlich gegenüber des Chedi Luang befindet sich ein weiterer Viharn aus neuerer Zeit mit einem fast 9 m langen liegenden, mit Blattgold überzogenen Buddha.

In einem kleinen Schrein (1940) in der Nähe des Viharn Luang wohnt der Schutzgeist der Stadt (Lak Muang oder Sao Intra Kin). Ein mit unzähligen farbigen Bändern geschmückter, hochverehrter Bodhi-Baum beschirmt ihn. So lange der Baum lebt, bleibt Chiang Mai bestehen, heißt es. Neben ihm ragt die Stadtsäule (Lak Mueang) von Chiang Mai empor, genau an der Stelle, an der König Mengrai den Tod durch einen Blitzschlag fand.

MUSEEN DER ALTSTADT

Kehren Sie zurück zur Ratchadamnoen Road und folgen Sie der Phra Pho Klao Road nach Norden. Auf dem Weg zum **Wat Chiang Man** können Sie gleich drei Museen besuchen, die sich der Kultur des Nordens widmen, das **Chiang Mai City Arts & Cultural Centre** in der Ratvithi Road, das benachbarte, moderner gestaltete **Chiang Mai Historical Centre** sowie das **Lanna Folklife Museum** in der Phra Pok Klao Road (alle Mo–Sa 8.30–17 Uhr, Sammelticket).

WAT CHIANG MAN

Kurz vor dem Nordtor (Chang Puak Gate) zweigt rechts die Soi 1 zum Wat Chiang Man ab. Der Tempel im Nordosten der Altstadt stammt aus dem Gründungsjahr von Chiang Mai. König Mengrai, sein Erbauer, soll hier bis zur Fertig-

Chiang Mai & der Norden
Chiang Mai

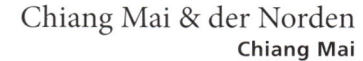

stellung seines Palastes gelebt und seine letzten Jahre im Kloster verbracht haben. Der größere, 1926 vom berühmten Mönch Kru Ba Srivichai renovierte Viharn besitzt eine schöne goldene Fassade. Das zweifach gestaffelte, tief heruntergezogenes Dach präsentiert einen reichverziertem Giebel, dessen Zentrum Erawan, der Elefant Indras einnimmt. Zwei Löwen bewachen den Eingang. Der dreischiffige Innenraum wird durch große Teakholzsäulen gegliedert. Vor einer großen vergoldeten Buddhastatue (Geste der Erdanrufung) befindet sich eine stehende Buddhastatue. Auf dem Sockel dieser 176 cm hohen Figur ist die Jahreszahl 1465 eingraviert, sie ist somit die älteste Statue des Lanna-Reichs und außerdem die erste Statue Thailands, die Buddha mit einer Almosenschale zeigt.

Der kleinere, im Lanna-Stil errichtete Viharn bewahrt in der Nähe des Altars zwei winzige, hochverehrte Buddhas hinter dicken Stahlgittern wie in einem Tresor. Das 25 cm hohe Marmorbuddha **Phra Sila**, eine Basrelief-Stele im vermutlich indischen Pala-Sena-Stil, soll aus der Frühzeit des Buddhismus stammen und 1290 von Mönchen aus Sri Lanka König Mengrai zum Geschenk gemacht worden sein. Das zweite Kultbild, der **Phra Buddha Sae Tang Kamane**, ist ein kaum 10 cm großer Bergkristall-Buddha, der zwar nicht künstlerisch, aber historisch wertvoll ist. Er thront auf einem goldenen Sockel und hat goldene Haare. Vor 1800 Jahren soll er in Lova (Lopburi) gefertigt worden sein. Die wohl historische Königin Chama Thevi brachte den Kristallbuddha aus Lova mit, als sie im 8./9. Jh. im heutigen Lamphun den Thron des Königreiches von Hariphunchai bestieg. König Mengrai erbeutete die Statue, als er 1292/93 Haripunchai eroberte und brandschatzen ließ. Der Buddha gilt seitdem als Beschützer vor Katastrophen. Den goldenen Thron der Statue stiftete 1874 ein Prinz.

Beide Buddhas werden als Regenbringer verehrt und spielen daher während des Songkran-Fests im April eine große Rolle. Dann werden sie auf Prozessionen umhergeführt und mit Wasserspenden übergossen.

Der große **Chedi Chang Lom**, ein im 20. Jh. wiedererrichteter Mix aus indischen Bauelementen und Lanna-Stil des 15. Jh., besitzt ein vergoldetes Kupferoberteil und einem Sockel aus 15 Elefantenfiguren, wie man sie auch an den gleichnamigen Chedis in Sukhothai und Si

Chedi Chang Lom und Viharn des Wat Chiang Man in Chiang Mai

Satchanalai sehen kann. Sie scheinen das Bauwerk auf ihren Rücken zu tragen. Die Treppe flankieren mythologische Naga-Figuren. Auch der benachbarte, inmitten eines Lotusteichs stehende Bibliothekspavillon Ho Trai (links vom Chedi) mit zum Schutz vor Hochwasser und Nagetieren erhöhtem weißem Sockel und Aufbau aus Holz ist sehenswert. Dagegen wirkt der Bot sehr einfach.

NATIONALMUSEUM
Das nordwestlich der Altstadt an der Umgehungsstraße (Super Highway) gelegene Nationalmuseum zeigt Exponate zu Geschichte und Kunst, darunter viele traditionelle Gebrauchsgegenstände der Lanna-Bauern und der Bergvölker. Unter den sakralen Exponaten ist besonders ein Buddhakopf aus Bronze (15. Jh.) hervorzuheben, der aus dem Wat Chedi Luang stammt. Er muss zu einer geradezu kolossalen Statue gehört haben. Dieser feinen Arbeit im Lanna-Stil werden bis heute magische Kräfte zugesprochen.

Ein mit Goldblättchen verzierter Fußabdruck Buddhas aus Holz (1727) enthält grazile Perlmutteinlegearbeiten auf rotem Untergrund. Außerdem sind hier Terrakottastatuen verschiedener Stilrichtungen ausgestellt, wie Hariphunchai, Lanna, U-Thong, Sukhothai und Lopburi (Tel. 053 22 13 08, Mi–So 9–16 Uhr, bis 2017 wegen Renovierung größtenteils geschl.).

WAT CHET YOD
Kurz vor dem Museum erinnert diese 1455 von König Tilokarat gegründete Anlage eher an Indien als an Thailand. Tatsächlich hat der Mahabodhi-Tempels von Bodhgaya, in dem Buddha seine Erleuchtung erlangte, als Vorbild gedient, und doch ist hier etwas Einzigartiges entstanden. Der – von einem neueren Viharn verdeckte – alte Chedi im Sukhothai-Stil erinnert mit seinen sieben Spitzen an die sieben Jahre, die Buddha vor seiner Erleuchtung in tiefster Meditation verbrachte. Die Lateritmauern des Chedis weisen – an der Westfassade gut erhaltene – äußerst fein skulptierte Stuckreliefs im Lanna-Stil auf, die im Nachmittagslicht am schönsten hervortreten. Zwölf sitzende Buddhas, die durch Säulen voneinander getrennt sind, werden von stehenden Figuren flankiert. In dem Wat fand das 8. Weltkonzil der Buddhisten statt, zu dem 1477 mehr als 1000 Mönche aus allen Teilen der Welt zusammenkamen.

NACHTMARKT ★
Die Hauptattraktion zwischen Osttor (Tha Phae Gate) und Fluss ist eher was zum Staunen. Ein Sammelsurium von Geschäften verkauft alles, was die Region zu bieten hat. Ein Bummel verschafft Ihnen also einen Überblick. Allerdings findet man die besten Läden nicht unbedingt im Night Bazaar Building. Ausnahmen sind u.a. **Lanna Silver** (Nr. 51–52) und **Arnut Asia Treasures** (Nr. 48–49). Auch **Ceramthai** (Nr. 30) ist mit einer kleinen Auswahl vertreten.

Das **Galare Food Center** im Nachtmarkt bietet neben preiswertem Essen traditionellen Tanz, Thaiboxen und Travestieshows.

Sehr attraktiv ist auch der **Sonntagsmarkt** in der Altstadt entlang der Ratchadamnoen Road bis zum Osttor (nur So 17–22 Uhr). Geboten wird viel Kunsthandwerk, jede Menge Unterhaltung und natürlich preiswertes Essen an zahlreichen Garküchen. Probieren Sie unbedingt *sai ua*, denn diese mit Zitronengras, Ingwer, Kurkuma und roter Currypaste pikant gewürzten und mit Klebreis als Vorspeise servierten Schweinswürstchen sind eine Spezialität der nördlichen Provinzen. Suchen Sie einfach den Würstchenstand mit der längsten Schlange!

STRASSE DER KUNSTHANDWERKER
Bevor Sie auf dem Nachtmarkt jedoch übereilt etwas kaufen, fahren Sie für mindestens einen halben Tag in Richtung des Dorfes **San Kamphaeng** westlich von Chiang Mai. Entlang der Straße ziehen sich über Kilometer kunsthandwerkliche Betriebe vom Schnitzer über die Lack-, Schirm- und Fächermaler bis hin zu Seiden- und Baumwollwebern.

Karte
S. 269

Chiang Mai & der Norden
Chiang Mai

Auf dem Nachtmarkt von Chiang Mai wird natürlich auch für das leibliche Wohl gesorgt

Info
Tourism Authority of Thailand (TAT)
Pläne von Stadt und Umgebung, Beratung bei Trekkingtouren.
Lamphun Rd. | Chiang Mai
Tel. 053 24 8604

Anreise
Flugzeug: Chiang Mai International Airport (Tel. 053 27 0222, www.airportthai.co.th). Preiswerte Flugverbindungen mit allen größeren Städten des Landes, darunter ein Direktflug nach Phuket (allerdings keiner nach Samui). Das Taxi in die Innenstadt kostet etwa 150 Baht.
Bus: Der Chiang Mai Arcade Bus Terminal (Tel. 053 24 4664) im Nordosten des Stadtzentrums bedient u. a. die Strecken nach Bangkok (10 Std.), Chiang Rai (4 Std.), Mae Sai (5 Std.), Pai (3 Std.), Mae Hong Son (6 Std.) und Sukhothai (5 Std.), der Chang Phueak Bus Terminal (Tel. 053 21 1586) etwas nördlich des Chang Phueak Gate die Routen nach Thaton (4 Std.) und Lamphun (1 Std.). Innerhalb der Stadt verkehren Tuk-Tuks und Songthaeos.
Zug: Chiang Mai Railway Station (27 Charoen Muang Rd.). Günstige Verbindung von/nach Bangkok (Halt in Phitsanulok und Ayutthaya), auch komfortable Schlafwagen.

Hotels
Four Seasons €€€
Bungalows im klassischen Landesstil schmiegen sich harmonisch in Reisfelder. Die märchenhaft schöne Anlage verfügt über sämtliche Finessen inklusive Spa und riesige Villen, liegt allerdings gut 20 km außerhalb der Stadt (Shuttleservice).
Mae Rim-Samoeng Kao Rd. | Chiang Mai
Tel. 053 29 8181
www.fourseasons.com/de/chiangmai

Rachamankha €€€
Edler China-Thai-Stilmix in der Altstadt mit komfortablen Zimmern, sehr schönem Pool und Spa. Das Restaurant serviert Gerichte der

Bo Sang bei Chiang Mai ist das Dorf der Schirmemacher

Lanna und birmanische Spezialitäten. Ultraschicke Bar mit leckeren Cocktails.
6 Rachamankha 9 | Chiang Mai
Tel. 053 90 4111
www.rachamankha.com

Tamarind Village €€€
Boutiquehotel mitten in der Altstadt und trotzdem eine Oase der Ruhe, mit traditionell eingerichteten luxuriösen Zimmern und Spa mit Lanna-Behandlungen. In Ferienzeiten › **S. 333** lange im Voraus buchen!
50/1 Ratchadamnoen Rd.
Chiang Mai
Tel. 053 41 8896
www.tamarindvillage.com

3 Sis Bed & Breakfast €€
Bestes Bed & Breakfast in Chiang Mai. Der Service ist vorzüglich, die Zimmer mit eigenem Bad sind komfortabel und preiswert. Ein weiteres Plus ist die Lage mitten in der Altstadt unweit des Wat Chedi Luang. Die »drei Schwestern« servieren zudem leckere Bioküche mit Produkten aus eigenem Anbau. Kostenloser WLAN-Zugang.
1 Phra Pokklao Soi 8
Chiang Mai
Tel. 053 27 3243
www.3sisbedandbreakfast.com

Baan Oraphin €€
Charmantes Hotel am Ostufer des Ping River. Zimmer und Privatbungalows sind mit viel Teak im traditionellen Thai-Stil eingerichtet, dazu kommen romantische Himmelbetten, Terrassen und sogar ein Pool. Erstaunlich preiswert.
150 Charoen Rat Rd.
Chiang Mai
Tel. 053 24 3677
www.baanorapin.com

Buri Gallery House €€
Hotel im Lanna-Stil in unmittelbarer Nähe des Wat Phra Singh mit sehr unterschiedlich eingerichteten Zimmer. Einige bieten Himmelbetten, andere Balkon oder große Terrasse. Das im Restaurant servierte Biogemüse wird vor Ort gezogen.
102 Ratchadamnoen Rd.
Chiang Mai
Tel. 053 41 6500
www.burigallery.com

📍 Karte S. 269

Chiang Mai & der Norden
Chiang Mai

Eco Resort Chiang Mai €€
Komfortable helle Zimmer im reinsten Thai-Stil inmitten eines riesigen Tropengarten mit Pool. Ideal für Naturliebhaber.
109 Bumrungraj
Chiang Mai
Tel. 053 24 7111
www.ecoresortchiangmai.com

Galare Guest House €€
Schöne Anlage am Fluss. Klimatisierte Zimmer mit eigenem Bad und Balkonblick auf den Garten.
7 Charoen Prathet Rd.
Chiang Mai
Tel. 053 82 1011
www.galare.com

River View Lodge €€
Angenehmes kleines Hotel am Ping River gleich neben dem Galare Guest House, mit Pool und geschmackvoll eingerichteten Zimmern, alle mit eigenem Bad, einige mit Balkon und Veranda zum Fluss.
25 Charoen Prathet Rd.
Chiang Mai | Tel. 053 27 1109
www.riverviewlodgch.com

Villa Duang Champa €€
Luftiges Juwel im Kolonialstil mit 10 hellen, sehr geräumigen Zimmern, die meisten mit Balkon oder Terrasse. Gute Bäder.
82 Ratchadamnoen Rd.
Chiang Mai
Tel. 053 32 7199
www.villaduangchampa.today

Yaang Come Village €€
Sehr schöner Komplex mit elegant im traditionellen Stil eingerichteten Zimmern und Luxusbädern, idyllischer Garten. Spa und Bibliothek. Organisiert Ausflüge.
90/3 Si Don Chai Rd.
Chiang Mai | Tel. 053 23 7222
www.yaangcome.com

Banthaî Village €
Modernes Hotel hinter dem Wat Buppharam in unmittelbarer Nähe des Nachtmarkts, trotzdem ruhig. Schöne Bäder.
79 Tha Phae Rd., Soi 3
Chiang Mai
Tel. 053 25 2789
www.banthaivillage.com

Gap's House €
Traditionelles Thai-Haus in einer Gartenanlage am Thapae Gate, gute Küche, mit eigener Kochschule. Keine Reservierungen!
3 Ratchadamnoen Rd. 4
Chiang Mai
Tel. 053 27 8140
www.gaps-house.com

Julie Guest House €
Sehr preiswertes Guesthouse in der Nähe des Thapae Gate mit bunten Doppelzimmern und eigenem Bad für 300 Baht. Sehr freundliche Atmosphäre in den Gemeinschaftsräumen mit Hängematten. Seriöser, günstiger Massagesalon nebenan. Ausflugsprogramm.
7/1 Phra Pokklao Soi 5
Chiang Mai
Tel. 053 27 4355
www.julieguesthouse.com

Restaurants
Dash Teak House €€
Sehr schönes traditionelles zweistöckiges Teak-Haus in der Altstadt mit vorzüglicher klassischer Thai-Küche. Viele Lanna-Spezialitäten, sehr freundlicher Service.
38/2 Moon Muang Rd., Soi 2
Chiang Mai | Tel. 053 27 9230
www.dashteakhouse.com

JJ Bakery €€
Bietet Müsli, Croissants, Schnitzel, tolle Erdbeertorte. Bei Europäern sehr beliebt.
88 Thapae Rd. | Chiang Mai
Tel. 053 23 4007

The Gallery €€
Edles Ambiente am Ostufer des Ping River in einem der ältesten Holzbauten der Stadt. Serviert wird entschärftes Thai-Essen bei Kerzenlicht und leider recht vielen Mücken.
Charoen Rat Rd. |Chiang Mai | Tel. 053 24 8601
www.thegallery-restaurant.com

The Riverside €€
Touristenhochburg mit Livemusik und erstklassiger Thai-Küche. Besonders lecker sind Massaman- und Panang-Currys.
Charoen Rat Rd.
Chiang Mai | Tel. 053 24 3239
www.theriversidechiangmai.com

Aroonrai €
Das äußerlich banal wirkende Gartenrestaurant schräg gegenüber dem Thapae Gate setzt seit vielen Jahren Maßstäbe für authentische nordthailändische Küche. Einfach in der offenen Küche auf das gewünschte Gericht zeigen. Empfehlenswert ist das köstliche *khao sai* (Eiernudeln mit Huhncurry).
45 Kotchasarn Rd. | Chiang Mai
Tel. 053 27 6947

Free Bird Cafe €
Vorzügliche Bioküche speisen, und das für einen guten Zweck! Alle Gewinne gehen an das Thai Freedom House, das sich um die Bildung und Integration der Bergvölker und birmanischen Flüchtlinge kümmert. Neben den Klassikern der Thaiküche werden auch traditionelle Spezialitäten der Shans und Birmanen serviert. Im angeschlossenen Charity Shop kann man Kleidung, Taschen, Bücher und Naturkosmetika kaufen.
116 Maneenoparat Rd.
Chiang Mai
Tel. 08 1028 5383
www.thaifreedomhouse.org

Huen Phen €
Wunderbar preiswertes Restaurant in der Altstadt. Abends kann man auch im Garten speisen. Besonders gut schmecken Klassiker der Lanna-Küche wie gaeng hang lay (Schweinefleischcurry) mit Klebereis und larb nua (pikant gewürzter Rindfleischsalat mit Kräutern.
112 Ratchamankha Rd.
Chiang Mai
Tel. 053 81 4548

Wat Chet Yot in Chiang Mai

Chiang Mai & der Norden
Chiang Mai

Karte S. 269

Vegetarian Thai Orchid €
Sehr beliebte preiswerte, aber auch wirklich pikante vegetarische Küche. Eine Speisekarte gibt es nicht, man deutet einfach mit dem Finger auf das Gewünschte.
419/24 Witchayanon Rd.
Chiang Mai
Tel. 053 87 6232

Nightlife
In den Discos Bubbles und Hot Shot des Hotelturms **Pornping Tower** am Nachtmarkt tanzen besonders viele *farangs* mit jungen Einheimischen, die allerdings oft eher merkantil gestimmt sind. Nach Mitternacht zieht man weiter in den kleinen lauten Disco-Pub **Nice Illusion** am Thapae Gate, in dem sich junge Thais amüsieren. Einheimische Trendsetter und Studenten treffen sich gern in den Bars, Lounges und auf den zwei Dancefloors des **Warm Up Café** in der Nimmanhaemin Rd. (Nr. 40), in der auch der überaus schicke **Monkey Club** (Nr. 7) angesiedelt ist.

Shopping
Wer durch Thailand reist, sollte seine Einkaufstour in Chiang Mai machen, denn nirgendwo ist die Auswahl an schönen Souvenirs größer als in dieser Stadt.

Adun Hill Tribe Store
Handgewebte Kleidung, bestickte Gürtel, Sandalen und Umhängetaschen, gefertigt von Angehörigen der Bergvölker (Zweiter Laden: 172 Thapae Rd.).
210/1 Phra Pokklao Rd.
Chiang Mai
Tel. 08 943 4141

Baan Celadon
Sehr schöne Seladon-Keramik.
7 Moo 3/Sankampaeng Rd.
Chiang Mai
Tel. 053 33 8288
www.baanceladon.com

Herbs Basics
Seifen, Lotionen, Cremes, Essenzen und Kerzen in zahllosen feinen Düften, die aus lokalen Pflanzen gewonnen werden. Alles sehr preiswert (Filiale: 172 Phra Pokklao Rd.).
344 Thapae Rd.
Chiang Mai
Tel. 053 23 4585
www.herbbasicschiangmai.com

HQ Paper Maker
Traumhaft schöne Papierwaren, darunter von Hand gefertigtes und gefärbtes Maulbeerpapier in vielen Farben und Mustern.
3/31 Samlan Rd.
Chiang Mai
Tel. 053 81 4717
www.hqpapermaker.com

Kachama
Seidenwebkunst der Hmong in farbenfrohem Design, darunter einzigartige Wandbehänge. Schals, Kissenbezüge und Tischdecken sind natürlich erschwinglicher. Im Obergeschoss werden die edlen Stoffe am laufenden Meter verkauft, und man kann sich seinen textilen Traum nach Maß schneidern lassen.
10–12 Soi 1/Nimmanhaemin Rd.
Chiang Mai
Tel. 053 21 9499

Prempracha's Collection
Riesige Auswahl an Keramik in faszinierenden Mustern und Farben.
224 M.3/Sankampaeng Rd.
Chiang Mai | Tel. 053 33 8540
www.prempracha.com

Sop Moei Arts
Schöne Stoffe und Körbe aus den Dörfern der Pwo Karen in der Provinz Mae Hong Son in Naturfarben und dezenten Mustern. Die seidenen Bettdecken sind ein Traum. Die Erlöse der gemeinnützigen Organisation fließen in dörfliche Entwicklungsprojekte.

Chiang Mai & der Norden
Chiang Mai

50/10 Charoen Rat Rd.
Chiang Mai
Tel. 053 30 6123
www.sopmoeiarts.com

Thai Tribal Crafts
Fair-Trade-Laden für Kunsthandwerk der Bergvölker (Filiale: 25/9 Moon Muang Rd.)
1208 Bamrungrat Rd.
Chiang Mai
Tel. 053 24 1043
www.ttcrafts.co.th

Aktivitäten
Überall in Chiang Mai werden **Trekkingtouren** angeboten. Über einsame, waldige Kuppen in Dörfer der Bergvölker zu wandern zählt zu den schönsten touristischen Erlebnissen in der Region. Tatsächlich unberührte Dörfer gibt es allerdings kaum noch. Sie werden sich damit abfinden müssen, am Ziel auf Fernsehapparate und andere Touristen zu treffen.

Chiang Mai Garden Trekking Tour
Empfehlenswerte dreitägige Trekkingausflüge in die Bergregion zwischen Chiang Mai und Pai.
175/14 Ratchadamnoen Rd.
Chiang Mai
Tel. 08 1950 3918
www.chiangmaigardenguesthouse.com

Pooh Eco Trekking
Auf Nachhaltigkeit bedachte, sanfte Trekkingtouren in kleinen Gruppen. Geschlafen wird in den Dörfern der Bergvölker bei langjährigen Freunden der zwei sehr kenntnisreichen Führer bzw. in einer Bambushütte am Fluss.
59 Rajchapakinai Rd
Chiang Mai | Tel. 053 20 8338
Mobil-Tel. 0 8504 14971
www.pooh-ecotrekking.com

Treetop Asia
Auch in Thailand gelten Canopy Tours (Baumwipfeltouren) mit Ziplines als »affengeiler« Spaß. Besonders schön ist die Anlage im Bergwald von Chae Hom, eine Stunde Autofahrt von Chiang Mai entfernt. Wie ein Gibbon klettert man über Hängebrücken und Plattformen von Baum zu Baum und saust an Ziplines hoch über den Urwald hinweg. Ein Teil des Gewinns geht an Gibbon-Rehabilitationszentren.
29/4–5 Kachasarn Rd.
Chiang Mai | Tel. 053 01 0660
www.treetopasia.com

Ausflüge von Chiang Mai

DOI SUTHEP [2] [A2]
Der 1676 m hohe Berg erhebt sich nur etwa 16 km nordwestlich von Chiang Mai. Der rund 260 km² große **Doi Suthep National Park** lockt mit bequemen Wanderwegen im üppigen Wald mit artenreicher Vogelwelt – über 300 verschiedene Arten sind vertreten. Innerhalb des Nationalparks liegen eine berühmte Tempelanlage, ein Königspalast und ein Dorf des Bergvolks der Hmong.

WAT PHRA THAT DOI SUTHEP
Gut 600 m unterhalb des Gipfels steht auf einer großen Esplanade Nordthailands berühmtester Tempel und Ziel unzähliger Pilger. Man erzählt, dass ein heiliger weißer Elefant die Stelle ausgesucht habe, an der 1383 der Tempel gegründet wurde. Vom Parkplatz aus kann man über eine Treppe aus dem 16. Jh. mit über 300 Stufen zur Esplanade hinaufgehen. Ihr Geländer wird von den Körpern zweier riesiger Nagas gebildet. Besucher können aber auch eine Zahnradbahn benutzen. Von der Esplanade bietet sich bei klarer Witterung ein herrlicher Blick aus der Vogelperspektive über Chiang Mai. Im Vorhof hängen an der äußeren Mauer mehrere Reihen kleinerer Glocken, die von den Pilgern der Reihe nach mit einem Holzklöppel angeschlagen

Chiang Mai & der Norden
Ausflüge von Chiang Mai

Mit Gold überzogene Buddhastatuen im Wat Phra That Doi Suthep

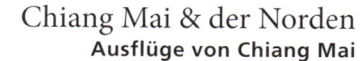

werden, um die Aufmerksamkeit der göttlichen Wesen auf sich zu ziehen.

Das dürfen Sie natürlich ebenfalls tun. Im Glockenturm (Hor Rakhang), einem runden Gebäude aus grauem Marmor mit vergoldetem Staffeldachaufbau, hängt ein Gong von etwa 2 m Durchmesser. Die größte Attraktion ist der 32 m hohe achteckige Chedi, der mit vergoldeten Kupferplatten bedeckt ist. Er zeigt birmanische Formen und bewahrt eine Buddhareliquie. Seine Spitze krönt ein siebenfacher königlicher Ehrenschirm und überragt die Ebene von Chiang Mai um 600 m. Um den Unterbau verläuft ein quadratischer Zaun, dessen obere Hälfte vergoldet ist. Er grenzt den geweihten Bereich ab. An den vier Ecken befinden sich filigrane zeremonielle Schirme *(chat)* im birmanischen Stil, deren würfelförmige Sockel mit goldenen Reliefs des mythologischen Elefanten Erawan und mythologischen siamesischen Löwen *(singha)* verziert sind.

Das goldene Standrohr ist einem Bambusrohr nachempfunden. Ein stimmungsvoller Anblick sind die vielen Pilger, die mit einer Lotusknospe in der Hand den Chedi umrunden. An jeder Seite des Chedi-Sockels halten sie inne, um sich vor einem Altar mit Buddhastatue zu sammeln. Eine dieser Statuen ist aus grünem Kristall und dem Smaragd-Buddha in Bangkoks Wat Phra Kaeo nachempfunden.

Den eigentlichen Tempelbezirk bewachen zwei Dämonenstatuen; an den Seiten befinden sich Geisterhäuschen. Das Innere des Heiligtum bewahrt einen schönen Buddha im Lanna-Stil. In den Galerien sind mehrere Buddhafiguren aufgestellt, die Wände zieren neuzeitliche Darstellungen, die Szenen aus dem Leben Buddhas wiedergeben. Bemerkenswert sind auch zwei Viharns mit kunstvollem vergoldetem Schnitzwerk, einer beherbergt einen sitzenden Buddha.

PHUPING-PALAST

Wenn Sie der Straße weitere 4 km in Richtung Gipfel folgen, erreichen Sie den eher unspektakulären und auch nicht zugänglichen Winterpalast der königlichen Familie. Umso schöner sind die Gärten, in denen Rosen, Bougainvilleen, Orchideen und Hibiskus blühen. Eine Schotterstraße führt vom Phuping-Palast 3 km weiter in ein Dorf des **Hmong-Volkes,** dessen Bewohner

Chiang Mai & der Norden
Mae Sa Valley/ Doi Inthanon

ausschließlich vom Souvenirverkauf leben. Sofern Sie nicht weiter nach Norden fahren oder gar auf Trekkingtour gehen wollen, ist hier die bequemste Möglichkeit zum Besuch eines Bergvolks.

CHIANG MAI ZOO

Größte Attraktion des an den unteren Hängen des Doi Suthep angelegten großzügigen Zoos sind die beiden Riesenpandas Lin Hui und Chuang Chuang mit ihrer Tochter Lin Bing. Kinder lieben aber auch die australischen Koalas, die (gegen Gebühr) geknuddelt werden dürfen. Im Schneedom sind Humboldtpinguine zu bestaunen. Das angeschlossene Aquarium ist leider heruntergekommen und überteuert (100 Huay Kaew Rd., Tel. 053 22 1179, www.chiangmaizoo.com. tgl. 8–21 Uhr).

Anreise

Songtaeos fahren von der Chiang Mai University und dem Chang Phueak Gate bis zum Parkplatz am Fuß des Berges Doi Suthep, ab dort **Tramfahrt** (oder 309 Stufen) bis hinauf zum Tempel.

MAE SA VALLEY 3 [A2]

Sollte Ihnen der Sinn nach einem touristischen Rundumschlag stehen, buchen Sie eine Tagestour in das weite Tal 15 km nördlich von Chiang Mai.

Hier ist, wohlgefällig und sehr kommerziell, alles zu finden, was den Klischees von Nordthailand entspricht: Elefanten, Schlangenshow, Orchideenfarm, Schmetterlingszucht, Bergvolkdörfer, Parks, Wasserfälle, dazu viele Restaurants und Souvenirläden.

DOI INTHANON 4 [A2]

Deutlich abenteuerlicher und wegen der wunderbar kurvigen Straße vor allem mit dem Motorrad reizvoll ist die Fahrt auf Thailands höchsten Berg, dessen Gipfel in 2595 m Höhe meist in dichten Nebel gehüllt bleibt. Im Visitor Center des Nationalparks erhalten Sie einen Lageplan der Sehenswürdigkeiten, darunter Bergvolkdörfer der Hmong und Karen, eine Tropfsteinhöhle und drei Wasserfälle. Besonders beliebt ist die Kaskade Mae Klang. Hier picknicken besonders am Wochenende viele Einheimische. Die immergrüne Gipfelregion ab 1800 m, die eine Mi-

Vom Doi Inthanon bei Chiang Mai schweift der Blick über bläulich schimmernde Hügel

litärradarstation krönt, ist mit einer einzigartigen Flora und Fauna besonders attraktiv. Der Vogelreichtum zieht Ornithologen aus aller Welt an. Während der Wintermonate verkaufen die Bergvölker köstliche Erdbeeren.

Lamphun 5 [B2]

Die Stadt liegt 24 km südlich von Chiang Mai am rechten Ufer des Menam Kuang (Nebenfluß des Menam Ping). Die Einwohner der Region haben ihren typischen Dialekt mit Mon-Elementen zu einer fast eigenständigen Sprache entwickelt. Es lohnt sich, durch die idyllische Altstadt zu bummeln, bevor man die berühmteste Sehenswürdigkeit, den Tempel Wat Phra That Hariphunchai, besucht.

Wat Phra That Haripunchai

Zwei Löwenfiguren *(singhas)* bewachen den Haupteingang dieses eindrucksvollsten von ungefähr 50 Tempeln in dieser Gegend. Gleißend funkelt der vergoldeter Chedi des wichtigsten Tempels des Mon-Königreiches von Hariphunchai in der Sonne. Legenden berichten, dass der in den 1930er-Jahren sorgsam restaurierte Tempel schon um 1150 von König Athittayarat errichtet wurde, nachdem dieser eine unter dem Palast der legendären Königin Chama Thevi verborgene Buddhareliquie wiedergefunden hatte und dann einen ursprünglich nur 4 m hohen Reliquienschrein darübersetzen ließ. Dieser war nach allen vier Seiten offen, sein Dach wurde von vier Säulen getragen. Im 12. Jh. umgab man den Schrein mit einem damals etwa 8 m hohen Chedi. Unter König Tilokarat wuchs er 1448 auf eine Höhe von 46 m. Anfang des 19. Jh. fügte man den neunstufigen Schirm an der Spitze hinzu, der aus 68 kg Gold bestehen soll. Weiter unten befinden sich ziselierte Kupferplatten.

An allen vier Ecken stehen goldbeschlagene Eisenschirme aus dem 19. Jh.

Der große Viharn wurde 1925 errichtet und 1960 restauriert. Seine Fassade ist wundervoll gestaltet, Türen und Fenster sind sorgsam geschnitzt, und das Haupttor ist vergoldet. Im Innenraum sind über den Fenstern Gemälde zu sehen, auf denen 13 Szenen das Leben Buddhas schildern. Außerdem beherbergt er eine Buddhastatue im Chiang-Saen-Stil. Neben dem Viharn ist ein kleines Bibliotheksgebäude (Hor Trai) aus dem frühen 19. Jh. zu sehen, das dem des Wat Phra Singh in Chiang Mai gleicht. Der elegante Holzbau mit dreistufigem Dach wurde zum Schutz der Manuskripte vor Termiten auf einen etwa drei Meter hohen Sockel aus Stein gesetzt. Im Inneren befinden sich die Gestelle, auf denen Palmblätterbücher standen. Im roten Pavillon (Hor Rakhang) ist ein Bronzegong (1864) von etwa zwei Metern Durchmesser untergebracht, den Sie schlagen und sich dabei etwas wünschen dürfen. An der Nordmauer des Tempels steht der elegante **Suwanna Chedi** aus Ziegelmauerwerk, eine Kopie aus dem Jahr 1418 des Mahapol Chedi aus dem Wat Chama Thevi.

HARIPUNCHAI-NATIONALMUSEUM

Das Museum an der Westseite des Klosters präsentiert alte Stelen und Bronze-Buddhas aus der Chiang-Saen-Zeit sowie verschiedene Stuckarbeiten (Dvarvati-Einflüsse) und einen silbernen Buddhakopf (Mi-So 9-16 Uhr).

Wat Chama Thevi (auch Wat Ku Kut)

Die Gebäude des etwa 1,5 km weiter westlich gelegenen Tempels stammen im Wesentlichen aus moderner Zeit, doch soll der Tempel bereits im 8. oder 9. Jh. von König Mahandayok gegründet worden sein, der hier die Asche seiner Mutter Chama Thevi, die erste Königin von Haraphunchai, samt Stoßzähnen zweier Elefanten

Chiang Mai & der Norden
Wat Chama Thevi/Lampang

Der Wat Phra That Lampang Luang zeigt den typischen Lanna-Stil Nordthailands

beisetzen ließ. Besonders sehenswert sind die beiden einzigen in Originalform erhaltenen Chedis der gesamten Dvaravati-Epoche. Sie sollen aus dem 8. Jh. stammen und wurden nach einem Erdbeben 1218 restauriert. Der größere **Mahapol Chedi** aus Ziegel- und Lateritsteinen präsentiert sich als 21 m hohe schlanke Pyramide auf quadratischem Grundriss mit 5 Ebenen und jeweils 12 Nischen. In ihnen stehen Buddhastatuen aus Terrakotta, deren Gesichter fast alle restauriert wurden. Die breite Stirn der Statuen ist typisch für die Dvaravati-Zeit, wie auch weitere Figuren im Nationalmuseum von Lamphun bezeugen. Der kleinere **Rattana Chedi** links vom Tempeleingang direkt am modernen Viharn zeigt eine achteckige Form, ist 11,5 m hoch und ebenfalls mit zahlreichen Buddhastatuen verziert. Er wurde wahrscheinlich Anfang des 13. Jhs. von König Sabbasiddhi erbaut.

Hotel
Lamphun Will €€
Das beste Hotel der Stadt. Die komfortablen Zimmern sind mit Ansichten der Tempel von Lamphun dekoriert. Schöner Blick auf den Wat Chama Thevi von der Caféterrasse aus.
204/10 Charmmathewi Rd.
Lamphun
Tel. 053 53 4865
www.lamphunwillhotel.com

Lampang [B2]

Mit ihrer Spiralform und den prachtvoll glänzenden Goldverzierungen sind die bunten Tempel von Lampang (100 km südöstl. von Chiang Mai) ein Paradebeispiel birmanischer Architektur in Thailand: Schönes Holzschnitzwerk an Giebeln und Säulen sowie vergoldete Ornamente auf den Mauern. Der vielleicht schönste Tempel in der Stadt ist der **Wat Phra Kaeo Don Tao.** Er liegt etwa 1 km östlich des heutigen Zentrums. Einige Zeit beherbergte er Thailands größtes Heiligtum, den Smaragd-Buddha. Über Chiang Mai, Luang Prabang, Vientiane und Thonburi gelangte er schließlich in den Wat Phra Kaeo in Bangkok. Blickfang ist der hoch aufragende

Karte S. 269

Chiang Mai & der Norden
Lampang

Chedi im Sukhothai-Stil mit vergoldetem Oberteil auf rechteckiger Basis. Daneben befindet sich eine hölzerne, reich verzierte Kapelle mit siebenstufigem Staffeldach im birmanischen Stil. Das Innere ziert eine bunte, prächtig gestaffelte Kassettendecke mit Perlmutt- und Edelsteinintarsien sowie ein kupferner Buddha. Ein liegender Buddha ist im Viharn zu bewundern.

Nordthailands vielleicht großartigster Wat, der **Wat Phra That Lampang Luang** 6, schlummert im Bezirk Ko Kha 18 km südwestlich von Lampang vor sich hin und ist mit öffentlichen Transportmitteln kaum zu erreichen (ab Lampang augeschildert). Lage wie Gebäude vermitteln eine so schaurig-schöne Stimmung, dass die weite Anreise auch für jene lohnt, die sich sonst nichts aus Tempeln machen.

Die altersschiefe Anlage ruht wie eine Festung ummauert auf einem Hügel. Eine mit Nagas besetzte Treppe führt zum monumentalen Hauptportal, das allerdings meist geschlossen bleibt. Eine Lünette über dem Tor zeigt das buddhistische Gesetzesrad, die Türflügel sind mit eleganten, mit Gold auf rotem Lack bemalten Devada-Figürchen verziert. Man benutzt den kleineren linken Eingang der Südmauer. Der Weg zum heiligen Bezirk führt an einen Bodhi-Baum, den Hunderte von geschnitzten oder bemalten Pfählen stützen. Diese wurden von Gläubigen gestiftet, die sich dadurch religiöse Verdienste erwerben wollen.

Im heiligen Bezirk erhebt sich der majestätisch wirkende, seit 1496 etwa 45 m hohe Chedi, in dem Reliquien aufbewahrt werden, darunter ein Haar des Erleuchteten. Die vielfach gegliederte, quadratische Basis der Pagode ist mit Kupferplatten belegt, die Spitze ist vergoldet. Eine bronzene Balustrade umgibt den Chedi, die vier Ecken zieren vergoldete Ehrenschirme.

Fünf hölzerne Viharn flankieren den Chedi. Alle besitzen reich geschnitzte Giebelfelder und hohe Staffeldächer. Der größte von ihnen, der 1476 errichteten Viharn Luang, könnte Thailands ältestes Teakholzgebäude sein. Im Inneren befindet sich in einem vergoldeten Khu (eine pyramidenförmigen Struktur aus Ziegel) die 1563 gegossene Buddhastatue des Phra Chao Lan Thong. Links neben dem Khu ist ein alter, mit wunderschöner Holzschnitzerei verzierter Thammat zu sehen, eine Art Kanzel, aus der ein Mönch sitzend das Dharma verkündet. Es beinhaltet Gesetz, Recht und Sitte sowie ethische und religiöse Verpflichtungen. Die Wandmalereien des Viharn sind stark verblichen.

Das Tempelmuseum besitzt einige kostbare Exponate, wie Buddhafiguren mit Edelsteinen, einen Buddhakopf aus der Chiang-Saen-Periode, Holzschnitzereien, Thongs und Bibliotheksschränke aus rotlackiertem Holz.

Hotels
Lampang Wiengthong €€
Modernes Hotelhochhaus in zentraler Lage mit 235 sehr komfortablen Zimmern und Bädern mit Wannen. Schickes Restaurant, Coffee Shop, Bar mit abendlicher Livemusik, sehr beliebt bei Reisegruppen.
138/109 Phaholyothin Rd.
Lampang
Tel. 054 22 5801
www.lampangwiengthong.co.th

Riverside Guest House €
Charmantes, rustikales Haus mit 19 urgemütlichen Teak-Zimmern und Blick auf den Wang River. Zimmer Nr. 4 ist besonders schön im nördlichen Thai-Stil gehalten. Garten mit Hängematten. Keine Mahlzeiten.
286 Talad Kao Rd.
Lampang | Tel. 054 22 7005
www.theriverside-lampang.com

Restaurants
Rim Wang
Gute Thai-Küche am Wang River im Dorf Ko Kha. Die Fischgerichte sind besonders zu empfehlen.
Hwy. 1034, Ko Kha
Lampang
Tel. 054 28 1104

Chiang Mai & der Norden
Lampang/Mae Hong Son

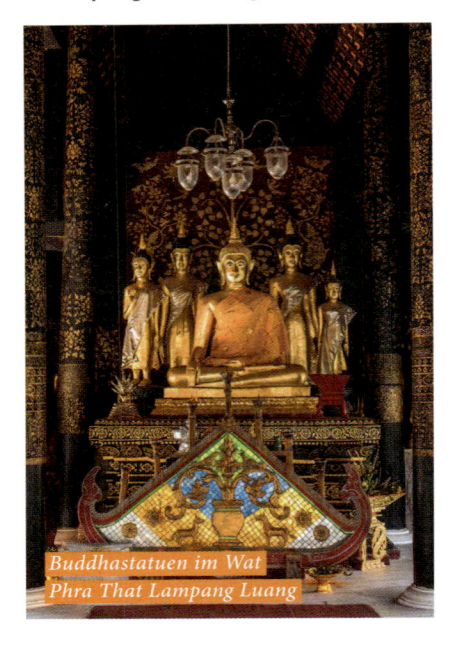

Buddhastatuen im Wat Phra That Lampang Luang

The Riverside
Recht preiswerte einheimische und europäische Küche oberhalb des Wang River.
328 Tipchang Rd.
Lampang
Tel. 054 22 1861

Shopping
Am Samstagabend findet in der **Talad Kao Road** ein Markt statt, auf dem Töpferwaren, Stoffe und Kunsthandwerk verkauft wird. Auf den Märkten an den Ausfallstraßen in Richtung Chiang Mai und Bangkok kauft man aber günstiger ein.

Srisawat Ceramics
In diesem Innenstadt-Showroom können sie schönes blau-weißes Porzellan, aber auch Seladon-Keramik und aus der Rinde des Maulbeerbaums gefertigtes Sa-Papier erstehen.
316 Phaholyothin Rd.
Lampang | Tel. 054 21 8139
www.tcie.com

Indra Ceramic
Hier bekommen sie das schöne Porzellan aus Lampang in den typischen Farben Blau, Weiß und Orange. Man kann bei der Produktion zusehen und sogar seine eigenen Muster in Auftrag geben.
382 Vajiravudh Damnoen Rd.
Lampang–Phrae Hwy. (2 km westl. des Stadtzentrums) | Lampang
Tel. 054 31 5591
www.indraceramic.com

Aktivitäten
Elephant Conservation Centre 7
28 km nördlich von Lampang liegt am Hwy 11 im Tung-Kwian-Wald das sehenswerte Elephant Conservation Centre (www.thailandelephant.org, tgl. 8–15 Uhr).

Mae Hong Son 8 [A2]

Die alte Shan-Stadt mit ihren vielen kleinen Teakholzhäusern, dem turbulentem Morgenmarkt (Sihanatbamrung Rd.) und einem fulminanten Schmuggelhandel hat sich trotz des Touristenandrangs ein einzigartiges Bild bewahrt. Auf dem Gipfel des gleichnamigen Hügels über dem Tal erhebt sich der **Wat Doi Kong Moo** mit zwei Chedis und einer hochverehrten Buddhastatue aus weißem Marmor. Vom Sunset Viewing Point schweift der Blick über die traumverlorene Hügellandschaft von Mae Hong Son mit dem von Tempeln im birmanischen Stil gesäumten Kham Lake. Sie scheint einer chinesischen Tuschzeichnung entsprungen. Im Ort selbst steht der **Wat Chong Kham**. Seine goldverzierten Chedis spiegeln sich in einem mit Wasserlilien bewachsenen See. Beide Tempel weisen mit den pagodenartigen Dächern shan-birmanischen Einfluss auf, wie oft in Mae Hong Son.
 Ab 6 Uhr morgens bieten viele Angehörige der unterschiedlichsten Bergstämme (Meo, Karen, Lawa, Lisu, Lahu) ihre handgefertigten Vasen sowie Tabak, Obst, Gemüse, Chili, Betelnüs-

Karte S. 269

Chiang Mai & der Norden
Mae Hong Son/Pai

se u. a. zum Kauf an. Früher wurde der Morgenmarkt schon um 8 Uhr beendet, nun ist er ganztägig geöffnet – sodass auch Langschläfer eine Chance für den Marktbummel haben.

Hotels
Fern Resort €€–€€€
30 Holzbungalows im Shan-Stil mit geschmackvollen Zimmern und Suiten. Das Bai Fern Restaurant serviert exquisites Essen. Ausflüge zu Bergvolkdörfern.
Mae Hong Son
Tel. 053 68 6110
www.fernresort.info

The Residence@MaeHongSon €–€€
Komfortables dreistöckiges Haus mit sauberen hellen Zimmern und guten Bädern. Auch Familienzimmer.
41/4 Nivet Pisarn Rd.
Mae Hong Son
Tel. 053 61 4100
www.theresidence-mhs.com

Sarm Mork Guest House €
Freundliches Guesthouse mit drei Bungalows und kleinem Restaurant.
16/1 Chamnarn Stit Rd.
Mae Hong Son
Tel. 053 61 2122
www.sarmmorkguesthouse.com

Restaurants
Am Night Bazaar gibt es gute Garküchen, hier können Sie auch an einem preiswerten Kantoke-Dinner mit Tanz- und Musikshow der Shan teilnehmen.

Nai Sarm Mork €
Hier kommen die Liebhaber von kreativen Nudelgerichten auf ihre Kosten. Sehr leckere Rezepte der Shan.
16/1 Chamnan Sathit Rd.
Mae Hong Son
Tel. 08 2192 2488

Salaween River Restaurant €
Birmanische und Shan-Spezialitäten. Unbedingt den pikanten birmanischen Salat mit Grünteeblättern probieren. Sehr umweltbewusst: Stühle und Tische sind aus Bambus, Teilweise dienen Bananenblätter als Teller.
23 Pradit Chong Kham Rd.
Mae Hong Son
Tel. 053 61 3421
www.salweenriver.com

Nightlife
Wenn sich nachts der goldene Chedi im See spiegelt, wird in der **Lakeside Bar** frisch gezapftes Bier zu Countrymusik serviert – höchst vergnüglich.

Aktivitäten
Thai Adventure Rafting
Wildwasserfahrten auf dem Pai River, Mountain Biking, Trekking und Elefantenreiten, mit Unterkunft in einem Dorf der Karen
39 Moo 3, Chaisongkram Rd.
Mae Hong Son
Tel. 053 69 9111
www.thairafting.com

Pai 9 ⭐ [A1]

Der Ort am gleichnamigen Fluss strahlt Entspanntheit aus, doch sorgen inzwischen Partys der jungen Rucksackreisenden für Unruhe und gelegentliche Konflikte mit der lokalen Ordnungsmacht. Pai ist ein idealer Ausgangspunkt für gute Trekkingtouren in die umliegenden Dörfer der Lisu, Lahu und Karen, für die Pai auch der zentrale Markt ist. Vom **Wat Phra That Mae Yen** südöstlich von Pai bietet sich ein traumhafter Ausblick.

Hotels
Reverie Siam Resort €€–€€€
Boutiquehotels mit 20 wunderschönen Zimmern, die mit Antiquitäten eingerichtet sind.

Chiang Mai & der Norden
Pai

Bambusflöße im Morgennebel auf dem Pang Ung Lake bei Mae Hong Son

Dazu kommen zwei tolle Pools und das beste Restaurant von Pai. Es serviert erstklassige mediterrane Küche mit asiatischem Einschlag. Erstklassiger Service. In der Nachsaison preiswert.
476 Moo 8, Vieng Tai
Pai
Tel. 053 69 9870
www.reveriesiam.com

Muang Pai Resort €€
Schöne Bungalowanlage mit Pool an einem plätschernden Bach, 7 km außerhalb. Gute Küche, herrliche Berglandschaft.
Pai
Tel. 053 27 0906
www.muangpai.infothai.com

Pai Tree House Resort €€
Naturnaher geht es nicht: Man schläft in drei einfach eingerichteten Baumhäusern (die beiden Bäder werden geteilt) und genießt den Blick von einer kleinen Terrasse auf den Fluss und die Berge. Weniger Abenteuerlustige können auch in den sieben Bungalows übernachten, inmitten eines riesigen tropischen Garten am Fluss. Das Mobiliar wurde von örtlichen Künstlern gefertigt. Auch die Abfallverwertung ist vorbildlich.
90 Moo 2, Tambon Maehee
Pai | Tel. 08 1911 3640
www.paitreehouse.com

Rim Pai Cottage €€
Nette Bungalows in hübscher Gartenanlage am Fluss.
Pai | Tel. 053 69 9133
www.rimpaicottage.com

Restaurants
All About Coffee €
In einem alten Kaufmannshaus eingerichteter schicker Coffee Shop mit 20 Kaffeesorten und leckerem Gebäck aus eigener Herstellung
100 Moo 1, Chaisongkram Rd.
Pai | Tel. 053 69 9429

Cafecito €
Ziemlich authentische mexikanische Küche, vorzüglicher Kaffee.
258 Moo 8, Vieng Tai | Pai

📍 Karte
S. 269

Chiang Mai & der Norden
Chiang Rai

Edible Jazz €
Internationale Gerichte, guter Livejazz.
24/1 Chaisongkram Rd., Vieng Tai
Pai
Tel. 08 7177 7455

Maya Burger Queen €
Vorzügliche, heißbegehrte Burger von bester Rindfleischqualität. Die Inhaberin Ping hat ihr Handwerk in London gelernt. Beliebter Traveller-Treff.
Tedsaban Rd.
Pai
Tel. 08 1381 9141

Om Garden Cafe €
Biofood für gesundheitsbewusste Traveller, idyllischer Garten
4 Wiang Tai
Pai
Tel. 082 451 5930

Aktivitäten
Active Thailand
Viel gelobte Kajak- und Schlauchboottouren auf dem Pai River.
Pai
Tel. 053 85 0160
www.activethailand.com

Chiang Rai 🔟 [B1]

Thailands nördlichste Provinzhauptstadt eignet sich gut als Basis für Unternehmungen im Goldenen Dreieck. Drei hübsche Lanna-Tempel füllen einen Vormittag: Im **Wat Phra Kaeo** soll 1436 ein Blitz den unter einer Gipsschicht verborgenen Smaragd-Buddha freigelegt haben. Eine Kopie des heute im Bangkoker Wat Phra Kaeo verehrten Nationalheiligtums › **S. 136**, aus einer etwas dunkleren Jade als der des Originals gefertigt, lässt sich hier aus nächster Nähe betrachten. Gleich nebenan liegt **Wat Phra Singh** mit gewagten Schnitzereien in dem Portal des Viharns und auf einem Hügel am Stadtrand der älteste Tempel Chiang Rais aus dem 12. Jh., **Wat Phra That Chomthong**. Von hier aus haben Sie einen schönen Ausblick über die Stadt und den Kok-Fluss.

Info
Tourism Authority of Thailand (TAT)
Für die Provinz Chiang Rai wird in Guesthouses und Hotels die sehr gute Guide Map of Chiang Rai angeboten.
Singhakai Rd.
Chiang Rai
Tel. 053 71 7433

Anreise
Tgl. Flüge von/nach Bangkok, der Bus von/nach Chiang Mai benötigt 3 Std.

Hotels
Dusit Island Resort €€€
Das erste Haus am Platze liegt auf einer Insel im Kok-Fluss.
Kraisorasit Rd.
Chiang Rai
Tel. 053 60 7999
www.dusit.com

The Legend €€€
Schönes Boutiquehotel etwas außerhalb des Stadtzentrums. Die besonders reizvollen Villen haben sogar Whirlpools. Spa, zwei Restaurants, kostenloser Shuttle zum Nachtbasar.
Kohloy Rd.
Chiang Rai
Tel. 053 91 0400
www.thelegend-chiangrai.com

Wiang Inn €€
Sehr westliches Hotel mit Pool und Disco mitten in der Stadt.
893 Phaholyothin Rd.
Chiang Rai
Tel. 053 71 1533
www.wianginn.com

Chiang Mai & der Norden
Chiang Rai

Wat Phra Singh in Chiang Mai

Akha River House €
Für den sehr niedrigen Preis erstaunlich komfortable Zimmer am Fluss. Die Besitzer gehören zum Volk der Akha und organisieren Touren zu den Bergvölkern in der Umgebung.
Kohloy Rd.
Chiang Rai
Tel. 08 9997 5505
www.akhahill.com

Buffalo Hill Guest House €
Die Holzchalets im traditionellen Architekturstil des Nordens stehen auf einem Hügel nordöstlich der Stadt inmitten einer herrlichen Gartenanlage.
Doi Kwoa Kwai Road
Chiang Rai
Tel. 053 71 7552
www.pankledvilla.com

Mae Hong Son Guesthouse €
Alteingesessener Familienbetrieb in einem traditionellen Holzhaus. Freundlich und billig, aber entsprechend auch ziemlich spartanisch. Von den Betreibern werden Trekkingtouren organisiert.
Singhakai Rd.
Chiang Rai
Tel. 053 71 5367

Restaurants
C & C (Cabbages & Condoms) €€
Restaurant und Bergvolk-Museum. Der gebratene Fisch mit grünem Mangosalat ist sehr zu empfehlen.
Thanalai Rd.
Chiang Rai
Tel. 053 95 2312
www.pda.or.th/chiangrai

📍 Karte
S. 269

Chiang Mai & der Norden
Goldenes Dreieck/Mae Sai

Muang Thong €
Bei Touristen wie Einheimischen gleichermaßen beliebt. Reiche Auswahl an Thai- und chinesischen Gerichten.
Phaholyothin Rd.
Chiang Rai

Nightlife
In einer Reihe von Bierbars an der **Trapkaset Plaza** zwischen Wangcome Hotel und Clocktower amüsiert sich nach Sonnenuntergang ein bunt gemischtes Publikum.

Shopping
Vorsicht: Nur wenige Stücke aus dem Angebot der **Antiquitätenshops** entlang der Hauptstraße sind wirklich echt. Zwischen der Phaholyothin Road und dem Busbahnhof ersteckt sich ein kleiner **Nachtbasar**.

Goldenes Dreieck 11 [B1]

Chiang Saen ist ein nettes verschlafenes, von Dschungel umgebenes Nest am Mekong. Die Ruinen etlicher Tempel künden von einer ruhmreichen Vergangenheit der möglicherweise ältesten Stadt Nordthailands. Gut erhalten sind zwei Anlagen aus dem 14. Jh.: **Wat Phra That Chedi Luang** mit einem ungewöhnlichen achteckigen Chedi und **Wat Paa Sak** mit stark birmanischem Einschlag.

In **Sob Ruak**, 10 km weiter nördlich, ziehen die Flüsse Ruak und Mekong die Grenzen zwischen Thailand, Myanmar (Birma) und Laos: Hier ist das Goldene Dreieck gewissermaßen auf den Punkt gebracht. Da das grandiose Panorama viele Touristen anzieht, gibt es hier natürlich zahllose Souvenirstände. Ein Besuch des Goldenen Dreiecks lohnt sich ansonsten vor allem für historisch Interessesierte. Um die Darstellung der Geschichte des Schlafmohnanbaus und seiner Folgen wetteifern gleich zwei Ausstellungen: die **Hall of Opium** und das **House of Opium**.

Hotel
Anantara Golden Triangle €€€
Geschmackvolle Nobelbleibe mit Elefantenreitstall gleich vor der Tür. Unvergesslich bleibt das Erlebnis eines Sonnenaufgangs über den Bergen von Laos im Urwald des Golden Dreiecks auf dem Rücken eines grauen Riesen, denen es hier sehr gut geht.
Chiang Saen
Tel. 053 78 4084
www.goldentriangle.anantara.com

Mae Sai 12 [B1]

Thailands nördlichste Stadt ist durch eine Brücke über den Ruak mit Myanmars Grenzort **Tachilek** verbunden, der früher wegen seiner Heroinraffinerien berüchtigt war. Tagesbesuche sind ohne größere Formalitäten möglich. Die Märkte auf beiden Seiten der Grenze gehören zum Lebendigsten, was Südostasien zu bieten hat. In Tachilek werden hauptsächlich birmanisches Kunstgewerbe und chinesische Konsumgüter verscherbelt. In **Mae Sai** hingegen, in den Seitenstraßen hinter dem Mae Sai Hotel, blüht der Handel mit ungeschliffenen birmanischen Rubinen. Kaufen sollten hier nur Experten. Unbedingt zugreifen sollten sie allerdings bei den süßen Erdbeeren, die im Dezember und Januar auf den lokalen Märkten zu haben sind.

Einige Kilometer südlich, Richtung Chiang Rai, liegt abseits der Straße (ausgeschildert) die von einem Fluss durchzogene, lang gestreckte Höhle **Tham Luang**. Für Begehungen können Sie vor dem Höhleneingang einen Führer engagieren, eine gute Taschenlampe sollten Sie dennoch mitbringen.

Hotels
Wang Thong €€€
Betonklotz mit Pool und Blick auf die Grenzbrücke.
Phaholyothin Rd. | Mae Sai
Tel. 053 73 3388

Mae Sai Guesthouse €
Links von der Brücke am Flussufer mit wunderbarem Grenzblick.
Mae Sai | Tel. 053 73 2021

Doi Tung 13 [B1]

Vom Dorf Huay Krai führt eine gut ausgebaute Straße vorbei an Dörfern der Akha und Lahu auf den 1420 m hohen »Flaggenberg«. Die beiden Chedis des **Wat Phra That Doi Tung** auf der Kuppe, den insbesondere die Shan hoch verehren, wurden 911 errichtet, und angeblich hisste man auf dem Gipfel zur Einweihung riesige Fahnen.

Wenn Sie nicht ängstlich sind und es noch ein Stück weiter zum Gipfel des **Doi Chang Mub** schaffen, werden Sie bei gutem Wetter mit einer fantastischen Aussicht – im Norden bis nach China – belohnt. Oben können Sie auch die Ruhe zwischen den Bäumen des Mae Fah Luang Arboretum genießen.

Mae Salong 14 [B1]

Im ehemaligen Hauptquartier der Kuomintang-Soldaten, die sich hier nach ihrer Flucht ansiedelten, leben ihre letzten Vertreter und Nachkommen noch immer: Mae Salong (auf Thailändisch: Santikhiri) ist eine faszinierende Insel konservativer chinesischer Kultur mitten in Thailand. Unmitten von Pfirsich- und Litschiplantagen erstreckt sich der kleine Flecken entlang einer hohen Kuppe und bietet eine wunderbare Aussicht auf das umliegende Hügelmeer.

Mae Salong ist ein viel besuchter Marktplatz der Bergvölker der Umgebung. Scharenweise kommen täglich Lisu, Akha und Lahu, um hier ihre Feldfrüchte zu Kauf anzubieten. Schon wegen der beeindruckenden Sonnenauf- und -untergänge sollten Sie hier mindestens eine Nacht verbringen. In einem Mausoleum über dem Ort ruht General Tuan, der die weiten Täler einstmals beherrschte. Alte Kampfgefährten halten die Ehrenwache.

Hotels
Mae Salong Mountain Home €€
Am Hang eines Berges unweit der Grenze zu Myanmar inmitten einer Teeplantage. Fördert nachhaltigen Tourismus in den Dörfern.
9 Moo 12, Maesalongnork
Mae Salong
Tel. 08 4611 9508
www.maesalongmountainhome.com

Mae Salong Little Home €–€€
Kleines sauberes Guesthouse, leckere chinesische Küche.
31 Moo 1 Maesalongnork
Mae Salong
Tel. 053 76 5389
www.maesalonglittlehome.com

Thaton 15 [B1]

Der Grenzort wird von einem kolossalen weißen Buddha überragt. Hier fließt der Mae Nam Kok nach Thailand hinein. Die Aussicht vom **Wat Thaton** ist famos.

Hotel
Maekok River Village Resort €€
Schöne Anlage aus Teakholz am Fluss. Pool, Sauna, Koch- und Massageschule. Alle Aktivitäten der Region im Angebot.
Thaton | Tel. 053 05 3628
www.maekok-river-village-resort.com

Aktivitäten
Abenteuerlustige können eine Boots- oder Floßfahrt von Thaton nach Chiang Rai machen. Die Boote fahren am späten Vormittag und brauchen rund 5 Std., die Flöße legen am Morgen ab und brauchen 1–3 Tage. Buchen kann man in sämtlichen Unterkünften von Thaton.

Chiang Mai & der Norden
Sukhothai

Mae Salong in der Provinz Chiang Rai aus der Vogelperspektive

Sukhothai 16 ⭐ [B3]

Seitdem die Stadt (»Morgenröte der Glückseligkeit«) im 13. Jh. Hauptstadt des ersten großen Thai-Reiches wurde, war sie Schauplatz mehrerer Kriege. Außerdem hat der Zahn der Zeit nachhaltig an den Gemäuern genagt. 12 km außerhalb der heutigen Stadt sind knapp 100 Ruinen erhalten, verstreut im **Sukhothai Historical Park,** der einen guten Eindruck von der früheren Pracht der Metropole vermittelt.

Tagsüber pendeln Busse zwischen der Neustadt und dem Parkeingang, wo Sie Fahrräder mieten können und einen Lageplan erhalten. Geführte Radtouren organisieren Image Cycling Sukhothai (www.cycling-sukhothai.com) und Sukhothai Bicycle Tours (www.sukhothaibicycletour.com). Es lohnt sich, ein paar Stunden einzuplanen, um das riesige Gelände per Drahtesel zu erkunden (tgl. 6.30–19 Uhr). Morgens ist die beste Zeit, dann ist es am kühlsten, und da die meisten Buddhas nach Osten blicken, leuchten sie im klaren milden Licht der aufgehenden Sonne.

Am Samstagabend werden die Ruinen im Zentrum illuminiert. Jeden zweiten Freitag (Febr.–Sept.) gibt es um 19 Uhr eine Light & Sound Show auf der Bühne westlich vom Wat Sra Sri.

Das **Ramkhamhaeng Museum** am Eingang ist eine gute Einstimmung (tgl. 8.30–16.30 Uhr). Es zeigt zahlreiche Funde aus Sukhothai, Si Satchanalai und Kamphaeng Phet und illustriert somit die Entwicklungsgeschichte des Sukhothai-Stils. Besonders sehenswert sind der sitzende Buddha aus dem What Chang Lom (Si Satchanalai) und der schreitende Buddha im Eingangsbereich.

Folgende Bauwerke sollten Sie nach dem Museum auf jeden Fall besuchen.

Buddhastatue in der Tempelruine des Wat Mahathat im Sukhothai Historical Park

WAT MAHATHAT

Der laut einer Inschrift um 1240 gegründete und immer wieder erweiterte Königstempel grenzte unmittelbar an den verschwundenen, da ganz aus Holz errichteten Königspalast im Zentrum der historischen Stadt. Er bestand einst aus 200 Chedis, in denen sich die Asche der verstorbenen Mitglieder der Königsfamilie befand. Dazu kamen mehrere Kapellen, ein Bot und 11 Salas. Der Hauptchedi stammt aus der Sukhothai-Epoche. Seine Spitze ist einer Lotosknospe nachempfunden, der Mittelteil entspricht dem eines Prangs der Khmer. Er ruht auf einem hohen, rechteckigen Sockel, auf dem 40 Figuren, je 1 m hoch, dargestellt sind. Die vier Eckkapellen im Khmer-Stil zeigen schöne Stuckarbeiten: Rosetten und Figuren, aber auch Szenen aus dem Leben Buddhas sowie Götter im Kampf mit Dämonen. Von der Ostseite führt eine hohe Treppe ins Innere des Hauptchedi. Der Viharn aus dem 14. Jh. besitzt die Figur eines sitzenden Buddha. An seinen beiden Seiten stehen 8 m hohe Buddhastatuen in Nischen. Vom Bot sind noch sechs mächtige Säulenreihen und acht Ba-Sema-Steine erhalten.

WAT TRAPHANG-NGOEN

Westlich des Wat Mahathat spiegelt sich der »Tempel am Silbernen See« in einem von Lotosblüten bedeckten Teich. Er besitzt einen typischen Chedi mit Nischen, die von stehenden Buddhafiguren besetzt sind, und eine Lotusknospenspitze. Ein majestätischer Buddha thront über den Ruinen des Viharns.

WAT SRI SAWAI

Südlich davon findet man die drei sehr schönen restaurierten Prangs dieses Tempels. Sie zeigen im unteren Teil Khmer-Einfluss und wurden im 15. Jh. von den Thai mit Backstein und weißem Stuck verändert und vollendet. Die elegant ausgeführten Reliefs im Lopburi-Stil zeigen u. a. die Hindugottheiten Vishnu und Shiva.

WAT SRA SRI

Nördlich des Wat Traphang-Ngoen bezaubert diese an drei Seiten vom Wasser eines Seerosenteichs umgebene malerische Tempelanlage des Wat Sra Sri.

Achten Sie auf die elegant wirkende Buddhafigur in sitzender Position. Im Hintergrund ragt ein Chedi im ceylonesischen Stil auf. Über eine kleine Brücke erreicht man den alten Bot mit den Ba-Sema-Steinen. Im November wird hier das Loy-Krathong-Fest gefeiert.

WAT PHRA PHAI LUANG

Etwa 500 m nördlich der Stadtmauer liegt die von einem großen und drei kleinen Teichen umgebene Tempelanlage, eine der ältesten und wichtigsten aus dem 12./13. Jh. Sie war möglicherweise das Zentrum einer noch älteren Khmer-Siedlung. Einer von ursprünglich drei Prangs steht noch. Die erhaltenen Stuckreliefs zeigen sowohl buddhistische als auch hinduistische Motive. Auf den Stufen des in Ruinen liegenden großen Chedi sitzen Buddhafiguren.

WAT SRI CHUM

Etwas weiter westlich kommt man zu diesem besonders eindrucksvollen Tempel mit dem gewaltigen, fast 15 m großen sitzenden Buddha Phra Atchana, der den fast würfelförmigen Mondop regelrecht zu sprengen scheint. Er symbolisiert die Niederlage des Dämonen Mara und ist von sprachlos machender zeitloser Eleganz. Wie exquisit die Künstler von Sukhothai jedes Detail des Erleuchteten zu gestalten wussten, zeigt die auf dem Knie ruhende rechte Hand mit ihren schlanken vergoldeten vier Fingern. Die Statue wird hoch verehrt, widerstehen Sie daher der Versuchung, für ein Erinnerungsfoto auf den Sockel zu klettern.

WAT TRAPHANG THONG LANG

Östlich der Mauereinfassung findet man diesen Tempel. Von besonderem Interesse ist der quadratische Mondop, dessen Fassaden mit fragmentarisch erhaltenen schönen Stuckreliefs im Sukhothai-Stil verziert sind.

An der Südfassade ist eine Szene zu sehen, die Buddhas Absteigen aus dem Himmel Tavatisma zeigt. Begleitet wird er dabei von zwei Hindugöttern: Indra und Brahma.

Möglicherweise handelt es sich hier um die erste bildhafte Darstellung eines schreitenden Buddha.

Auf der Nordfassade zähmt Buddha den wütenden Elefanten Nalagiri. Die Westfassade schildert das Wunder von Kapilavastu und zeigt Buddha auf einem Mangobaum, umgeben von seinen bekehrten Verwandten. Die dargestellten Figuren gelten als Meisterwerke der Sukhothai-Kunst, wenn diese auch weitgehend verblichen sind.

Anreise

Flugzeug: 2 x tgl. mit Bangkok Air von/nach Bangkok.
Bus: Verbindungen alle ½ Std. mit Phitsanulok (1 Std). Der Bus nach Bangkok benötigt 7 Std. Zwischen der neuen Stadt Sukhothai und dem historischen Park Sukhothai verkehren Songthaeos.

Hotels

Sollten Sie das Fest **Loy Krathong** in Sukhothai erleben wollen, müssen Sie die Unterkunft Monate im Voraus reservieren.

Tharaburi Resort €€€
Kleines, sehr schickes Verwöhnhotel mit 12 elegant eingerichteten Zimmern. Die Suiten haben sogar private Pavillons. Pool sowie Restaurant mit feiner authentischer Thai-Küche.
113 Srisomboon Rd.
Sukhothai
Tel. 055 69 7132
www.tharaburiresort.com

Chiang Mai & der Norden
Sukhothai

Ananda Museum Gallery Hotel €€–€€€
Besonders luxuriöse Unterkunft mit Kunstgalerie. Sehr elegante Zimmer im minimalistischen Stil, mit Gartenrestaurant Celadon.
Mueang Sukhothai District
Sukhothai
Tel. 055 62 2428
www.ananda-hotel.com

The Legendha Sukhothai Resort €€–€€€
Attraktive Hotelanlage am Rand des Historical Park (in unmittelbarer Nähe des Wat Chang Lom) mit Salzwasserpool (also chlorfrei) und wunderschönen duftenden Gärten. Die Zimmer sind sehr geschmackvoll mit Teakmöbeln eingerichtet und mit Seidenstoffen und Orchideen dekoriert. Das erstklassiges Nham Khang Sukhothai Restaurant veranstaltet abendliche Kulturshows.
214 Moo 3, Tambon Muangkao
Sukhothai | Tel. 055 69 7249
www.legendhasukhothai.com

Sukhothai Heritage Resort €€–€€€
Der elegante Luxusresort liegt ziemlich genau in der Mitte zwischen Sukhothai und Si Satchanalai in der Nähe des Flughafens. Tolles Frühstück, großer Pool.
999 Moo 2, Tambon Klongkrajong
Sawankhalok (40 km nördl. von Sukhothai)
Tel. 055 64 7567 | www.sukhothaiheritage.com

Lotus Village €€
Bildhübsche Gartenanlage mit Teakhäusern an Lotusteichen, unter französischem Management. Häufig ausgebucht. Mit Spa, Sauna und Massageräumen.
170 Ratchathani Rd.
Sukhothai | Tel. 055 62 1484
www.lotus-village.com

Sitzender Buddha mit vergoldeter Hand im Wat Sri Chum des Sukhothai Historical Park

Sawasdipong Hotel €€
Angenehmes Provinzhotel mit guten Zimmern in zentraler Lage.
56/2–5 Singawat Rd.
Sukhothai
Tel. 055 61 1567 | www.sawasdipong.com

Banthai Guesthouse €
Nettes preiswertes Guesthouse mit guter Küche und familiärer Atmosphäre. Organisiert Radtouren und Begegnungen mit den Menschen in den Dörfern und Reisfeldern.
38 Prawet Nakhon Rd.
Sukhothai
Tel. 055 61 0163
www.banthaiguesthouse.wix.com/banthaiguesthouse

Thai Thai Sukhothai €
Ideale Lage am Rand des Historical Park. Die Holzbungalows im traditionellen Stil mit hübsch dekorierten Zimmern stehen in kleinen Gärten.
95/8 Moo 3, Napho-Khirimas Rd.
Sukhothai
Tel. 08 4932 1006
www.thaithaisukhothai.com

Restaurants

Dream Café €€
Eine perfekte Mischung aus Museum, Kneipe und Restaurant. Liebevoll gestaltet, mit hervorragendem (mild gewürztem) Essen, außerdem eine gelungene Auswahl thailändischer Kräuterschnäpse *(lao ya dong)*.
86/1 Singhawat Rd. (schräg gegenüber dem Northern Palace Hotel)
Sukhothai
Tel. 055 61 2081

Ran Jay Hae €
Hier gibt es leckere Sukhothai-Nudelgerichte, die wenig kosten.
Jarot Withithong Rd.
Sukhothai

Mai Krang Krung €
Vorzügliche regionale Spezialitäten, serviert auf Bananenblättern. In unmittelbarer Nähe des Wat Thai Chumpon.
139 Charot Withithong Rd. | Sukhothai
Tel. 055 62 1882

Si Satchanalai 17 [B3]

Zum Weltkulturerbe von Sukhothai gehören auch die Tempelstädte Si Satchanalai (60 km nördlich) und **Kamphaeng Phet** › S. 298 (etwa 100 km südlich). Beide Stätten sehen weniger Besucher als Sukhothai und wirken in ihrem leicht überwucherten Zustand um einiges geheimnisvoller.

Si Satchanalai, die »Schwesterstadt Sukhothais«, wurde um 1250 als zweite Residenzstadt des Kronprinzen gegründet. Das historische Si Satchanalai war fast in einem Rechteck angeordnet, Teile der Mauer und Gräben sind noch erhalten. Oberhalb der Stromschnellen des Menam Yom befindet sich der Eingang zum »Historical Park«. Auch in Si Satchanalai empfiehlt es sich, am Eingang ein Fahrrad zu mieten.

36 Stuckelefanten bewachen als Glückssymbole den **Wat Chang Lom** im Zentrum von Si Satchanalai: ein glockenförmiger Chedi aus Laterit mit Stuckverzierungen in singhalesischem Stil auf quadratischem Sockel. Die Nischenreihe rund um die obere Terrasse besetzen noch einige Buddhafiguren.

Südlich davon liegt der um 1340 gegründete **Wat Chedi Chet Thaeo**, um dessen zentralen lotusförmigen Chedi sich 32 kleinere Pagoden verschiedener Stilformen in 7 Reihen gruppieren. In ihnen wurde die Asche der Mitglieder der königlichen Familie aufbewahrt.

Im **Wat Khao Phanom** sind ein sitzender Buddha, ein Chedi und Säulen eines eingestürzten Viharn erhalten.

Außerhalb der Befestigungsanlagen Si Satchanalais liegt 2,5 km flussabwärts in einer Schleife des Menam Yom die alte Khmer-Stadt

Chiang Mai & der Norden
Si Satchanalai/Kamphaeng Phet

Chaliang. Über dem alten Phra-That-Heiligtum der Khmer wurde der **Wat Phra Si Ratana Mahatat** errichtet, ein Komplex mit vielen unterschiedlichen Heiligtümern.

In den bröckelnden und zerfallenden Mauern erhebt sich der imposante zentrale Prang aus dem 15. Jh. Vom Viharn sind nur wenige Säulen und Mauerreste erhalten. Im hinteren Teil seiner Terrasse stehen drei Statuen des Erleuchteten. Besonders berühmt ist der schreitende Buddha, ein Meisterwerk des Sukhothai-Stils.

Wat Phra Si Ratana Mahathat im Si Satchanalai Historical Park

Hotel
Papong Homestay €
Nette Privatunterkunft bei englischsprachiger Besitzerin.
Nähe Archäologisches Museum
Si Satchanalai
Tel. 055 63 1557

Kamphaeng Phet 18 [B4]

Ganz ähnliche Bilder wie Si Satchanalai vermittelt der **Kamphaeng Phet Historical Park** (tgl. 7–18 Uhr). Der aus Sandstein errichtete, größtenteils zerbröckelte **Wat Phra Kaeo** mit Chedi im singhalesischen Stil bewahrte einst den berühmten Smaragdbuddha, der heute im gleichnamigen Tempel in Bangkok › S. 136 zu sehen ist. Zwischen den Säulen eines in Ruinen liegenden Viharns wachen zwei sitzenden Buddhas über einen liegenden Erleuchteten, dessen heiterer Gesichtsausdruck geradezu beispielhaft die wunschlose Glückseligkeit des Nirwanas widerspiegelt.

Weiter westlich erheben sich die Reste von drei Chedis: Der mittlere besitzt noch schöne Stuckelefanten.

Im benachbarten **Kamphaeng Phet National Museum** werden einige schöne Bronzestatuen Buddhas und hinduistischer Gottheiten gezeigt. Weiter außerhalb liegen die Ruinen von Aranyik. Hier findet man den **Wat Chang Rob,** dessen Sockel Elefantenstatuen aus Laterit umringen, die gleichsam den kaum noch erhaltenen Chedi zu tragen scheinen.

Hotel
Chakungrao Riverview
Modernes und komfortables Hotel, alle Zimmer mit Balkon, gutes Restaurant mit Biergarten und Abendunterhaltung.
149 Tesa Rd.
Kamphaeng Phet
Tel. 055 71 4900
www.chakungraoriverview.com

Karte S. 269

Chiang Mai & der Norden
Phitsanulok

Phitsanulok 19 [C4]

Die moderne, zweitgrößte Stadt Nordthailands liegt am Nan River und besitzt mit dem **Wat Phra Si Ratana Mahatat** einen der schönsten Tempel des Landes. Er markiert den Übergang vom Sukhothai- zum Ayutthaya-Stil. Auf dem Tempelgelände befinden sich viele Geschäfte mit Gegenständen, die man bei religiösen Zeremonien benötigt, aber auch lebende Tiere, die man symbolisch befreien bzw. freikaufen kann, gehören zum Angebot. Der majestätische, 36 m hohe, oben vergoldetr Prang im Khmer-Stil wurde 1482 vollendet. Seine Reliquienkammer birgt viele Buddhastatuen aus unterschiedlichen Epochen, zudem chinesische und thailändische Keramiken.

Der prachtvoll gestaltete Viharn zeigt ein steiles, dreifach gestaffeltes Dach mit bunten Ziegeln und einem Giebelfeld mit vergoldeten Schnitzarbeiten. Wundervoll sind auch die aus Ebenholz geschnitzten Eingangstüren mit Perlmutteinlegearbeiten (1756). Das dreischiffige, von schwarz-goldenen Pfeilern mit Lotusknospenkapitellen gestützte Innere des Viharn mit Kassettendecke ist in den Hauptfarben Rot-

Blau-Gold gehalten, die Wandmalereien schildern u. a. die Erleuchtung Buddhas und seine Hinwendung zur Religion. Im Viharn thront **Phra Buddha Chinnarat,** die berühmteste Statue der Sukhothai-Zeit. Der »siegreiche König« wurde 1350 in Sukhothai gegossen. Er präsentiert sich als sitzender Buddha in der Geste der Erdanrufung vor dunkelblauem Hintergrund, verziert mit goldenen stilisierten Blüten und schwebenden Gestalten. Die vergoldete Bronze mit Flammenkranz ums Haupt strahlt eine geradezu hypnotischer Schönheit aus und zieht täglich Tausende von Pilgern aus ganz Thailand an, die Räucherstäbchen und Kerzen anzünden. Die sie umgebenden Buddhastatuen sind ebenfalls sehr schön gestaltet. Achten Sie auch auf die kunstvoll geschnitzten Teakholzkanzeln. Die größere nutzen die Mönche beim Vorsingen der Pali-Texte, die kleinere, um dieselben Texte in Thai darzubringen.

Wenden Sie sich nach Verlassen des Viharn nach rechts, um in den Wandelgang zu gelangen. In der überdachten Galerie reihen sich sieben kleine, mit feinen Goldblättchen überzogene Buddhas in unterschiedlichen Positionen aneinander. Sie repräsentieren jeweils einen Tag der Woche. Die Gläubigen richten ihre Gebete jeweils an den Buddha, der für den Wochentag ihrer Geburt steht.

Ende Februar findet ein sechstägiges Tempelfest statt, mit religiösen Zeremonien und folkloristischen Darbietungen. Sehenswert sind auch die Bootsrennen am ersten Wochenende im Oktober, wobei verschiedene Mannschaften in festlich geschmückten Langbooten Wettkämpfe austragen.

Die **Buranathai Buddha Image Foundry** von Phitsanulok sorgt unermüdlich für Nachschub an Statuen des Erleuchteten. Die Besichtigung lohnt sich, denn man kann hier die alten Techniken der Bronzegießerei live studieren (26/43 Wisuthi Kasat Rd., zwischen Soi 15 und 17, tgl. 8–17 Uhr).

Absolut sehenswert ist auch das private **Sergent Major Thawee Folk Museum,** das in einer Reihe von Pavillons ländliches Leben und Traditionen sehr anschaulich präsentiert (26/38 Wisuthi Kasat Rd, zwischen Soi 10 und 12, tgl. 8.30–16.30 Uhr).

Hotels
Pattara Resort & Spa €€€
Topmoderne Anlage rund um eine von Palmen gesäumte Lagune mit nobel eingerichteten Zimmern (einige mit Privatpool), Fitnesscenter, Spa. Garten mit Seerosenteichen.
349/40 Chaiyanupap Rd.
Phitsanulok
Tel. 055 28 2966
www.pattararesort.com

Rain Forest Resort €€
Holzbungalows inmitten üppiger Vegetation, mit gutem Restaurant. Arrangiert Rafting und Elefantentrekking.
Mittaphap Rd.
Phitsanulok
Tel. 0 5529 3085
www.rainforestthailand.com

Restaurant
Phraefahthai
Knackfrisches Seafood am Flussufer, viele Touristen kommen gern hierher.
100/49 Phutabucha Rd.
Phitsanulok
Tel. 055 24 2743

Phra Buddha Chinnarat im Tempel Phra Si Ratana Mahathat von Phitsanulok

Chiang Mai & der Norden
Phitsanulok

Buddhastatuen in Ayutthaya mit safrangelbem Mönchsgewand

Karte S. 305

Zentral- & Ostthailand

ZENTRAL- & OSTTHAILAND

Die noch immer majestätisch wirkende Ruinenstadt **Ayutthaya**, die vor etwa 300 Jahren größer und prunkvoller war als jede europäische Metropole, und der zauberhafte Sommerpalast **Bang Pa In**, ein Lieblingsmotiv der Tourismuswerbung, liegen nur einen Tagesausflug von Bangkok entfernt. Am stilvollsten ist die Anreise per Reisbarke auf dem Chao Phraya. Man sollte sich unbedingt eine Übernachtung in Ayutthaya gönnen, denn in der Morgenkühle und abends, wenn die Ruinen festlich angestrahlt werden, ist es hier am schönsten. Außerdem geht man den in der Mittagshitze des weitgehend schattenlosen Areals schwitzenden Busausflüglern aus dem Weg.

Von Ayutthaya aus erreicht man in wenigen Stunden den noch immer recht wenig besuchten Isaan, wie die Thais den Nordosten ihres Landes mit seinen besonders freundlichen Menschen nennen. Mehr als ein Jahrtausend lang haben sich hier Sprache und Kultur von Thais, Lao und Khmer vermischt. Die beiden Tempelanlagen der Khmer, **Prasat Hin Phimai** und **Prasat Phanom Rung**, nahe der Provinzhauptstadt Khorat sind faszinierende Zeugnisse dieser Zeit. Die äußerst kunstvoll ausgeführten Steinmetzarbeiten der Khmer sind teilweise über 800 Jahre alt. Auf dem Nachtmarkt der Stadt kann man die feurige Küche des Isaan zu Spottpreisen probieren.

Durch den fantastisch wilden **Khao Yai National Park**, ein nordöstlich von Bangkok gelegenes UNESCO-Weltnaturerbe, streifen noch Tiger, Leoparden und Elefantenherden. Hier sind Trekkingfans ganz in ihrem Element. Am besten engagiert man einen Führer, um versteckte Wasserfälle, Höhlen und Aussichtspunkte zu entdecken.

Surin ist das Ziel aller Elefantenliebhaber. Man kann die grauen Riesen nicht nur während des berühmten Round Up erleben, sondern das ganze Jahr über in den umliegenden »Elefantendörfern«. Rund um Khorat und Surin wird außerdem die schönste und kostbarste Seide Thailands gewebt, der Traum aller Innendekorateure.

Der zauberhafte Königspalast Bang Pa In ist ein beliebtes Fotomotiv

TOUR IN DER REGION

Tour 10: Königspaläste & Khmer-Tempel

ROUTE: Bangkok › Bang Pa In › Ayutthaya › Khorat › Prasat Hin Phimai › Prasat Phanom Rung › Khao Yai National Park

KARTE: rechts
DAUER: 1 Woche, ca. 800 km

PRAKTISCHE HINWEISE:
- » Per Flussfahrt bis Ayutthaya, dann mit Bus, Bahn und Songthaeo.
- » Den Transport zu den Khmer-Tempeln und im Nationalpark organisieren die Unterkünfte und Reisebüros vor Ort.

Zentral- & Ostthailand
Tour

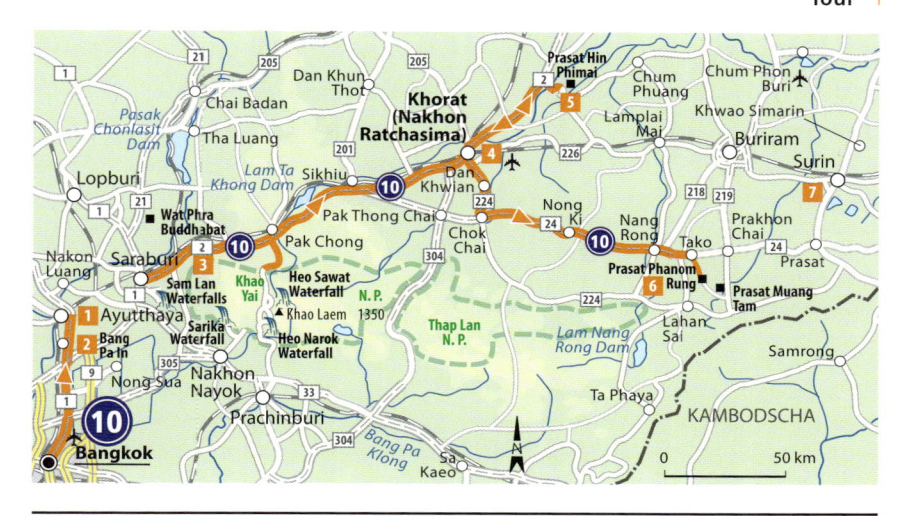

TOUR IN ZENTRAL- & OSTTHAILAND

Königspaläste & Khmer-Tempel

BANGKOK › BANG PA IN › AYUTTHAYA › KHORAT › PRASAT HIN PHIMAI › PRASAT PHANOM RUNG › KHAO YAI NATIONAL PARK

TOUR-START

Besonders schön sind die Fahrten inklusive Übernachtung von Bangkok nach Ayutthaya **1** › S. 306 mit den zu Kreuzfahrtschiffen umgebauten, komfortablen Reisbarken, wobei Sie auch den königlichen Sommerpalast **Bang Pa In** **2** › S. 312 besuchen.

Eilige steigen dagegen schon um 6 Uhr früh in Bangkok in den ersten Zug oder Bus. Im Morgenlicht sind die Ruinen von Ayutthaya nämlich am schönsten. Machen Sie gegebenenfalls am frühen Nachmittag mit dem Songthaeo einen Ausflug nach Bang Pa In, um danach Ayutthaya im milden Abendlicht zu erleben.

Nach einer Übernachtung fahren Sie mit dem Zug oder Bus in etwa drei Stunden nach **Khorat** **4** › S. 313 und mit dem Bus gleich weiter nach Phimai (1 Std.). So sehen Sie die beeindruckende Khmer-Anlage **Prasat Hin Phimai** **5** › S. 315 noch im Abendlicht, übernachten in einem netten Guesthouse und bewundern die Ruinen noch einmal im Morgenlicht.

Dann geht es mit dem Bus zurück nach Khorat und weiter in Richtung Surin. Steigen Sie in Nang Rong (ca. 2 Std.) aus und nehmen Sie ein Zimmer im netten Honey Inn › S. 316, das sich um den Transport zum **Prasat Phanom Rung** **6** › S. 315 kümmert. Die Reisebüros von Khorat organisieren Ihnen den Besuch beider Tempelanlagen auch an einem Tag.

Wenn Sie wieder zurück in Khorat sind, besteigen Sie einen der häufig verkehrenden Busse und Züge nach Pak Chong (ca. 2 Std.). Von dort geht es mit öffentlichen Songthaeos in den grandiosen **Khao Yai National Park** **3** › S. 312. Von den Unterkünften hier wird das Entdeckungsprogramm organisiert.

ZENTRAL- & OSTTHAILAND

Ayutthaya 1 ✩ [C5]

Das alte Ayutthaya liegt etwa 66 km nördlich von Bangkok auf einer künstlichen, von drei Wasserwegen begrenzten Insel und besitzt einige der schönsten Ruinen des Landes. Zu seiner Blütezeit zählte es an die 500 Tempel, die von der Spitze bis zur Mitte mit Gold überzogen waren, wie der flämische Händler Jacques de Coutres aus Brügge berichtet, der Ayutthaya 1593 besucht hatte. Zahlreiche Kanäle und Alleen durchzogen das damalige »Venedig Asiens« (von diesem Eindruck ist wenig geblieben), an denen Geschäfte, Märkte und Kunsthandwerksstätten lagen. Zwar liegt Ayutthaya knapp 100 km vom Golf von Siam entfernt, doch konnten Dschunken, Galeonen, Karavellen und Handelsschiffe aus Asien und Europa von der damals noch nicht versandeten Golfküste den Chao Praya flussaufwärts fahren und direkt vor Ayutthaya anlegen. Die Stadt war damals nicht nur das politische Machtzentrum Siams, sondern auch ein Drehkreuz des internationalen Handels.

Europäische Reiseberichte des späten 17. Jhs. rühmen die 1350 von König Ramathibodi gegründete Hauptstadt des Ayutthaya-Reichs in höchsten Tönen als »Perle des Ostens«. 1511 waren die Portugiesen als erste Europäer nach Ayutthaya gekommen und hatten die Siamesen mit Waffenhandel und militärischem Rat bei der Abwehr der Birmanen unterstützt. Schon damals befuhren prunkvolle königliche Barken die Wasserwege der Stadt. In Ayutthaya trafen die Portugiesen auf große chinesische Kolonien, die mit Reis, Häuten, Zinn, Pfeffer, Mahagoni und Rosenholz handelten. Den Portugiesen verdankt Thailand die Einfuhr der ersten Chilischoten aus Südamerika. Japanische Samurai fungierten als Leibwächter des Königs. Eine persische Kolonie kontrollierte den Handel über Indien nach Westen, außerdem bekleideten die Perser wichtige Regierungsposten. Die Holländische Ostindien-Kompanie stattete Ayutthaya 1604 ihren ersten Besuch ab und gründete 1634 ihr erstes Warenkontor. Da sie allerdings auch militärischen Druck ausüben wollte, sank ihr Stern bald wieder. Unter König Narai, der 1657 den Thron bestieg und beste Beziehungen zum Versailler Hof pflegte, zählte Ayutthaya, das die Europäer Iudia nannten, mehr Einwohner als das damalige Paris des Sonnenkönigs oder London. Narais wohlausgewogene Politik der Balance zwischen den europäischen Mächten, die Holländer, Briten und Franzosen gegeneinander ausspielte und die Birmanen von Ayutthaya fernhielt, bewahrte das Land – anders als bei den übrigen südostasiatischen Staaten – vor einer Kolonialisierung. Architektonische Einflüsse aus Europa und China sind nicht zu übersehen. Französischen Jesuiten gelang es zwar nicht, den überzeugten, aber anderen Religionen gegenüber sehr toleranten Buddhisten Narai zum Christentum zu bekehren, doch weckten sie das Interesse des Königs an der Astronomie. Im Gegenzug durften die französischen Missionare die – oft restaurierte – Cathédrale St-Joseph südlich von der Hauptinsel errichten. In dieser aufregenden Zeit des Kulturaustausches zwischen Ost und West – eine siamesische Delegation besuchte sogar Frankreich – stieg der sprachbegabte und äußerst geschäftstüchtige griechische Abenteurer Constantine Phaulkon (1647–1688) zu einer Art Kanzler im Königreich auf und installierte 1682 die Ostindienkompanie Frankreichs in Ayutthaya. Umso tiefer war sein Fall: 1688 nutzte der ihm feindlich gesinnte siamesische Adel die Erkrankung von König Narai, um diesen zu stürzen und Phaulkon als Landesverräter hinrichten zu lassen. Alle Ausländer mussten Siam verlassen, Ayutthaya wählte die Isolation, die seinen langsamen Niedergang zur Folge hatte. 1767 brannten birmanische Truppen nach meh-

Zentral- & Ostthailand
Ayutthaya

Karte S. 305

Buddhastatue an einer Tempelruine im Ayutthaya Historical Park

reren Anläufen und grausamer Belagerung Ayutthaya nieder. General Taksin vertrieb Ende des 18. Jhs. zwar die Birmanen aus Siam, verlegte Siams Hauptstadt aber nach Süden ins heutige Bangkok. Das moderne, stark industrialisierte Ayutthaya hat die Grenzen seiner Hauptinsel längst gesprengt und sich in Richtung Nordosten ausgebreitet. Die Stadt zählt heute über 80 000 Einwohner.

Die im **Ayutthaya Historical Study Centre** (tgl. 8.30–16.30 Uhr) ausgestellten Modelle und erhältlichen detaillierten Lagepläne geben einen Überblick über die Tempelruinen des von Wasser umschlossenen **Ayutthaya Historical Park** (seit 1991 UNESCO-Weltkulturerbe). Man erkundet das weitläufige schattenlose Areal am besten frühmorgens mit einem Fahrrad (vor Ort zu mieten) oder auf einer Bootsfahrt. Insgesamt sind Ruinen auf einem etwa 15 km² großen Areal zu erkunden, die schönsten liegen aber in der Altstadt im Westteil der Hauptinsel, an den Flussufern und in einem etwa 5 km² großen Gebiet jenseits der Insel. Um letzteres zu besuchen, mietet man am besten ein Tuk-Tuk. Die Anlage ist tgl. 7.30–18.30 Uhr geöffnet (Sammelticket kaufen!), ab 19 Uhr ist sie in Flutlicht getaucht.

WAT PHRA SI SANPHET

Im einstigen Königspalast finden Sie den 1448 errichteten Haustempel der Könige, den **Wat Phra Si Sanphet**, der zu den Hauptattraktionen von Ayutthaya zählt. Besonders sehenswert ist die Terrasse mit den von Frangipani-Bäumen gesäumten drei weißen Chedis im ceylonesischen Stil aus dem 15./16. Jh. Sie wurden zu Ehren der ersten drei Könige von Ayutthaya errichtet. Die Chedis stehen auf einem hohen, durch Simse gegliederten Sockel mit glockenförmigem Unterbau, der in alle Himmelsrichtungen von Kapellen umgeben wird, zu denen jeweils steile Treppen hinaufführen. Das Ensemble krönt ein Miniatur-Chedi, über dem Unterbau findet man den säulenumkränzten Reliquienschrein, darüber die hohe, waagerecht gerillte Spitze, die die Ehrenschirme *(chattras)* symbolisiert.

Jedem der Chedis, in denen königliche Asche bestattet wurde, war auf der Ostseite ein Mondop zugeordnet. Eines beinhaltete eine Fußspur Buddhas. Im 1499 erbauten Hauptviharn befand sich einst der namensgebende, 16 m hohe, vollständig mit Gold überzogene, stehende Buddha Phra Sri Sanphet.

Das Blattgold soll der Überlieferung nach ein Gewicht von etwa 2 t gehabt haben. Als die Birmanen das Standbild in Brand setzten, um das Gold herauszuschmelzen, brannte der gesamte hölzerne Palast ab.

VIHARN PHRA MONGKHON BOPHIT

Im unscheinbaren, erst 1956 mit birmanischer »Sühne-Hilfe« wieder aufgebauten **Viharn Phra Mongkhon Bophit,** gleich südlich des alten Palasts, thront eine der größten und heiligsten Statuen Thailands: ein vergoldeter Bronze-Buddha mit Perlmuttaugen. Da er neben Stilelementen der Mon auch Einflüsse der Sukhothai-Zeit zeigt, wurde er vermutlich im 16. Jh. gegossen und ist so schwer, dass selbst die Birmanen ihn nicht fortschleppen konnten.

WAT NA PHRA MEN

Der nördlich des Wat Phra Si Sanphet außerhalb des eigentlichen Bezirks gelegene **Wat Na Phra Men** ist als eines der wenigen Bauwerke Ayutthayas der Zerstörung entgangen. Einer Chronik

Relief an der Tempelruine des Wat Ratchaburana im Ayutthaya Historical Park

zufolge soll ein birmanischer König hier seine Kanonen aufgestellt haben, um den königlichen Palast zu bombardieren, verletzte sich dabei aber selbst. Der reich verzierte Bot zeigt mit Torbogen, Säulenvorbauten und Giebeln den typischen Ayutthaya-Stil. Besonders beeindruckend sind die schönen Holzschnitzereien im Giebel und in den Türfüllungen des Bot. Im Bot selbst befindet sich auf dem Altar eine sitzende Buddhastatue, die aus Bronze gefertigt worden ist und mit reichem Ornamentschmuck versehen wurde. Ein imposanter, über eine Stufenterrasse gesetzter Eingang mit zwei kleinen, grazilen Nebeneingängen zieht die Blicke auf das dreifach gestaffelte Dach mit glasierten Ziegeln. Die Fenster der Seitenwände sind in Form von Spalten gestaltet. Rechts vom Bot steht der kleinere Viharn mit einer kunstvoll geschnitzten Holztür; innen mit schönen Fresken versehen und einem sehr seltenen steinernen schwarzen Buddha im Dvaravati-Stil (6.–11. Jh.). Er sitzt auf einem Thron und zeigt die Geste der Erdberührung. Trotz seines royalen Habitus wirkt sein Gesichtsausdruck fast ein wenig spöttisch. Keine Buddhafigur in Ayutthaya zeigt harmonischere Proportionen, die handwerkliche Ausführung ist makellos.

WAT PHRA MAHATAT

Wieder zurück auf der Insel empfängt östlich des Wat Phra Si Sanphet ein Buddhakopf die Besucher am Eingang dieses in Ruinen liegenden, von König Boromaraja I. (reg. 1370–1388) um 1374 gegründeten Bauwerks. Es fungierte zeitweise als königliches Kloster und Sitz des obersten buddhistischen Patriarchen. In seinen Fundamenten hat man 1956 bedeutende Kultobjekte aus Gold entdeckt, darunter Schmuckkästchen und Buddhastatuetten. Rechts vom Eingang verweist ein achteckiger Chedi mit stukkierten Nischen auf chinesische Einflüsse. Etwas weiter findet man das beliebteste Fotomotiv: ein abgebrochener Buddhakopf, der vom Wurzelwerk einer Banyan-Feige umschlossen ist. Verfehlen kann man ihn nicht, da er meist von einer Besucherschar umringt ist. Die riesige Plattform des ersten Heiligtums versetzt in Erstaunen. Auf ihr erhob sich einst ein riesiger Prang, der 50 m hoch gewesen sein soll und eine Buddhareliquie barg. Über restaurierte Stufen kann man die Terrasse erklimmen. Von hier bietet sich ein schöner Ausblick.

WAT RATCHABURANA

Nördlich gegenüber liegt der von König Boromaraja II. (reg. 1424–1448) errichtete **Wat Ratchaburana**. Noch sichtbar sind die beiden Chedi, in denen die Asche seiner beiden älteren Prinzenbrüder Ai und Yi ruht, die sich während eines Duells um die Königsherrschaft auf dem Rücken von Elefanten gegenseitig töteten. Der später im Khmer-Stil aufgeführte zentrale Prang wirkt noch immer majestätisch. Er ruht auf einer großen, von Chedis eingerahmten und von schönen Garudas flankierten Terrasse. Die Nischen bergen Buddhastatuen. Sie zeigen die Ermutigungsgeste, bei der die rechte Hand zum Betrachter hin geöffnet ist. Über Treppen gelangt man zu zwei mit farbenprächtigen Freskenresten geschmückten Krypten (nicht immer zugänglich). Hier wurde 1957 ein wertvoller Schatz entdeckt. Er bestand aus vielen goldenen Votivtäfelchen, Goldfiguren von Wächtern mythischer Tore, Schmuck sowie schönen Buddhaplastiken, die jetzt im hiesigen Chao Sam Phraya National Museum ausgestellt sind (Rojana Rd., Mi–So 8.30–16 Uhr). Besonders kostbar ist ein vergoldetes Lackkabinett mit Perlmutteinlagen, das den buddhistischen Kosmos abbildet.

TEMPEL AM FLUSSUFER

Der häufig restaurierte **Wat Phanan Choeng** im Khmer-Stil steht am Zusammenfluss von Nam Pasak und Chao Phraya auf einer kleinen Insel. Der Wat soll aus dem Jahr 1324 stammen, d. h. er existierte bereits vor der Erhebung Ayutthayas zur Hauptstadt. Die vergoldete 20 m hohe Buddhastatue zählt zu den größten des Landes. Nach einer Legende sollen während der birmanischen Eroberung aus den Augen der Statue

Zentral- & Ostthailand
Ayutthaya

Buddhastatuen im Wat Phanan Choeng am Flussufer des Ayutthaya Historical Park

Tränen geflossen sein. Der sitzende Buddha berührt mit den Fingerspitzen die Erde, um sie als Zeugin für die Wahrheit seiner Worte anzurufen. Er gilt als Schutzpatron der Seeleute und Reisenden. Die Statue zieht täglich, besonders aber am Wochenende, zahllose Pilger an, darunter viele Thais chinesischer Herkunft. Sie kaufen am Eingang des Tempels große safranfarbige Schärpen, die ein speziell dazu abgestellter Mann den ganzen Tag lang über die Schultern des Buddha legt.

Weiter westlich erhebt sich der riesige weiße Prang des **Wat Phuttaisawan,** der an einen Zuckerhut erinnert. Es folgt die **Cathédrale St-Joseph,** die der Franzose Lambert de La Motte Ende des 17. Jhs. aus Holz errichten ließ. Nach dem Fall der Stadt wurde sie zerstört und im 19. Jh. wiederaufgebaut. Ihr barockes Interieur ist am besten während einer Messe zu bewundern. Noch weiter westlich steht der besonders schöne, um 1630 von König Prasat Thing zur Feier seiner Krönung gegründete **Wat Chai Wathanaram** mit seinem majestätischen Prang im Khmer-Stil aus rotem Ziegelwerk, besonders bei Sonnenuntergang ein magischer Anblick.

Info
Tourism Authority of Thailand (TAT)
Hier bekommt man einen Stadtplan, Informationen über die Tempel, Fahrpläne von Bussen und Zügen sowie eine Liste der Hotels und Restaurants.
Si Sanphet Rd. (im Gebäude der Galerie für zeitgenössische Kunst)| Ayutthaya
Tel. 035 24 6076

Anreise
Von Bangkok mit **Zug** (Hualamphong Station) oder **Bus** (Skytrain bis Mochit Station) in 1½ Std. bzw. per **Flusskreuzfahrt** (mehr Infos dazu unter www.thairivercruise.com und www.manohracruises.com).

Hotels

Baan Thai House €€
Schönes Boutiqueresort mit Garten und 12 im Thai-Stil erbauten Bungalows. Etwa 600 m östlich des Bahnhofs.
Pailing
Ayutthaya
Tel. 08 0437 4555
www.baanthaihouse.com

Iudia on the River €€
Boutiquehotel am Fluss mit Blick auf den weißen Chedi des Wat Buddhaisawan. Die Zimmer sind sehr geschmackvoll mit Himmelbetten und edlen Stoffen eingerichtet, die Bäder bieten Regenduschen, und im Garten lockt Entspannung am Pool. Fahrradverleih.
11–12 U-Tong Rd., Pratuchai
Ayutthaya
Tel. 08 6080 1888
www.iudia.com

Pludhaya Resort €€
Luxuriös eingerichtete Thaibungalows mit 9 Zimmern in ländlicher Umgebung etwa 2 km außerhalb. Üppiger Garten, Pool, Spa, Restaurant.
12/3 Mo 7, Tambol Klongsuanplu Rd.
Ayutthaya | Tel. 035 70 7565
www.pludhaya.com

Promtong Mansion €€
Ruhiges Guesthouse, freundliche Inhaber.
23 Pathon Rd. | Ayutthaya
Tel. 08 9165 6297
www.promtong.com

Restaurants

Am besten und preiswertesten isst man auf dem **Chao-Prom-Markt** und dem **Hua-Ror-Markt** (€).

Kankitti €-€€
Mit Blick auf den weißen Prang des Wat Phutthaisawan. Hier gibt es die leckeren kleinen Flusskrebse von Ayutthaya, aber auch preiswerte Fischcurrys.

Thanon U Thong | Ayutthaya
Tel. 035 24 1971

Saithong €
Gutes Seafood am Flussufer. Der pikante Salat *yum saithong* ist besonders zu empfehlen.
Thanon U Thong
Ayutthaya | Tel. 035 24 1449

Ausflug nach Lopburi

Die nördlich von Ayutthaya gelegene alte Sommerfrische von König Narai besitzt noch heute ein kleines Altstadtviertel mit Tempeln, die teilweise auch westliche Einflüsse zeigen. Der **Wat Phra Si Ratana Mahatat** erhielt im 17. Jh. sein heutiges Aussehen. Der große Viharn zeigt gotisch wirkende Fenster. Mit Stuckkompositionen besonders prachtvoll gestaltet ist der majestätische Prang. Auch beim Bau der königlichen Residenz **Phra Narai Ratchaniwet** haben französische Architekten auf Wunsch von König Narai mit Hand angelegt. Wenige Schritte nördlich erinnert die ursprünglich für den französischen Botschafter Chevalier de Chaumont errichtete Residenz **Vichayen House** mit drei monumentalen Portalen an die Macht des königlichen Beraters Constantine Phaulkon, der hier residierte. Nachdem der Nachfolger Narais alle Ausländer des Landes verwiesen hatte, versank Lopburi im Dämmerschlaf. Etwas östlich der Botschafterresidenz haben zahllose zutrauliche, gelegentlich auch allzu freche Nachfahren des großen Affenkönigs Haruman »ihren« majestätischen **Prang Sam Yot** völlig mit Beschlag belegt. Im November spendieren die Einwohner Lopburis den Affen ein üppiges Bankett mit all ihren Lieblingsspeisen. Achten Sie beim Fotografieren auf ihre Kamera, ihre Brille und ihre Taschen! Nur in die Innenräume der drei Prangs dringen die Makaken nicht vor, aus Angst, dort eingeschlossen zu werden. Den benachbarten **San Phra Khan** lieben die Affen ebenfalls sehr.

Zentral- & Ostthailand
Bang Pa In/Khao Yai National Park

Bang Pa In 2 [C6]

Der 20 km südlich von Ayutthaya am Chao Phraya gelegene zauberhafte **Sommerpalast** – ein beliebter Halt von Flusskreuzfahrten – wurde im 17. Jh. von König Prasat Thong (1629 bis 1656) errichtet, um die Geburt seines Sohns und Nachfolgers, König Narai, zu feiern. König Rama V. ließ ihn Mitte des 19. Jhs. restaurieren. Die Gebäude sind eine Mischung aus traditionellem Thai-Stil, französischer Neorenaissance, viktorianischer Neogotik und chinesischem Pagodenstil. Der Phra Thinang Aisawan Thipha-at (göttlicher Sitz der persönlichen Freiheit) genannte **Pavillon** (1876) im klassischen Rattanakosin-Stil ist ein bevorzugtes Motiv für Tourismusplakate (tgl. 8–16 Uhr).

Khao Yai National Park
3 ☆ [C5]

Auf über 2000 km² und in fünf Vegetationszonen zwischen 60 m und 1400 m leben zahlreiche Tierarten: Zu den Parkbewohnern zählen rund 200 Elefanten, ungefähr 50 Tiger und Leoparden, Goldkatzen, Nebelparder, Schwarz- und Malaienbären, diverse Affen- und Hirscharten, Pythons, Kobras sowie über 300 Vogelarten, darunter seltene Hornvögel. Das hügelig-bergige Areal besteht größtenteils aus undurchdringlichem tropischem Regenwald, in dem sieben Flüsse entspringen. Die farbig markierten Wanderwege verlaufen streckenweise auf Wildwechseln. Seien Sie vorsichtig, es gibt hier unberührte Natur. Man kann am Visitor Center einen Guide engagieren (ca. 1200 Baht/Tag), der zwar kaum Englisch spricht, aber die Wege kennt und Tiere wie Gefahren erheblich früher bemerkt. Für Fahrten auf der Straße (alles andere ist nicht erlaubt) vermietet die Parkleitung Wagen. Dicht an der Straße befindet sich der spektakuläre **Haeo-Narok-Wasserfall**. Der wuchtige Zaun davor wurde errichtet, weil dort mehrere Elefanten in den Tod stürzten. Während Tiger und Kobras scheu sind, zeigen sich die gefährlichen Dickhäuter häufig an der Straße. Halten Sie einen Sicherheitsabstand! Begeisterte Parkbesucher berichten von geheimnisvollen Geräuschen am Gipfel nebliger Kuppen, vom schaurig-schönen Dunkel unter dichten Bambusdächern und von turnenden Affenhorden.

Info

Im **Visitor Center** (tgl. bis 18 Uhr) gibt es eine Skizze der Aussichtsplattformen, Wasserfälle, Wanderwege und Straße durch den Park; es vermittelt Holzhütte oder Zelt. Die sanitären Anlagen sind brauchbar, Schlafzeug müssen Sie selber mitbringen (im Winter einen Schlafsack, immer ein Moskitonetz). Preiswerte Restaurants findet man neben dem Center.

Anreise

Busse von Bangkok (Mochit 2) alle 30 Min. nach Pak Chong (200 km, 3 Std.), von dort **Pick-ups** (Songthaeos) bis zum Haupteingang des Parks (45 Min.) und weiter zum Visitor Center.

Hotels

Kirimaya Resort €€€
Das luxuriöseste Resort der Region, in wunderschöner Lage. 18-Loch-Golfplatz und Spa.
Tel. 044 42 6099 | www.kirimaya.com

Sala Khaoyai €€–€€€
Einsam auf einem Hügel neben dem Nationalpark gelegener Ökoresort mit eleganten Bungalows aus recycelten Tropenhölzern und Glas. Toller Ausblick vom Infinity Pool. Topservice. Wangkatha Pakchong, Nakhon Ratchasima
Tel. 044 00 9950 | www.salaresorts.com/khaoyai

Khao Yai Garden Lodge €€
Am Parkrand, unter deutscher Leitung; gut geführte Touren. Arrangiert Transport von/nach Bangkok.
Tel. 044 36 5167
www.khaoyainaturelifetours.com

Karte
S. 305

Zentral- & Ostthailand
Khorat

Elefantenkuh mit zwei Kälbern im Grasland des Khao Yai National Park

Khorat (Nakhon Ratchasima) 4 [D5]

Die Provinzhauptstadt gilt als Tor zum Nordosten Thailands. Ein vielverehrtes Denkmal vor dem alten Stadttor erinnert an die Lokalheldin Thao Suranaree, die 1826 mit vielen Frauen einen Überfall laotischer Truppen zurückschlug. Die Stadt, ein gutes Standquartier für Ausflüge zu den Khmer-Tempeln, ist ausgesprochen liebenswert.

Info
Tourism Authority of Thailand (TAT)
Stadtpläne von Khorat und Material zu den Khmer-Anlagen neben dem Sima Thani Hotel
Tel. 044 21 3666

Anreise
Von Bangkok mit dem **Zug** ab Bahnhof Hua Lamphong oder einem **Bus** ab Northern Terminal (ca. 4 Std.)

Hotels
Sima Thani €€
Gutes Stadthotel mit komfortablen klimatisierten Zimmern drei Restaurants und Pool.
2112/2 Thanon Mittraphap (Nähe TAT) Khorat | Tel. 044 21 3100
www.simathani.com

Sansabai House €
Verblüffend preiswertes Hotel mit hellen, blitzsauberen Zimmern. Sehr gute Thai- und Fusionsküche auf einer kühlen Terrasse oder im klimatisierten Speisesaal.

Zentral- & Ostthailand
Khorat

Fein gemeißelter Türsturz im Tempel Prasat Hin Phimai

335 Suranari Rd.
Khorat
Tel. 044 25 5144
www.sansabai-korat.com

Restaurants

Auf dem **Nachtmarkt** vor dem Chomsurang Hotel kann man sich für eine Handvoll Baht den Magen mit nordöstlichen Spezialitäten vollschlagen.

Hansa €–€€
Sehr gute Thai und Fusionsküche auf einer kühlen Terrasse oder im klimatisierten Speisesaal.
266 Yommarat Rd. | Khorat
Tel. 044 26 9108

C&C (Cabbages & Condoms) €
Vorzügliche Thaiküche, alle Erlöse gehen an die Population and Community Development Association of Thailand (PDA).
86/1 Suebsiri Rd.
Khorat

Shopping

Das Dorf **Dan Khwian** stellt seit Jahrhunderten schlichte rostfarbene Keramik her. Dan Khwian liegt 15 km südöstlich von Khorat Richtung Chok Chai, Busse verkehren etwa alle 15 Min.

Pak Thong Chai ist für seine Seide berühmt. Im **Silk & Cultural Center** wird sie verkauft und ihre Herstellung demonstriert. Der Ort liegt 32 km südlich von Khorat, Busse fahren alle

30 Min. In Khorat bietet **Jiaranai Silk** (140/2 Pho Klang Rd, Ecke Buarong Rd. eine besonders exklusive Auswahl. Günstiger sind die Seidengeschäfte an der Chumphon Rd.

Prasat Hin Phimai 5 ☆ [D5]

Seinen Namen verdankt Phimai dem Buddha Vimaya. Trotz eindrucksvoller Ornamente und hellen Sandsteins wirkt das Gemäuer nicht verspielt wie thailändische Tempel; es fasziniert durch die düstere Klarheit der Khmer-Kunst.

Die Tempelanlage des 11. Jhs. ist Thailands größter Sandsteinbau, zählt zu den berühmtesten Werken der Khmer-Baumeister und wurde noch vor dem Weltwunder Angkor Wat vollendet.

Das Haupheiligtum, der in den 1960er-Jahren restaurierte Prang ist ein 28 m hoher, aus hellgrauem Sandstein erbauter Turm mit quadratischem Grundriss. An den vier Seiten befinden sich Vorhallen, deren Türen und Dächer reich verziert sind. Das Dach der südlichen Vorhalle trägt steinerne Lotosknospen. Das pyramidenförmige Dach des Turmes wird von Garudas gehalten und ist mit Nagas und verschiedenen Dämonen geschmückt. Beachtlich sind die szenischen Darstellungen (Mahayana-Buddhismus), die auf Giebelfeldern und Türstürzen zu sehen sind. Im Innenraum des Turms entdeckt man außerdem eine Szene aus dem Ramayana. Auf den Reliefs ist Buddha in einem Königsornat zu erkennen.

Das Sanktuarium flankieren zwei gleiche Bauten, die allerdings kleiner sind; ein aus rötlichem Sandstein gefertigter Prang (Hin Daeng) und der Prang Meru Boromathat (Bhramatat), in dem die Statue des buddhistischen Königs Jayavarman VII. (Mitbegründer der Anlage) gefunden wurde. Sie ist nun im Nationalmuseum von Bangkok zu sehen. Welche Funktion das längliche Gebäude neben dem Haupteingang zum zentralen Heiligtum hatte, ist unklar: Es könnte eine Bibliothek, eine Schatzkammer oder ein Hinduschrein gewesen sein. Den heiligsten Bezirk umschließt eine Galerie mit vier Toren, denen Vorhallen zugeordnet waren. Quadratische Fenster öffneten sich zum Innenhof. Die Reliefs lassen vermuten, dass Phimai Buddhisten und Hindus als Heiligtum diente.

Unmittelbar nordöstlich des Prasat zeigt das **Phimai National Museum** schöne Steinmetzarbeiten, die nicht in die restaurierte Anlage integriert wurden. Besonders schön ist die Sandsteinfigur von König Jayavarman (Mi–So 9–16 Uhr).

Anfang November feiert man hier das Ende der Regenzeit mit Bootsrennen und prunkvollen Bootsparaden auf den Zuflüssen des Mun. 5 Nächte lang werden die Tempelanlagen festlich beleuchtet (Info unter tatsima@tat.or.th).

Anreise

Der Tempel 60 km nördlich von Khorat im Ort Phimai ist per **Bus** ab Baw-Kaw-Saw-Terminal zu erreichen. Letzter Bus zurück um 19 Uhr.

Hotel

Boonsiri Guest House €
Charmante Unterkunft mit sauberen, tagsüber allerdings heiße Zimmer. Fahrradverleih.
Phimai | Tel. 044 47 1159
www.boonsiri.net

Restaurants

Besonders gut kocht das kleine Restaurant **Baiteiy** beim Pratoochai-Tor. Noch günstiger ist die leckere, sehr scharfe Isaan-Küche auf dem nahen **Nachtmarkt**. €

Prasat Phanom Rung

6 [E5]

Die Restaurierung von Thailands größter und schönster Khmer-Tempelanlage wurden von einem spektakulären Kriminalfall begleitet: Der Reliefstein über dem Haupteingang des Zentralgebäudes – er zeigt den ruhenden Vishnu, der auf dem Milchsee der Ewigkeit ein neues

Zentral- & Ostthailand
Prasat Phanom Rung

Universum erträumt – verschwand in den 1960er-Jahren und tauchte im Art Institute of Chicago wieder auf. Mit Geldern aus privaten Spenden wurde das kostbare Stück 1988 zurückgekauft. Sechs mutmaßlich in den Diebstahl verwickelte Thais starben derweil eines unnatürlichen Todes.

Der Komplex (10.–13. Jh.) aus der Blütezeit der Angkor-Periode ruht majestätisch auf einem erloschenen Vulkanhügel, von dem man die Ebene von Khorat bis zu den Dongrak-Bergen überblickt. Bei Sonnenaufgang ist der Besuch am eindrucksvollsten. Der Weg zum Zentralbau (unbedingt Eingang 1 wählen, denn die richtige Annäherung ist wichtig) führt über eine 160 m lange, von Lotospfeilern gesäumte Allee sowie die einzigen in Thailand erhaltenen Naga-Brücken (Brüstung mit fünfköpfigen Schlangenkörpern). Sie führt über den Abgrund zwischen Erde und Himmel. Die Shiva geweihte Anlage ist nach Osten in Richtung Angkor Wat ausgerichtet, sodass alljährlich an einem Tag Anfang bis Mitte April (je nach Mondkalender), zum Neujahrsfest, die aufgehende Sonne durch alle 15 Portale fällt. Dann feiern die Einheimischen mit Tanzdramen und einer nächtlichen Show. Die Tradition soll 800 Jahre alt sein.

Anreise
Bus von Khorat Richtung Surin, ab Nang Rong (ca. 120 km) per **Motorradtaxi.** Fahrer vor Ort warten lassen.

Hotels
Phanomrung Puri Resort €€
Komfotabler Resort mit Pool und gutem Restaurant.
212 Prachantakhet Rd.
Nang Rong
Tel. 044 63 2222
www.phanomrungpuri.co.th

Honey Inn €
Saubere Zimmer bei einer englischsprachigen Lehrerin, die köstlich kocht. Der Transport zum 26 km entfernten Prasat Phanom Rung kann organisiert werden.
Nang Rong | Tel. 044 62 2825
www.honeyinn.com

Surin 7 [E5]

Im November steht Surin wegen des **Elefantenfestivals** im Mittelpunkt des öffentlichen thailändischen Interesses. Das Round-up der Dickhäuter ist ein Riesenereignis: Schon am Bahnhof werden Sie von einer lebendigen grauen Mauer empfangen. Sie können ein Elefantentaxi zum Hotel nehmen. Das Festival vereint Hunderte von Tieren für eine Woche zu Spiel und Wettkampf: Fußball, Tauziehen, Staffellauf und ähnliche Dinge, an denen auch Elefanten Spaß haben, die bei dieser Gelegenheit obendrein lang vermisste Verwandte wiedertreffen. Weltweit sicherlich das größte Spektakel in Sachen Elefant. Buchen Sie frühzeitig! Informationen beim regionalen TAT-Büro unter Tel. 044 21 3666.

Erkundigen Sie sich im TAT von Surin oder im weiter östlich gelegenen Si Saket, ob die Sicherheitslage den Besuch des unmittelbar jenseits der kambodschanischen Grenze gelegenen, aber von Thailand aus (Straße von Si Saket) besser zugänglichen Weltkulturerbe **Preah Vihear** (Khao Phra Wihan) ermöglicht, eine der kunstvollsten Tempelanlagen der Khmer außerhalb von Angkor Wat. Allein die beherrschende Position der Anlage ist zutiefst beeindruckend. Noch auf Thai-Boden wurde ein Belvedere errichtet, von dem aus man den zwischen dem 9. und 12. Jh. errichteten, reich dekorierten Tempel bewundern kann.

Hotels
Thong Tarin Hotel €€
Erstes Haus am Platze, das Sie wie alle Unterkünfte vor Ort fürs Elefantenfest rechtzeitig buchen sollten.
Chitbamrung Rd. | Surin
Tel. 044 51 4281 | www.thongtarinhotel.com

Karte
S. 305

Zentral- & Ostthailand
Surin

Während des Elephant Round-up Festivals in Surin spielen Dickhäuter im Srinarong Stadium Fußball

Pirom & Aree's House €
Sehr freundliches blitzsauberes Guesthouse. Die kenntnisreichen Inhaber organisieren Ausflüge in die Elefanten- und Seidenweberdörfer.
Soi Arunee, abseits der Thung Po Rd.
Surin | Tel. 044 51 5140

Restaurants
Der **Zentralmarkt** ist 24 Std. geöffnet, abends wird hier heftig gebrutzelt.

Shopping
In **Ban Tha Sawang,** 10 km nördwestlich von Surin, und den Nachbardörfern werden Gold und Silberperlen, aber auch Seidenstoffe hergestellt, die mit ursprünglichen Designs zu den besten des Landes zählen.

Besonders aufwendig ist das Verfahren bei der Herstellung von Mudmee-Seide: Hier wird das Muster mit Wasserfarben auf Papier entworfen und nach dieser Vorlage der unversponnene Faden eingefärbt. Hier gibt es wunderschöne Kissenbezüge, Decken und Vorhänge (Maße mitnehmen!).

Im **Ban Tha Sawang Weaving Centre** kann man die Arbeit an den Webstühlen verfolgen. Busse dorthin fahren in einer Gasse etwa 100 m vor dem Bahnhof von Surin ab (tgl. 8.30–17 Uhr).

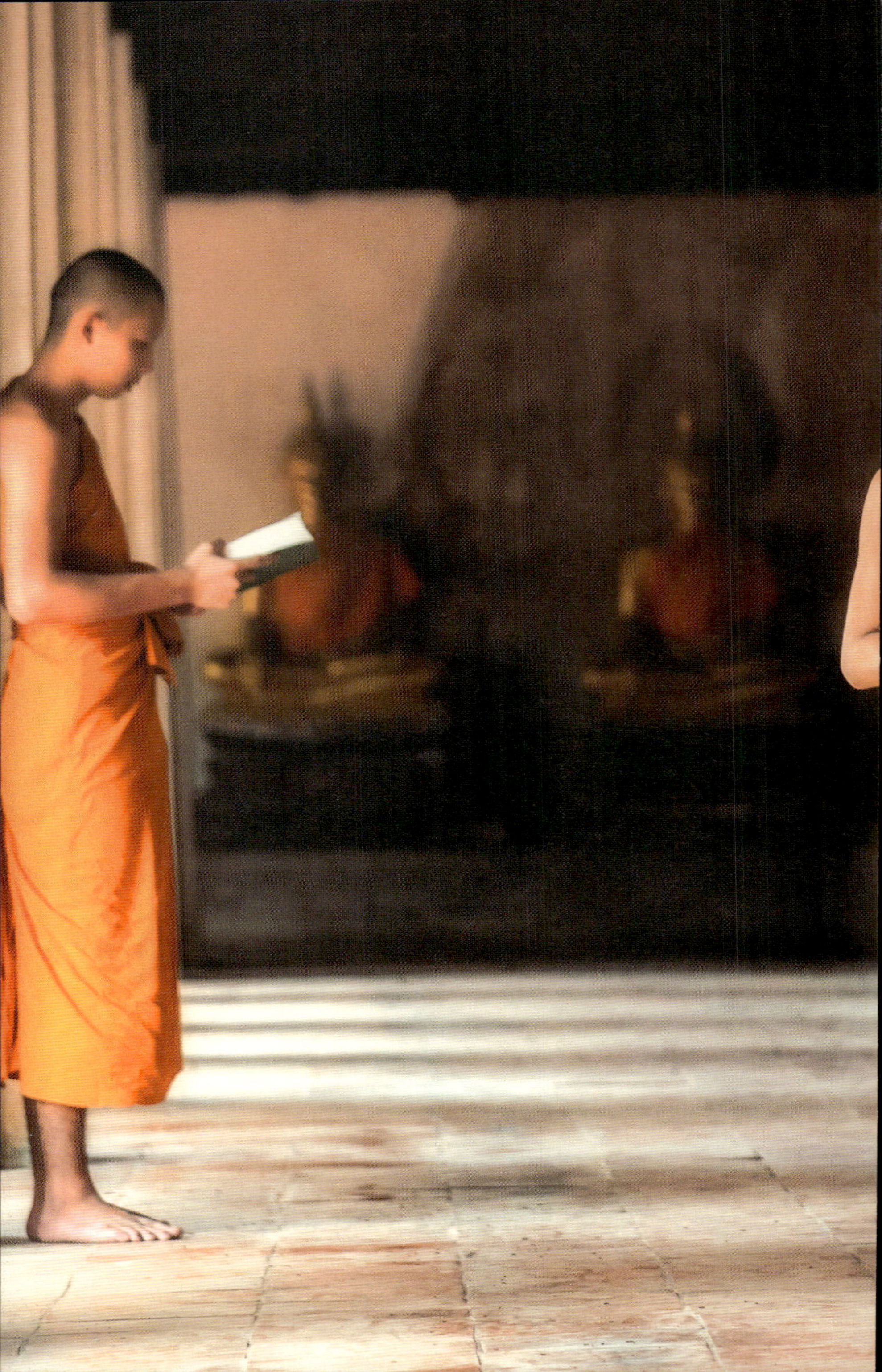

BESONDERE TOUREN

*Mönchsnovizen im
Ayutthaya Historical Park*

Chedi und Ehrenschirm des Wat Phra That Lampang Luang in Lampang

BESONDERE TOUREN

Um die bedeutendsten kulturellen und landschaftlichen Attraktionen Thailands kennenzulernen, muss man keine organisierte Rundreise buchen, ja man braucht noch nicht einmal einen Mietwagen. Mit klimatisierten Bus- und Zugfahrten kommt man sehr günstig fast überall hin, und größere Distanzen, z.B. zwischen Bangkok und Chiang Mai bzw. Bangkok und Phuket oder Ko Samui, lassen sich mit ebenfalls preiswerten Inlandsflügen problemlos überbrücken.

Die wichtigste Regel dabei: immer erst die Kultur, dann der Strand. Fast ebenso wichtig: Beschränken Sie sich auf die absoluten Hauptattraktionen, ansonsten droht das zu schnelle Eintreten von Tempelmüdigkeit. Besichtigen Sie also lieber in aller Ruhe einen Tempel als fünf und nehmen Sie sich Zeit für einen Schwatz mit den freundlichen Mönchen. Gleiches gilt für das Inselhüpfen. Auch hier ist weniger oft mehr.

Sollten Ihnen statt drei Wochen nur zwei zur Verfügung stehen, beschränken Sie Ihr Kulturprogramm auf Bangkok, Ayutthaya, Sukhothai und Chiang Mai.

Was die Tage am Strand betrifft: Entscheiden Sie sich, je nach Jahreszeit, für eine Küste. Sowohl Phuket als auch Ko Samui auf einer Reise zu besuchen, ist nicht allzu sinnvoll. Von November bis April sind Sie an der Andamanenküste bestens aufgehoben, im Sommer ist das Wetter auf den Inseln der südlichen Golfküste vorzuziehen. In der Monsunzeit ist der Bootsverkehr zwischen Inseln und Festland wegen des hohen Wellengangs oft unangenehm, manchmal gefährlich und gelegentlich sogar eingestellt. Auch manche Nationalparks werden in der Regenzeit geschlossen.

Ansonsten ist Planungsstress aber überflüssig: Zahlreiche Hotels und preiswerte Gästehäuser sorgen dafür, dass man fast immer ohne große Vorbeitung und Reservierung ein Zimmer bekommt. Nur während großer Feste sollten Sie Ihr Quartier unbedingt rechtzeitig buchen. So ist Sukhothai während des zauberhaften Loy-Krathong-Fests komplett ausgebucht. Was die Verpflegung betrifft: Saubere Garküchen mit leckerem, sehr preiswertem Essen gibt es wirklich überall.

Tour 11: Thailands Perlen in drei Wochen

ROUTE: Bangkok › Ayutthaya › Phitsanulok › Sukhothai › Si Satchanalai › Lampang › Lamphun › Chiang Mai › Pai › Mae Hong Son › Phuket › Similan Islands › Phang Nga Bay › Krabi › Ko Lanta › Ko Phi Phi › Phuket

KARTE: Klappe hinten
DISTANZEN: Bangkok › Ayutthaya 1 Std. per Bus/Zug; **Ayutthaya** › Phitsanulok 3½ Std. per Bus/Zug; **Phitsanulok** › Sukhothai 1 Std. per Bus; **Sukhothai** › Si Satchanalai 1 Std. per Bus; **Si Satchanalai** › **Lampang** 3 Std. per Bus; **Lampang** › Lamphun 1 Std. per Bus; **Lamphun** › Chiang Mai ½ Std. per Bus/Taxi; **Chiang Mai** › Pai 3 Std. per Bus; **Pai** › Mae Hong Son 4 Std. per Bus; **Mae Hong Son** › Phuket ½ Tag Flug; **Phuket** › Siliman Islands 2 Std. per Bus; **Siliman Islands** › Phang Nga Bay 1 Std. per Bus; **Phang Nga Bay** › Krabi 1 Std. per Bus; **Krabi** › **Ko Lanta** 2 Std. per Boot; **Ko Lanta** › Ko Phi Phi 2 Std. per Boot; **Ko Phi Phi** › **Phuket** 2 Std. per Boot.

VERKEHRSMITTEL:
Alle Landstrecken können mit Bussen und Zügen preiswert absolviert werden, Tickets für Fähren und Boote im Süden bekommen Sie auch kurzfristig am Pier. Billigflüge von Chiang Mai nach Phuket können Sie in den Reisebüros buchen.

Nehmen Sie sich drei Tage Zeit für **Bangkok** › S. 163, lernen Sie die berühmte Tempelanlage Wat Phra Kaeo mit dem Königspalast kennen, bewundern Sie die historischen Buddhas im nahen Nationalmuseum, überstehen Sie eine traditionelle Thai-Massage im Wat Pho mit seinem ruhenden Buddha und genießen Sie den magischen Anblick des Wat Arun bei Sonnenuntergang. Nehmen Sie den abendlichen Trubel von Patpong und auf der Amüsiermeile Sukhumvit mit Humor, bummeln Sie durch Chinatown und die luxuriösen Einkaufstempel rund um den Siam Square. Auch für eine Bootsfahrt durch die Klongs sollten Sie sich ein bisschen Zeit nehmen. Am Nachmittag des 3. Tags können Sie mit der luxuriösen Reisbarke *Mekhala* auf dem Chao Phraya mit Übernachtung an Bord in die Ruinenstadt **Ayutthaya** › S. 306 weiter tuckern, oder Sie fahren am 4. Tag frühmorgens mit dem Bus dorthin. So können Sie die Ruinen sowohl im schönsten Morgenlicht und nach einer Siesta im milden Abendlicht und in Scheinwerferbeleuchtung erleben. Nach einer Übernachtung geht es am 5. Tag mit dem Zug nach **Phitsanulok** › S. 299, um im **Wat Phra Si Ratana Mahatat** dem vielleicht schönsten Buddha der Sukhothai-Zeit Reverenz zu erweisen. Mit dem Bus kommen Sie rechtzeitig in **Sukhothai** › S. 293 an, um die einst als glückselig gepriesene Ruinenstadt im Abendlicht zu erleben. Nach einer Übernachtung und einer morgendlichen Tour durch Sukhothai mit dem Fahrrad fahren Sie am 6. Tag mittags weiter nach **Si Satchanalai** › S. 297 Die Tempelstadt gehört zum Weltkulturerbe von Sukhothai, ist aber weniger restauriert und wirkt daher viel geheimnisvoller. Über Uttaradit fahren Sie anschließend mit dem Bus in die Stadt **Lampang** › S. 284, die Sie noch am Abend erreichen. Hier besuchen Sie am Morgen des 7. Tags mit dem **Wat Phra That Lampang Luang** einen der faszinierendsten Tempel Thailands. Am Nachmittag fahren Sie weiter mit dem Bus nach Chiang Mai, mit Halt in **Lamphun** › S. 283 um dort den nicht golden glänzenden **Wat Haripunchai** zu ewundern. Am Abend stürzen Sie sich dann in den aufregenden Nachtmarkt von **Chiang Mai** › S. 274. Genießen Sie am Morgen des 8. Tags die Aussicht von Nordthailands berühmtestem Tempel **Wat Phra That Doi Suthep** › S. 280, und bummeln Sie danach zu weiteren Tempeln in der Stadt. Shoppen können Sie in Chiang Mai bis in die Nacht. Am 9. Tag fahren Sie mit dem Bus auf einer atemberaubenden Bergstrecke nach **Pai** › S. 287 Hier oder im eine 4-Std.-Busfahrt entfernten **Mae Hong Son** › S. 286 können Sie eine Trekkingtour zu den Dörfern der Bergvölker buchen.

Besonders im Winter werden Sie sich nach den frischen Nächten auf eine gute Woche Ba-

Besondere Touren

Die weltberühmte Maya Bay der Insel Ko Phi Phi Le in der Andamanensee

deurlaub im Süden Thailands freuen. Von Mae Hong Son fliegen Sie am 12. Tag über Chiang Mai oder Bangkok nach **Phuket** › S. 224. Es folgen neun Tage Badeurlaub an den schönsten Stränden der Andamanenküste: Auf Phuket sollten Sie sich mindestens drei Tage gönnen. Hier stürzen Sie sich in den Trubel von Patong, genießen die besonders schönen Strände von Surin, Bang Tao und Nai Harn, entdecken die Architektur von Phuket Town und erfrischen sich im Wasserfall des Khao Phra Taeo National Park. Taucher werden vom Schnellbootausflug auf die **Similan Islands** › S. 239 schwärmen. Dann fahren Sie nach einem morgendlichen Bootsausflug in die **Phang Nga Bay** › S. 241 um die Welt der Hongs (Lagunen) zu erleben, weiter nach **Krabi** › S. 242, wo Ihnen der **Phra Nang Beach** mit seinen fantastischen Felsformationen die Sprache verschlagen wird. Schließlich warten noch einige ruhige Tage an den Stränden von **Ko Lanta** › S. 246 auf Sie.

Auf der Rückfahrt mit der Fähre nach Phuket lohnt ein Zwischenaufenthalt mit Übernachtung auf **Ko Phi Phi** › S. 244. Frühaufsteher schwimmen schon vor Anrücken der großen Ausflugsboote in den smaragdgrünen Lagunen von Ko Phi Phi Le. Jedes Longtailboot bringt Sie dorthin, auch schon um 6 Uhr morgens. Den Postkartenblick vom Viewpoint über Ko Phi Phi Don sollten Sie ebenfalls im Morgenlicht genießen, bevor Sie das Expressboot zurück nach Phuket bringt.

Tour 12 — Kultur und Baden in zwei Wochen

ROUTE: Bangkok › Chiang Mai › Lampang › Sukhothai › Phitsanulok › Ayutthaya › Bangkok › Ko Samui › Ko Phangan › Ang Thong Marine National Park › Bangkok

KARTE: Klappe hinten

DISTANZEN: Bangkok › Chiang Mai 12–14 Std. per Bahn; **Chiang Mai › Lampang** 1 Std. per Bus; **Lampang › Sukhothai** 4 Std. per Bus; **Sukhothai › Ayutthaya** 6 Std. per Bus/Zug (über Phitsanulok); **Ayutthaya › Bangkok** 1 Std. per Bus; **Bangkok › Ko Samui** 1 Std. Flug

VERKEHRSMITTEL:
Busse und Züge. Den Schlafwagen von Bangkok nach Chiang Mai mindestens 24 Stunden im Voraus buchen (erledigen auch Reisebüros). Billigflüge von Bangkok nach Ko Samui und zurück gibt es auch kurzfristig. Noch günstiger ist ein Flug von Deutschland nach Ko Samui mit Unterbrechung des Hinflugs in Bangkok.

Bei einem relativ gedrängten, aber noch bequem machbaren Tagesprogramm in **Bangkok** › S. 168 lernen Sie die Prunkbauten der Altstadt Rattanakosin mit Wat Phra Kaeo und Königspalast, Nationalmuseum, Wat Pho und Wat Arun kennen. Abends geht es ins Nachtleben von Patpong und Sukhumvit Road. Den 2. Tag verbringen Sie mit einem Bootsausflug auf den Klongs, einem Bummel durch Chinatown und in den schicken Shoppingtempeln rund um den Siam Square. Am späten Nachmittag steigen Sie um 18 Uhr in den Nachtzug nach **Chiang Mai** › S. 270. Buchen Sie das untere Bett des Schlafwagens. Hier können Sie ein großes Fenster öffnen. Alternativ können Sie am nächsten Morgen das Flugzeug nehmen, was ebenfalls nicht teuer ist und nur eine Stunde dauert. Ein Taxi bringt Sie vom Bahnhof zum **Wat Phra That Doi Suthep** › S. 280, wo Sie die Aussicht genießen. Gegen Mittag des 3. Tags beziehen Sie in Chiang Mai ihr Hotelzimmer und erkunden danach die Tempel und Geschäfte der Stadt. Abends geht es auf den Nachtmarkt und zum Tanzen. Am 4. Tag fahren Sie mit dem Bus – mit Zwischenaufenthalt in **Lampang** › S. 284 zur Besichtigung des **Wat Phra That Lampang Luang** – nach **Sukhothai** › S. 293. Hier verbringen Sie den Morgen des 5. Tags, fahren dann mit dem Bus nach **Phitsanulok** › S. 299, wo Sie einen Blick auf den berühmten Buddha im **Wat Phra Si Ratana Mahatat** werfen, bevor Sie um 15 Uhr in den Zug nach **Ayutthaya** › S. 306 steigen (Ankunft ca. 18 Uhr). Hier übernachten Sie, genießen die erhabene Ruinenstätte im Morgenlicht des 6. Tags und fahren am Nachmittag mit dem Bus zurück nach Bangkok. Am 7. Tag fliegen Sie nach **Ko Samui** › S. 251. Die »Kokosinsel« Samui erfüllt alle Urlauberwünsche vom Whirlpool bis zur Hängematte. Erholen Sie sich ein paar Tage am schönen **Chaweng Beach,** machen Sie einen Bootsausflug nach **Ko Phangan** › S. 259, um die entspannte Atmosphäre auf dieser wildromantischen »Aussteigerinsel« zu genießen oder erkunden Sie den **Ang Thong Marine National Park** › S. 258 per Kajak. Tauchfans werden sich allerdings gleich das nächste Boot suchen und die meiste Zeit auf der kleinen Insel **Ko Tao** › S. 261 im Norden verbringen, die mit prächtigen Korallenriffen verzückt, bevor es mit dem Flugzeug von Ko Samui wieder nach Bangkok und von dort – mit oder ohne weiteren Zwischenaufenthalt – zurück nach Hause geht.

Klappe hinten

Besondere Touren

Kalksteinfelsen im Ang Thong Marine National Park

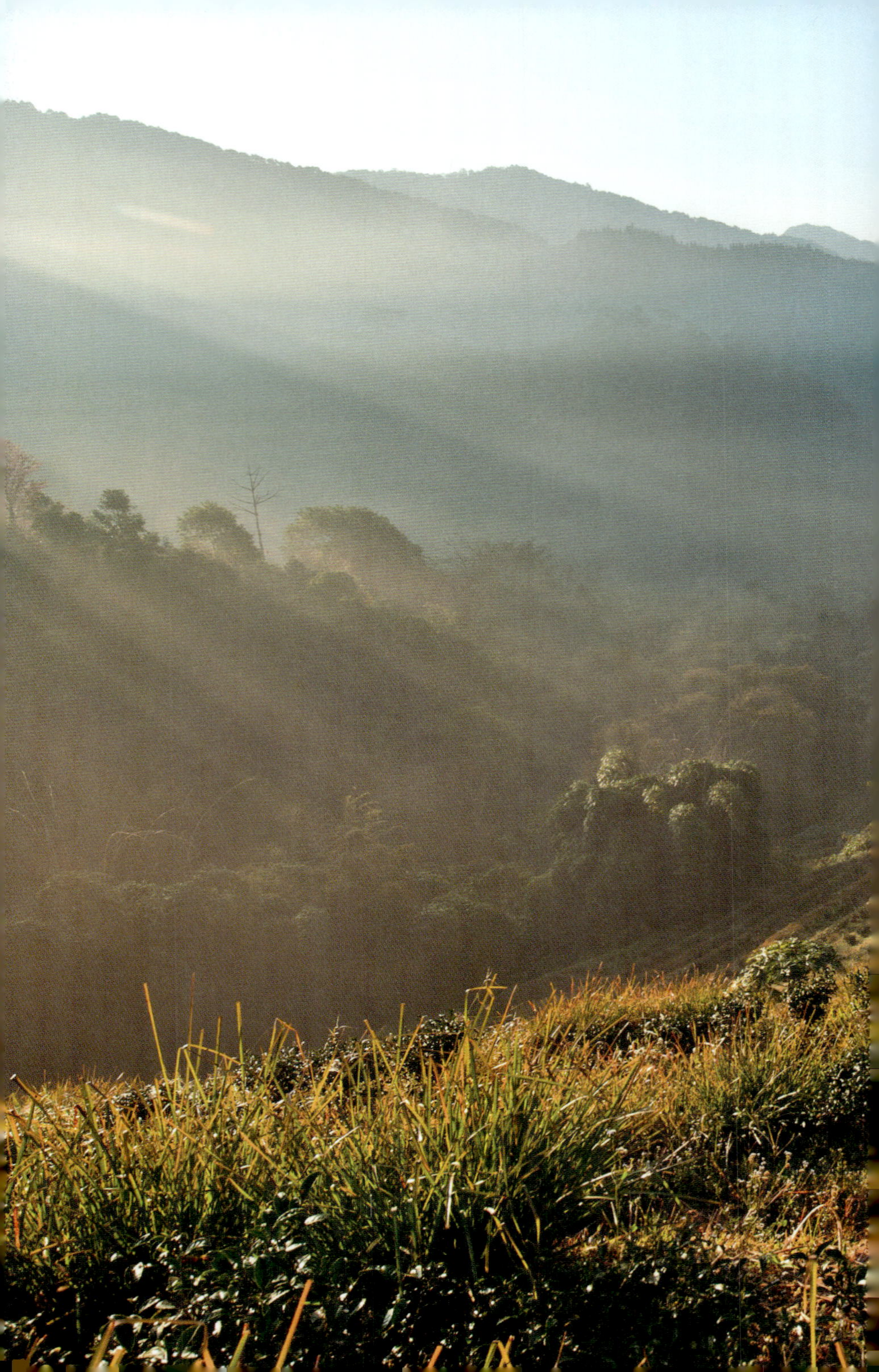

Teeplantagen am frühen Morgen bei Chiang Mai

Bangkoks Suvarnabhumi
Airport bei Sonnenuntergang

ANREISE & REISE IM LAND

FLUGVERBINDUNGEN VON EUROPA

Bangkok wird von allen großen Fluggesellschaften angeflogen, darunter Lufthansa, Austrian Airlines, Swiss, Thai Airways, Singapore Airlines und Emirates von Berlin, Düsseldorf, Frankfurt (direkt), Genf, Hamburg, Köln, Leipzig, München (direkt), Stuttgart, Wien (direkt) und Zürich (direkt). Auf www.skyscanner.de verschaffen Sie sich den nötigen Überblick. Über gute Sitzplätze im Flieger informiert www.seatguru.com (beide Dienste auch als App erhältlich).

Sonderangebote gibt es schon ab 500 Euro. Air Berlin und Condor fliegen im Saisoncharter nicht nur nach Bangkok, sondern auch direkt nach Phuket. Ein Direktflug von Deutschland dauert etwa 11 Stunden, mit Umsteigeverbindung ist man aber in der Regel mindestens 15 Stunden unterwegs.

Manche Fluggesellschaften verlangen die Rückbestätigung des Rückfluges mindestens 72 Stunden vorher. Ob telefonisch oder persönlich: Lassen Sie sich unbedingt den »reconfirmation code« geben!

REISEN IM LAND
Mit dem Flugzeug

Thai Airways (www.thaiair.com) unterhält ein dichtes und sehr preiswertes Inlandsflugnetz, das durch mehrere private Fluglinien ergänzt wird, darunter Bangkok Airways (www.bangkokair.com). Drei Billigflieger (www.airasia.com, www.nokair.com, www.flyorientthai.com) lassen sich übers Internet oder direkt am Flughafen buchen und bieten konkurrenzlos niedrige Preise für Inlands- und Regionalflüge, z. B. von Bangkok nach Chiang Mai, Phuket, Singapur oder Kuala Lumpur. Die Privaten bedienen auch Strecken wie Chiang Mai–Mandalay (Myanmar) oder Bangkok bzw. Phuket–Siem Reap (Angkor Wat/Kambodscha). Zum Vergleich: Ein Flug von Bangkok nach Chiang Mai kostet zwischen 1200 und 1800 Baht, die Zugreise in der komfortabelsten Variante um die 1200 Baht, der VIP-Bus 700-900 Baht.

Mit dem Bus
Das Straßennetz ist hervorragend ausgebaut, die Verbindungen, die von Bangkok aus sternförmig das ganze Land erschließen, sind häufig, preiswert und zuverlässig. Die staatliche Verkehrsgesellschaft bietet drei Klassen an. Die orangefarbenen Standardbusse mit dichter Bestuhlung und üppiger Frischluftzufuhr halten auf Handzeichen am Straßenrand und sind entsprechend langsam. Blaue klimatisierte Busse stoppen nur in größeren Orten und sind nur wenig teurer. Klimatisierte VIP-Busse bieten mehr Beinfreiheit und eine Bordtoilette. Besonders komfortabel sind VIP-24-Busse: Sie haben nur drei, weit zurückstellbare Sitzplätze pro Reihe und eignen sich daher besonders für lange Nachtfahrten: Getränkeservice, Imbiss und (thailändische) Videos sind hier oft inklusive. Die staatlichen Busse fahren öffentliche Terminals (Baw Kaw Saw) an, wo auch die Tickets verkauft werden. Auf vielen Strecken verkehren außerdem private Gesellschaften, die ihre Tickets über Reisebüros und Hotels vertreiben und häufig eigene Terminals haben. Meiden sollten Sie allerdings sogenannte Backpacker-Busse. Hochriskante Fahrweise, endlose Verspätungen, unbequeme und oft unversicherte Fahrzeuge, Diebstähle und Betrügereien sind hier leider eher die Norm als die Ausnahme. Dabei sind reguläre Busse kaum teurer.

Mit dem Zug
Auch das Eisenbahnnetz ist gut ausgebaut. Züge sind zwar langsamer und etwas teurer als Busse, dafür aber bequemer und sicherer. Buchungen erfolgen über ein Computersystem an den Bahnhöfen. Die Vielfalt an Klassen und Arten (Express, Rapid, Special etc.) ist verwirrend, doch gibt es eine echte Attraktion: Auf den langen Strecken verkehren 2.-Klasse-Schlafwagen ohne Klimaanlage. Wenn Sie die etwas teurere untere (!) Reihe buchen, bekommen Sie ein geräumiges, sauberes Bett mit Platzservice für Essen und Getränke. Der Clou jedoch ist ein eigenes Fenster über die ganze Länge des Bettes, das sich öffnen lässt, sodass Sie Thailand mit all seinen Gerüchen und Geräuschen an sich vorbeiziehen lassen können. Sollten Sie klimatisierten Expresszüge bevorzugen, rechnen Sie mit einer nahezu eisigen Atmosphäre. Rechtzeitige Buchung ist besonders für die Nachtzüge, an Feiertagen und in den thailändischen Ferien zu empfehlen. Für den Weitertransport von den Bahnhöfen in kleinere Orte sorgen meist Songthaeos, Minibusse oder Tuk-Tuks. Zwischen Singapur und Bangkok kann man eine luxuriöse, aber dementsprechend teure Reise mit dem nostalgischen Eastern & Oriental Express unternehmen. Auf der Website der Staatsbahnen finden Sie alle Fahrpläne und Tarife: www.railway.co.th.

Mit Fähren und Schnellbooten
Zwischen den meisten Urlauberinseln verkehren mehrmals täglich Expressboote, Schnellboote bzw. Autofähren. In den Monsunzeiten sind einige Verbindungen gänzlich eingestellt oder eingeschränkt. Wer die kleinen Inseln in der Andamanensee (Ko Bulon Le, Ko Tarutao, Ko Hai, Ko Muk usw.) besuchen möchte, sollte dies nicht gerade in der Monsunzeit versuchen, da es sehr zeitraubend sein kann. Schiffsverbindungen finden Sie im Reiseteil im Anschluss an die einzelnen Orte.

Mit dem Mietfahrzeug
Das Angebot reicht von Moped, kleineren Motorrädern und größeren Maschinen (250–900 Baht/Tag) bis zum klimatisierten Pkw und Jeep (1200–2200 Baht/Tag). Der Tagesmietpreis für Fahrräder beträgt etwa 80–100 Baht. Die Fahrzeuge billiger Verleiher sind häufig technisch schlecht gewartet, der Versicherungsschutz oft völlig unzureichend. In Bangkoks Verkehrschaos zu fahren erfordert extreme Geduld. Grundsätzlich sollten Sie besonnen und nicht nach

Anreise & Reise im Land

Einbruch der Dunkelheit fahren. Die meisten Straßen sind englisch beschildert – nur in der tiefen Provinz könnten Ihnen Thai-Schriftzeichen Rätsel aufgeben. Thailand hat Linksverkehr sowie moderne Verkehrsregeln, die gelegentlich sogar beachtet werden. Gefährlich sind besonders Busfahrer, die häufig ohne Rücksicht auf den Gegenverkehr überholen. Die Geschwindigkeitsbegrenzung ist 50 km/h in geschlossenen Ortschaften und 100 km/h auf Landstraßen und Highways. Erforderlich sind neben einem internationalen Führerschein vor allem äußerste Vorsicht, da man bei einem Unfall unweigerlich Ihnen die Schuld geben wird. Rufen Sie im Notfall stets die Versicherung an – im Eigeninteresse wird sie Ihre Rechte wahren! Für Zweiräder gilt Helmpflicht. Immer wieder kommt es zu schweren, oft sogar tödlichen Unfällen von Urlaubern, die ungeübt und ohne Schutzkleidung Motorrad fahren, auffällig häufig auf den Inseln Ko Samui und Phuket. Die dafür Gründe liegen im gewöhnungsbedürftigen Linksverkehr, dem teils kamikazeartigen einheimischen Fahrstil und dem allgegenwärtigen Getier auf der Fahrbahn. Es gibt in Thailand keinerlei Kaskoversicherung für Zweiräder. Kommt es zu einem Unfall, zahlt fast immer der Ausländer!

ÖFFENTLICHER NAHVERKEHR

Das Tuk-Tuk ist eine dreirädrige Motorriksha mit Sitzbank, Verdeck und oft unberechenbaren Chauffeuren. Es ist nur für sehr kurze Strecken empfehlenswert. Tuk-Tuks gibt es hauptsächlich in Bangkok und Chiang Mai. Grundsätzlich ist der Preis vorher auszuhandeln. Eine Tour von einigen Kilometern sollte in Bangkok nicht mehr als 100 Baht, in Chiang Mai nicht über 60 Baht kosten. Keinesfalls sollte man sich von einem Tuk-Tuk-Fahrer in Geschäfte lotsen lassen.

In den kleinen Provinzhauptstädten gibt es für wenige Baht noch immer die klassischen Fahrradrikschas *(samlor)*. Das populärste öffentliche Verkehrsmittel für kürzere Überlandstrecken ist das Songthaeo: mit Verdeck und engen Bänken ausgerüstete Pick-ups oder Kleinlaster, die in Städten wie Chiang Mai oder Pattaya auch als Sammeltaxi eingesetzt werden.

Knatternde Tuk-Tuks sind in Bangkoks Großstadtverkehr nur für kurze Strecken zu empfehlen

Nebelschwaden im Regenwald

KLIMA & REISEZEIT

Thailand hat ein tropisches Klima mit drei Jahreszeiten. Aufgrund des Klimawandels sind Termine und Ausprägung allerdings nicht mehr so verlässlich wie früher. Ideale Reisezeit ist aber nach wie vor der trockene, kühlere Winter. Von November bis Februar sind die Tagestemperaturen am angenehmsten, nachts kann es aber in Höhenlagen des Nordens und Nordostens sehr kalt werden. An klaren Nächten sinkt das Quecksilber in den Bergen dann gelegentlich bis auf den Gefrierpunkt. Im Süden dagegen bleibt es warm. In Bangkok schwankt die Temperatur in diesen Monaten zwischen 20 °C am Morgen und 30 °C am Nachmittag. An der Andamanenküste kann man von Dezember bis April mit viel Sonnenschein rechnen. Das Wasser ist klar und ruhig, was ideale Tauchbedingungen bedeutet. Etwas anders sieht es an der Golfküste südlich von Chumphon aus. Hier sorgt der Nordostmonsun von November bis Februar für ergiebige Regenfälle. Trotzdem herrscht in dieser Zeit auch auf Ko Samui, Ko Phangan und Ko Tao Hochsaison: Die Flucht vor dem europäischen Winter hat Priorität.

In der heißen Jahreszeit von März bis Mai herrschen Hitze und hohe Luftfeuchtigkeit, worunter auch die Thais leiden. Brandrodungen sorgen darüber hinaus für einen oft diesigen Himmel. Europäer halten es dann im Allgemeinen nur an den südlichen Küsten aus. Zu Niederschlägen kommt es kaum. Im kontinentaler geprägten Klima Nordthailands können die Temperaturen vor Einsetzen der Regenzeit mittags bis auf über 38 °C steigen. Trekking sollte man in dieser Zeit auf dichte Wälder mit geschlossenem Blätterdach beschränken. In der Regenzeit zwischen Mai und Oktober beschert der vom Indischen Ozean her kommende Südwestmonsun dem ganzen Land unregelmäßige, schwere Niederschläge. Sofern man auf ausgedehnte Wanderungen in ländlichen Gebieten verzichtet, ist auch die Regenzeit insgesamt recht angenehm, d. h. man kann von Juni bis August den Norden, Nordosten und Zentralthailand durchaus bereisen. An der Andamanenküste und auf Phuket regnet es hauptsächlich im Mai/Juni und September/Oktober. Im Norden setzt die Regenzeit normalerweise erst Ende Juni ein, im Nordosten ist sie bereits Ende September vorbei.

Am südliche Golf fallen verstärkte Niederschläge erst im Oktober und November. Wer also in den europäischen Sommerferien einen Strandurlaub in Thailand plant, ist auf Ko Samui besser als auf Phuket aufgehoben. Es ist meist sonnig, und die in der Regel nur kurzen Niederschläge stören kaum. Generell schwanken an der Küste die Temperaturen im Verlauf des Tages meist zwischen 24 °C und 32 °C. Je weiter man nach Süden, in die Nähe des Äquators kommt, desto geringer fallen die Temperaturunterschiede aus. Während der thailändischen Ferienzeiten (Mitte März–Mitte Mai und drei Wochen im Oktober), zwischen Weihnachten und Neujahr und speziell um Songkran (Mitte April) sollten Sie gut planen und rechtzeitig buchen. Insgesamt gesehen sind September und Oktober zwar die klimatisch ungünstigsten Reisemonate, dafür wird man mit besonders günstigen Übernachtungspreisen entschädigt.

Kleine, durchaus freche Tempelhüter

Auf dem Schwimmenden Markt von Damnoen Saduak in Ratchaburi bei Bangkok

Infos von A–Z

teuerste) Verbindung garantiert die Nummer 001. Der weltweite SMS-Versand kostet etwa 5–9 Baht/SMS. Von Deutschland aus sind thailändische Telefonnummern dank Billigvorwahlen günstig zu erreichen.

INTERNATIONALE VORWAHLEN:
Deutschland 00149
Österreich 00143
Schweiz 00141
Thailand 0066

TRINKGELD UND STEUERN
Trinkgelder sind in Thailand nicht unbedingt üblich, werden aber von Reiseführern, Zimmermädchen und Bedienungspersonal gern genommen. In Garküchen sind Trinkgelder nicht üblich. Taxifahrer erwarten normalerweise kein Trinkgeld – außer für besondere Gefälligkeiten. Bei Fahrten mit Taxameter kann man den Betrag jedoch aufrunden. Auf die Hotel- und Restaurantpreise können bis zu 17 % Steuern und Servicezuschlag erhoben werden.

ZOLL
Zollfrei eingeführt werden dürfen alle Gegenstände des persönlichen Gebrauchs sowie 200 Zigaretten bzw. 250 g Tabak, 1 l Wein oder 1 l Spirituosen. Verboten ist die Einfuhr von Drogen (drakonische Strafen!), Pornografie und Waffen.

Die Ausfuhr von thailändischen Antiquitäten und Buddhafiguren, auch aus moderner industrieller Fertigung, ist verboten. Dieses Verbot gilt nicht für Amulette, die am Körper getragen werden. Ausnahmegenehmigungen erteilt das Fine Arts Department im Bangkoker Nationalmuseum (Tel. 02 281 6766). Dem Artenschutz zuliebe sollten Sie auf Souvenirs aus Elfenbein, Schildpatt, Schlangen- und Krokodilleder, Korallen, Muscheln usw. verzichten. Außerdem sind die Kontrollen bei der Einreise ins Heimatland sehr scharf: Gemäß Washingtoner Artenschutzabkommen ist die Einfuhr geschützter Tiere und Pflanzen sowie aller daraus gefertigten Produkte strengstens verboten! Derlei Gegenstände werden rigoros beschlagnahmt. Für Vergehen drohen drastische Strafen.

Die wichtigsten Zollfreigrenzen bei der Wiedereinreise nach Deutschland, Österreich und in die Schweiz: 200 Zigaretten, 1 l hochprozentiger Alkohol oder 2 l Wein; Geschenke im Gesamtwert von 430 € bzw. 300 CHF. Vorsicht bei gefälschter Markenware, die der Zoll nach eigenem Ermessen beschlagnahmen kann.

URLAUBSKASSE
Tasse Kaffee: 0,80 €
Softdrink: 0,80 €
Bier: 1,50 €
Phat Thai (gebratene Nudeln): 1,50 €
Fleischgericht: 3,00 €
Fischgericht: 3,00 €
Mietwagen: ab 30 €/Tag
1 l Superbenzin: 1,05 €

gen. Oft sind Schmuckgeschäfte oder Restaurants das Ziel – v. a. Fischlokale, wo die Tierchen nach Gewicht bezahlt werden. Die Provision lockt, und Sie sollten gar nicht erst darauf reinfallen.

Kreditkartenmissbrauch erfolgt häufig, wenn die Karten in zweifelhaften Safes an der Rezeption der Unterkunft verwahrt oder für Bagatellgeschäfte aus der Hand gegeben werden. Zahlen Sie wenn möglich bar, und wenn Sie doch mal Plastik zücken müssen, überwachen Sie den Zahlungsvorgang, damit im Hinterzimmer niemand eine Dublette anfertigen kann.

Akzeptieren Sie besonders auf Vollmondpartys keine Getränke aus bereits geöffneten Flaschen oder Dosen und lassen Sie die Finger von jeglichen Drogen, die auch von Polizeispitzeln angeboten werden. Schon beim Besitz kleinster Mengen drohen langjährige Haftstrafen, bei schweren Drogendelikten kann sogar die Todesstrafe verhängt werden.

Kritik am Königshaus ist absolut tabu. Majestätsbeleidigung *(lèse majesté)* kann in Thailand mit bis zu 15 Jahren Haft bestraft werden. Als Majestätsbeleidigung gilt bereits, eine Münze oder Banknote mit dem Fuß zu berühren – da beide das Porträt des Königs tragen.

Im tiefen Süden kommt es immer wieder zu blutigen Auseinandersetzungen zwischen Muslimen und staatlichen Sicherheitskräften. Für die südlichsten drei Provinzen (außerhalb des im Reiseführer beschriebenen Gebiets) gibt es sogar Reisewarnungen des deutschen Auswärtigen Amtes (www.auswaertiges-amt.de). Auch werden in letzter Zeit auf langen Busfahrten in den Süden häufig Diebstähle gemeldet.

Notruf: Polizei 191 und 123,
Touristenpolizei 1155 (Servicenummer), 1699,
Feuerwehr 199

ÖFFNUNGSZEITEN

Geschäfte haben ca. 7–20, Kaufhäuser tgl. 10 bis 21 Uhr geöffnet, manche Supermärkte rund um die Uhr. Ämter und Behörden arbeiten meist Mo–Fr 8.30 bis 16.30, Banken Mo–Fr 9.30 bis 15.30 Uhr (Wechselstuben haben oft tgl. bis ca. 21 Uhr geöffnet). Museen sind meist montags, dienstags und an buddhistischen Feiertagen geschlossen und haben Mi–So 9–16 Uhr geöffnet.

TELEFON

Internationale Gespräche sind von Hotels und vielen Overseas Telephone Services möglich. Günstiger ist das Fernamt (Gesprächsdauer mindestens 3 Min.).

Roaming-Tarife sind um ein Vielfaches höher als die Tarife einheimischer Anbieter. Wer sein eigenes Handy mit in den Urlaub nimmt, kann vor Ort in jedem 7-Eleven und an zahllosen Handyverkaufsständen ab 50 Baht eine Prepaidkarte der thailändischen Mobilfunkgesellschaften kaufen (inkl. Guthaben; Karte z. B. in den 24 Std. geöffneten Supermärkten wieder aufladbar). Am Suvarnabhumi Airport werden nur Tourist-SIM-Karten (100 Baht) verkauft. Man muss sich stets nach dem Kauf einmalig mit dem Reisepass registrieren lassen. Zu empfehlen sind die 1-2-Call-Karte von AiS (Hotline 1175, www.ais.co.th/one-2-call/en) und die Happy-Card von DTAC (Hotline 1678, www.dtac.co.th/en). Happy-Card bietet als besonderen Service einen Englisch-Thai-Dolmetscher, den Sie rund um die Uhr unter der Tastenkombination *1021 erreichen. Gibt es Verständigungsprobleme, rufen Sie diese Nummer an und reichen das Handy nach Erläuterung des Problems weiter: Sehr praktisch! Inlandsgespräche sind mit diesen Karten sehr günstig (0,5–2 Baht/Min., 2 Baht/SMS). Sie können sehr günstige Datenpakete (z. B. 1 GB/Monat für 200–350 Baht, meist HSDPA-Standard) telefonisch hinzubuchen, die Kundenhotline der Anbieter spricht gutes Englisch. Den aktuellen Guthabenstand erfährt man bei AIS mit der Tastenkombination *121# (Datenpaket *121*3#), bei dTAC *101*9# (Datenpaket *101*4*9#).

Mit der Vorwahl 00500-49 (1-2 Call) oder 007-49, 008-49 oder 009-49 (Happy Call) kann man besonders günstig (5–7 Baht/Min.) nach Deutschland telefonieren. Die beste (aber auch

Infos von A–Z

GESUNDHEITSVORSORGE

Impfungen sind nicht zwingend vorgeschrieben. Überprüfen Sie aber Ihren Impfschutz gegen Tetanus, Polio und Diphtherie. Impfungen gegen Typhus und Hepatitis A/B sind überlegenswert, wenn man sich länger in ländlichen Regionen Asiens aufhält.

Streunende Hunde können Tollwutträger sein. Wer ohne Schutzimpfung gebissen wird, sollte sofort zum Arzt gehen. Viele berüchtigte Tropenkrankheiten treten in Thailand gar nicht oder nur sehr selten auf, sodass Sie sich grundsätzlich keine Sorgen machen müssen. Nicht zu unterschätzen ist allerdings die Sonneneinstrahlung, weshalb Sonnenhut und -schutzmittel (ab Schutzfaktor 20) auch benutzt werden sollten. Umgekehrt ist es dem Körper in klimatisierten Räumen schnell zu kalt, und er reagiert mit starken Erkältungen.

Trinken Sie kein Leitungswasser (Vorsicht bei zerstoßenem Eis, die zylinderförmigen klaren Eiswürfel sind dagegen einwandfrei), und meiden Sie alles Rohe bzw. Ungeschälte.

Die Malaria ist in manchen Gegenden Thailands noch verbreitet. Mit Beginn der Dämmerung sollten Sie daher lange Hosen, langärmelige Hemden, Schuhe und Strümpfe tragen sowie Hände und Nacken mit einem Mückenschutzmittel einreiben und evtl. unter dem Moskitonetz schlafen. Welche Malariaprophylaxe ggfs. sinnvoll ist, hängt wegen Resistenzen sehr von Ihrer Reiseroute ab. Lassen Sie sich von einem Tropenmediziner beraten. Neben Krankenhäusern gibt es im ganzen Land Malariazentren, wo die Krankheit sicher diagnostiziert und professionell behandelt wird. Wichtig: Die gefährlichste Form der Malaria kommt oft im Gewand einer schweren Erkältung daher. Bei grippeartigen Symptomen sollten Sie unverzüglich den Arzt aufsuchen – auch Monate nach Ihrer Rückkehr. In Südthailand besteht nur ein geringes Malariarisiko, Phuket und Ko Samui sind malariafrei.

In die Reiseapotheke gehören Medikamente gegen Erkältungskrankheiten, Sonnenbrand, Pilzinfektionen, Durchfall, Magenverstimmung sowie Pflaster, Mückenschutz- und Desinfektionsmittel.

INFORMATIONEN

Thailändisches Fremdenverkehrsamt (TAT)

TAT hat in allen wichtigen Fremdenverkehrsgebieten Büros, die englischsprachiges Infomaterial haben, auch das Personal spricht meist Englisch.
Bethmannstr. 58
60311 Frankfurt/M.
Tel. 069/1 38 13 90
www.thailandtourismus.de

KRIMINALITÄT UND SICHERHEIT

Auch wenn in den letzten Jahren Gewalttaten an Touristen zugenommen haben, ist die Zahl derartiger Vorkommnisse nach wie vor verhältnismäßig gering. Bei Eigentumsdelikten liegen die Dinge ein wenig anders. So sollten Gepäckstücke nicht unbeaufsichtigt am Busbahnhof herumstehen und Wertsachen nicht im Hotelzimmer liegen gelassen werden. Tragen Sie auch keine größeren Geldsummen bei sich. Gehobene Hotels verfügen über Zimmertresore, einfachere über Safety Boxes an der Rezeption.

Trickbetrug: Häufiger als Raub und Diebstahl sind Betrügereien und Übervorteilungen, an deren Anfang meist verlockende Einladungen oder Versprechungen stehen. Ein netter, Englisch sprechender Thai trifft Sie in der Nähe der Bootsanlegestelle und beschließt spontan, Sie zu einer Bootstour durch Bangkok einzuladen. Doch mitten auf dem breiten Chao-Phraya-Fluss fällt dem Unglücklichen auf, dass er seine Brieftasche verloren hat. Der Steuermann stellt den Motor ab, das Boot schaukelt bedenklich auf den Wellen. Natürlich zücken Sie die Börse, um ein Mehrfaches der üblichen Bootsmiete zu zahlen, womit das Paar ein Bombengeschäft gemacht hat.

Tuk-Tuk-Fahrer möchten Sie häufig gern in ein bestimmtes Geschäft mit Spottpreisen brin-

normales Touristenvisum verfällt bei der Ausreise und muss neu beantragt werden. Für zwei bzw. drei Einreisen kostet es 60 € bzw. 90 € und erlaubt eine Aufenthaltsdauer von 60 Tagen pro Einreise. Jedes Visum kann um 30 Tage verlängert werden. Wird die Aufenthaltserlaubnis oder das Visum wenige Tage überzogen, müssen Sie bei Ausreise ab dem zweiten überzogenen Tag eine Geldstrafe von 500 Baht pro Tag bezahlen. Die bürokratischen Formalitäten können dauern, finden Sie sich also rechtzeitig vor der Abreise am Immigrationsschalter ein. Wer mit einem mehr als 14 Tage abgelaufenen Visum im Land erwischt wird, muss mit Festnahme, Ausweisung und einem Vermerk im Pass rechnen, der eine Wiedereinreise verhindert.

ELEKTRIZITÄT

220 Volt/50 Hz, ein Adapter für Flachstecker ist manchmal notwendig. Die meisten Anlagen haben kompatible Stecksysteme.

FEIERTAGE

An Feiertagen und Wochenenden ist oft die ganze Nation unterwegs, dies gilt insbesondere für das Chinesische und das Thailändische Neujahrsfest. Banken, Behörden und Museen haben an religiösen Feiertagen manchmal und an gesetzlichen immer geschlossen.

Gesetzliche Feiertage:
1. Januar: Neujahr
6. April: Chakri-Tag
1. Mai: Tag der Arbeit
5. Mai: Krönungsjubiläum des Königs
12. August: Geburtstag von Königin Sirikit
23. Oktober: Chulalongkorn-Tag
5. Dezember: Geburtstag von König Bhumiphol
10. Dezember: Verfassungstag
31. Dezember: Silvester

FLUGHAFENGEBÜHREN UND FLUGRÜCKBESTÄTIGUNG

Flughafengebühren: Bangkok und Phuket international 700 Baht (meist im Ticketpreis enthalten), national 100 Baht, Ko Samui 400 Baht. Einige Fluggesellschaften verlangen eine telefonische Bestätigung des Rückflugs bis spätestens zwei bis drei Tage vor dem Abflugtermin (lassen Sie sich unbedingt den »reconfirmation code« geben).

FOTOGRAFIEREN

Thais lassen sich meist gern fotografieren, bitten Sie aber vorher um Erlaubnis. In Gebieten mit muslimischer Bevölkerung sollte man sich zurückhalten.

Vereinzelte Fotoverbote in königlichen Räumen, Tempeln, Museen u. ä. werden durch aufgestellte Schilder deutlich angezeigt. Speicherchips für Digitalkameras bekommen Sie in allen Touristenzentren.

GELD, WÄHRUNG UND UMTAUSCH

Die Landeswährung ist der Baht. Banken, größere Hotels und Wechselstuben tauschen im ganzen Land. Grundsätzlich empfiehlt sich die Mitnahme von Reiseschecks in Euro; sie sind sicher und erzielen die besseren Kurse (pro Scheck ist aber eine Gebühr von 25 Baht zu entrichten).

Überall im Land gibt es Geldautomaten. In allen Banken kann man mit Visa- und Mastercard Bargeld ziehen, an vielen auch mit Cirrus- und Maestro-Karten (mit PIN wie in Deutschland), Gebühren: mindestens 4,50 €. Einige Visakartenanbieter nehmen keine Gebühren.
An Automaten kann man meist 10 000 Baht, bei manchen Banken 20 000 Baht abheben. In großen Hotels werden die gängigen Kreditkarten akzeptiert.

Zahlungsmittel im Gesamtwert von über 10 000 US-$ müssen bei Ein- und Ausreise deklariert werden. Die Ausfuhr von über 50 000 Baht pro Person (ca. 1500 €) ist meldepflichtig.

Wer von Thailand nach Malaysia, Myanmar, Laos, Kambodscha oder Vietnam ausreist, kann bis zu 500 000 Baht (ca 12 500 €) mitnehmen. Die Ausfuhr anderer Währungen unterliegt keinen Beschränkungen.

gessen. Für längere Wanderungen oder Waldbesuche kann man Moskitonetz *(mung)*, Hängematte *(bae yuan)* und eine regensichere Plane *(pha kan fon)* auf jedem Provinzmarkt günstig kaufen. Auch leichte Kleidung ist in Thailand sehr günstig zu haben, allerdings eher in kleineren Größen.

Eine Gepäckversicherung können Sie sich getrost schenken, da sich die Versicherer meist auf die Unachtsamkeit des Reisenden berufen und die Zahlung verweigern.

DIPLOMATISCHE VERTRETUNGEN
Thailändische Botschaften und Konsulate in Europa:
Lepsiusstr. 64–66
12163 Berlin
Tel. 030/79 48 11 17
www.thaiembassy.de

Cottagegasse 48 | 1180 Wien
Tel. 01/478 33 35
www.thaiembassy.at

Löwenstrasse 42 | 8001 Zürich
Tel. 043/3 44 70 00
www.thai-consulate.ch

In Bangkok:
Deutsche Botschaft
9 South Sathorn Tai Rd.
Tel. 02 287 9000
www.bangkok.diplo.de

Österreichische Botschaft
Q. House Lumpini Building,
UNIT 1801 | 18th Floor
1 South Sathorn Rd.
Tel. 02 105 6710
www.aussenministerium.at/bangkok

Schweizerische Botschaft
35 North Wireless Rd.
Tel. 02 674 6900
www.eda.admin.ch/bangkok

EINREISE
Touristen aus Deutschland, Österreich und der Schweiz können ohne Visum einreisen, wenn sie nicht länger als 30 Tage im Land bleiben wollen. Österreicher und Schweizer, die auf dem See- oder Landweg einreisen, dürfen nur 15 Tage, Deutsche 30 Tage im Land bleiben. Voraussetzungen sind ein mindestens sechs Monate gültiger Reisepass und der Nachweis einer bestätigten Flug-, Zug oder Busbuchung für die Weiter- oder Rückreise. Kinder benötigen einen eigenen EU-Reisepass.

Die Aufenthaltsgenehmigung wird bei der Einreise in den Pass gestempelt (Stempeldatum kontrollieren!). Hinzu kommt die ausgefüllte Departure Card, die in der Regel in den Pass eingeheftet wird und bei der Ausreise vorgelegt werden muss. Sie können Ihre Aufenthaltserlaubnis in Thailand bei jedem Immigration Office (gibt es in Bangkok und jeder Provinzstadt, www.bangkok.immigration.go.th/en) einmalig für 1900 Baht um 30 Tage verlängern. Staatsbürger der Schweiz können jedoch nur eine Verlängerung der 30-Tage-Aufenthaltserlaubnis beantragen.

Durch kurze Ausreise auf dem Landweg nach Kambodscha oder Myanmar (der sogenannte »Visa Run«, es ist kein Visum für die Nachbarländer erforderlich) und erneute Einreise können Sie Ihre Aufenthaltsgenehmigung unbürokratisch um zwei Wochen (Deutsche um vier Wochen) verlängern. Die derzeitige Militärregierung plant allerdings Einschränkungen dieser Praxis.

Sollte der Gesamtaufenthalt länger sein, muss vor der Anreise bei einer diplomatischen Vertretung im Ausland ein Touristenvisum beantragt werden. Für Reisen bis zu 60 Tage kostet es 30 €. Auch dieses Visum kann einmalig im Land um 30 Tage verlängert werden. die Einreise muss innerhalb von 90 Tagen nach Ausstellung erfolgen. Wenn Sie vorhaben, Thailands Nachbarländer (Myanmar, Laos, Kambodscha, Malaysia) zu besuchen, lohnt sich die Beantragung eines Multiple-Entry-Touristenvisum, denn ein

INFOS VON A–Z

ÄRZTLICHE VERSORGUNG
Das Land verfügt über ein dichtes Netz an Krankenhäusern und qualifizierten Ärzten bzw. Zahnärzten in allen Provinzhauptstädten. Die Behandlungskosten sind von wenigen Nobelinstituten abgesehen niedrig. Die Ärzte sprechen Englisch. Medikamente sind in den Apotheken frei verkäuflich, darunter auch die gängigen Produkte internationaler Markenfirmen. Höchst empfehlenswert ist eine Auslandsreisekrankenversicherung (die gesetzliche Krankenversicherung zahlt für Thailand nicht, privat Versicherte sollten nachfragen), die unbedingt den medizinisch notwendigen (noch besser: den medizinisch sinnvollen) Rücktransport im Notfall mit einschließen sollte. Bei einigen Kreditkarten sind Auslandskrankenversicherungen enthalten, doch fehlt häufig der Rücktransport. Im Krankheitsfall müssen die Rechnungen für die Behandlung vorher beglichen werden, die Versicherung erstattet nach Einreichen der Belege die Kosten. Manche Krankenhäuser rechnen bei ernsten Erkrankungen und teuren Behandlungen auch direkt mit der Versicherung ab.

Bangkok International Hospital
2 Soi Soonvijal 7, New Petchburi Rd.
Bangkok
Tel. 02 310 3102
www.bangkokhospital.com

Phuket International Hospital
44 Chalermprakiat Rot 9 Rua
Phuket | Tel. 076 24 9400
www.phuketinternationalhospital.com

Bangkok International Hospital Samui
Ko Samui, nahe Chaweng Beach
Tel. 077 42 9500
www.bangkokhospitalsamui.com

AUSRÜSTUNG UND GEPÄCK
Packen Sie leichte Sachen ein, auch längere Röcke, Hosen sowie T-Shirts, außerdem Mückenschutzmittel, Sonnencreme mit hohem Schutzfaktor, Sonnenhut und -brille sowie eine leichte Strickjacke für klimatisierte Restaurants gehören ins Gepäck. Für Trekking in der Regenzeit Regenjacke sowie rutschfeste Schuhe nicht ver-

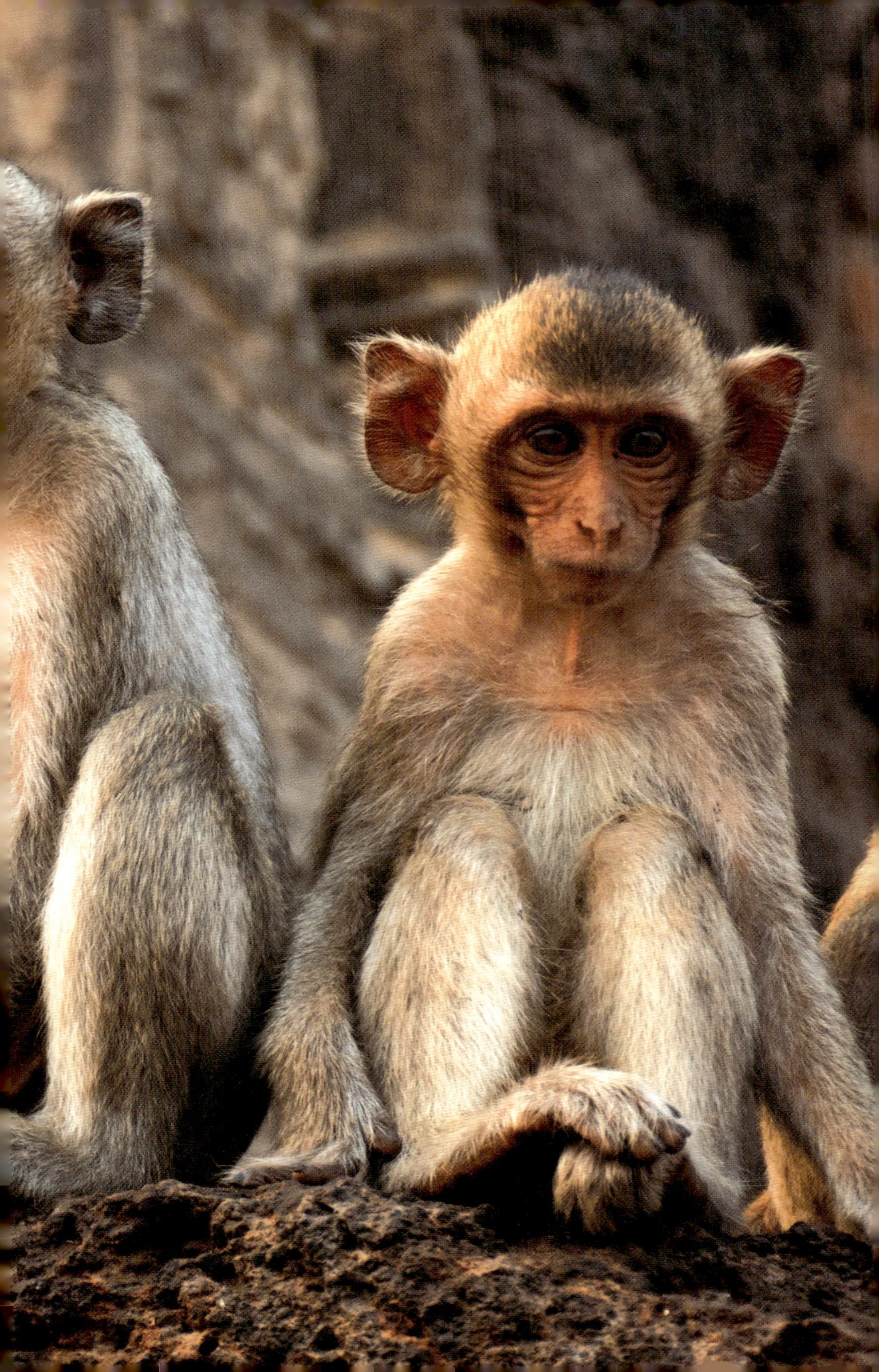

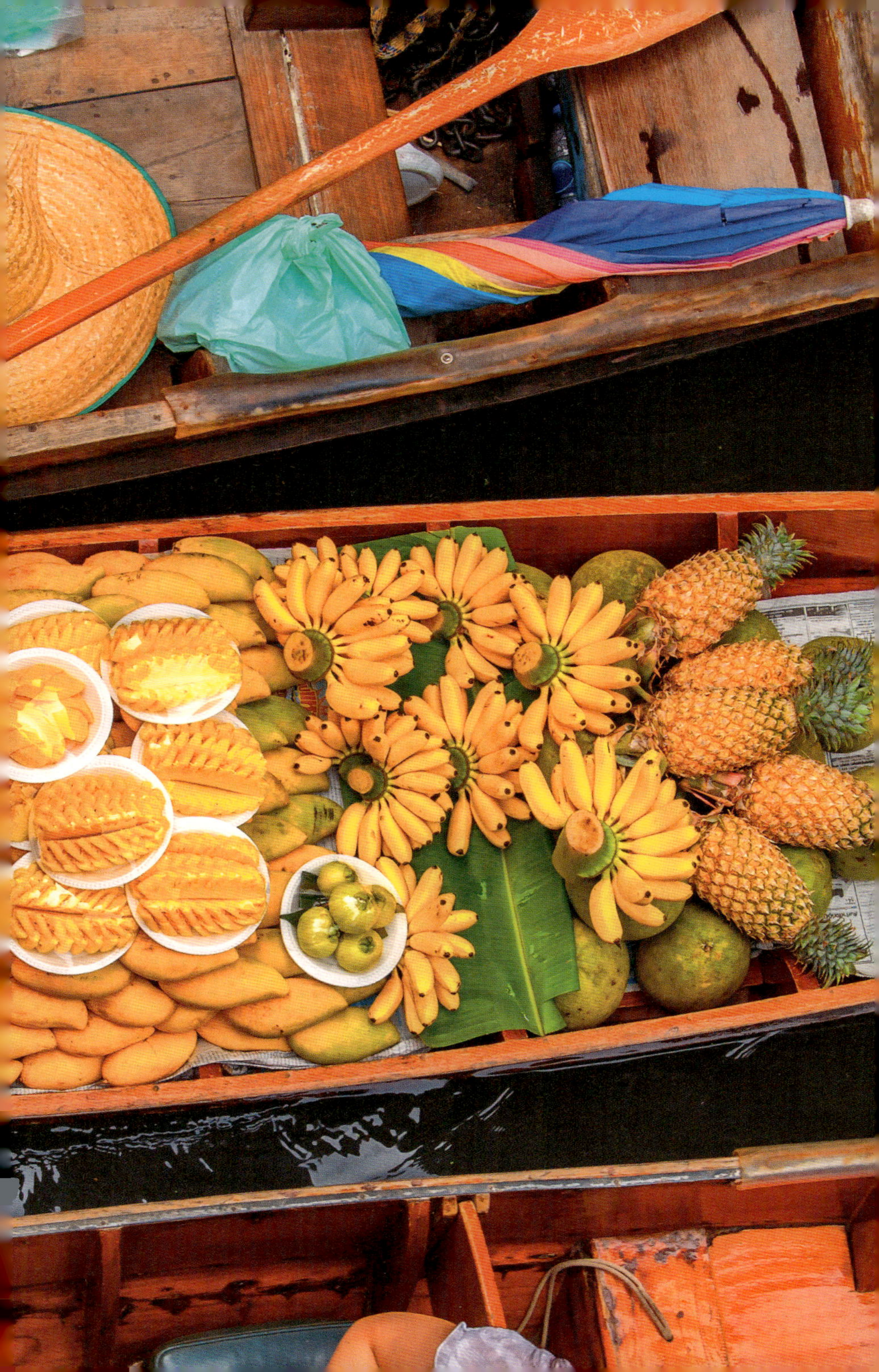

*Die »James Bond Insel«
nahe Phuket*

REGISTER

A

Affen 35
Akha 50, 267, 290, 292
Andamanensee 100, 106, 144, 224, 330
Ang Thong Marine National Park 22, 102, 258, 324
Anreise 329
Antiquitäten 88, 341
Architektur 64
Artenschutz 341
Ärztliche Versorgung 336
Ayutthaya 40, 69, 154, 303, **305–310**, 322, 324

B

Bangkok 20, 40, 69, 116, **163–167**, 322, 324
   Anreise 186
   Ausflüge 201
   Chatuchak Market 138, 186
   Chinatown 182
   Erawan-Schrein 185
   Golden Mount 181
   Hotels 188
   Jim Thompson House 164, 184
   Khao San 176
   Khao San Road 165
   Klongs 176
   Königspalast 164, 171
   Lak-Muang-Schrein 164, 172
   Lumpini Park 185
   Mahathat 164
   Museum of Contemporary Art (MOCA) 186
   Nationalmuseum 164, 172
   Nightlife 194
   Old Farang 165
   Old Siam Plaza 182
   Oriental Hotel 165
   Patpong 185
   Restaurants 190
   Sampeng Lane 182
   Sanam Luang 168
   Sao Ching Chah 181
   Shopping 196
   Siam Ocean World 184
   Siam Square 164, 184
   Skytrain 186
   State Tower 165
   Suan-Pakkard-Palast 185
   Suvarnabhumi-Airport 186
   Talaad Kao 182
   Verkehrsmittel 186
   Vimanmek Mansion 165, 181
   Wat Arun 164, 178
   Wat Benchamabophit 165, 181
   Wat Mahathat 172
   Wat Pho 176
   Wat Phra Kaeo 136, 164, 168
   Wat-Phra-Kaeo-Museum 171
   Wat Saket 164
   Wat Suthat 164, 180
   Wat Traimit 182
Bang Pa In 23, 154, 303
Bergvölker 48, 89, 150, 266
Bhumibol, König 41
Botschaften 337
Brücke am Kwai 202
Buddha 62, 136
Buddhismus 58, 73, 152, 158

C

Cha-Am 102, 213
Chaiya 67
Chakri-Dynastie 40, 136, 212
Chao Phraya 24, 45, 163, 303, 322
Chao Phraya Chakri, General (König Rama I.) 40

Chao Praya 154, 306
Chaweng Beach 146, 252
Chiang Mai 40, 69, 148, 265–268, 270, 322, 324
   Anreise 275
   Ausflüge 280
   Chiang Mai City Arts & Cultural Centre 272
   Chiang Mai Historical Centre 272
   Chiang Mai International Airport 275
   Hotels 275
   Lanna Folklife Museum 272
   Nachtmarkt 148, 274
   Nationalmuseum 274
   Nightlife 279
   Restaurants 277
   Shopping 279
   Straße der Kunsthandwerker 274
   Trekking 280
   Wat Chedi Luang 272
   Wat Chet Yod 274
   Wat Chiang Man 272
   Wat Phan Tao 271
   Wat Phra Singh 271
Chiang Rai 23, 69, 265, 266, 289
Chiang Saen 266, 291

D

Damnoen Saduak 201
Dan Khwian 314
Doi Inthanon 24, 266, 282
Doi Inthanon National Park 30, 282
Doi Suthep 280
Doi Suthep National Park 280
Doi Tung 292

E

Einreise 337
Elefanten 37, 316
Elektrizität 338
Elephant Conservation Centre 268
Erawan National Park 20, 140, 141, 163, 204, 208
Essen 118

F

Fauna 27
Feiertage 338
Ferienzeit 333
Feste 94
   Asaha Bucha 97
   Chakri-Tag 96
   Chinesisches Mondfest 97
   Chinesisches Neujahr 94
   Chulalongkorn-Tag 97
   Khao Pansa 97
   Königliche Pflugzeremonie 96
   Loy Krathong 97, 152, 295
   Makha Bucha 94
   Poi Sang Long 96
   Songkran 85, 96, 272, 273, 333
   Thot Kathin 97
   Vegetarierfest 97
   Visakha Bucha 97
Flora 30
Floßfahrten 102, 203, 204
Flughafengebühren 338
Frauen 56
Früchte 125

G

Garküchen 131, 138, 148
Geister 74
Geisterhäuschen 74
Geld 338
Gemüse 125
Geografie 24
Geschichte 40
Gesundheit 339
Gibbons 35
Goldenes Dreieck 23, 265, 266, 291
Golf 102

H

Handy 340
Hat Chao Mai National Park 249
Hmong 48, 92, 279, 280, 281, 282
Hua Hin 20, 163, 209, 214

Register

I

Impfungen 339
Informationen 336
Isaan 23, 83, 91, 92, 158, 303

K

Kaeng Krachan National Park 213
Kamala 230
Kamphaeng Phet 68, 265, 268, 298
Kanchanaburi 97, 102, 202
Karen 48, 104, 150, 279, 282, 286, 287
Karon 217, 227
Kata 217, 228
Katoeys 98
Khao Lak 20, 116, 144, 217, 219, 237
Khao Lak Lamru National Marine Park 237
Khao Lak National Park 237
Khao Phra Taeo National Park 235
Khao Sam Roi Yot National Park 163, 215
Khao Sok National Park 35, 116, 217, 220, 241
Khao Yai National Park 23, 28, 35, 156, 303, 312
Khmer 23, 40, 67, 71, 76, 158, 212, 295, 297, 303, 304, 315, 316
Khon 81, 83, 175
Khorat 23, 24, 303, 305, 313
Klettern 104, 243
Klima 353
Ko Adang 250
Ko Bulon Le 250
Ko Chang 20, 102, 109, 163, 208, 210
Kochkurse 121
Ko Hai 106, 248
Ko Kradan 249
Ko Kut 210
Ko Lan 209
Ko Lanta 102, 106, 116, 217, 220, 246, 323
Ko Libong 249
Ko Lipe 106, 250
Ko Miang 240
Ko Muk 247
Ko Panyi 241
Ko Payu 239
Ko Phangan 20, 217, 259, 324
  Hat Khuat 259
  Hat Rin 259
  Hat Sadet 259
  Thong Nai Pan 259
Ko Phing Kan 143, 241
Ko Phi Phi 28, 220, 244, 323
Ko Phi Phi Le 220, 244
Ko Poda 243
Ko Racha Yai 236
Korallen 106
Ko Rawi 250
Ko Samet 20, 163, 208, 209
Ko Samui 20, 147, 217, 222, 251, 324
  Ang Thong Marine National Park 258
  Big Buddha Beach 255
  Bophut Beach 255
  Chaweng Beach 252
  Lamai Beach 254
  Maenam Beach 255
  Wat Khunaram 257
  Wat Plai Laem 255
Ko Similan 102, 239
Ko Sukhorn 249
Ko Surin Nua 240
Ko Surin Tai 241
Ko Tao 102, 106, 217, 261
Ko Tarutao 250
Ko Tarutao National Marine Park 106
Krabi 20, 217, 219–221, 242, 323
Krabi Town 242
Kreditkarten 338, 340
Kunsthandwerk 88
Kwai 20, 97, 102, 163, 202

L

Lahu 50, 94, 104, 150, 267, 286, 287, 292
Lampang 284, 322, 324
Lamphun 67, 268, 283, 322
Lanna 40, 69, 270
Lisu 50, 53, 92, 94, 104, 150, 267, 286, 287, 292
Lopburi 35, 311

M

Mae Hong Son   96, 265–266, 286
Mae Nam Kok   102, 267, 292
Mae Sai   267, 291
Mae Salong   265, 267, 292
Mae Sariang   266
Mae Sa Valley   30, 282
Makaken   35
Meditation   102
Mekong   23, 265, 266, 291
Menschen   42
Mien   53, 94
Militärputsch   25
Militärregierung   25
Monarchie   24
Muang Boran (Freilichtmseum)   203
Muay Thai   86
Mu Ko Surin National Park   240
Musik   83, 91

N

Nakhon Pathom   67, 201
Nakhon Si Thammarat   67
Narai, König   306, 311, 312
Nationalparks   28, 321
   Ang Thong Marine National Park   258
   Doi Inthanon National Park   282
   Doi Suthep National Park   280
   Erawan National Park   204
   Khao Phra Taeo National Park   235
   Khao Sam Roi Yot National Park   215
   Khao Sok National Park   241
   Khao Yai National Park   312
   Ko Tarutao Marine National Park   250
   Mu Ko Surin National Park   240
   Sirinat National Park   231
Natur   26
Nirwana   60
Nong Nooch Tropical Gardens   209
Nonthaburi   176
Notrufnummern   340

O

Öffentlicher Nahverkehr   331
Orchideen   30

P

Pai   22, 150, 266, 287, 322
Pakmeng   247
Pak Thong Chai   92, 314
Patong   217, 224
Patong Beach   20, 224
Pattaya   20, 163, 206–209
Phang Nga Bay   20, 102, 142, 217, 220, 241, 323
Phetchaburi   163, 212
Phitsanulok   265, 268, 299, 322
Phra Pathom Chedi   201
Phuket   20, 35, 143-144, 217–221, 224, 236, 322, 323
   Bang Tao Beach   231
   Kamala Beach   230
   Karon Beach   227
   Kata Beach   228
   Khao Phra Taeo National Park   235
   Laem Phromthep   234
   Mai Khao Beach   231
   Nai Harn Beach   229
   Patong   224
   Phuket Aquarium   233
   Phuket FantaSea   235
   Phuket International Airport   236
   Phuket Town   232
   Surin Beach   230
   Wat Chalong   233
   Wat Phra Thong   235
Phuket Town   217, 232
Politik   24
Prasat Hin Phimai   158, 303, 305, 315
Prasat Phanom Rung   303, 305, 315

R

Rai Leh Beach   104
Rama I.   171, 172, 174, 176, 177, 181
Rama II.   171, 177, 179, 180
Rama III.   112, 168, 176, 177, 179
Rama IV.   41, 168, 171, 177, 185, 202, 212
Ramakien   35, 79, 81, 136, 164, 168, 174, 175, 177, 179
Rama V.   41, 165, 168, 172, 173, 179, 181, 202

Register

Rama VI.   43, 202
Rama VII.   181, 214
Ramayana   79, 136, 168, 315
Regenzeit   333
Reiseapotheke   339
Reisen im Land   329
Reisezeit   333
Reiten   102
Restaurants   120
Rezepte   127

S

Samut Prakan   203
Sanuk   54
Schattenspiel   81, 83, 91
Segeln   100
Seide   92, 314, 317
Shan   96, 150, 286, 292
Shopping   88, 138, 148
Sicherheit   339
Similan Islands   20, 144, 217, 219, 239, 323
Sirinat National Park   231
Si Satchanalai   22, 265, 268, 297, 322
Sob Ruak   291
Songthaeo   330, 331
Sport   100
Stilepochen   64
Sukhothai   40, 68, 152, 265, 268, 293, 322, 324
Surat-Thani   35
Surin   303, 316
Surin Islands   39, 97, 102, 106, 217, 239

T

Tachilek   267, 291
Tanz   81, 83
Tarutao-Archipel   20, 217
Tauchen   102, 106, 144
Telefon   340
Tempelarchitektur   70
Thai   43
Thaiboxen   86, 104
Thai-Küche   118, 121
Thailändisches Fremdenverkehrsamt (TAT)   339

Thai-Massage   110, 112, 177
Thai-Medizin   177
Thaton   102, 267, 292
Thonburi   40, 163, 176
Todesbahn   202
Trat   210
Travestieshows   99
Trekking   104, 150
Trinken   122
Trinkgeld   341

U

Umgangsformen   25, 73
Umwelt   26
Unterkunft   114
Unterwasserwelt   27, 107, 144

V

Valmiki   79
Vegetation   27, 157
Veranstaltungen   94
Verwaltung   24

W

Währung   338
Wassersport   100
Wat Chama Thevi   283
Wat Phra Si Ratana Mahatat   299
Wat Phra That Haripunchai   283
Wat Phra That Lampang Luang   268, 285
Wat Saket   181
Wellness   110
Wirtschaft   25

Z

Zeitzone   24
Zoll   341

Bildnachweis

Coverfoto: Mauritius Images, Henn Photography

Fotos Umschlagrückseite oben Shutterstock/SantiPhotoSS, unten Shutterstock/Volodymyr Goinyk

Bilder Innenteil: 501room/Shutterstock.com 270; age fotostock/Alamy Stock Foto/Gonzalo Azumendi 116/117; age fotostock/Alamy Stock Foto/Kerry Dunstone 278; anan/Shutterstock.com 267; Andrew Watson/Alamy Stock Foto 317; Arterra Picture Library/Alamy Stock Foto 313; Asia 80s/Alamy Stock Foto 50; ben bryant/Shutterstock.com 174; Copycat37/Shutterstock.com 310; DANIEL GREENHOUSE/Alamy Stock Foto 314; daniella christoforou/Alamy Stock Foto 46; Dave Shilton/Alamy Stock Foto 298/299; dave stamboulis/Alamy Stock Foto 288; dave stamboulis/Alamy Stock Foto 54/55; De Visu/Shutterstock.com 211; DM studio/Shutterstock.com 90; Dmitry Rukhlenko - Travel Photos/Alamy Stock Foto 281; Em7/Shutterstock.com 52; Eye Ubiquitous/Alamy Stock Foto/Paul Seheult 84/85; Graham Prentice/Alamy Stock Foto 47; GRANT ROONEY PREMIUM/Alamy Stock Foto 53 oben; Henry Westheim Photography/Alamy Stock Foto 48/49; I love photo/Shutterstock.com 16/17; imageBROKER/Alamy Stock Foto/Dirk Bleyer 296; imageBROKER/Alamy Stock Foto/Katja Kreder 252; imageBROKER/Alamy Stock Foto/Moritz Wolf 140/141; imageBROKER/Alamy Stock Foto/Otto Stadler 247; imageBROKER/Alamy Stock Foto/Otto Stadler 248; itman__47/Shutterstock.com 122/123; Jan Wlodarczyk/Alamy Stock Foto 100/101; jiraphoto/Shutterstock.com 239; JOHN KELLERMAN/Alamy Stock Foto 136/137; Johnny Jones/Alamy Stock Foto 44; Kajohnwit Boonsom/Shutterstock.com 51; lenisecalleja.photography/Shutterstock.com 220; Lodimup/Shutterstock.com 184; lOvE lOvE/Shutterstock.com 328; M.V. Photography/Shutterstock.com 256; Mark Williamson/Alamy Stock Foto 86/87; Martin Strmiska/Alamy Stock Foto240; Gräfe und Unzer Verlag/Martina Großmann/Monika Schürle126/127, 128/129; Matyas Rehak/Shutterstock.com 108/109, 261; MJ Prototype/Shutterstock.com 20/21; nimon/Shutterstock.com 12/13; Nunnicha Supagrit/Alamy Stock Foto 301; Peter Adams Photography Ltd/Alamy Stock Foto 134/135; Peter Horree/Alamy Stock Foto 276; Piti Tantaweevongs/Alamy Stock Foto 82/83; Prasit Rodphan/Alamy Stock Foto 70/71; robertharding/Alamy Stock Foto/Ben Pipe 275; robertharding/Alamy Stock Foto/Ian Trower 251; robertharding/Alamy Stock Foto/Luca Tettoni 290; robertharding/Alamy Stock Foto/ 144/145; SAHACHATZ/Shutterstock.com 183; SasinTipchai/Shutterstock.com 191; shutterstock/kajornyot wildlife photography 156/157; shutterstock/leungchopan 58/59; shutterstock/little_larc89 rechts; shutterstock/Volodymyr Goinyk 102/103; shutterstock/Yatra 26/27; shutterstock/150596114 216; shutterstock/501room/Shutterstock.com 148/149; shutterstock/9comeback 6/7; shutterstock/Alexander Demyanenko 226; shutterstock/Angelo Giampiccolo 264; shutterstock/Antony McAulay 120/121; shutterstock/aodaodaodaod 88/89; shutterstock/aodaodaodaod 91 rechts; shutterstock/aphotostory 224; shutterstock/apiguide170, 320; shutterstock/armmphoto 104/105; shutterstock/Banana Republic images 344; shutterstock/bas113 173; shutterstock/beer worawut 304; shutterstock/Bule Sky Studio 303; shutterstock/Buntoon Rodseng 67; shutterstock/Chonlawut74/75, 92/93; shutterstock/Christian Mueller 308, 331; shutterstock/9comeback6/7 118/119; shutterstock/Cornelia Pithart273; shutterstock/CPbackpacker 69 links; shutterstock/Curioso 66; shutterstock/cytoplasm 68; shutterstock/Dmitry Petrenko 325; shutterstock/Ekkachai 326/327; shutterstock/Elena Pavlovich 230; shutterstock/Etakundoy 114/115, 162; shutterstock/f9photos 72/73; shutterstock/flydragon 45; shutterstock/Freebird7977 110; shutterstock/gnomeandi 80/81; shutterstock/GUIDENOP 98/99; shutterstock/happystock 259; shutterstock/jeep2499 32/33; shutterstock/JonMilnes 106/107; shutterstock/Khomson Tunsakul 245; shutterstock/konmesa 38/39; shutterstock/KP Photograph 64/65; shutterstock/martinho Smart 187; shutterstock/Muzhik 236; shutterstock/Muzhik 28/29; shutterstock/Napatsan Puakpong 282; shutterstock/Narong Wee 180; shutterstock/Netfalls - Remy Musser 146/147; shutterstock/Paisarn Praha 62/63; shutterstock/Patryk Kosmider 142/143; shutterstock/PhilipYb Studio 94/95; shutterstock/Photogrape 124/125; shutterstock/PK.pawaris 169; shutterstock/PK.pawaris 342/343; shutterstock/PK.pawaris 4/5; shutterstock/Prasit Rodphan 284; shutterstock/puwanai 36/37; shutterstock/Rbk365 323; shutterstock/Romeo168 91 links; shutterstock/saiko3p 160/161, 293; shutterstock/SantiPhotoSS 14/15, 294, 318/319; shutterstock/SARAPON 69 rechts; shutterstock/Siwabud Veerapaisarn 152/153; shutterstock/skynetphoto 255; shutterstock/Sompong Tokrajang 307; shutterstock/somrak jendee 18/19; shutterstock/somsak suwanput 34; shutterstock/Stephane Bidouze 222, 332; shutterstock/stockphoto mania 8/9; shutterstock/Sumitra Hanai 334/335; shutterstock/Take Photo 268; shutterstock/think4photop 235; shutterstock/topten22photo 78/79; shutterstock/tratong 177; shutterstock/Tupungato 263; shutterstock/Udom Aunlamai 76/77; shutterstock/Volodymyr Goinyk 22/23; shutterstock/wasanajai 30/31; shutterstock/Wasu Watcharadachaphong 112/113; shutterstock/Witsanu Keephimai 178; shutterstock/Worachat Sodsri 60/61; shutterstock/worradirek 204/205, 229; shutterstock/Wuttichok Panichiwarapun 154/155; shutterstock/YURY TARANIK 158/159; shutterstock/zmkstudio 165; SIHASAKPRACHUM/Shutterstock.com 2/3; Sombat Muycheen/Shutterstock.com 130/131; Sompong Tokrajang/Shutterstock.com 212; Steve Allen Travel Photography/Alamy Stock Foto 286; topten22photo/Shutterstock.com53 unten, 198/199; Tortoon Thodsapol/Shutterstock.com 96/97; Travelscape Images/Alamy Stock Foto 42/43; Vichaya Kiatying-Angsulee/Alamy Stock Foto 232; Vorrasit Siwawej/Alamy Stock Foto 150/151; Yulia Grigoryeva/Shutterstock.com 132/133; Zoonar GmbH/Alamy Stock Foto 138/139.

Rezepte Seite 104–106: Bettina Mathaei, Thailand – Rezepte gegen Fernweh, Gräfe und Unzer Verlag, 2014, ISBN 978-3-8338-3772-2

Impressum

Liebe Leserin, lieber Leser,
wir freuen uns, dass Sie sich für diesen POLYGLOTT auf Reisen entschieden haben.
Unsere Autorinnen und Autoren sind für Sie unterwegs und recherchieren sehr gründlich, damit Sie mit aktuellen und zuverlässigen Informationen auf Reisen gehen können. Dennoch lassen sich Fehler nie ganz ausschließen. Wir bitten Sie um Verständnis, dass der Verlag dafür keine Haftung übernehmen kann.

Ihre Meinung ist uns wichtig. Bitte schreiben Sie uns:
TRAVEL HOUSE MEDIA GmbH,
Redaktion POLYGLOTT, Grillparzerstraße 12, 81675 München,
redaktion@polyglott.de, Tel. 089/450 009 941

1. Auflage 2017
© 2017 TRAVEL HOUSE MEDIA GmbH München

Dieses Buch wurde auf chlorfrei gebleichtem Papier gedruckt.
ISBN 978-3-8464-0163-7

Alle Rechte vorbehalten. Nachdruck, auch auszugsweise, sowie die Verbreitung durch Film, Funk, Fernsehen und Internet, durch fotomechanische Wiedergabe, Tonträger und Datenverarbeitungssysteme jeglicher Art nur mit schriftlicher Genehmigung des Verlages.

**Bei Interesse an maßgeschneiderten
POLYGLOTT-Produkten:**
veronica.reisenegger@travel-house-media.de

Bei Interesse an Anzeigen:
KV Kommunalverlag GmbH & Co KG
Tel. 089/928 09 60
info@kommunal-verlag.de

Redaktionsleitung: Grit Müller
Autoren: Wolfgang Rössig, Rainer Scholz
Redaktion und Gesamtproduktion:
Marc Strittmatter ppp.services
Verlagsredaktion: Antonia Latković,
Anne-Katrin Scheiter
Korrektorat: Renate Nöldeke
Bildredaktion: Iris Kaczmarczyk, Marc Strittmatter
Layoutkonzept: Stephanie Henzler, Sina Chakoh
studioformo.de
Karten und Pläne: Geographic Production, München
Satz: Stephanie Henzler, Sina Chakoh
studioformo.de, Cordula Schaaf Grafik Design
Herstellung: Anna Bäumner
Druck und Bindung: Drukarnia Dimograf Sp.zo.o (Polen)

TRAVEL HOUSE MEDIA

Ein Unternehmen der
GANSKE VERLAGSGRUPPE

ALLE TOUREN AUF EINEN BLICK

Mehr entdecken, schöner reisen

Touren	Region	Dauer	Seite
Tour 1 · Bangkok in zwei Tagen	Bangkok, Pattaya & Hua Hin	2 Tage	› S. 164
Tour 2 · Zwei Zusatztage in Bangkok	Bangkok, Pattaya & Hua Hin	2 Tage	› S. 165
Tour 3 · Kreuz und quer über Phuket	Phuket & der Süden	1 Tag	› S. 219
Tour 4 · Nördliche Andamanenküste für Seenomaden	Phuket & der Süden	5 Tage	› S. 219
Tour 5 · Inselhüpfen an der südlichen Andamanenküste	Phuket & der Süden	5 Tage	› S. 220
Tour 6 · Rund um Ko Samui	Phuket & der Süden	1 Tag	› S. 222
Tour 7 · Im kühlen Reich der Bergvölker	Chiang Mai & der Norden	4–7 Tage	› S. 266
Tour 8 · Im Goldenen Dreieck	Chiang Mai & der Norden	5–7 Tage	› S. 266
Tour 9 · Tempelstädte Nordthailands	Chiang Mai & der Norden	4 Tage	› S. 267
Tour 10 · Königspaläste und Khmer-Tempel	Zentral- & Ostthailand	1 Woche	› S. 304
Tour 11 · Thailands Perlen	Besondere Touren	3 Wochen	› S. 322
Tour 12 · Kultur und Baden	Besondere Touren	2 Wochen	› S. 324